序○竊聞道本冲虛非言無以表其跡言有微妙
悟其理是知聖人言曲事資注釋而成至於周禮
是一理有終始分爲二部並是周公攝政大平之
末儀禮爲本本則難明末便易曉是以周禮注者
儀禮所注後鄭而已其爲章疏則有二家信都黃
盛德李孟悊者隋日碩儒慶則舉大畧小經注疏
遠望而近不知悊則舉小畧大經注稍周似入室
不察二家之疏互有脩短時之所尚李則爲先案
有緇布冠皮弁爵弁既冠又著玄冠見於君有此
故記人下陳緇布冠委貌周弁以釋經之四種經
無天子冠法而李云委貌與弁皆天子始冠之冠
喪服一篇凶禮之要是以南北二家章疏甚多時
貴黃氏案鄭注喪服引禮記檀弓云經之言實也
忠實之心故爲制此服焉則經之所作表心明矣
云衰以表心經以表首以黃氏公違鄭注黃之謬

心太平盦古籍書影
黄永年先生收藏精粹

黄壽成 編著

華東師範大學出版社・上海

全國高等院校古籍整理研究工作委員會
直接資助項目（2150）

圖書在版編目 (CIP) 數據

心太平盦古籍書影：黃永年先生收藏精粹 / 黃壽成編著.
—上海：華東師範大學出版社，2021
ISBN 978-7-5760-1850-9

Ⅰ. ①心… Ⅱ. ①黃… Ⅲ. ①古籍–收藏–中國–圖録
Ⅳ. ① G262.1–64

中國版本圖書館 CIP 數據核字 (2021) 第 119222 號

心太平盦古籍書影

黃永年先生收藏精粹

編　　著｜ 黃壽成
策　　劃｜ 王　焰
責任編輯｜ 時潤民
特約編輯｜ 鍾　錦
責任校對｜ 吕振宇
書籍設計｜ 胡　斌

出版發行｜ 華東師範大學出版社
社　　址｜ 上海市中山北路 3663 號
郵　　編｜ 200062
網　　址｜ www.ecnupress.com.cn
電　　話｜ 021–60821666
行政傳真｜ 021–62572105
客服電話｜ 021–62865537
門市（郵購）電話｜ 021–62869887
地　　址｜ 上海市中山北路 3663 號
華東師範大學校内先鋒路口
網　　店｜ http://hdsdcbs.tmall.com

印　　刷｜ 上海雅昌藝術印刷有限公司
開　　本｜ 700×1000　16 開
印　　張｜ 39.5
字　　數｜ 82 千字
版　　次｜ 2022 年 1 月第 1 版
印　　次｜ 2022 年 1 月第 1 次
書　　號｜ ISBN 978–7–5760–1850–9
定　　價｜ 582.00 元

出 版 人｜ 王　焰

一個歷史學家的藏書與讀書（代序）

辛德勇

先師黄永年先生所藏古籍書影出版在即，出版方希望我寫幾句話，附綴其間，向讀者談談業師的藏書與讀書。

這部書是由黄永年先生的公子、我的師兄黄壽成編選的。當年業師和我談起自己藏書的時候，總會説，我的兒子真是個福將，將來坐享其成，一下子就有了這麽大一批好書。現在壽成師兄不僅自得其樂，還選精取粹，編出這本書影，與天下愛好者分享。先師若是在天有知，也會十分欣喜。想到這一點，作爲受業弟子，我感到自己也更有責任向讀者談談對先生藏書情況的理解，以供大家參考。

按照我的理解，堪稱"藏書"的圖書收藏，首先是一種人生的情趣。這是一種有意思的讀書人的生活情趣，簡單地講，就是因爲好玩兒纔去收書，纔來藏書。關於這一點，黄永年先生和我談過多次，買一些特别的古籍舊本，猶如小朋友蒐集郵票，就是覺得好玩兒。

在當代中國學壇上，黄永年先生當然是一位偉大的歷史學家，其藏書自然與讀書密切相關。學人藏書，當然是爲了讀書，也是因爲先讀過很多書纔能很好地藏書。但學者更首先是人。一個有意思的人，纔能寫出有意思的文章，而在我看來，衹有有意思的文章纔稱得上是好文章，讀起來纔會令人身心暢快，也纔會以真心探討和解決真問題。

現在的文史學者，一入師門，接受的都是崇高的學術目標，爲國爲民爲世界學術，利他利世利天下蒼生。可在我看來，業師黄永年先生做學問，首先是覺得好玩兒，是覺得做學問有意思。這種好玩兒的感覺，從本質上來講，是一種探索未知領域的慾望，或者説是一種好奇心，很原始，也很本能。但這種本能不像食色之慾那樣幾乎人人都與生俱來，世上衹有一小部分人纔會有；或者説衹有很少一小部分人纔不會被塵世的功利蝕掉這種本能。

基於這種本能的古籍舊本收藏，其首要着眼點是要有特色。我有，别人少有甚至没有，這就是外行人最容易理解的獨家特色，其實也是古籍舊本收藏中一項最主要的特色。當年賈二强學長和先師一起編著《清代版刻圖録》，其中很多書用的都是先師的藏本。在翻看一過之後，二强學長對我説："幾乎每一本都有花樣。"這"花樣"，就是與衆不同之處。其中最一般的，如原刻初印；更特别一些的，則有名家批注本、鈔本和稿本，等等。很普通的大路本，先師一般是不會去買的。

以前我寫文章談過，業師黄永年先生一向不喜歡人家稱他爲版本學家、目録學家，甚至歷史文獻學專家。這是因爲先師以爲這些知識，都是文史研究必備的基礎，懂這些是應該應分的，而不是什麼特别的人掌握了某種人所不知的偏門絶技。

基於這樣的認識，先師蒐求古籍舊本，在"好玩兒"、"有花樣"的前提下，對書籍内容的選擇，更多地是基於自己對學術研究的態度。在這一方面，黃先生除了一些自己特別感興趣的領域和問題之外，主要有如下兩項重要特點：一是領域非常寬廣，二是特別重視骨幹書籍。

讀過一些黃永年先生研究著述的人們都會注意到，業師的學術視野和學術研究範圍是相當寬廣的，不僅不像絕大多數與其並世的歷史學者那樣，一輩子衹研究某個領域内的那些問題，而是能够上通先秦，下達近現代，幾乎對中國歷史的每一個時代和各個方面問題，都有一定程度的瞭解；更不同尋常的是，他還文史兼通，對中國古典文學乃至各種俗文學也都瞭如指掌。

這麼廣闊的學術領域，研究和解決那麼多五花八門的問題，黃永年先生到底是怎麼做到的呢？難道是像古語講的那樣“頭懸樑”、“錐刺股”不成？先師是個聰明絶頂的學者，恐怕從來也没做過這種“苦功”。

黃永年先生學識的積累，是在蒐書、讀書的過程中逐漸養成的。喜歡逛書店的人都知道，逛一次書店，往往衹買一兩本書甚至一本也不買，但在瀏覽、挑選書籍的過程中，却會翻看很多本書。文史學者逛古舊書店，更是如此。先師生長於江浙人文淵藪之地，這裏也是古刻舊本的淵藪。從少年時起，他就盤桓於古舊書舗，以後終其一生都没有改變這個嗜好。

買古書收藏和買瓷瓶子、字畫等古董不同，不是單單有錢就能辦到的事兒，想要買到好書需要先具備一定的文化，而歷史文化知識的擴展和積累又要有廣泛而深入的閱讀。這就像“先有蛋還是先有雞”一樣，是沒法清楚排出個生成的先後次序的。但現在我在這裏談論黃永年先生藏書内容的廣泛性，當然不能不强調指出這種廣泛性是以先生閱讀和研究範圍的寬廣作基礎的；也就是説，要想在經史子集各個方面、各個時代的書籍中都能買到好書，首先需要具有相應的學識。

聽我這麼講，有些喜歡擡槓的人一定會説，不管啥書都買下來就是了，那不就啥書都收藏了，這還需要什麼學識？古往今來，頗有一些藏書家確實如此，但黃永年先生却不是這樣。因爲他從來没有放手濫收過古籍——没有那麼多閒錢買書，更没有那麼多地方放書，也没有那個興趣啥書都收。黄先生收下的都是各個方面的精品。

業師曾和我講，他買書從來都是精挑細選的，甚至可以説是“千挑萬選”，而且他還多次在課堂上講，並且也寫文章説，世上衹有兩種人能夠真懂古籍版本：一種人是賣古書的書商；另一種是喜歡買古書的人。前者爲多賺錢，需要用儘可能低的成本獲取儘可能大的利潤；後者爲少花錢，需要用儘可能低的價錢買到質量更好的書——當然這首先是先生的“夫子自道”之語。

先師能夠在這麼大的範圍内用有限的成本挑選出特别喜愛的好書來，靠的就是自己豐富的學識。書讀得多了，問題想得深了，見識也就很廣很高了。這個是普通收藏家没法比的，不服也得服。

那麼，黄永年先生“千挑萬選”地選書都選了些什麼書呢？這就觸及了前面談到的先師藏書的第二個特點，即先生特别重視四部基本典籍。這樣的藏書觀念，實際上是緣於先師在學術研究中對待各種史料的基本態度。

衆所周知，在中國古代文史研究領域，很多年以來的潮流，就是開口閉口談新史料，動手動脚找新史料，出洋入地蒐求新史料。好像若是没有所謂“新史料”，學術就永遠停留在暗黑長夜裏一無所爲了。可先師的態度從來不是這樣。

黄永年先生從事文史研究，終生堅持以四部基本典籍爲重心。研究具體的學術問題是這樣，閲讀和瞭解古代史事更是這樣。爲什麼？因爲這些典籍載述的是中國古代歷史的主幹，也就是所謂“本”。捨棄這個主幹，去找什麼稀奇古怪的“新史料”，就是“捨本逐末”。本末倒置，則結果可想而知。

當然，學問是一個人一個做法，所謂各尊所聞，各行其是，我受學於先師者如此、於先師所知如此而已。瞭解這一點，纔能更好地看懂這部書影，更好地欣賞這部書影，也能更好地利用這部書影。

總而言之，我希望各位讀者朋友透過這部書影，能夠看到一位卓越的歷史學家是怎樣藏書和讀書的，這樣也纔能看懂這些書爲什麼好玩兒和好玩兒的地方在哪裏。

2021年7月14日記

目次

經部·二十四種

史部·二十七種

集部・二十八種

儀禮疏卷第一

唐朝散大夫行大學博士弘文館學士臣賈公彥等撰

儀禮卷第一

儀禮疏序。竊聞道本冲虛非言無以表其疏言有微妙非釋無能悟其理是知聖人言曲事資注釋而成至於周禮儀禮發源是一理有終始分爲二部並是周公攝政大平之書周禮爲末儀禮爲本本則難明末便易曉是以周禮注者則有多門儀禮所注後鄭而已其爲章疏則有二家信都黃慶者齊之盛德李孟悊者隋日碩儒慶則舉大畧小經注踈漏猶登山遠望而近不知悊則舉小畧大經注稍周似入室近觀而遠不察二家之疏互有脩短時之所尚李則爲先案士冠三加有緇布冠皮弁爵弁既冠又著玄冠見於君有此四種之冠故記人下陳緇布冠委貌周弁以釋經之四種經之與記都無天子冠法而李云委貌與弁皆天子始冠之冠李之謬也喪服一篇凶禮之要是以南北二家章疏甚多時之所以皆資黃氏案鄭注喪服引禮記檀弓云絰之言實也明孝子有忠實之心故爲制此服焉則絰之所作表心明矣而黃氏妄云衰以表心絰以表首以黃氏公違鄭注黃之謬也黃李之訓畧言其一餘足見矣今以先儒失路後宜易塗故悉鄙情聊裁此疏未敢專欲以諸家爲本擇善而從兼增己義仍取四門助教李玄植詳論可否僉謀已定庶可施以函丈之儒青衿之俊幸以

去瑕取玖得無譏焉

士冠禮第一

士冠禮第一。鄭目録云童子任職居士位年二十而冠主人玄冠朝服則是於諸侯天子之士朝服皮弁素積古者四民世事士之子恒爲士冠禮於五禮屬嘉禮大小戴及别録此皆第一。

（疏）釋曰鄭云童子任職居士位年二十而冠爲士身加冠知者鄭見下昬禮及士相見皆據士身自昬自相見又大戴禮公冠篇及下諸侯有冠禮夏之末造亦據諸侯身自加冠故鄭據士身自加冠爲目也鄭云四人世事士之子恒爲士者是齊語文彼云桓公謂管仲曰成人之事若何管子對曰四人勿雜處也公曰處士農工商若何管子對曰昔聖王之處士就閒燕也處工就官府也處商就市井也處農就田野也少而習焉其心安焉是四人世事士之子恒爲士也引之者證此士身年二十加冠法若士之子則四十彊而仕何得有二十爲士自加冠也二十而冠者鄭據曲禮文二十曰弱冠故云年二十而冠其大夫始仕者二十已冠訖五十乃爵命爲大夫故大夫無冠禮又案喪服小功章云大夫爲昆弟之長

重刻儀禮注疏序

江寧府知府陽城張敦仁撰

儀禮經鄭注賈疏前輩讀書言其文字多誤者予因徧搜各本而參稽之知經文尚存唐開成石刻可以取正注文則明嘉靖時所刻頗完善其疏文之誤自陳鳳梧本以下約畧相同比從元和顧千里行篋中見所用宋景德

重刻儀禮注疏序

江寧府知府陽城張敦仁撰

儀禮經鄭注賈疏前輩毎言其文字多誤者予因徧搜各本而參稽之知經文尚存唐開成石刻可以取正注文則明嘉靖時所刻頗完善其疏文之誤自陳鳳梧本以下約畧相同比從元和顧千里行篋中見所用宋景德

〇〇一

［清］張惠言《周易虞氏義》九卷附《周易虞氏消息》二卷

乾爲大人
坤爲田
二升坤五爲离
离爲見說卦相
見乎离

周易虞氏義卷之一

周易上經 參同契云日月爲易虞君注云易字从日下月 彖上傳 象上傳

文言 虞氏注

☰☰ 乾下乾上 陽盈象天與坤旁通候在四月爻變成旣濟

乾元亨利貞 子夏傳云元始也亨通也利和也貞正也文言注云乾始開通以陽通陰故始通義與子夏傳同乾始者謂易出復初探嘖索隱萬物資始故曰元以陽通陰六陽消息二五利見故曰亨利謂坤來入乾以成萬物美利利天下當位曰正二四上失位變而之正則雲行雨施天下平也

初九潛龍勿用 乾爲龍陽精變化之象文言注云坤亂於上君子勿用隱在下位

九二見龍在田利見大人 陽息至二兌爲見故稱見龍易有三才初二地道地上故在田大人謂二有君德當升坤五時舍於田之正體离物皆相見與五同義

九三君子終日乾乾夕惕若厲无咎 注 謂陽息至三二變成离离爲日坤爲夕三四人道故不稱龍

周易虞氏義序

昔伏羲作十言之教曰乾坤震巽坎离艮兊消息易緯曰聖人因陰陽起消息立乾坤以統天地易曰君子尚消息盈虛天行也是消息者聖人所以立卦推爻繫彖象之旨也漢時說易者皆明消息今遺文可考者鄭荀虞最著而虞氏仲翔世傳孟氏易又博考鄭荀諸儒之書故其書參消長於日月驗變動於爻象升降上下發揮旁通聖人消息之教更大明焉惜後通之者少五代時姚氏翟氏蜀才氏能傳之亦未大顯唐初以王注列學官而師說亾迨宋圖書之說興而易義更晦幸李鼎祚撰集解採虞注獨詳

國朝惠徵士棟據之作易漢學推闡納甲於消息變化之道

半葉十一行，行二十三字，單魚尾，白口，左右雙闌，框高18.4厘米，寬14.2厘米，清嘉慶八年（1803）阮氏琅嬛仙館刊本，有葉名灃批校及“漢陽葉名灃潤臣用印”，還有“日新書屋”、“胡氏長守閣藏書印”。

葉名灃（1812—1859），字潤臣，一字翰源，湖北漢陽（今湖北省武漢市漢陽區）人，兩廣總督葉名琛之弟。道光十七年舉人，官至内閣侍讀。博學，擅詩詞，撰有《敦夙好齋詩集》。

邵懿辰撰、邵章續録《增訂四庫簡明目録標注》僅著録有此嘉慶阮元刊本；《中國古籍善本書目》著録三部有批校的此阮元刊本、一部圈點本及兩部稿本[一]；莫友芝撰、傅增湘訂補《藏園訂補郘亭知見傳本書目》除此刊本外，另還著録有《皇清經解》本；然孫殿起《販書偶記》、《販書偶記續編》及雷夢水《古書經眼録》均未著録此嘉慶刊本，可知此刊本並不多見，加之又有葉名灃批校，實屬難得。

（一） 案：稿本一般不可能有兩部，疑其中一部實爲鈔本。

〇〇二

［清］惠棟《古文尚書考》二卷

古文尚書攷卷上

東吳　惠　棟　定宇　撰

孔安國古文五十八篇漢世未嘗亾也三十四篇與伏生同二十四篇增多之數篇名具在劉歆造三統秝班固作律秝志鄭康成注尚書序皆得引之特以當日未立於學官故賈逵馬融等雖傳孔學不傳逸篇融作書序亦云逸十六篇絕無師說十六篇內九共九篇故二十四蓋漢重家學習尚書者皆以二十九篇爲備伏生二十八篇太誓後得故二十九劉歆移書太常曰抑此三學以尚書爲備臣瓚曰當時學者謂尚書唯有二十八篇不知本有百篇也三學謂逸禮尚書左傳于時雖有孔壁之文亦止謂之逸書無傳之者服虔

半葉十行，行二十一字，單魚尾，白口，左右雙闌，框高17.4厘米，寬13.2厘米，清乾隆五十七年（1792）讀經樓刊本。

惠棟（1697—1758），字定宇，號松崖，學者稱小紅豆先生，江蘇元和（今江蘇省蘇州市）人，“乾嘉學派”吴派領軍人物。

此書係經學名著，其版本情况，《增訂四庫簡明目録標注》、《藏園訂補郘亭知見傳本書目》、《中國古籍善本書目》、《販書偶記》、《販書偶記續編》均未著録此刊本，故此讀經樓本可謂較爲少見。

〇〇三

［清］孫星衍《尚書今古文注疏》三十卷

尚書今古文注疏卷一

堯典第一上　虞夏書一

賜進士及第授通奉大夫山東督糧道加三級孫星衍撰

注 大傳說堯者高也饒也馬融曰堯謚也翼善傳聖曰

堯疏 大傳說見風俗通皇霸篇引書大傳以堯爲高者白虎通號篇云堯猶嶢嶢也至高之貌淸妙高遠優游博衍衆聖之主百王之長也說文云堯高也从垚在兀上高遠也古文作[illegible]云饒者與高聲相近廣雅釋詁云益也多也饒多之義猶舜之言充俱美詞馬注見釋文云堯謚也翼善傳聖曰堯者士冠禮云死而謚今也古者生無爵死無謚注云古謂殷殷士生不爲爵死不爲謚則鄭以此禮爲大夫士言之不謂天子則古者天子有謚故馬氏以爲謚也白虎通謚篇云帝者天號也以爲堯猶謚顧上世質直死後以其名爲號耳所以謚之爲堯何禮謚法曰翼善傳聖謚曰堯馬氏說本此高誘注戰國策亦引堯舜謚張晏注漢書同今謚法解

方乃死舜死蒼梧葬於九疑之山在蒼梧馮乘縣東北零陵之南千里也史記集解引皇覽云舜冢在零陵營浦縣其山九谿皆相似故曰九疑案馮乘在今廣西賀縣北一百廿里地理志零陵郡營道九疑山在南營道縣在今湖南道州西九疑山在寧遠縣南六十里

堯典第一下終

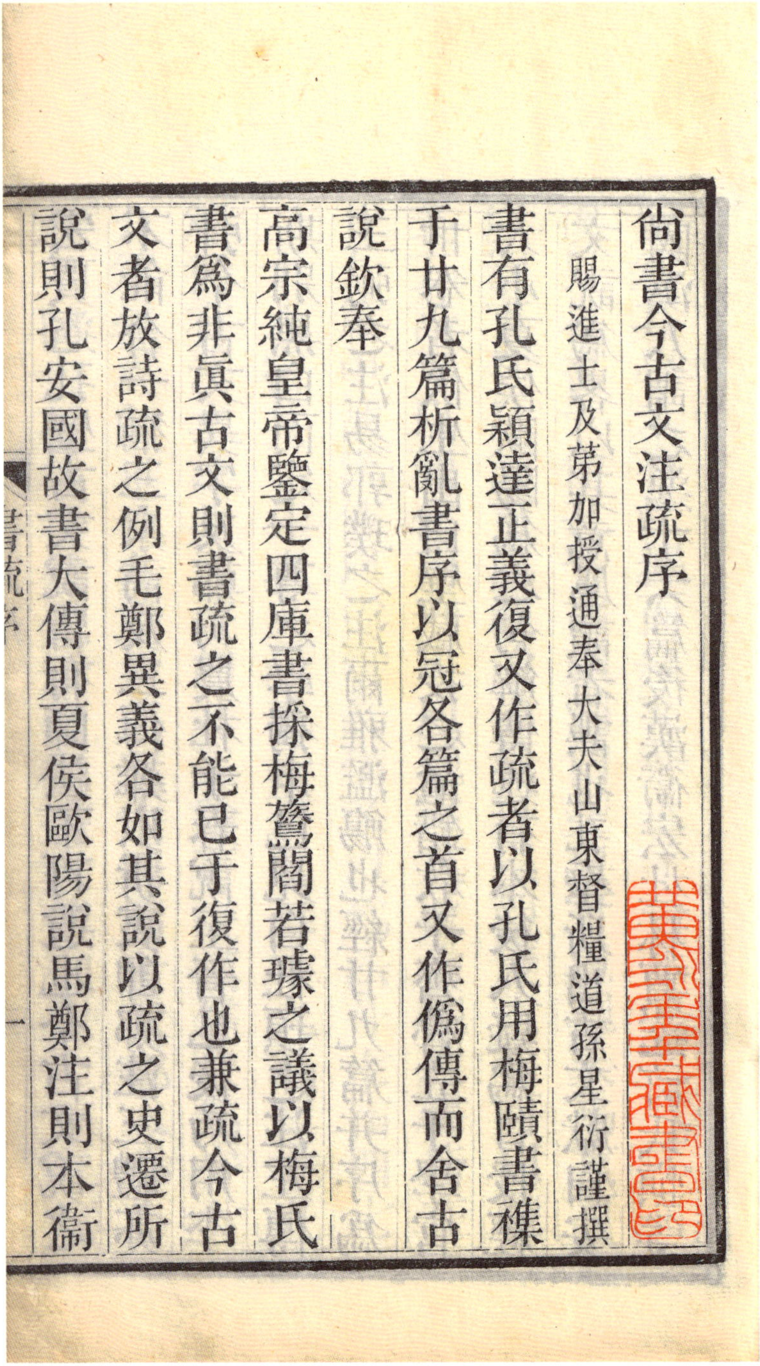
尚書今古文注疏序

賜進士及第加授通奉大夫山東督糧道孫星衍謹撰

書有孔氏穎達正義復又作疏者以孔氏用梅賾書穕于廿九篇析亂書序以冠各篇之首又作僞傳而舍古說欽奉

高宗純皇帝鑒定四庫書採梅鷟閻若璩之議以梅氏書爲非眞古文則書疏之不能已于復作也兼疏今古文者放詩疏之例毛鄭異義各如其說以疏之史遷所說則孔安國故書大傳則夏侯歐陽說馬鄭注則本衛

書疏序　一

半葉九行，行二十一字，單魚尾，白口，四周雙闌，框高17.1厘米，寬12.2厘米，清嘉慶二十年（1815）孫氏冶城山館刻《平津館叢書》初印本，除鈐有先父“黄永年藏書印”，還有“寸心千古”印。

孫星衍（1753—1818），字淵如，號伯淵，别署芳茂山人、微隱，江蘇陽湖（今江蘇省常州市）人，後遷居金陵（今江蘇省南京市）。清乾隆五十二年（1787）榜眼，精經學、版本目録之學，係乾嘉時期名儒。

此書爲經學名著，其版本情況，據《增訂四庫簡明目録標注》、《藏園訂補郘亭知見傳本書目》著録此《平津館叢書》本刊刻最早，先父所藏之本又爲初印，故有其收藏价值。

〇〇四

[宋]朱熹《詩經集傳》八卷

詩經集傳序

或有問於予曰詩何爲而作也予應之曰人（爲應並去聲 夫音扶）生而靜天之性也感於物而動性之欲也夫旣有欲矣則不能無思旣有思矣則不能無言旣有言矣則言之所不能盡而發於咨嗟咏歎之餘者必有自然之音響節族（音奏）而不能已焉此詩之所以作也曰然則其所以教者何也曰詩者人心之感物而形於言之餘也心之所感有邪正故言之所形有是非惟

邶蒲對反　鄘音容　行音抗　土去聲　　幷去聲　處上聲　　澶音蟬　相去聲　濮博木反

詩經卷之二

邶一之三　　朱熹集傳

邶鄘衛三國名在禹貢冀州西阻太行北逾衡漳東南跨河以及兗州桑土之野及商之季而紂都焉武王克商分自紂城朝歌而北謂之邶南謂之鄘東謂之衛以封諸侯邶鄘不詳其始封衛則武王弟康叔之國也衛本都河北朝歌之東淇水之北百泉之南其後不知何時幷得邶鄘之地至懿公爲狄所滅戴公東徙渡河野處漕邑文公又徙居于楚丘朝歌故城在今衛州衛縣西二十二里所謂殷墟衛故都即今衛縣漕楚丘皆在滑州大抵今懷衛澶相滑濮等州開封大名府界皆衛境也但邶鄘地既入衛其詩皆爲衛事而猶繫其故國之名則不可曉而舊說以此下十三國皆爲變風焉

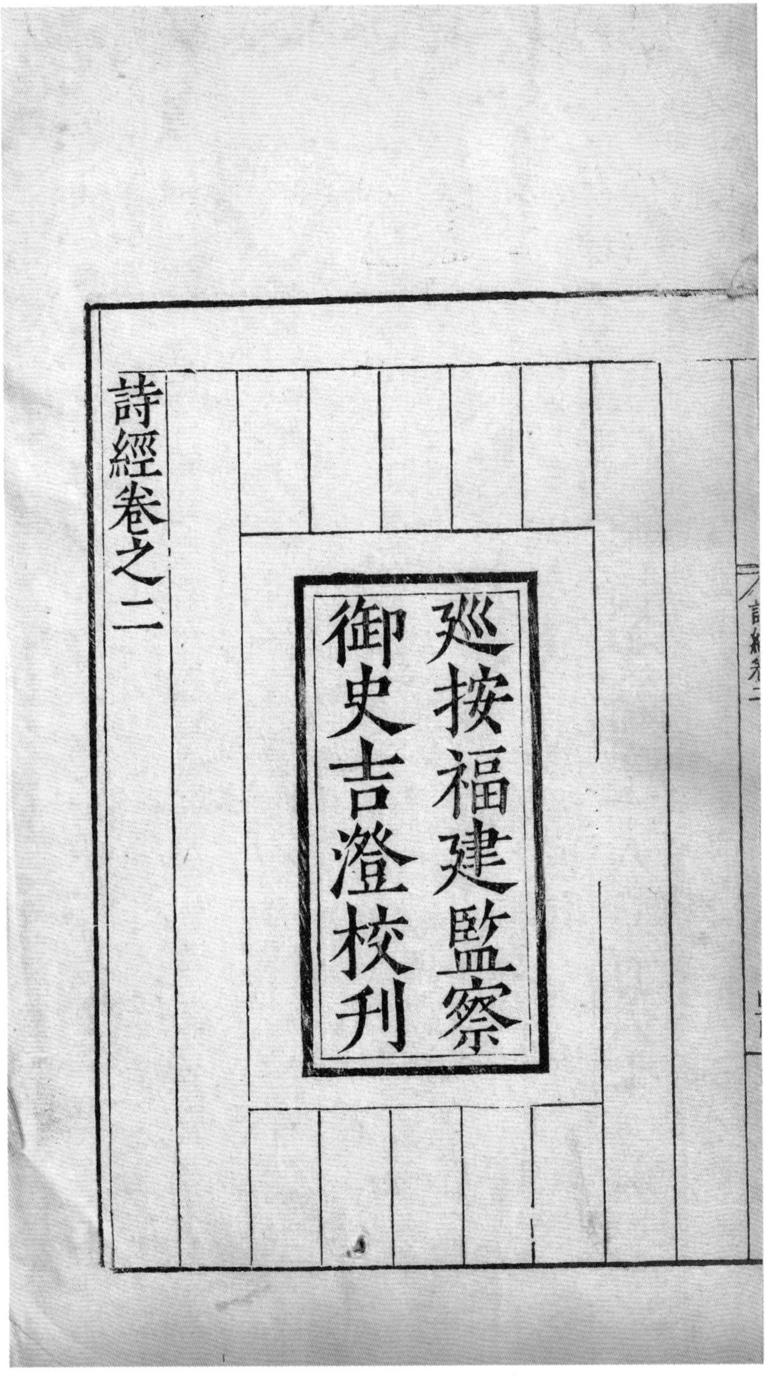

巡按福建監察
御史吉澄校刊

詩經卷之二

半葉九行，行十七字，單魚尾，白口，左右雙闌，框高20.6厘米，寬14.3厘米，明嘉靖年（1522—1566）吉澄刊本，有先父題跋及其“永寧室藏書”印。

先父題跋云：

明白棉紙所印《詩集傳》八卷，半葉九行十七字，每卷末多有牌子曰“廵按福建監察御史吉澄校刊”，兩行。案澄所栞書予所見尚有《書集傳》八卷，寒齋藏《周易程傳》二十四卷、《春秋經四傳》三十八卷，均見《澤存書庫書目初編》。失記其名，蓋合栞“五經”資士子誦習者，惟《禮記》未聞，殆係用陳氏《集説》耳。此本字體方嚴，雕印精美，版心下端有書手及刻工姓名，刻工中有黄周賢者，嘉靖間蘇州栞書名手，所栞尚有《孔子家語》多種傳世，爲收藏家所樂道，則此本自栞於蘇州無疑，然建版盛於宋元，下迄萬曆尚未衰。乃福建監察御史栞刻“五經”轉由蘇州開版，知嘉靖時蘇州刻書之業已駕建版而多之，此亦治版本沿革之所宜究心者也。

是書版本，據《增訂四庫簡明目録標注》、《藏園訂補郘亭知見傳本書目》著録有宋、明刊本，不过《中國古籍善本書目》僅著録有四部此書吉澄刊本，分藏於國家圖書館、首都圖書館、天津圖書館、吉林省圖書館。可見此刊本之少見，而先父所藏此部，不僅書品較寬大，且爲白棉紙初印本，頗佳。

〇〇五

［唐］賈公彦《儀禮注疏》五十卷

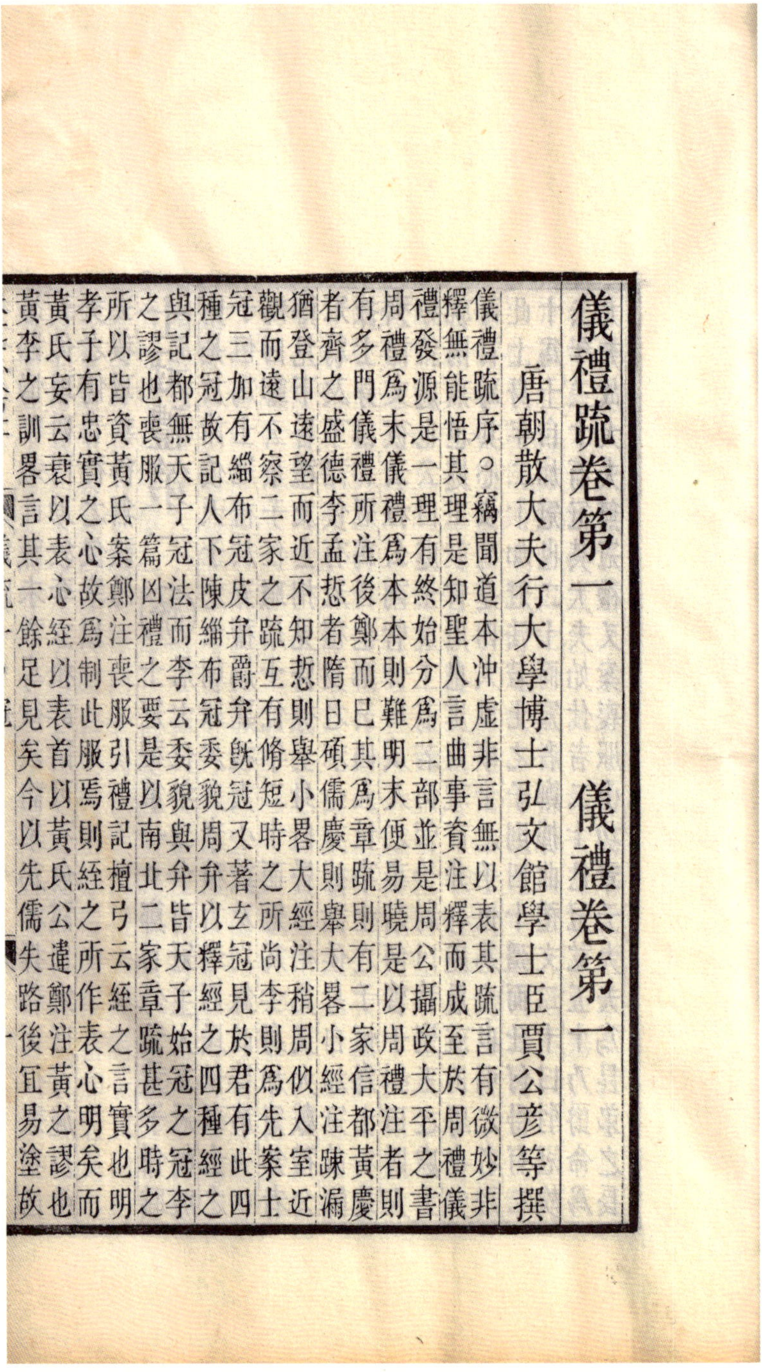
儀禮疏卷第一　儀禮卷第一
唐朝散大夫行大學博士弘文館學士臣賈公彥等撰
儀禮疏序○竊聞道本沖虛非言無以表其疏言有微妙非
釋無能悟其理是知聖人言曲事資注釋而成至於周禮儀
禮發源是一理有終始分爲二部並是周公攝政大平之書
周禮爲末儀禮爲本本則難明末便易曉是以周禮注者則
有多門儀禮所注後鄭而已其爲章疏則有二家信都黃慶
者齊之盛德李孟悊者隋日碩儒慶則舉大畧小經注踈漏
猶登山遠望而近不知悊則舉小畧大經注稍周似入室近
觀而遠不察二家之疏互有脩短時之所尚李則爲先案士
冠三加有緇布冠皮弁爵弁既冠又著玄冠見於君有此四
種之冠故記人下陳緇布冠委貌周弁以釋經之四種經之
與記都無天子冠法而李云委貌與弁皆天子始冠之冠李
之謬也喪服一篇凶禮之要是以南北二家章疏甚多時之
所以皆資黃氏案鄭注喪服引禮記檀弓云絰之言實也明
孝子有忠實之心故爲制此服焉則經之所作表心明矣而
黃氏妄云衰以表心絰以表首以黃氏公違鄭注黃之謬也
黃李之訓畧言其一餘足見矣今以先儒失路後宜易塗故

重刻儀禮注疏序

江寧府知府陽城張敦仁撰

儀禮經鄭注賈疏前輩每言其文字多誤者予因徧搜各本而參稽之知經文尚存唐開成石刻可以取正注文則明嘉靖時所刻頗完善其疏文之誤自陳鳳梧本以下約畧相同比從元和顧千里行篋中見所用宋景德官本手校疏凡正譌補脫去衍乙錯無慮數千百處神明煥然爲之改觀千里又用宋嚴州本校經及注視嘉靖本尤勝皆據吳門某

嘉慶丙寅重編校刊

儀禮注疏

附嚴本考異

單疏識誤 嗣出

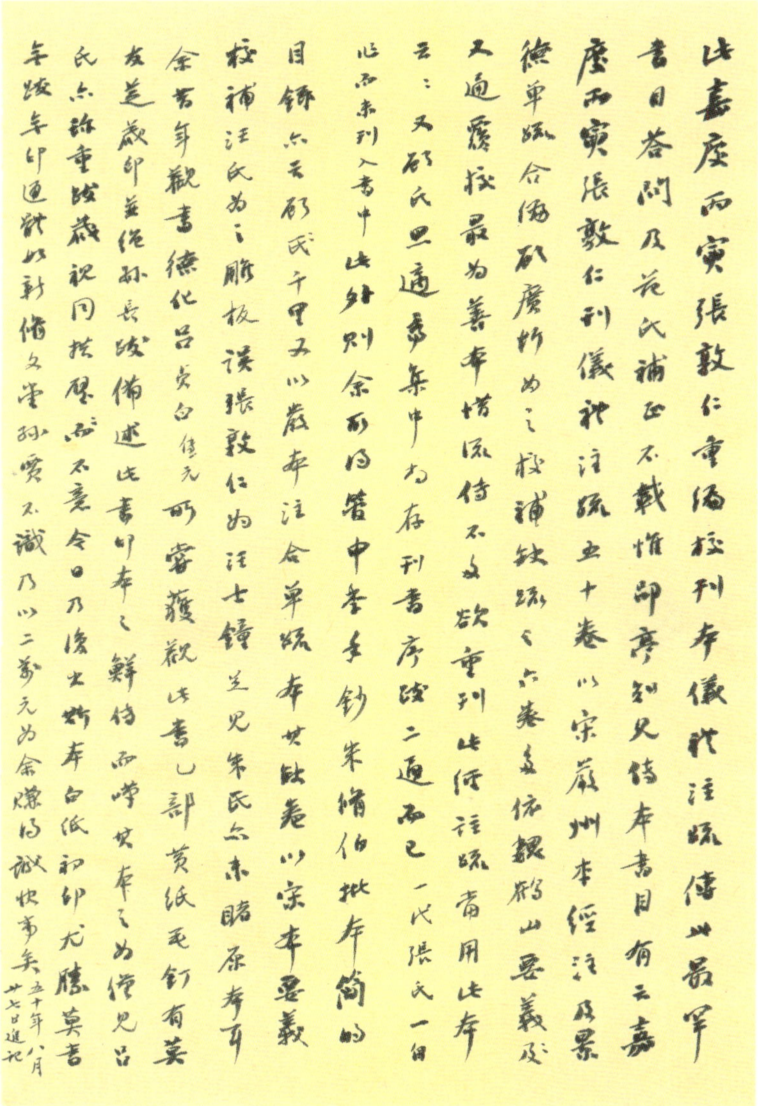
此嘉慶丙寅張敦仁重編校刊本儀禮注疏傳世最罕
書目答問及范氏補正不載惟郘亭知見傳本書目有云嘉
慶丙寅張敦仁刊儀禮注疏五十卷以宋嚴州本經注及景
德單疏合編顧廣圻為之校補缺疏之六卷亦依魏鶴山要義及
又通解校最為善本惜流傳不多欲重刊此經注疏當用此本
云云又顧氏思適齋集中尚存刊書序跋二通而已一代張氏一曰
也而未刊入書中此外則余所得篋中李手鈔朱修伯批本簡明
目錄亦云顧氏千里又以嚴本注合單疏本其缺卷以宋本要義
校補汪氏為之雕板誤張敦仁為汪士鐘蓋兒朱氏亦未睹原本耳
余昔年觀書德化呂貞白隹元所審獲觀此書乙部黃紙毛釘有莫
友芝藏印並從孫長跋備述此書印本之鮮傳而嘆其本之為傳兒呂
氏亦許重跋藏視同拱璧而不意今日乃復出此本白紙初印尤勝莫書
無跋無印通體如新備文堂孫賈不識乃以二萬元為余爆得誠快事矣 五十年八月廿七日進記

半葉十行，行十七字，雙魚尾，白口，左右雙闌，框高19.1厘米，寬13.1厘米，清嘉慶十一年（1806）張敦仁刊本，有先父題跋及“黄永年藏善本書印”。

先父題跋云：

此嘉慶丙寅張敦仁重編校刊本《儀禮注疏》，傳世最罕。《書目答問》及范氏《補正》不載，惟《郘亭知見傳本書目》有云：嘉慶丙寅張敦仁刊《儀禮注疏》五十卷，以宋嚴州本經注及景德單疏合編，顧廣圻爲之校補。缺疏之六卷，多依魏鶴山《要義》。又通覆校，最爲善本。惜流傳不多，欲重刊此經注疏當用此本云云。又，顧氏《思適齋集》中尚存刊書序跋二通而已，一代張氏，一自作而未刊入書中。此外則余所得管申季手鈔朱脩伯批本《簡明目録》亦云：顧千里又以嚴本注合單疏本，其缺卷以宋本《要義》校補，汪氏爲之雕板。誤張敦仁爲汪士鐘，足見朱氏亦未睹原本耳。余昔年觀書德化吕貞白傳元所，嘗獲觀此書乙部，黄紙毛釘，有莫友芝藏印並繩孫長跋，備述此書印本之鮮傳而嘆其本之爲僅見。吕氏亦珎重跋藏，視同拱璧。不意今日乃復出，斯本白紙初印，尤勝莫書，無跋無印，通體如新。脩文堂孫賈不識，乃以二萬元爲余賺得，誠快事矣。五十年八月廿七日追記。

此書《增訂四庫簡明目録標注》著録，而《藏園訂補部亭知見傳本書目》、《販書偶記》、《販書偶記續編》均未著録,《中國古籍善本書目》著録復旦大學圖書館藏有一部，可見此書雖爲嘉慶年間刊本，超出了有關善本的界定，可是却極難得，詳情具見上所録先父題跋。另據辛德勇教授《翻書説故事》中云，當年他曾買到一部張敦仁請顧千里校定仿刻南宋撫州本《禮記鄭注》(與此《儀禮注疏》同刊於嘉慶十一年)，先父看過後連聲稱讚，不過話鋒一轉，説道:“這書好是好，但也算不上稀見。你要是能找到張敦仁和顧千里刻的《儀禮注疏》，那才算你的福氣。這《儀禮注疏》雖説字體平常，是方體字，却真的實在罕見。”並在德勇兄喜興漸消之時，還補上一句:“我老傢伙有一部。”由此引起德勇兄興趣，每至古舊書店見《儀禮疏》、《儀禮注疏》之書名，一定要打開翻看，不過時至今日仍未能購得，此又從另一個方面説明此書之難得。

〇〇六

〔清〕張爾岐《儀禮鄭注句讀》十七卷

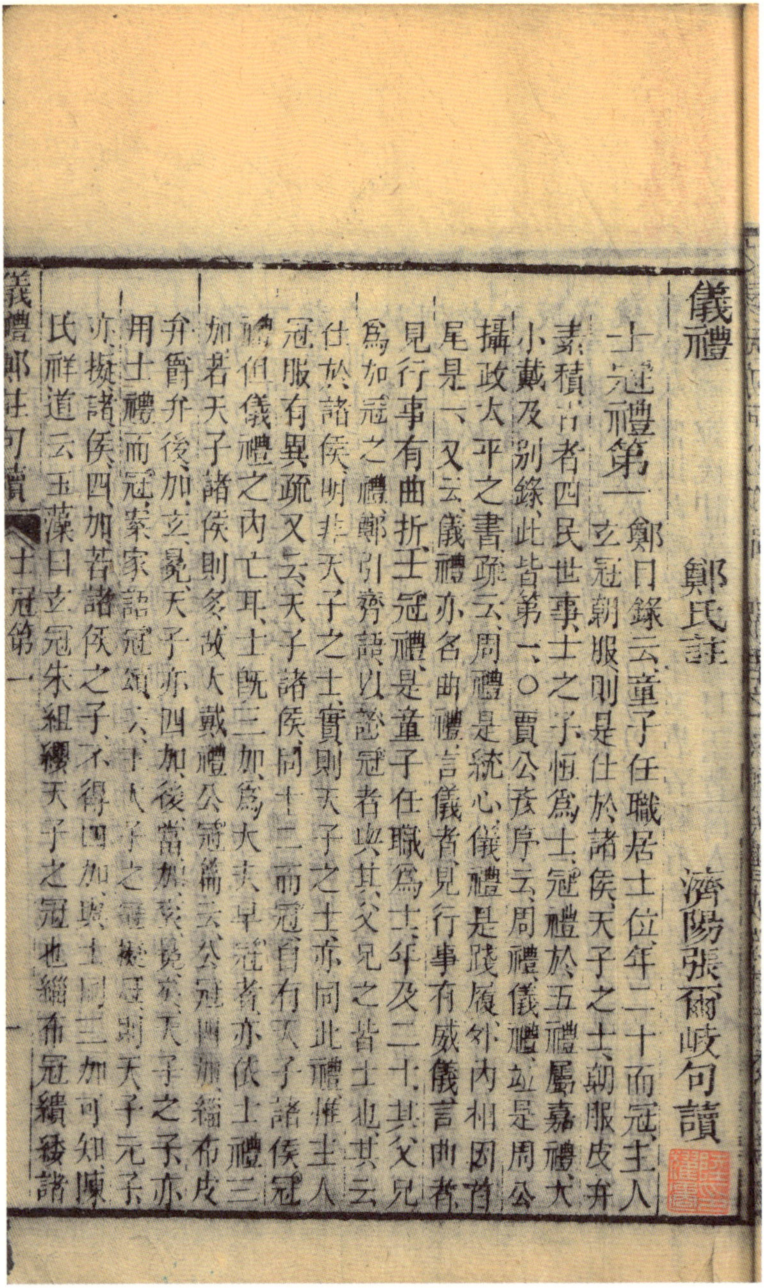

儀禮

鄭氏註　濟陽張爾岐句讀

士冠禮第一　鄭目錄云童子任職居士位年二十而冠主人
玄冠朝服則是仕於諸侯天子之士朝服皮弁
素積古者四民世事士之子恒爲士冠禮於五禮屬嘉禮大
小戴及別錄此皆第一○賈公彥序云周禮儀禮並是周公
攝政太平之書疏云周禮是統心儀禮是踐履外內相因首
尾是一又云儀禮亦名曲禮言儀者見行事有威儀言曲者
見行事有曲折士冠禮是童子任職爲士年及二十其父兄
爲加冠之禮鄭引齊讀以謚冠者與其父兄之皆士也其云
仕於諸侯明非天子之士實則天子之士亦同此禮惟主人
冠服有異疏又云天子諸侯同十二而冠自有天子諸侯冠
禮但儀禮之內亡耳士既三加爲大夫早冠者亦依士禮三
加若天子諸侯則多故大戴禮公冠篇云公冠四加緇布皮
弁爵弁後加玄冕天子亦四加後當加袞冕天子之子亦
用士禮而冠案家語冠頌云王太子之冠擬焉則天子元子
亦擬諸侯四加若諸侯之子不得四加與士同三加可知陳
氏祥道云玉藻曰玄冠朱組纓天子之冠也緇布冠繢緌諸

儀禮鄭註句讀一　士冠第一　一

此經傳通解注誤入鄭注

婦亦如之皆祭酳漱也酳之言演也安也漱所以絜口且演安其所食酳酌內尊○內尊尊于室中北墉下者也疏云壻拜當東面婦拜當南面少牢饋答拜註云在東面席者東面拜在西面席者南面拜故知婦拜南面若贊答婦拜亦於戶內北面也○漱所又反贊以肝從皆振祭嚌肝皆實于菹豆肝肝炙也飲酒宜有肴以安之○從猶繼也振猶擧也卒爵皆拜婦拜見上篇見母章此篇婦見奠菜一章及內則女拜尚右手贊答拜受爵再酳如初無從三酳用巹亦如之亦無從也○如初者如自贊洗爵以下至答拜受爵但無從爲異無從不以肝從也三酳則並如再酳之無從酳爵不襲贊受爵卽送之於篚別取爵再酳三酳則用巹也贊洗爵酌于戶外尊入戶西北面奠爵拜皆答拜坐祭卒爵拜皆答拜興贊酌者自酢也主人出婦復位復尊西南面之位乃徹于房中如設于室尊否徹室中之饌設于房中爲媵御餕之徹尊不設有外尊也主人說服于房媵

儀禮鄭註句讀序

記曰優優大哉禮儀三百威儀三千禮者本於人心之節文以爲自治治人之具是以孔子之聖猶問禮於老聃而其與弟子答問之言雖節目之微無不備悉語其子伯魚曰不學禮無以立鄉黨一篇皆動容周旋中禮之效然則周公之所以爲治孔子之所以爲教舍禮其何以焉劉康公有言民受天地之中以生所謂命也是以有動作禮義威儀之則以定命也三代之禮其存於後世而無疵者獨有儀禮一經漢

儀禮鄭註句讀　顧序　一

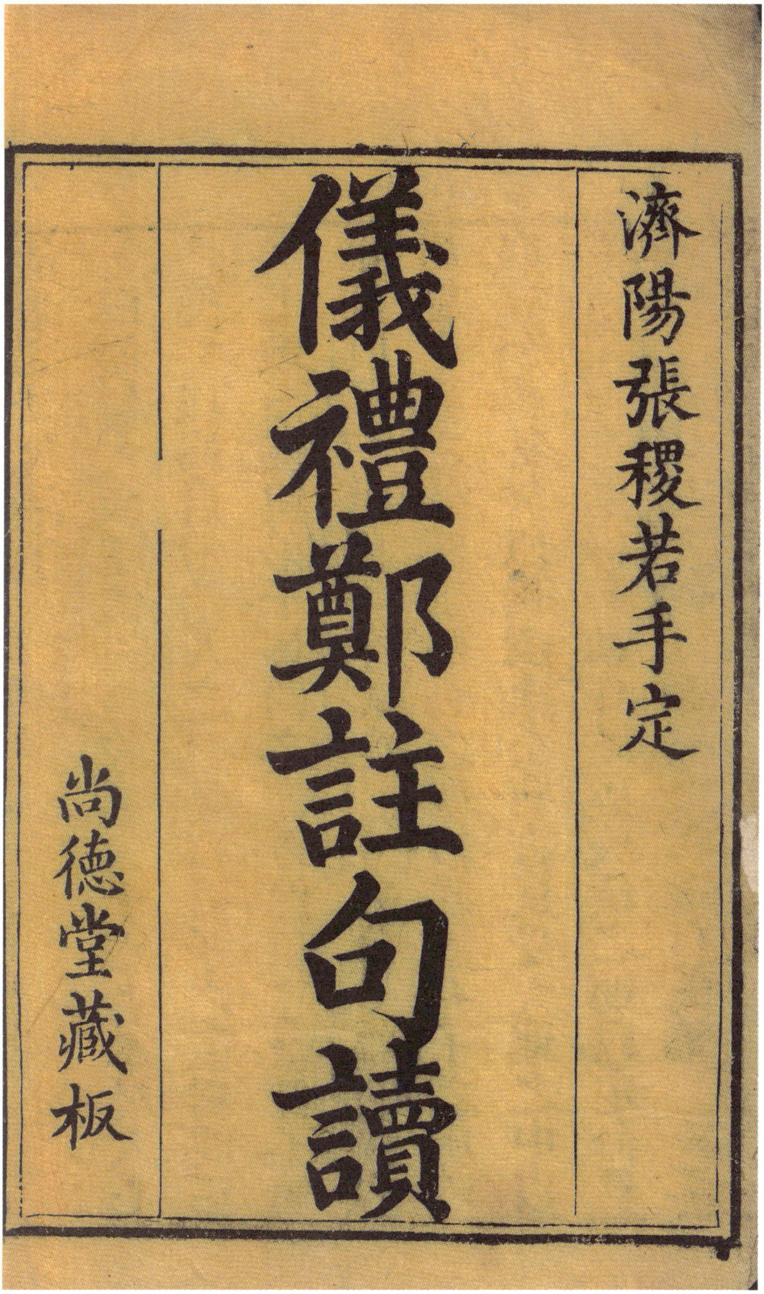
濟陽張稷若手定

儀禮鄭註句讀

尚德堂藏板

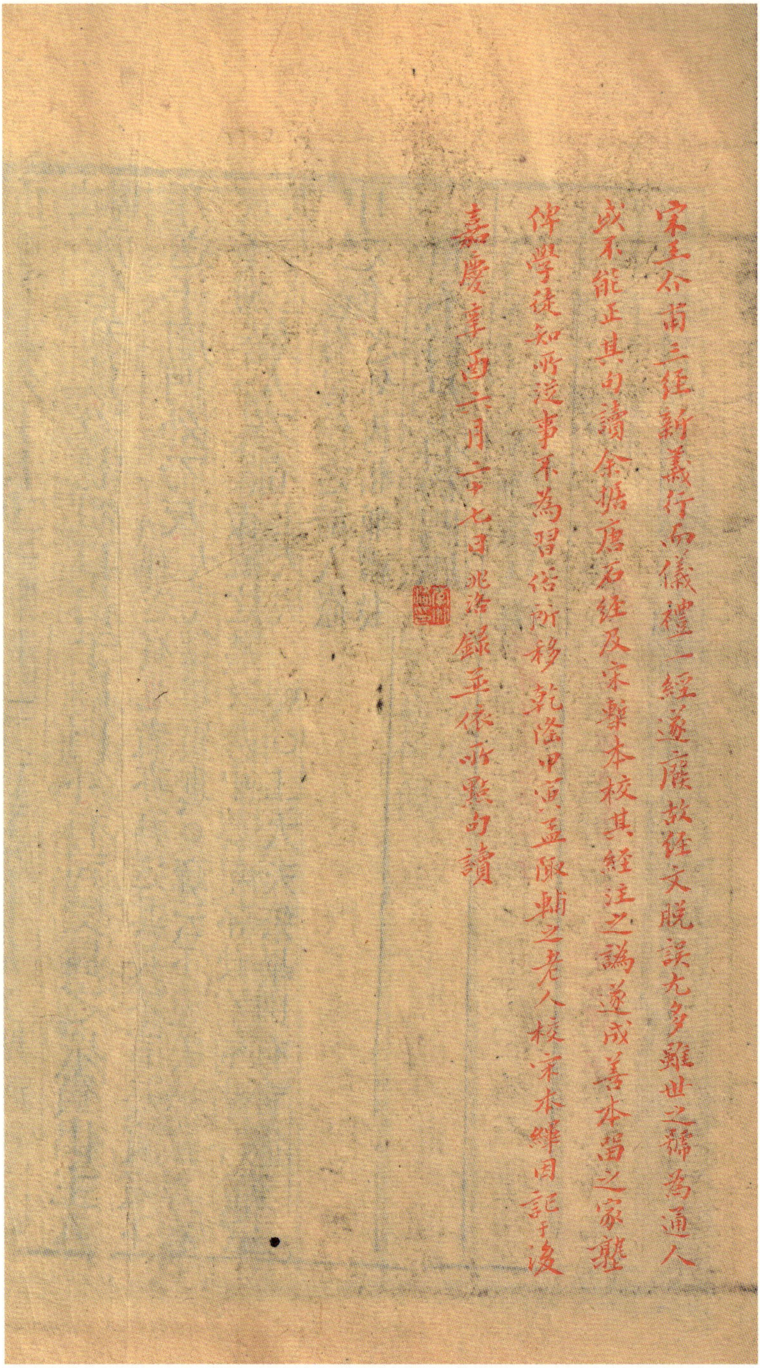
宋王介甫三經新義行而儀禮一經遂廢故經文脱誤尤多雖世之號為通人或不能正其句讀余据唐石經及宋槧本校其經注之譌遂成善本畱之家塾俾學徒知所從事不為習俗所移　乾隆甲寅孟陬輔之老人校宋本畢因記于後
嘉慶辛酉二月二十七日兆洛錄并依所點句讀

半葉九行，行大字二十四，單魚尾，白口，框高18.6厘米，寬14.8厘米，左右雙闌，清乾隆年（1736—1795）坊刊本。有李兆洛過録經學家金榜批校，並有李兆洛題跋，除鈐有“陸曜遹印”、“陸曜遹讀書記”及先父“江陰黃永年藏書之記”印外，還有“念武考藏”印。

李兆洛題跋：

宋王介甫《三經新義》行，而《儀禮》一經遂廢，故經文脱誤尤多，雖世之號爲通人或不能正其句讀。余據唐石經及宋槧本校其經注之譌，遂成善本，留之家塾，俾學徒知所從事，不爲習俗所移。乾隆甲寅孟陬輔之老人校宋本繹，因記于後。嘉慶辛酉六月二十七日兆洛録，並依所點句讀。

李兆洛（1769—1841），字申耆，晚號養一老人，江蘇陽湖（今江蘇省常州市）人。清代陽湖派學者之代表，精輿地、考據、訓詁之學。金榜（1735—1801），字蕊中，又字輔之，安徽歙縣（今安徽省黃山市徽州區）人。精思博學，從江永學經，與戴震同學，又從桐城劉大櫆學古文。乾隆三十七年（1772）狀元，授翰林院修撰，曾任山西省鄉試、京都會試副主考官。後服喪不出，專心讀書著述，撰有《禮箋》。陸曜遹（1771—1836），字紹聞，號劭文，江蘇陽湖（今江蘇省常州市）人。工詩文，尤長金石文字，撰有《金石萃編續編》。

是書據《增訂四庫簡明目録標注》、《藏園訂補郘亭知見傳本書目》著録有清代数種刊本，而此清乾隆年（1736—1795）坊刊本雖然刻工不佳，然全書皆有陽湖派古文學家李兆洛過録的乾嘉時期著名經學家金榜批校，故極佳。此書係二十世紀四十年代先父見於常州城内一家名爲“傳古齋”之舊書店，因書商不識貨，僅以僞幣中儲券七元的廉價購得。

〇〇七

［清］金榜《禮箋》三卷

九賦九式

大宰以九賦斂財賄。一曰邦中之賦。二曰四郊之賦。三曰邦甸之賦。四曰家削之賦。五曰邦縣之賦。六曰邦都之賦。七曰關市之賦。八曰山澤之賦。九曰幣餘之賦。

注。財。泉穀也。鄭司農云。邦中之賦。二十而稅一。各有差也。幣餘。百工之餘。元謂賦。口率出泉也。今之筭泉。民或謂之賦。此其舊名與。鄉大夫以歲時登其夫家之衆寡。辨其可任者。國中自七尺以及六十。野自六尺以及六十有五。皆征之。遂師之職亦云以徵其財征。皆謂此賦也。邦中。在城郭者。四郊。去國百里。邦甸

卷一　九賦九式　一

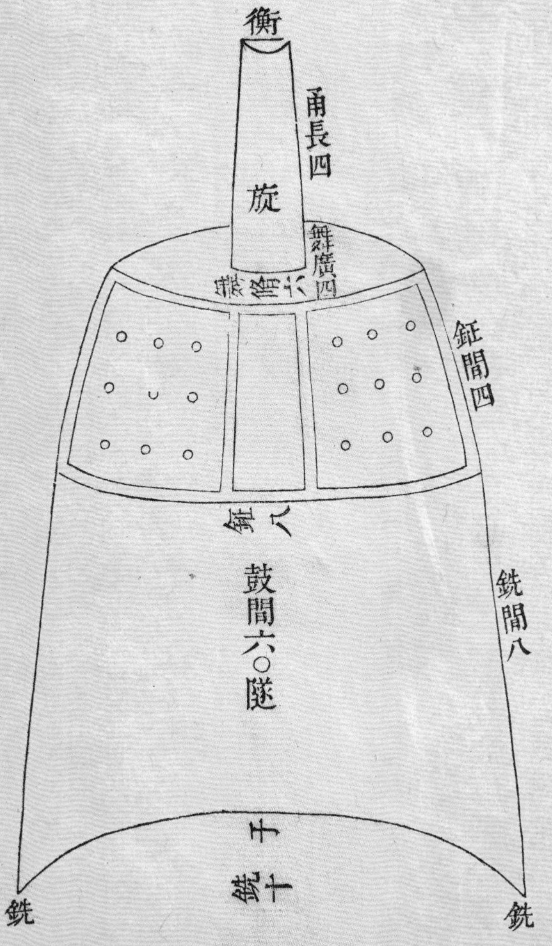
衡
甬長四
旋
舞廣四
舞脩六
鉦間四
鉦八
鼓間六
隧
銑間八
于
銑十
銑
銑

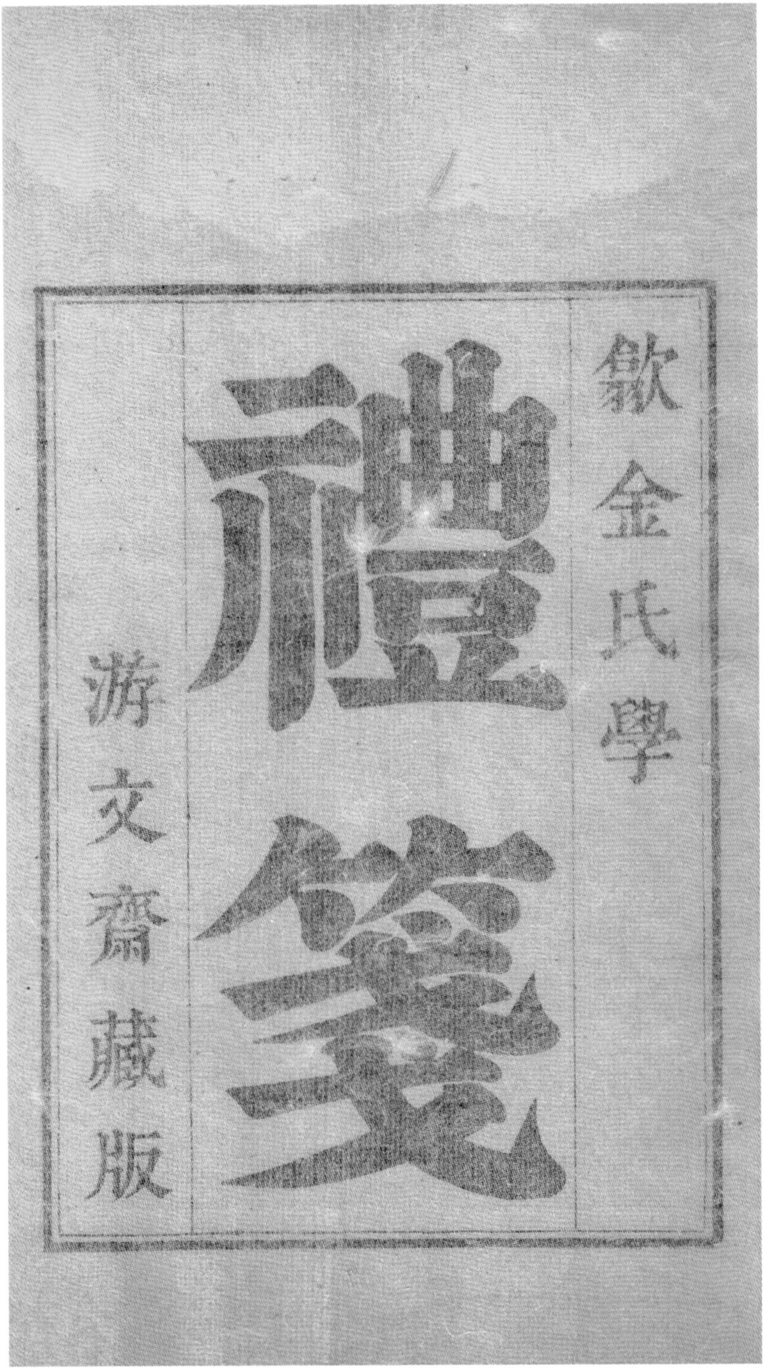

歙金氏學

禮箋

游文齋藏版

半葉十行，行二十一字，單魚尾，黑口，左右雙闌，框高19.1厘米，寬14.2厘米，清乾隆五十九年（1794）游文齋刊本。

撰者金榜爲乾隆三十七年（1772）狀元，係乾嘉時期著名經學家。而此書《增訂四庫簡明目録標注》未著録，《販書偶記》則著録有此刊本。另據《中國古籍善本書目》可知，該書僅有此刊本，且不多見。

〇〇八

［晉］杜預注《春秋經傳集解》三十卷

春秋經傳集解隱公第一

隱公名息姑。惠公之子。母聲子。謚法。不尸其位曰隱

杜氏註　盡十一年

傳。惠公元妃孟子言元妃。明始適夫人也。子。宋姓。惠公名不皇。謚法。愛人好與曰惠。(適)丁歷反孟子卒不稱薨。不成喪也。無謚。先夫死。不得從夫謚。(謚)實至反繼室以聲子。生隱公聲。謚也。蓋孟子之姪娣也。諸侯始娶。則同姓之國。以姪娣媵。元妃死。則次妃攝治內事。猶不得稱夫人。故謂之繼室。(姪)直結反。又大一反。兄女也。(娣)大計反。女弟也宋武公生仲子。仲子生

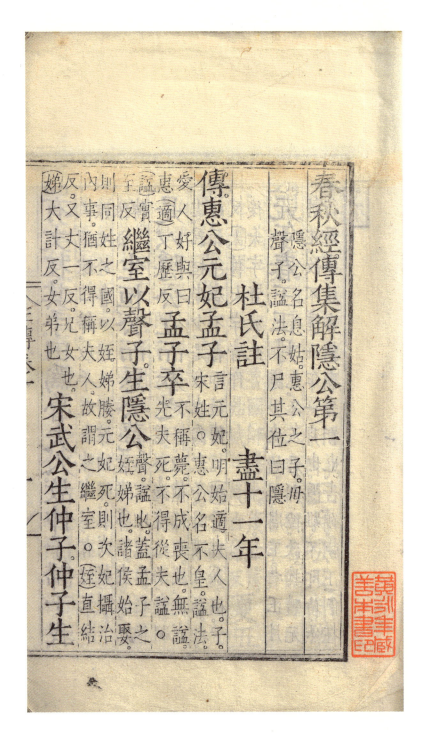

春秋序

春秋者魯史記之名也記事者以事繫日以日繫月以月繫時以時繫年所以紀遠近別同異也別音鼈故史之所記必表年以首事年有四時故錯舉以爲所記之名也周禮有史官掌邦國四方之事達四方之志諸侯亦各有國史大事書之於策小事簡牘而已孟子曰楚謂之檮杌晉謂之乘而魯謂之春秋其

半葉八行，行十七字，雙魚尾，白口，四周雙闌，有書耳，框高21.2厘米，寬14厘米，明嘉靖年（1522—1566）翻相臺岳氏刊本，除鈐有先父“黃永年藏善本書印”外，另有“張伊卿藏書記”。

此書《增訂四庫簡明目録標注》、《藏園訂補郘亭知見傳本書目》著録頗多版本，《中國古籍善本書目》却未明確著録有明翻相臺岳氏刊本，因而此本可謂較爲稀見，且先父所藏的這部爲白棉紙初印本，故有其收藏價值。

［漢］何休學《春秋公羊傳》十二卷

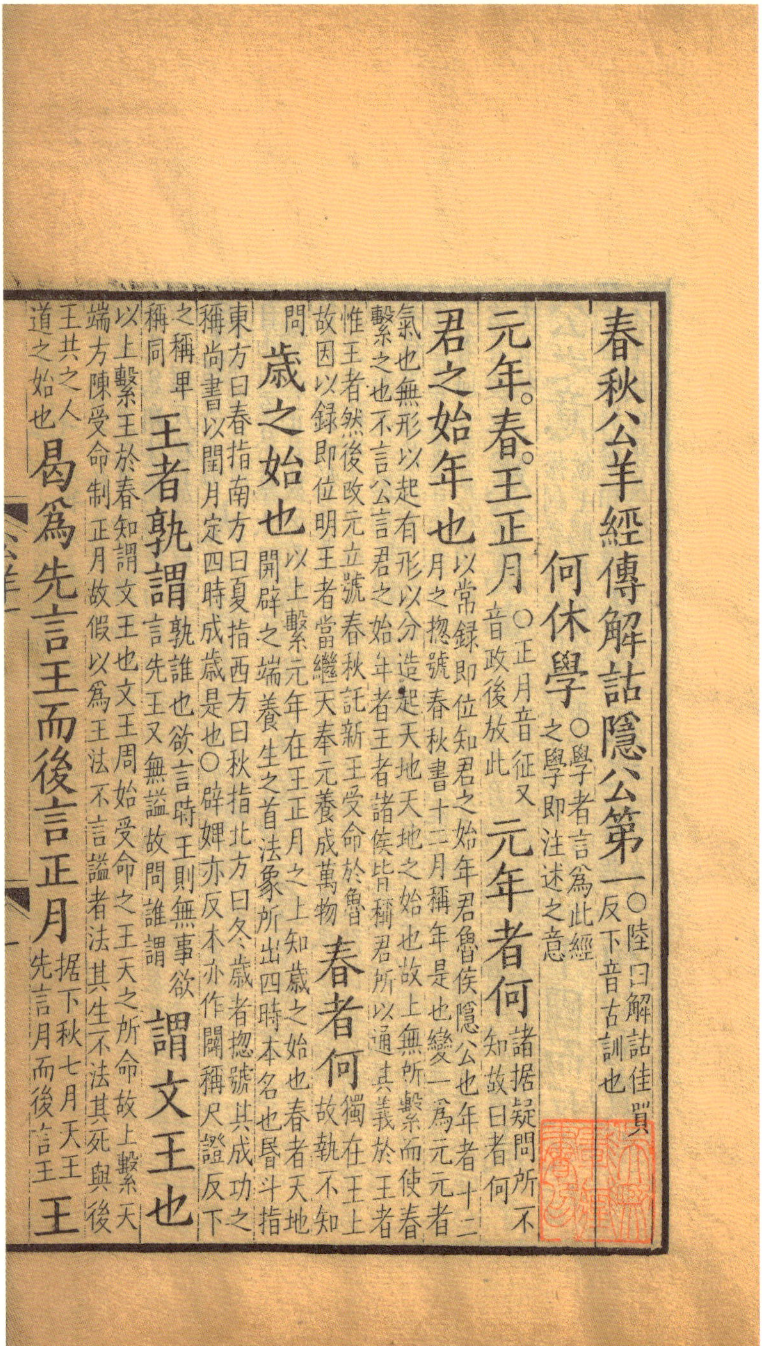
春秋公羊經傳解詁隱公第一 ○陸曰解詁佳買反下音古訓也

何休學 ○學者言爲此經之學即注述之意

元年。春。王正月 ○正月音征又音政後放此 元年者何 諸据疑問所不知故曰者何 君之始年也 以常錄即位知君之始年君魯侯隱公也年者十二月之揔號春秋書十二月稱年是也變一爲元元者氣也無形以起有形以分造起天地天地之始也故上無所繫而使春繫之也不言公言君之始年者王者諸侯皆稱君所以通其義於王者惟王者然後改元立號春秋託新王受命於魯故因以錄即位明王者當繼天奉元養成萬物 春者何 獨在王上故執不知問 歲之始也 以上繫元年在王正月之上知歲之始也春者天地開辟之端養生之首法象所出四時本名也昬斗指東方曰春指南方曰夏指西方曰秋指北方曰冬歲者揔號其成功之稱尚書以閏月定四時成歲是也○辟婢亦反本亦作闢稱尺證反下之稱畢稱同 王者孰謂 孰誰也欲言時王則無事欲言先王又無謚故問誰謂 謂文王也 以上繫王於春知謂文王也文王周始受命之王天之所命故上繫天端方陳受命制正月故假以爲王法不言謚者法其生不法其死與後王共之人道之始也 曷爲先言王而後言正月 据下秋七月天王先言月而後言王 王

宋紹熙本
公羊傳注

揚州汪氏問礼堂栞

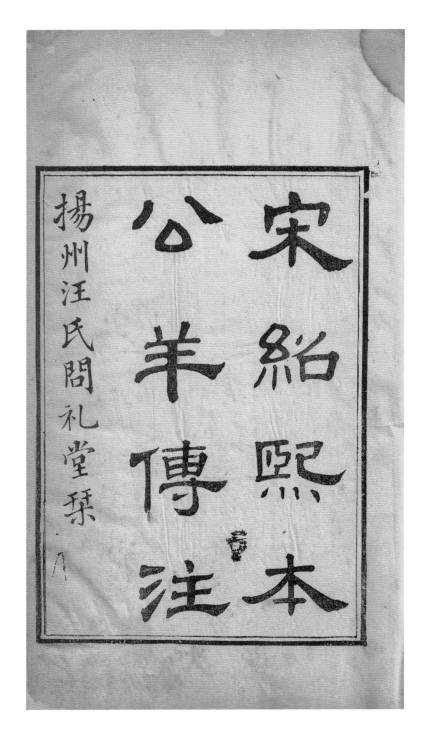

半葉十一行，行十八字，雙魚尾，白口，左右雙闌，框高17.4厘米，寬12.7厘米，清道光四年（1824）揚州汪氏問禮堂仿宋紹熙刊本，初印，鈐有“吴熙載藏書印”。

吴熙載（1799—1870），原名廷揚，字熙載，後以字行，改字讓之，亦作攘之，號讓翁、晚學居士、方竹丈人等，江蘇儀徵人。其主要成就在於金石篆刻，有《師慎軒印譜》、《吴讓之印譜》等行世，另著有《通鑑地理今釋稿》。

此道光年汪氏問禮堂仿宋紹熙刊本雖爲清代翻刻本，然《販書偶記》及《販書偶記續編》却未著録。近日又於陝西師範大學圖書館見到一部此本，不過係後印本，又有斷板，而先父所藏這部却爲初印本，且係吴熙載舊藏，因此較爲珍貴。

〇一〇

[漢]孔安國傳《孝經》一卷

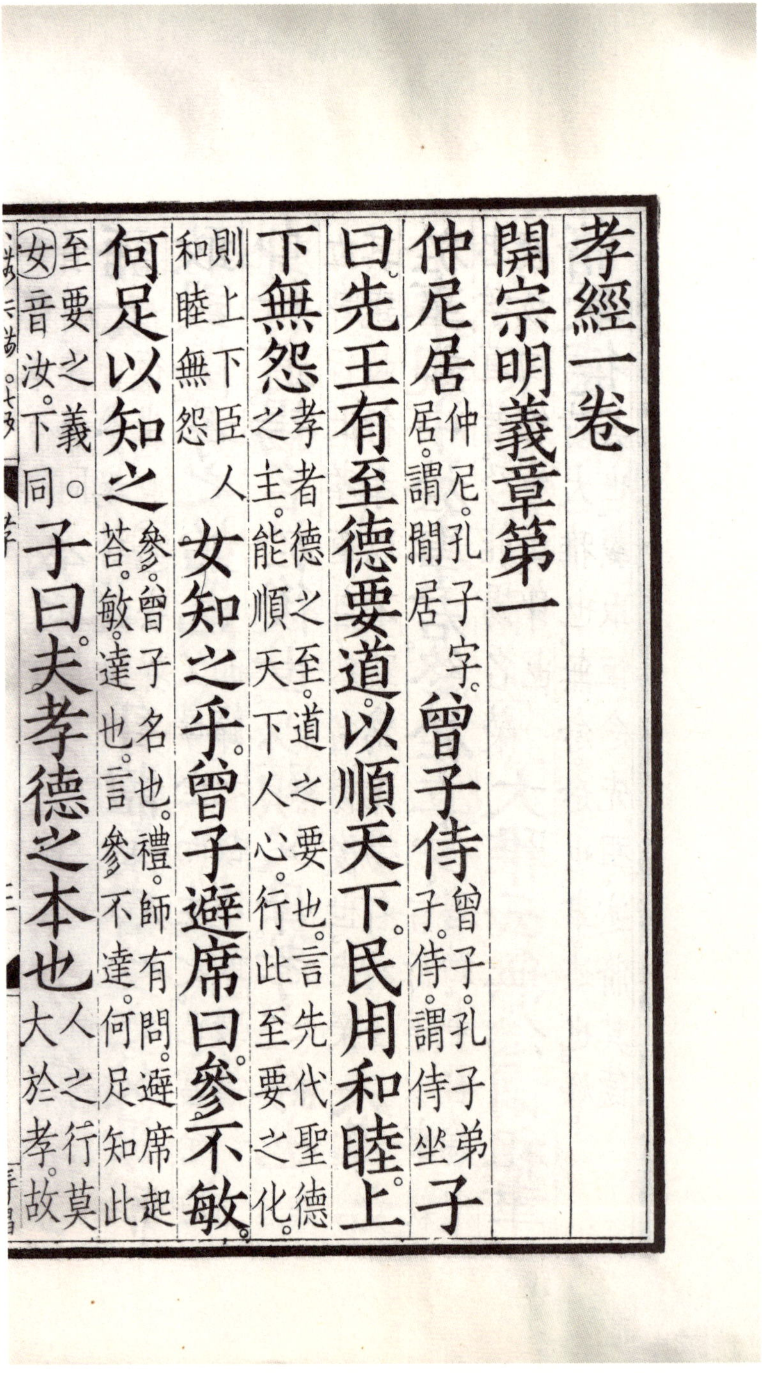

孝經一卷

開宗明義章第一

仲尼居仲尼。孔子字。居。謂閒居曾子侍曾子。孔子弟子。侍。謂侍坐子曰。先王有至德要道。以順天下。民用和睦。上下無怨。孝者德之至。道之要也。言先代聖德之主。能順天下人心。行此至要之化。則上下臣人和睦無怨女知之乎。曾子避席曰。參不敏。何足以知之參。曾子名也。禮。師有問。避席起荅。敏。達也。言參不達。何足知此至要之義。女音汝。下同子曰。夫孝德之本也人之行莫大於孝。故

景宋相臺岳氏本孝經

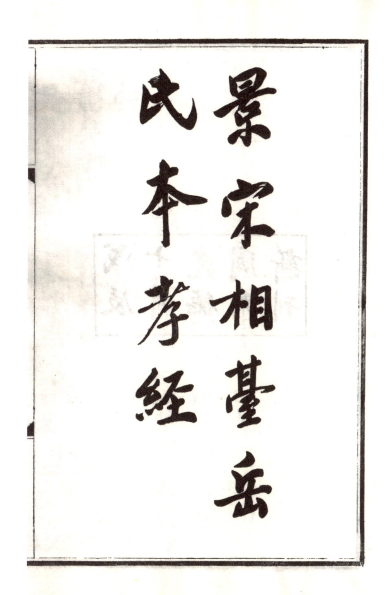

半葉八行，行十七字，雙魚尾，白口，四周雙闌，框高21.2厘米，寬14厘米，民國十七年（1928）建德周氏影宋相臺岳氏刊本。

《增訂四庫簡明目録標注》、《藏園訂補郘亭知見傳本書目》著録有此刊本，而據《中國古籍善本書目》著録宋相臺岳氏原刊本藏於國家圖書館，此影宋刊本則基本忠實於原刊本，因此頗有文獻價值。

〇二

［唐］陸德明《經典釋文》三十卷

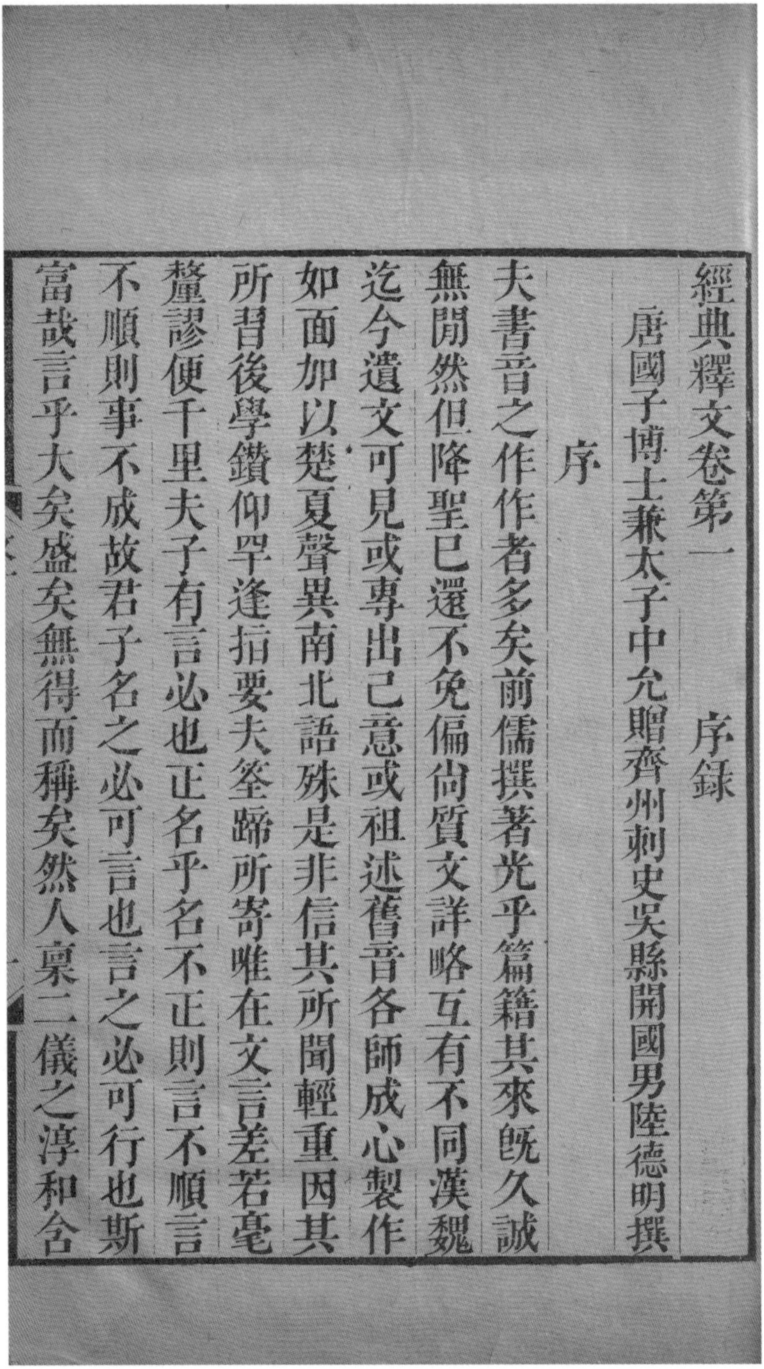
經典釋文卷第一　序録

唐國子博士兼太子中允贈齊州刺史吳縣開國男陸德明撰

序

夫書音之作作者多矣前儒撰著光乎篇籍其來既久誠無間然但降聖已還不免偏尚質文詳略互有不同漢魏迄今遺文可見或專出己意或祖述舊音各師成心製作如面加以楚夏聲異南北語殊是非信其所聞輕重因其所習後學鑽仰罕逢指要夫筌蹄所寄唯在文言差若毫氂謬便千里夫子有言必也正名乎名不正則言不順言不順則事不成故君子名之必可言也言之必可行也斯富哉言乎大矣盛矣無得而稱矣然人稟二儀之淳和含

常止反徐市止反思如字徐息吏反下同儼魚檢反諦音帝睿悅歲反馬云通
也哲之舌反徐之列反又之世反成當丁浪反縱子用反或作從音同士
卒子忽反宿音秀迭田節反見賢遍反比毗志反注同罹馬力馳反又來
多反之行下孟反好呼報反下人遐嫁反無虐馬本作亡侮、煢
岐扃反畏如字徐云鄭音威其行如字徐下孟反其爲于僞反陂音祕
舊本作頗音普多反好呼報反惡烏路反注同闢婢亦反平平婢緜反
治直吏反以近附近之近克馬云勝也能治直吏反禦魚呂反
燮息協反辟徐甫亦反玉食張晏注漢書云玉食珍食也韋昭云諸侯備珍異之食
頗普多反僻匹亦反僭子念反忒他得反馬云惡也蓍音尸霽子細反
蒙武工反徐亡鉤反驛音亦注同屬音燭占用二馬云占筮也衍以淺
反逢馬云逢大也冠官喚反暘音陽乾音干煖乃管反以長

經典釋文審定及校勘姓氏 不及次序

鎮洋畢秋帆先生

江都秦西巖先生

錢塘梁山舟先生

甘泉唐悔菴觀察 名侍陛

鹿邑梁偃坡觀察 名羣英

長白金輦齋太守 名城

山陰李松雲太守 名堯棟

武進趙味辛中翰 名懷玉

江都秦敦夫太史 名恩復

金壇段懋堂明府 名玉裁

盧刻釋文十二冊有朱墨筆批識稱盧
見云云當乾嘉時人審其字跡蓋翁覃
溪也嘗記某書載翁批戴氏遺書亦無
名字圖章而大書批抹深不滿於心者
之人正与此同亦足為此批的出翁筆
之一證也五十年一月以二萬元得於滬
傳薪書店八月廿七日永年補記

半葉十一行，行二十二字，雙魚尾，黑口，四周單闌，框高19.4厘米，寬14.6厘米，清乾隆年（1736—1795）抱經堂刊本，有翁方綱批校及先父題跋，鈐有鮑廷博"賜書樓"印、翁方綱"雲翁"印及先父"黃永年藏善本書印"。

先父題跋云：

盧刻《釋文》十二册，有朱墨筆批識稱盧兄云云，當乾嘉時人。審其字跡，蓋翁覃溪也。嘗記某書載：翁批《戴氏遺書》亦無名字圖章，而大書批抹，深不滿於作書之人，正與此同，亦足爲此批的出翁筆之一證也。五十年一月以二萬元得於滬傳薪書店。八月廿七日永年補記。

鮑廷博(1728—1814)，字以文，號渌飲，又號通介叟，祖籍安徽歙縣長塘，故世稱"長塘鮑氏"，隨父鮑思詡居杭州。藏書甚富，刻有《知不足齋叢書》。翁方綱（1733—1818），字正三，一字忠敘，號覃溪，晚號蘇齋，順天大興（今北京市大興區）人。清代學者，撰有《粵東金石略》、《蘇米齋蘭亭考》、《復初齋詩文集》、《小石帆亭著録》等。

《增訂四庫簡明目録標注》、《藏園訂補郘亭知見傳本書目》皆著録有此抱經堂刊本。不過先父所藏這部爲翁方綱批校本，彌足珍貴。而此書係先父於1950年1月以兩萬元（舊幣，相當於今幣二元）得於滬上徐紹樵所開設之傳薪書店。

〇一二

［清］惠棟《九經古義》十六卷

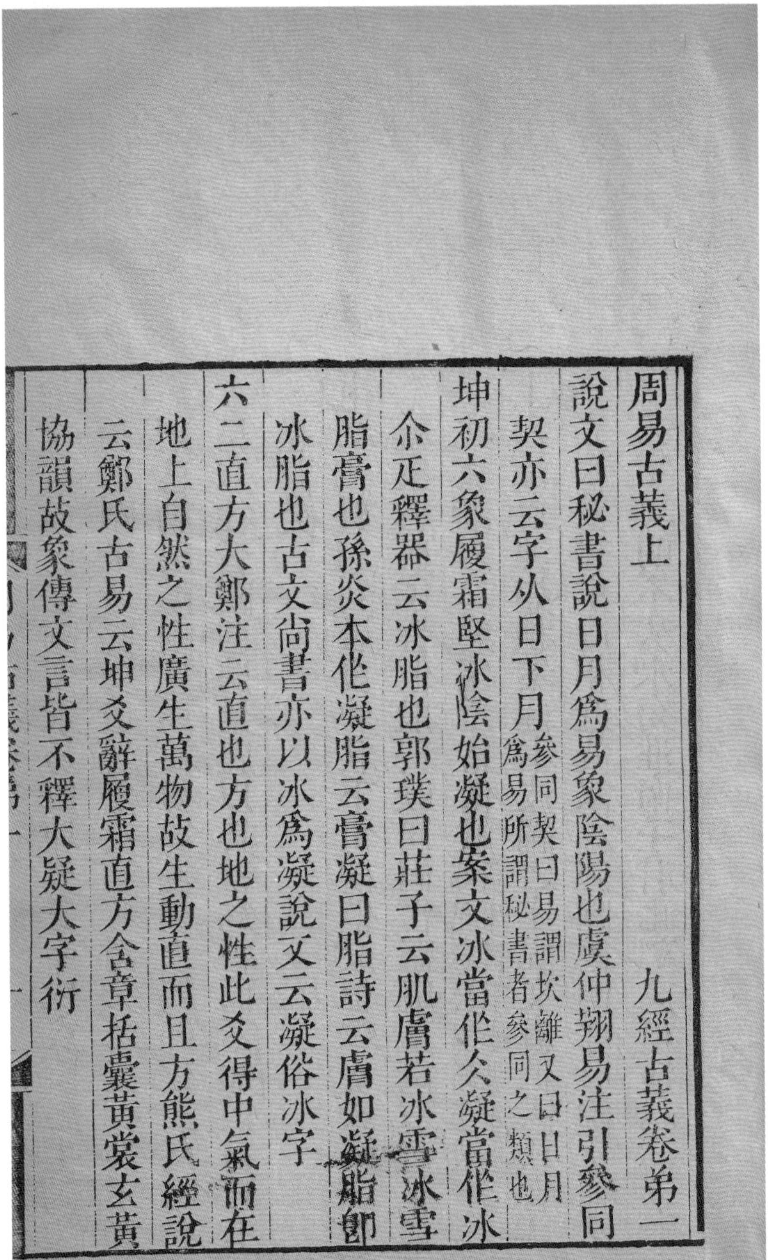

九經古義卷弟一

周易古義上

說文曰秘書說日月爲易象陰陽也虞仲翔易注引參同契亦云字从日下月參同契曰易謂坎離又曰日月爲易所謂秘書者參同之類也

坤初六象履霜堅冰陰始凝也案文冰當作仌凝當作冰尒疋釋器云冰脂也郭璞曰莊子云肌膚若冰雪冰雪脂膏也孫炎本作凝脂云膏凝曰脂詩云膚如凝脂鄭冰脂也古文尚書亦以冰爲凝說文云凝俗冰字

六二直方大鄭注云直也方也地之性此爻得中氣而在地上自然之性廣生萬物故生動直而且方熊氏經說云鄭氏古易云坤爻辭履霜直方含章括囊黃裳玄黃協韻故象傳文言皆不釋大疑大字衍

九經古義述首

漢人通經有家法故有五經師訓詁之學皆師所口授其後乃著竹帛所以漢經師之說立於學官與經並行五經出於屋壁多古字古言非經師不能辨經之義存乎訓識字審音乃知其義是故古訓不可改也經師不可廢也余家四世傳經咸通古義守專室呻槁簡日有省也月有得也歲有記也顧念諸兒尚幼日久失其讀有不殖將落之憂因述家學作九經古義一書吾子孫其世傳之毋隳名家韻也惠棟識

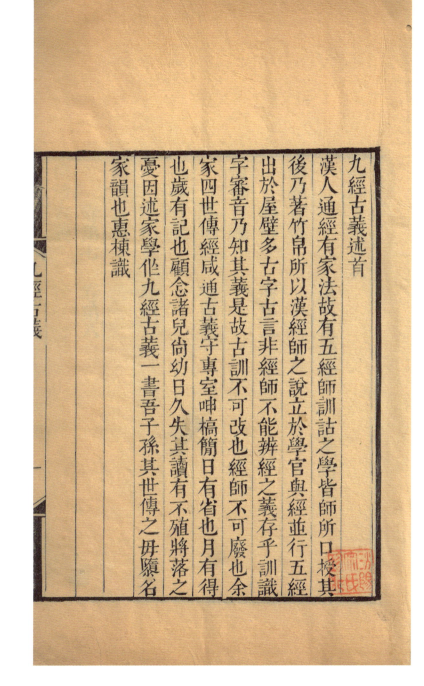

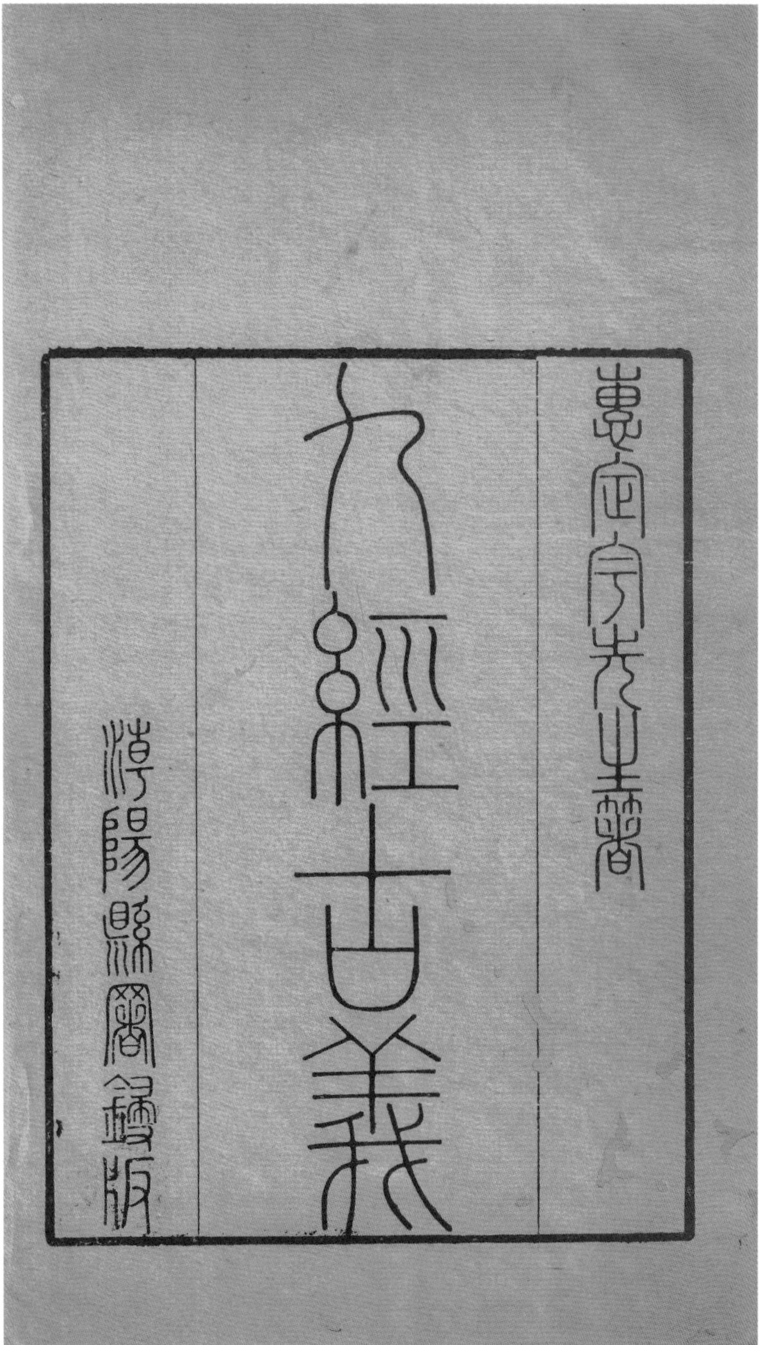
惠定宇先生著

九經古義

[illegible]陽縣署鋟版

半葉十一行，行二十二字，雙魚尾，黑口，左右雙闌，框高17.7厘米，寬14.3厘米，清乾隆三十九年（1774）益都李文藻潮陽縣署原刊本，鈐有“瀋陽宋氏珍藏”印。

此書撰者惠棟爲“乾嘉學派”吴派之領軍人物，是著又係其代表作，影響頗大。各種版本雖較多，不過大都爲後於李文藻潮陽縣署本之刊本，從版本角度看，此原刊本還是較有價值的。

〇一三

［清］李惇《群經識小》八卷

羣經識小卷一

高郵李惇著

周易篇次

古有三易今所傳者周易也周易有王注有程傳今人所讀者朱子之本義也而其篇次皆非朱子之舊謹案本義云經則伏羲之畫文王周公之辭也并孔子所作之傳凡十二篇中間頗爲諸儒所亂近世晁氏始正其失而未能盡合古文呂氏又更定著爲經二卷傳十卷乃復孔氏之舊云夫朱子於旣亂之後訂而正之可謂精矣明永樂時諸臣無識復就程傳篇次以朱子之義

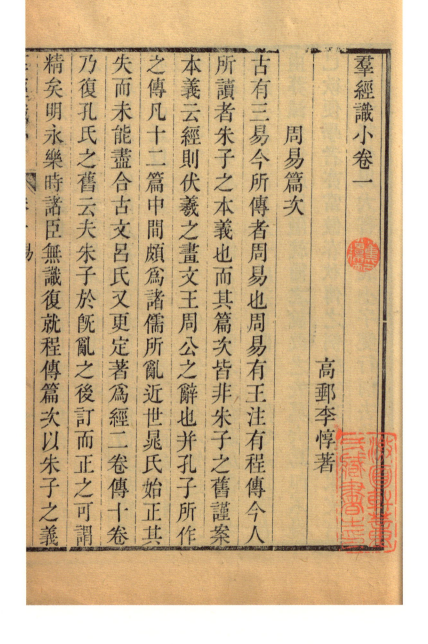

高郵李氏著

羣經識小

安愚堂藏版

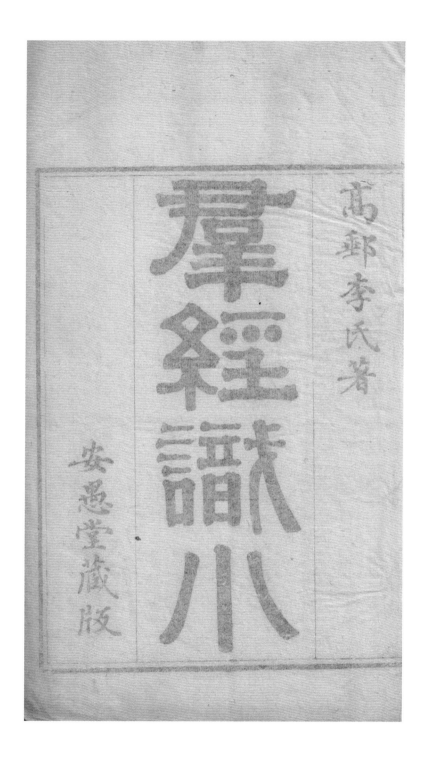

半葉十行，行二十一字，單魚尾，白口，左右雙闌，框高18.5厘米，寬14.1厘米，清道光五年（1825）李氏安愚堂刊本，鈐有“激面軒董氏藏書之印”、“董增儒印”。

此書爲清人解經之重要著作，《藏園訂補邵亭知見傳本書目》著録有此刊本，然《販書偶記》、《販書偶記續編》等皆未著録，可見此書確爲少見。

〇一四

［清］朱彬《經傳考證》八卷

周易　　經傳攷證卷第一

乾文言傳大人造也

釋文造鄭訓爲王肅訓就也至也劉歆父子作聚彬謂作聚是也漢書楚元王傳劉向曰賢人在上位則引其類而聚之於朝易曰飛龍在天大人聚也正與聲應氣求雲龍風虎之義相應自古帝王受命而興必有名世輔佐起於草澤之間者其象蓋如此

憂則違之

道光十六年校刊

經傳攷證

宜禄堂藏

續幼文牘目次終

卷文人

續幼文牘目次

嘉靖本跋金千秋籍

半葉九行，行十九字，單魚尾，白口，左右雙闌，框高18.4厘米，寬13.5厘米，清道光十六年（1836）年宜禄堂精刊本，鈐有“張錫芳印”、“廣陵張錫芳字誦蓮抱拙軒主收藏之印”、“年已七十矣”印。

此書《增訂四庫簡明目録標注》著録，但未有具體版本。《藏園訂補郘亭知見傳本書目》著録有清道光二年（1822）遊道堂刊本、道光九年（1829）《皇清經解》刊本、道光十六年（1836）宜禄堂刊本，《販書偶記》著録者則有遊道堂與宜禄堂二種刊本。由此可見此宜禄堂刊本亦有一定收藏價值。

〇一五

［曹魏］何晏《論語集解》十卷

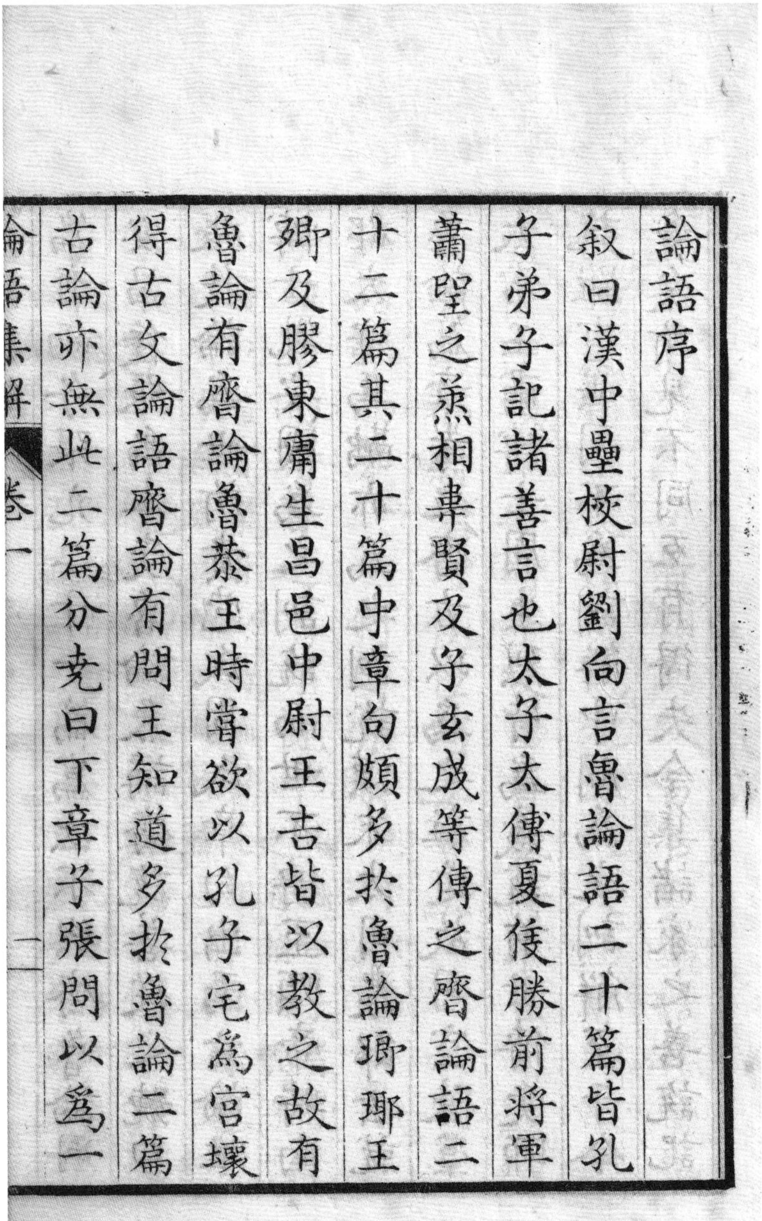
論語序
敘曰漢中壘校尉劉向言魯論語二十篇皆孔
子弟子記諸善言也太子太傅夏侯勝前將軍
蕭望之丞相韋賢及子玄成等傳之齊論語二
十二篇其二十篇中章句頗多於魯論琅邪王
卿及膠東庸生昌邑中尉王吉皆以教之故有
魯論有齊論魯恭王時嘗欲以孔子宅爲宫壞
得古文論語齊論有問王知道多於魯論二篇
古論亦無此二篇分堯曰下章子張問以爲一
論語集解　卷一　二

其姓名有不安者頗爲改易名曰論語集解光禄大夫關内侯臣孫邕光禄大夫臣鄭冲散騎常侍中領軍安鄉亭侯臣曹羲侍中臣荀顗尚書駙馬都尉關内侯臣何晏等上

論語學而第一　何晏集解　凡十六章

子曰學而時習之不亦悅乎馬融曰子者男子之通稱謂孔子也王肅曰時者學者以時誦習之誦習以時學無廢業所以爲悅懌也有朋自遠方來不亦樂乎苞氏曰同門曰朋也人不知而不愠不亦君子乎愠怒也凡人有所不知君子不愠也有子曰孔安國曰弟子有若其爲

八佾　一行八人　八行八列
六　一行八人　六列
四　一行八人　四列
二　一行八人　二列

徹　祭後撤也
辟　辟公諸侯之名
相　助也
穆穆　深遠之意

論語八佾第三　何晏集解　凡廿六章

孔子謂季氏八佾舞於庭是可忍也孰不可忍也馬融曰孰誰也佾列也天子八佾諸侯六卿大夫四士二八人為列八八六十四人也魯以周公故受王者禮樂有八佾之舞今季桓子僭於其家廟舞之故孔子譏之也

三家者以雍徹馬融曰三家者謂仲孫叔孫季孫也雍周頌臣工篇名也天子祭於宗廟歌之以徹祭今三家亦作此樂者也

子曰相維辟公天子穆穆奚取三家之堂苞氏曰辟公謂諸侯及二王之後也穆穆天子之容也雍篇歌此者有諸侯及二王之後來助祭故也今三家但家臣而已何取此義而作之於堂邪也

子曰人而不仁如禮何人而不仁如樂何苞氏曰言人而不仁

論語集解　卷二　九

縮臨古本論語集解敘

先聖之教莫要於論語後進之業莫尚於論語此其所以號稱宇宙第一實典也自羅秦火之厄僅存於口傳與壁藏漢代所授受遂有齊魯古三本之異劉向班固唯記其篇第多寡而不著卷數至鄭玄作注合三論爲一又分爲十卷三國時王肅虞翻譙周等所注皆同鄭本何晏集解亦因之學稽

國史

應神天皇御宇三韓率服歲貢方物其十六年

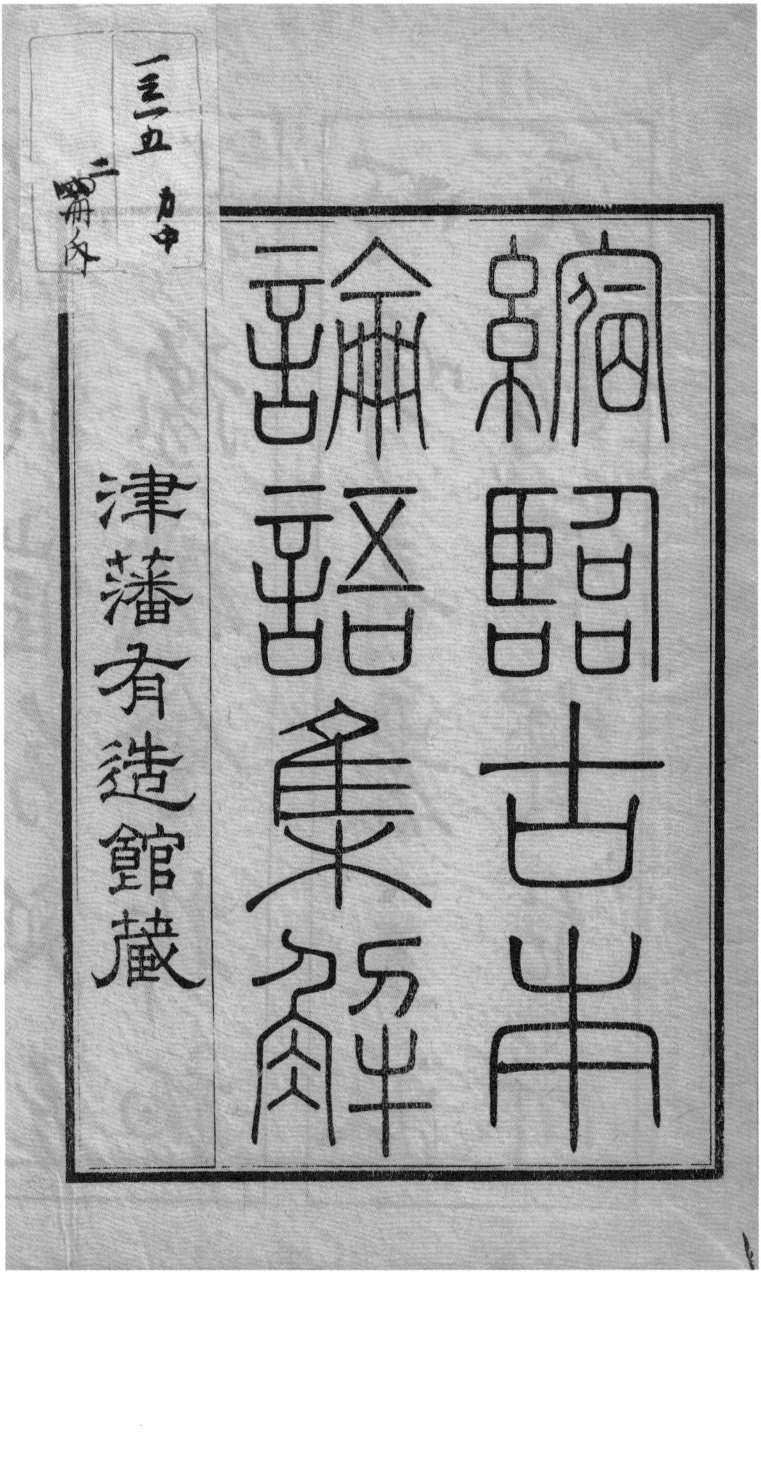
縮臨古本
論語集解
津藩有造館藏

半葉九行，行十八字，單魚尾，白口，左右雙闌，框高19.8厘米，寬14.8厘米，日本天保八年（1837）津藩有造館刊本。有日人朱筆批校，並有先父題跋，鈐有日本學者高橋智之“高橋智藏書印”。

先父題跋云：

戊辰秋入京講學，於海王村買得天保八年津藩有造館寫刻縮臨古本《論語集解》，乞啟元白先生題跋，頗以原裝面葉失去爲不足。今夏由滬上遞來東瀛高橋智君寄贈此面葉完善之本，檢册尾有“明治三十年關西圖書株式會社後藤倍吉印書”朱色木記，惟印刷、用紙較海王村所得本均稍遜。考之長澤規矩也撰《和刻本漢籍分類目録》，知此刻尚有文政八年津藩山形屋傳右衛門等印本，則海王村本當是文政印本，抑直是天保初印者。惟明治三十年即清光緒二十二年，去今且及百年，印本存世蓋已無多，亦堪珍愛已。甲戌臘月黄永年題記。

高橋智，日本慶應大學附屬研究所斯道文庫教授，日本著名漢籍研究專家。對漢籍之日本古寫本與活字本有深入研究，曾於二十世紀八十年代在復旦大學章培恒先生門下做高級訪問學者，其間至陝西師範大學拜訪先父，二人在古籍版本學方面有深入交流，此後書信交往不斷。

據《增訂四庫簡明目録標注》所載，此書南宋以後即遺失，不過日本有此單集解舊鈔本，並有多種單集解和刊本，却未著録此津藩有造館本。《藏園訂補郘亭知見傳本書目》著録單集解和刊本有日本天文本及足利學校活字本。《販書偶記》著録有此天保八年本，並稱爲“精刊本”。而先父所得高橋智教授贈予此本雖係後印，除用紙外却與初印本相差不多，且書中有日本學者朱筆批校，故從文獻學角度來看頗爲重要。

〇一六

［明］劉三省《孟子節文》七卷

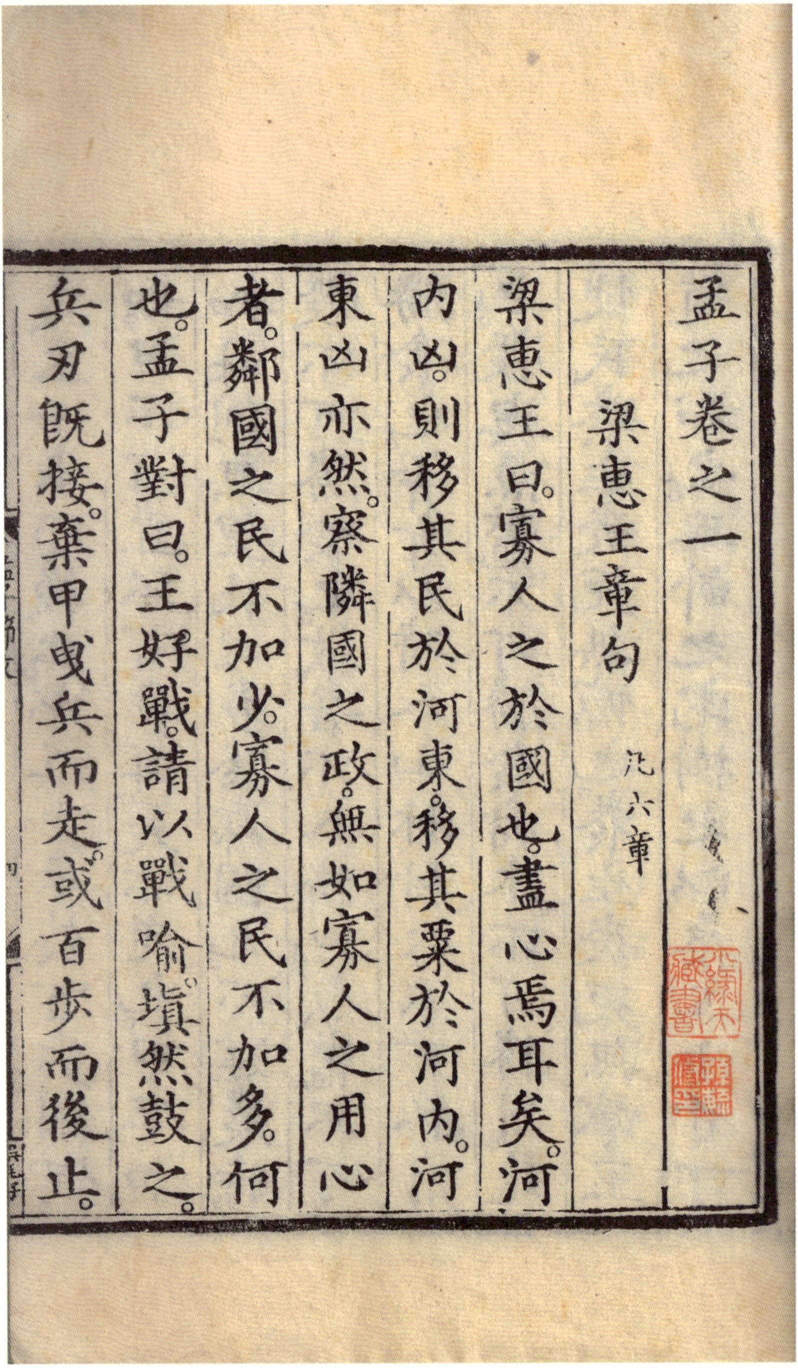
孟子卷之一
梁惠王章句　凡六章
梁惠王曰。寡人之於國也。盡心焉耳矣。河
內凶。則移其民於河東。移其粟於河內。河
東凶亦然。察鄰國之政。無如寡人之用心
者。鄰國之民不加少。寡人之民不加多。何
也。孟子對曰。王好戰。請以戰喻。塡然鼓之。
兵刃既接。棄甲曳兵而走。或百步而後止。

半葉八行，行十六字，雙魚尾，黑口，四周雙闌，框高21.2厘米，寬17.1厘米，明洪武二十七年（1394）内府刊本，鈐有“孫毓修印”、“小緑天藏書”印及先父“黃永年藏善本書印”。

此書誕生緣由如下。據文獻記載，朱元璋推翻元朝，建立明朝，實行中央集權統治，因此對孟子之思想極爲不滿，揚言："使此老在今日寧得免耶！"並於洪武二年（1369）令將孟子牌位撤出孔廟。後因天際文星黯淡，致朱元璋心虛，而又恢復孟子牌位。然是時科舉行八股取士，朱元璋又難以容忍孟子之“對君不遜”，遂於洪武二十七年（1394）命翰林學士劉三省删訂《孟子》，將書中被其認爲“非人臣所宜言”之言論共八十五條一律删去，定名爲《孟子節文》。後直至明成祖朱棣永樂九年（1411）始重新恢復《孟子》一書原貌。

孫毓修（1871—1922），字星如，一字恂如，號留庵，自署小緑天主人，江蘇無錫人。學者，藏書家，精版本目録之學，早年在南菁書院得繆荃孫指教，後出任涵芬樓負責人。1919年主持影印《四部叢刊》，撰有《永樂大典考》、《四部叢刊書録》、《中國雕版源流考》等著述。

據《中國古籍善本書目》著録，此書國家圖書館藏有三部，湖南省圖書館藏有一部。可見此書存世量不多。先父所藏此部乃二十世紀五十年代購得於滬上者，爲孫毓修小緑天舊藏，因而不僅有文物價值，更具文獻價值。

〔晉〕郭璞注《爾雅》三卷

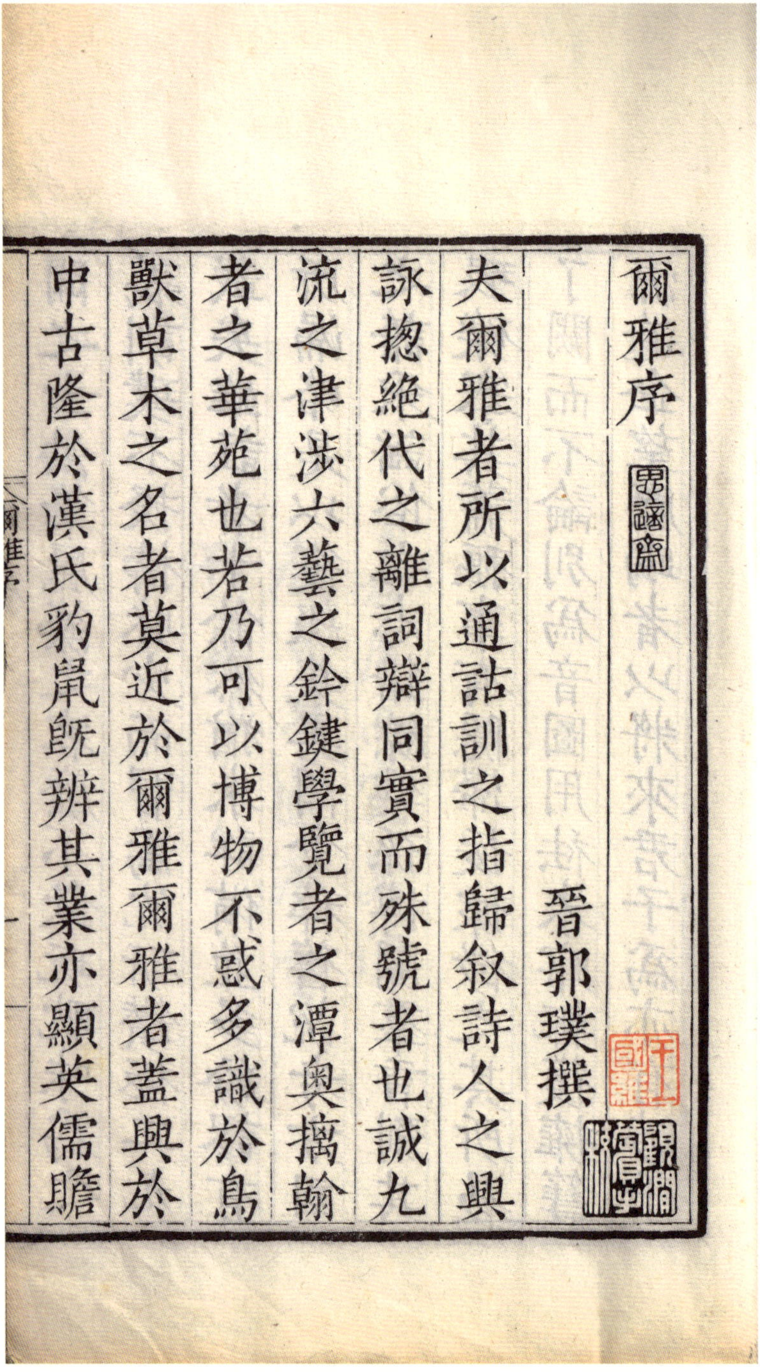

爾雅序

晉郭璞撰

夫爾雅者所以通詁訓之指歸敘詩人之興詠揔絕代之離詞辯同實而殊號者也誠九流之津涉六藝之鈐鍵學覽者之潭奧摛翰者之華苑也若乃可以博物不惑多識於鳥獸草木之名者莫近於爾雅爾雅者蓋興於中古隆於漢氏豹鼠既辨其業亦顯英儒贍

爾雅序　一

初哉首基肈祖元胎俶落權輿始也尚書曰三月哉生魄詩曰令終有俶又曰俶載南畝又曰訪予落止又曰胡不承權輿胚胎未成亦物之始也其餘皆義之常行者耳此所以釋古今之異言通方俗之殊語

林烝天帝皇王后辟公侯君也詩曰有壬有林又曰文王烝哉其餘義皆通見詩書

弘廓宏溥介純夏幠厖墳嘏丕奕洪誕戎駿假京碩濯訏宇穹壬路淫甫景廢壯冢簡劉昄晊將業席大也詩曰我受命溥將又曰亂如此幠爲下國駿厖湯孫奏假王公伊濯訏謨定命有壬有林厥聲載路既有淫威廢爲殘賊爾土宇昄章緇

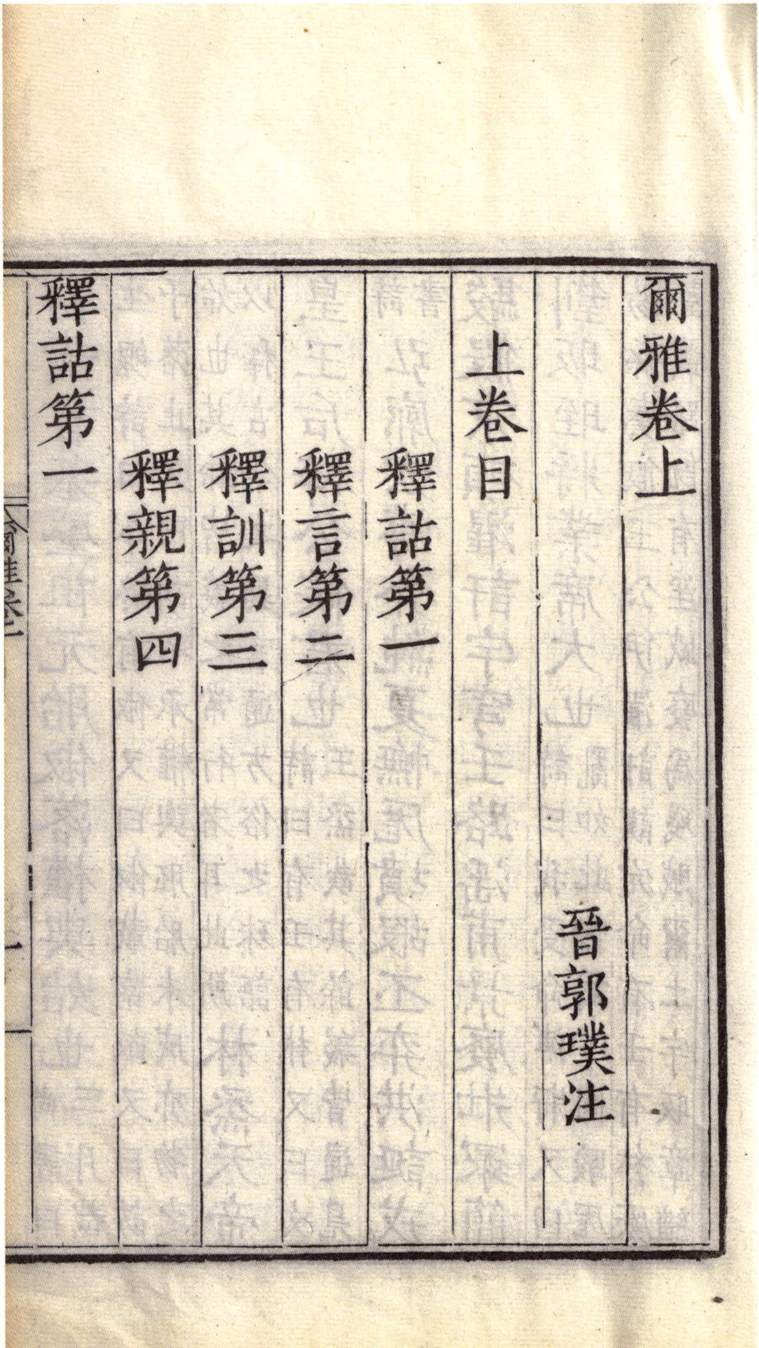

爾雅卷上　　晉郭璞注

上卷目

釋詁第一

釋言第二

釋訓第三

釋親第四

釋詁第一

嘉慶丙寅重刋

爾雅郭注

明吳元恭本

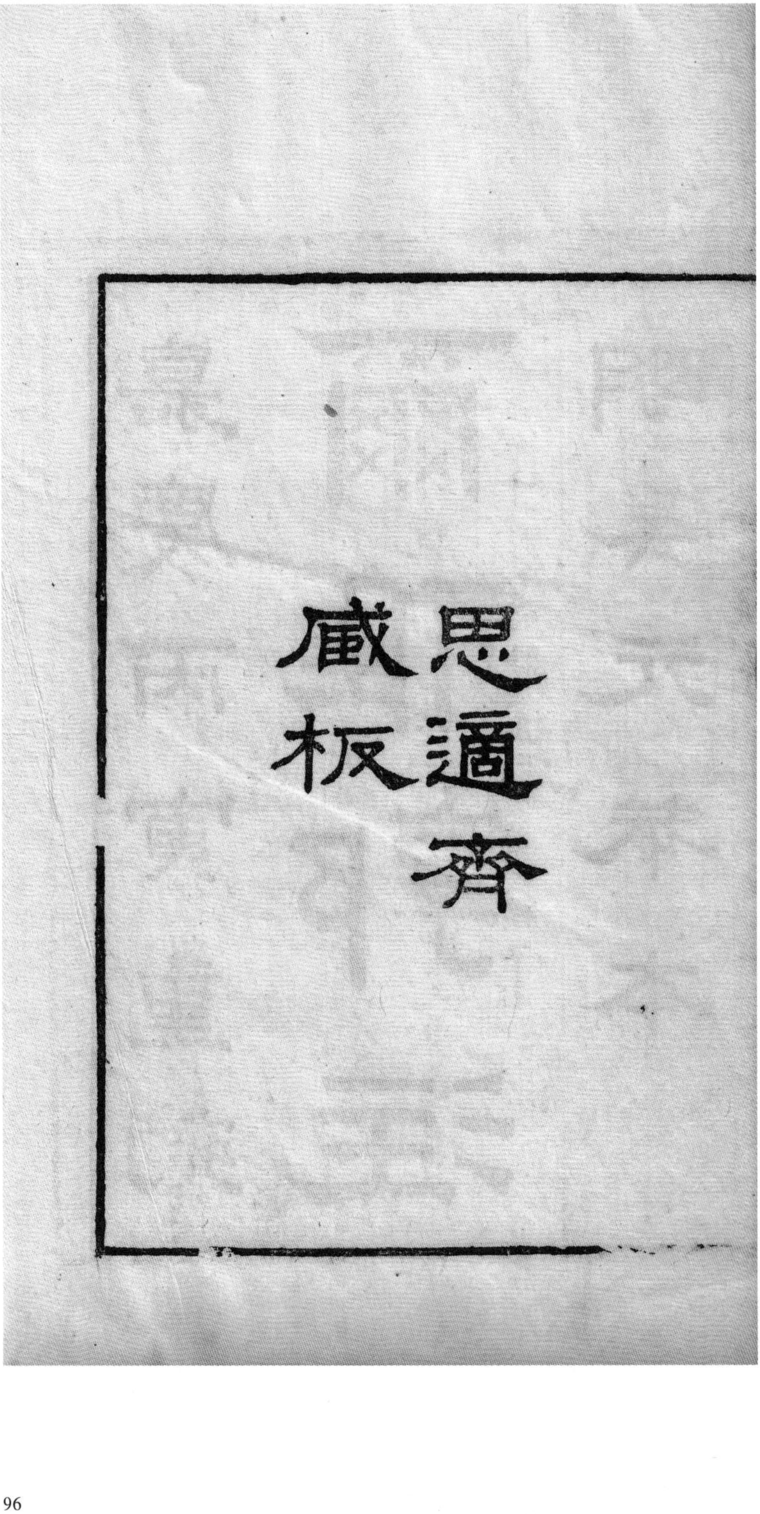
思適齋
藏板

半葉八行，行十七字，單魚尾，白口，四周雙闌，框高19.5厘米，寬14.5厘米，清嘉慶十一年（1806）思適齋刊本，鈐有“王國維”印。

思適齋爲清乾嘉時期著名版本目録學家、藏書家顧千里書齋名，顧氏博覽群書，精經學、小學，特别是校讎學，與孫星衍、黄丕烈等被人譽爲有清一代校勘學大師。王國維（1877—1927），字静安，初號禮堂，晚號觀堂，浙江海寧人。中國近現代享譽天下之著名學者，於教育、哲學、文學、史學、古文字學等方面均有精深造詣。

此書版本情況，《增訂四庫簡明目録標注》、《藏園訂補郘亭知見傳本書目》著録有宋、元、明、清各時期刊本，也包括此思適齋刊本，而先父所藏的这部曾爲一代學術大師王國維舊藏，其收藏價值不言而明。

〇一八

［清］郝懿行《爾雅義疏》二十卷

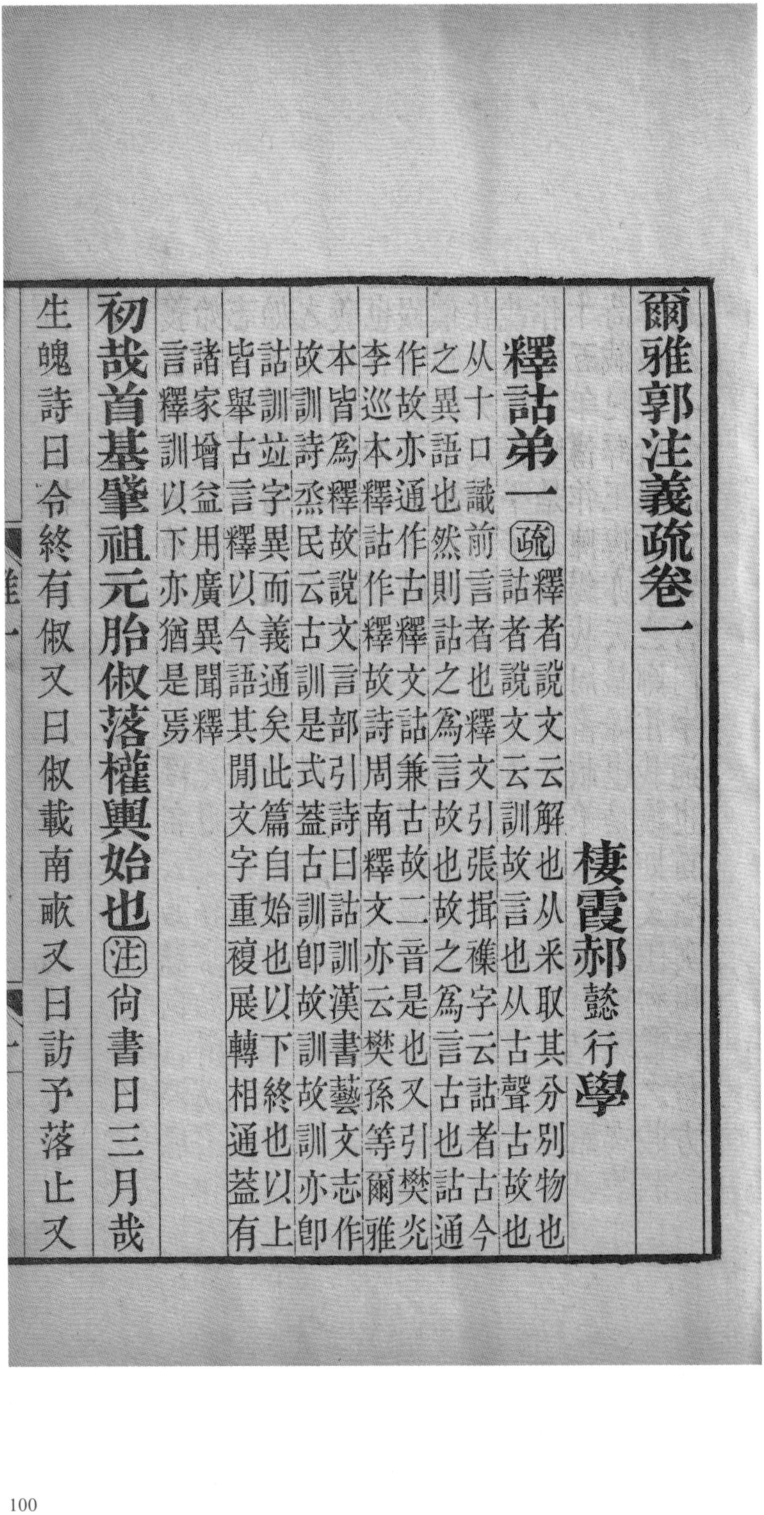
爾雅郭注義疏卷一
棲霞郝懿行學
釋詁弟一疏釋者說文云解也从釆取其分別物也詁者說文云訓故言也从古聲古故也从十口識前言者也釋文引張揖襍字云詁者古今之異語也然則詁之爲言故也故之爲言古也詁通作故亦通作古釋文詁兼古故二音是也又引樊光李巡本釋詁作釋故詩周南釋文亦云樊孫等爾雅本皆爲釋故說文言部引詩曰詁訓漢書藝文志作故訓詩烝民云古訓是式蓋古訓卽故訓故訓亦卽詁訓竝字異而義通矣此篇自始也以下終也以上皆舉古言釋以今語其閒文字重複展轉相通蓋有諸家增益用廣異聞釋言釋訓以下亦猶是焉
初哉首基肇祖元胎俶落權輿始也注尚書曰三月哉生魄詩曰令終有俶又曰俶載南畝又曰訪予落止又

校刊爾雅義疏序

漢蓺文志載古人釋經之書多曰解故故卽詁也故爾雅訓詁之學爲治經者之津梁晉郭景純表章此書始有專注而書體矜愼閒有缺疑又注所引者多在毛詩淺學者或昧舉一反三之義邢氏雖有疏亦少所發明嘉慶中棲霞郝蘭皋先生爲作爾雅義疏疏通證明有經可旁通者以假借通之有注所未徵引者以羣籍佐之儀徵阮文達公亟重此書刊入學海堂

皇淸經解津逮後學者至矣惟卷帙繁重不能家有其書因延陳君奐校勘專行以便學者至於是書之精博

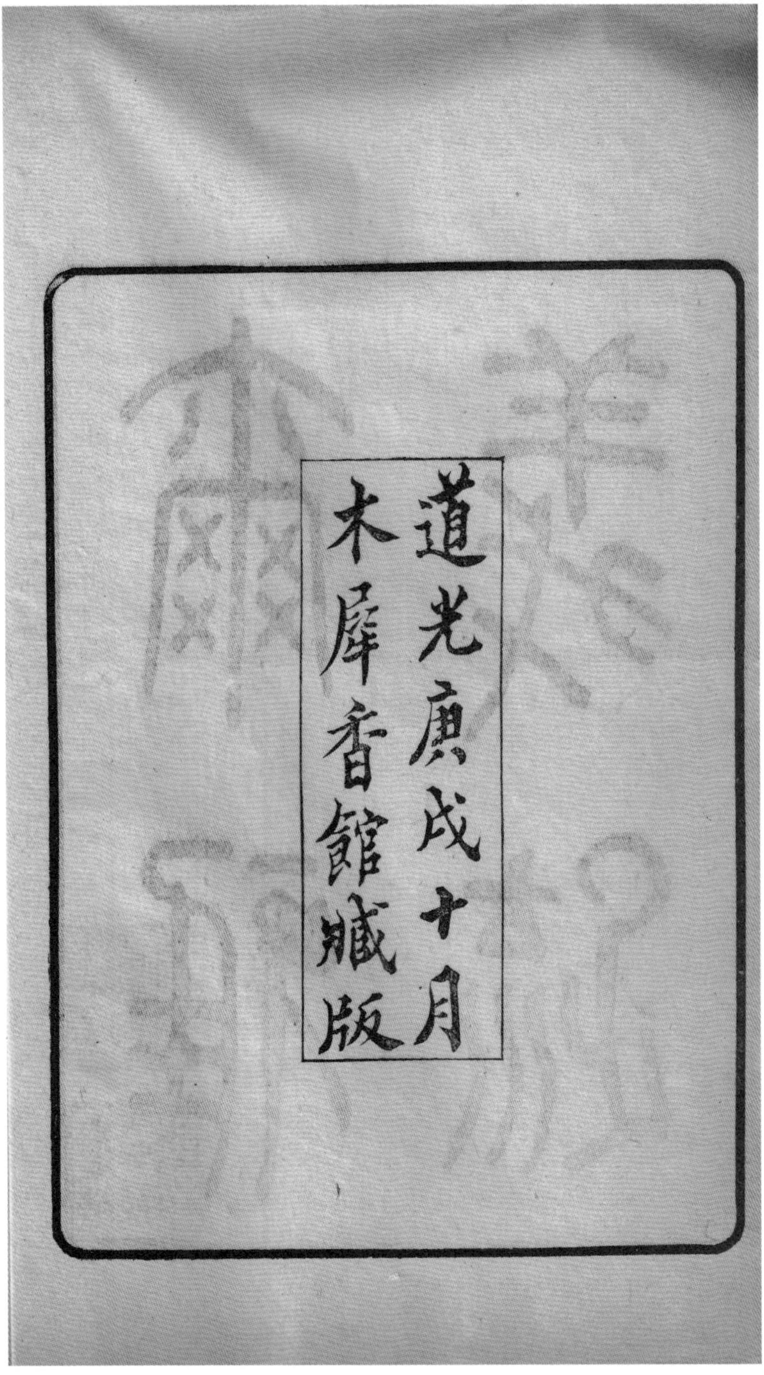
道光庚戌十月
木犀香館藏版

半葉十行，行二十一字，雙魚尾，白口，左右雙闌，框高17.5厘米，寬13.2厘米，清道光三十年（1850）陸建瀛木犀香館刊本，鈐有“龍山蟄廬藏書之章”、“古莘陳氏子子孫孫永寶用”印。

《增訂四庫簡明目録標注》、《藏園訂補郘亭知見傳本書目》除著録此刊本外，還有咸豐六年（1856）聊城楊以增刊本、同治四年（1865）郝氏翻刻楊以增刊本等。此陸建瀛刊本爲郝疏單刊本，所用之底本則爲王念孫删削本，其學術價值高於楊以增本。另外，此刊本係陸建瀛任兩江總督之時刊刻，可惜不久書版即毁於戰火，故傳本罕見。先父自十餘歲即收藏典籍，對此刊本心儀已久，却一直未遇，後以精刻《四婦人集》與弟子辛德勇教授换得。

〇一九

〔漢〕劉熙撰、〔清〕畢沅疏證《釋名疏證》八卷

釋名疏證卷第一

漢　徵　士　北　海　劉　熙　撰

皇清兵部尚書兼都察院右都御史總督湖北湖南等處地方軍務兼理糧餉畢沅疏證

釋天第一

天豫司兗冀以舌腹言之天顯也在上高顯也莊子釋文引作高顯在上也青徐以舌頭言之天坦也坦今本譌作垣玉篇爾雅釋文莊子釋文初學記太平御覽爾雅疏皆引作坦據改坦然高而遠也案說文云天顚也是亦以舌頭言之者春曰蒼天陽氣始發色蒼蒼也夏曰昊天其氣布散顥顥也顥今

釋名序

漢北海劉熙成國撰

熙以爲自古造化制器立象有物以來迄于近代或典禮所制或出自民庶名號雅俗各方名殊聖人於時就而弗改以成其器著於旣往哲夫巧士以爲之名故興於其用而不易其舊所以崇易簡省事功也夫名之於實各有義類百姓日稱而不知其所以之意故撰天地陰陽四時邦國都鄙車服喪紀下及民庶應用之器論敘指歸謂之釋名凡二十七篇至於事類未能究備凡所不載亦欲智者以類求之博物君子其於荅難解惑王父幼孫朝夕侍問以塞可謂之士聊可省諸

乾隆五十五年刊

釋名疏證

經訓堂藏版

半葉十一行，行二十二字，雙魚尾，黑口，四周單闌，框高18.9厘米，寬15厘米，清乾隆五十五年（1790）畢氏靈巖山館《經訓堂叢書》本，鈐有昭槤“豐府藏書”、“檀尊藏本”印。

昭槤（1776—1833），字汲修，號檀尊主人，清宗室。與魏源、龔自珍、紀昀、袁枚等學者名士有往來，且自有著述，不過大多已散佚。

《增訂四庫簡明目録標注》、《藏園訂補郘亭知見傳本書目》著録有此刊本，《中國古籍善本書目》則著録《經訓堂叢書》本五部，其中四部有批校，不過無批校的該刊本僅有一部似説不過去，但該刊本存世量不太大倒是有可能的。先父所藏這部爲清宗室昭槤舊藏，因此亦具一定價值。

〇二〇

［清］王引之《經傳釋詞》十卷

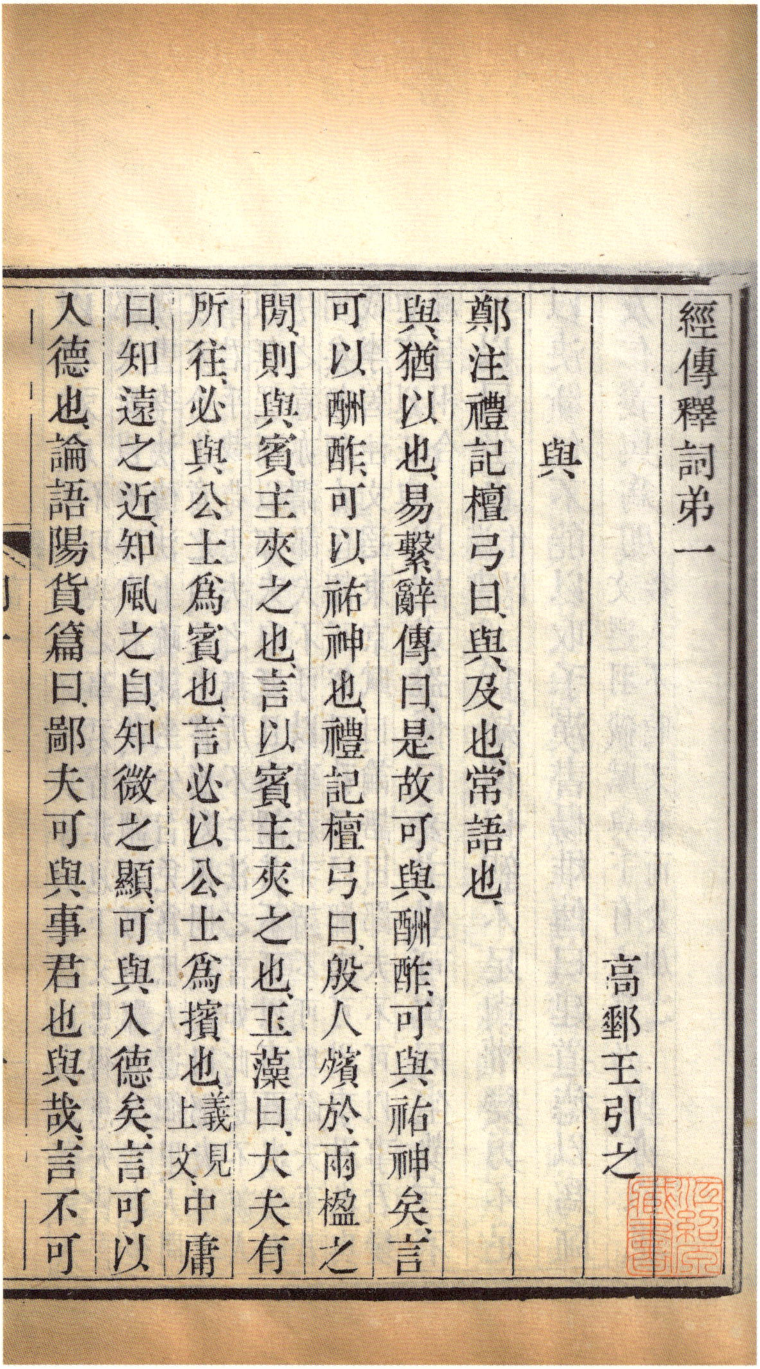

經傳釋詞弟一

高郵王引之

與

鄭注禮記檀弓曰、與、及也、常語也、

與、猶以也、易繫辭傳曰、是故可與酬酢、可與祐神矣、言可以酬酢、可以祐神也、禮記檀弓曰、殷人殯於兩楹之閒、則與賓主夾之也、言以賓主夾之也、玉藻曰、大夫有所往、必與公士爲賓也、言必以公士爲擯也、義見上文、中庸曰、知遠之近、知風之自、知微之顯、可與入德矣、言可以入德也、論語陽貨篇曰、鄙夫可與事君也與哉、言不可半葉十行，行二十一字，單魚尾，白口，四周雙闌，框高17.2厘米，寬13.2厘米，清嘉慶五年（1800）阮元《皇清經解》刊本，鈐有“江紹原藏書”印。

江紹原（1898—1983），安徽旌德人。中國現當代著名民俗學家、比較宗教學家，與顧頡剛先生並稱爲二十世紀中國民俗學界領軍人物，撰有《髮鬚爪——關於它們的迷信》、《中國禮俗迷信》等專著多部。

此書《增訂四庫簡明目録標注》、《藏園訂補郘亭知見傳本書目》著録有包括《皇清經解》本在内的多種刊本，雖然《皇清經解》刊本應多有傳世，不過先父收藏此部爲江紹原舊藏，仍有收藏價值。

○二

［漢］許慎《説文解字》十五卷

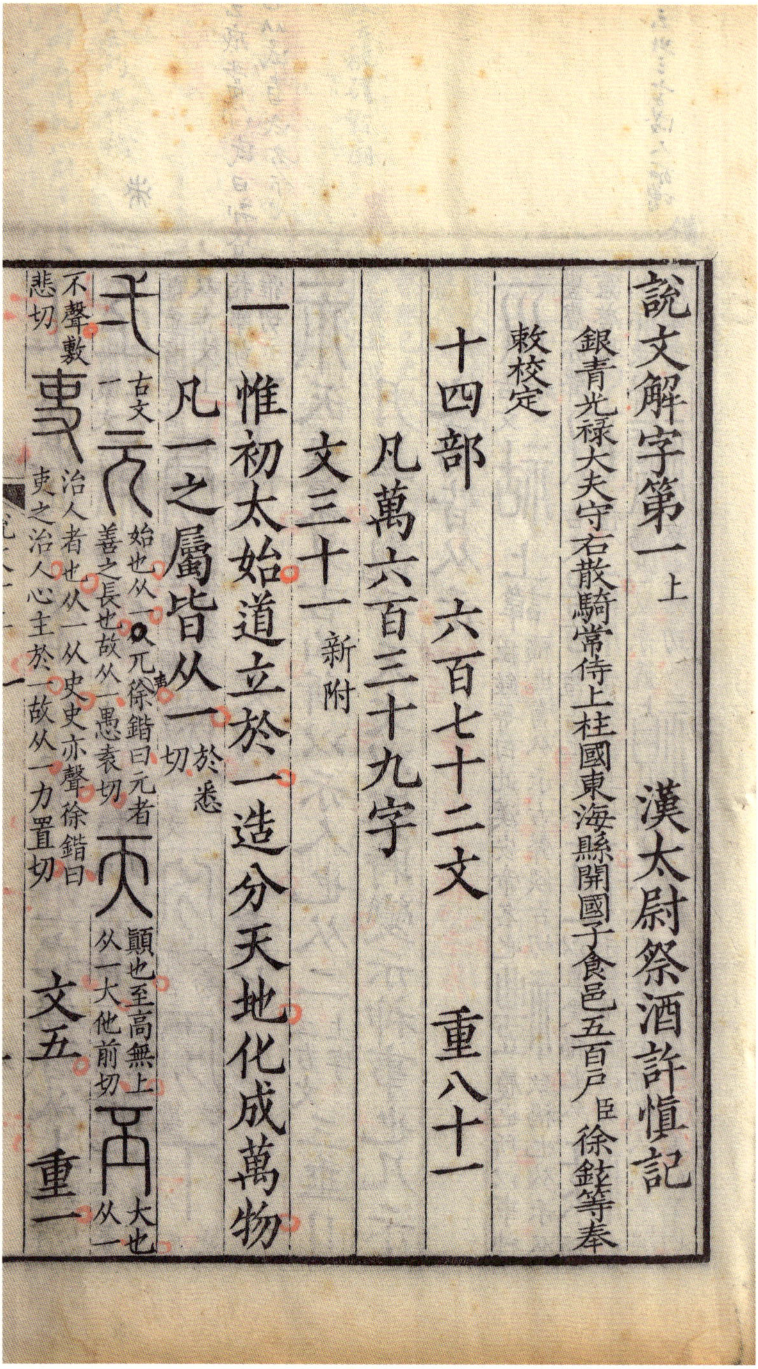

說文解字第一上　漢太尉祭酒許慎記

銀青光祿大夫守右散騎常侍上柱國東海縣開國子食邑五百戶臣徐鉉等奉

敕校定

十四部　六百七十二文　重八十一

凡萬六百三十九字

文三十一　新附

一　惟初太始道立於一造分天地化成萬物

凡一之屬皆从一　於悉切

弌　古文一

元　始也从一从兀徐鍇曰元者善之長也故从一愚袁切

天　顚也至高無上从一大他前切

丕　大也从一不聲敷悲切

吏　治人者也从一从史史亦聲徐鍇曰吏之治人心主於一故从一力置切

文五　重一

段云畢之言蔽也攴部曰斁盡也今盡或通作畢

段云冓為二爪者子也

說文解字第四下　漢太尉祭酒許氏記

銀青光祿大夫守右散騎常侍上柱國東海縣開國子食邑五百戶臣徐鉉等奉

敕校定

𠦒 箕屬所以推棄之器也象形凡𠦒之屬皆从𠦒官溥說 北潘切

畢 田罔也从𠦒象畢形微也或曰由聲臣鉉等曰由音弗卑吉切

糞 棄除也从廾推𠦒棄釆也官溥說似米而非米者矢字方問切

棄 捐也从廾推𠦒棄之从𠫓𠫓逆子也臣鉉等曰𠫓他忽切詰利切

弃 古文棄

𣩾 籀文棄

文四　重二

冓 交積材也象對交之形凡冓之屬皆从冓 古侯切

再 一舉而二也从冓省 作代切

爯 并舉也从爪冓省 處陵切

文三

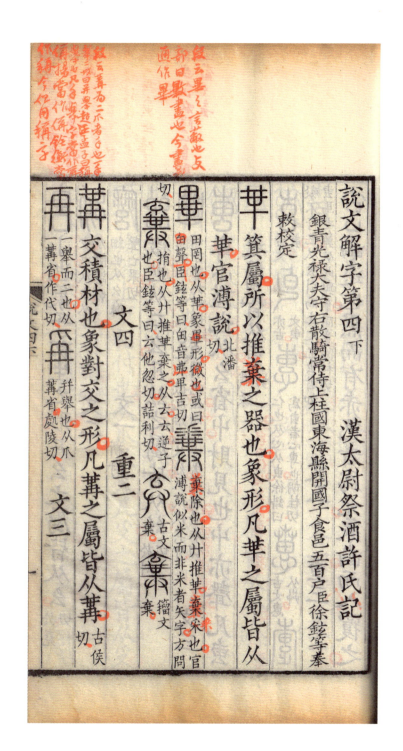

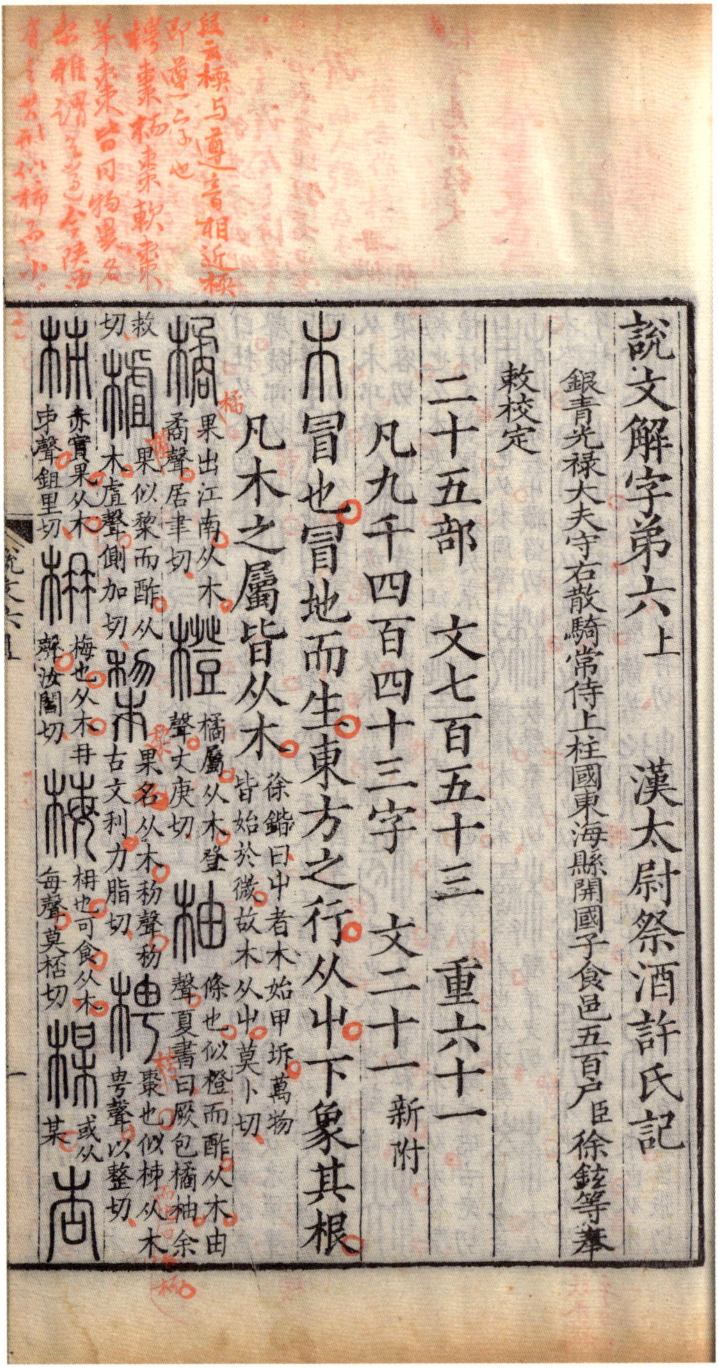

說文解字第六上　漢太尉祭酒許氏記

銀青光祿大夫守右散騎常侍上柱國東海縣開國子食邑五百户臣徐鉉等奉

敕校定

二十五部　文七百五十三　重六十一

凡九千四百四十三字　文二十一　新附

木　冒也冒地而生東方之行从屮下象其根　凡木之屬皆从木　徐鍇曰中者木始甲坼萬物皆始於微故木从屮莫卜切

橘　果出江南从木矞聲居聿切

橙　橘屬从木登聲丈庚切

柚　條也似橙而酢从木由聲夏書曰厥包橘柚余救切

樝　果似棃而酢从木虘聲側加切

棃　果名从木𥝢聲𥝢古文利力脂切

梬　棗也似柹从木甹聲以整切

柹　赤實果从木𠂔聲鉏里切

枏　梅也从木冄聲汝閻切

梅　枏也可食从木每聲莫桮切

楳　或从某

杏

心太平盦古籍書影・黃永年先生收藏精粹

半葉十行，行十九字，單魚尾，白口，左右雙闌，框高20.6厘米，寬14.8厘米，清嘉慶十二年（1807）藤花榭刊本，有江蘇甘泉籍學者毛鳳枝據段玉裁注所作之朱墨筆批校。

毛鳳枝（1835—1895），字子林，江蘇甘泉（今屬江蘇省揚州市區）人，後寓居西安。尤喜搜羅碑帖、考訂金石，撰有《南山谷口考》、《關中金石文字逸存考》等著述。

雖然此書《增訂四庫簡明目録標注》、《藏園訂補郘亭知見傳本書目》著録有宋元刊本及包括藤花榭本在内的多種清代刊本，但先父所藏此部却經毛鳳枝批校，因此其文獻價值與收藏價值俱大增。

〇二三

［清］桂馥《説文解字義證》五十卷

說文解字弟一　義證弟一

曲阜桂馥學

一　惟初太始道立於一造分天地化成萬物凡一之屬皆從一　於悉切

周易天一地二馥案本書二從偶一地之數然則一者天之數也　繫辭傳天下之動貞夫一者也虞注一謂乾元萬物之動各資天一陽氣以生故貞夫一　春秋元命包陰陽之性以一起人副天道故一生子　老子有物混成先天地生又云道生一一生二二生三三生萬物又云昔之得一者天得一以清地得一以寧神得一以靈谷得一以盈萬物得一以生矦王得一以爲天下貞阮籍通老論道者法自然而爲化易謂之太極春秋謂之元老子謂之道王弼注老子一者數之始也物之極也　鬼谷子外篇道者天地之始一其紀也物之所造天之所生包宏無形化氣先天地而成　莊子天地篇泰初有無無有無名一之所起有一而未形物得以生謂之德　鶡冠子環流篇有一而有氣有氣而有意有意

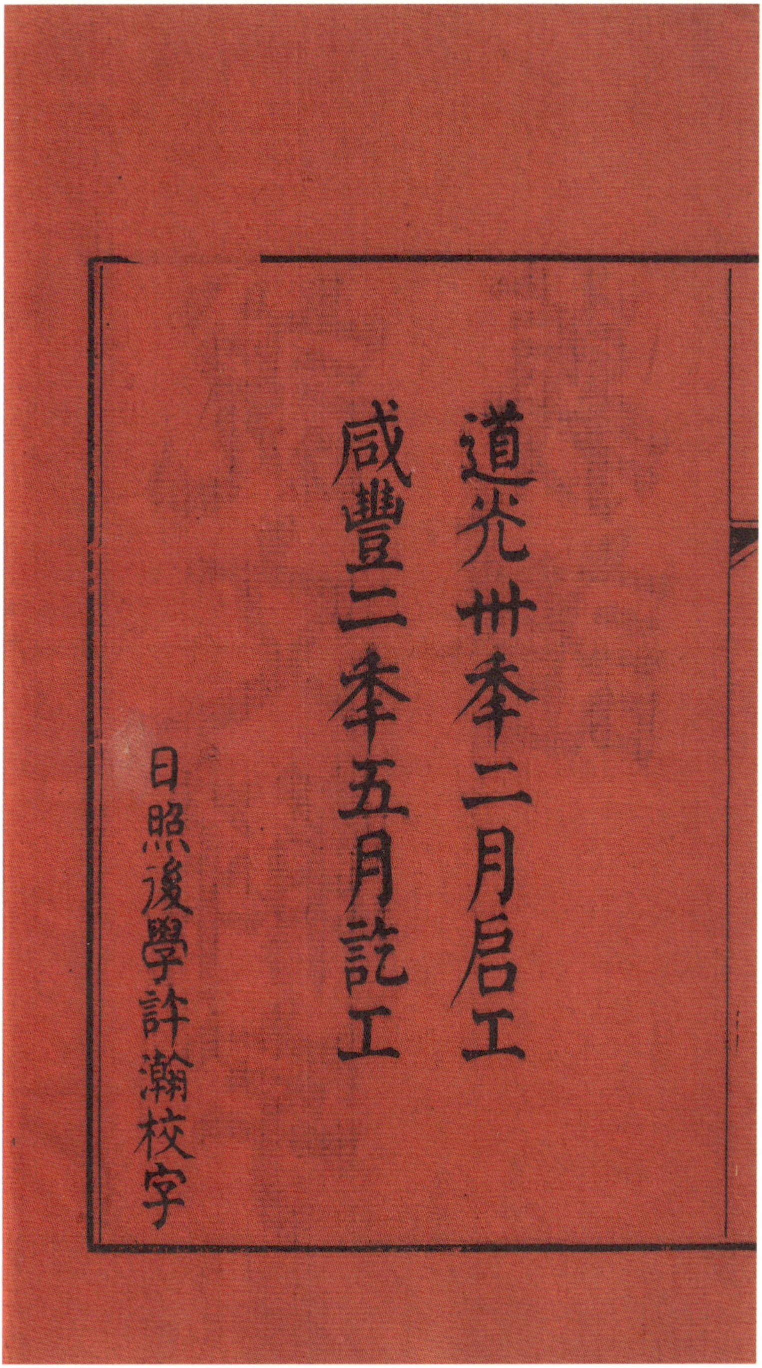
道光卅年二月启工
咸豐二年五月訖工
日照後學許瀚校字

半葉十行，行二十三字，單魚尾，白口，左右雙闌，框高18.7厘米，寬13.5厘米，清咸豐二年（1852）楊墨林連筠簃原刊本，鈐有于省吾先生"于省吾印"和"雙劍誃"印。

此書係于省吾（1896—1984）先生舊藏。于先生字思泊，號雙劍誃主人、澤螺居士、夙興叟，遼寧海城人，著名古文字學家、訓詁學家，學術成就享譽海内外，著述頗多。並富藏書，涉及經、史、子、集、叢書等，共計1110種4461册，其中明清善本甚夥。

雖然《增訂四庫簡明目録標注》、《藏園訂補郘亭知見傳本書目》、《販書偶記》著録有此楊氏連筠簃單刊本，不過此書刊刻不久版即毁於兵火。而是書係于先生生前所愛，觸手如新，先父於二十世紀七十年代後期用明嘉靖年間錢應龍刊本《白氏文集》與上海古籍書店换得後，亦深愛惜。

〇二三

［清］錢大昕撰、［清］薛傳均注《説文答問疏證》六卷

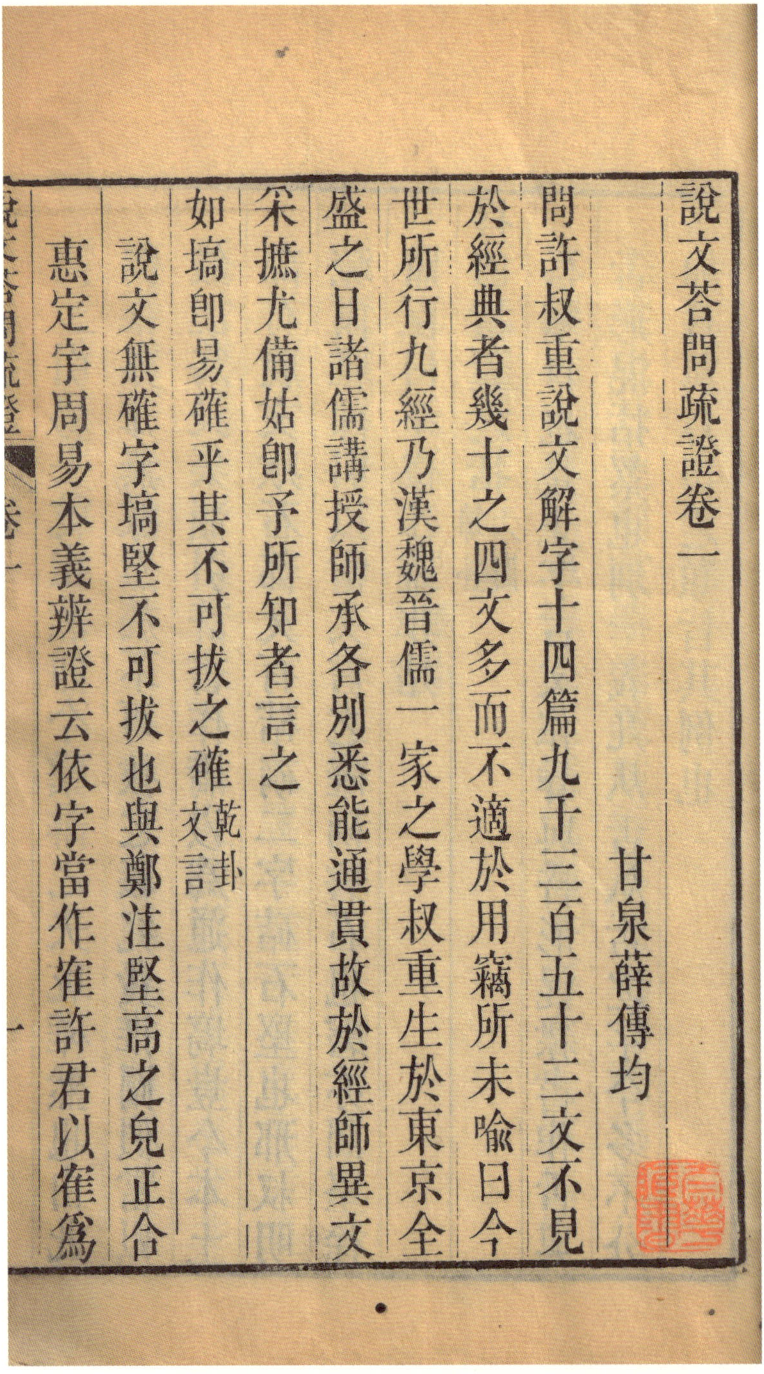
說文荅問疏證卷一

甘泉薛傳均

問許叔重說文解字十四篇九千三百五十三文不見於經典者幾十之四文多而不適於用竊所未喻曰今世所行九經乃漢魏晉儒一家之學叔重生於東京全盛之日諸儒講授師承各別悉能通貫故於經師異文采摭尤備姑即予所知者言之

如塙即易確乎其不可拔之確（乾卦文言）

說文無確字塙堅不可拔也與鄭注堅高之皃正合惠定宇周易本義辨證云依字當作隺許君以隺爲

說文荅問疏證　卷一　一

心太平盦古籍書影・黃永年先生收藏精粹

說文答問疏證

道光戊戌仲冬開雕

半葉十行，行二十一字，單魚尾，白口，四周單闌，框高19厘米，寬13.7厘米，清道光十八年（1838）刊本，鈐有“太華藏書”印。

此書係小學名著。原書《説文答問》撰者錢大昕（1728—1804），字曉徵，號辛楣，晚年自署竹汀居士，江蘇嘉定（今上海市嘉定區）人。清代著名學者，乾嘉學派代表人物，與趙翼、王鳴盛被時人合稱爲“史學三大家”，有《廿二史考異》、《潛研堂文集》、《十駕齋養新録》、《元史藝文志》等著述數十種。王昶、段玉裁、王引之、阮元、江藩等著名學者均給予錢氏甚高評價，後世公推其爲“一代儒宗”。疏證者薛傳均，字子韻，江蘇甘泉（今屬江蘇省揚州市區）人。廣覽群籍，强記精識，長於小學，博引經史而撰有是著。

《藏園訂補郘亭知見傳本書目》、《販書偶記》著録有包括此刊本在内的多種清代刊本，而先父所藏這部道光本刊刻較早，且爲初印，故頗有文獻價值及收藏價值。

〇二四

［清］江聲《六書說》不分卷《論語竢質》三卷

六書說

元和江　聲艮庭著

許敘重說文解字敘云周禮保氏教國子先以六書一曰指事視而可識察而見意上下是也二曰象形畫成其物隨體詰詘日月是也三曰諧聲以事爲名取譬相成江河是也四曰會意比類合誼以見指撝武信是也五曰轉注建類一首同意相受考老是也六曰假借本無其字依聲託事令長是也鄭康成注周禮用先鄭司農說亦云六書象形會意轉注處事假借諧聲也聲謂

六書說　一

十六頁十三行急字誤原作怱

十七頁四行叚字筆畫从此與叚字有别

廿頁二行終字下脱畢字盖終畢應删始也

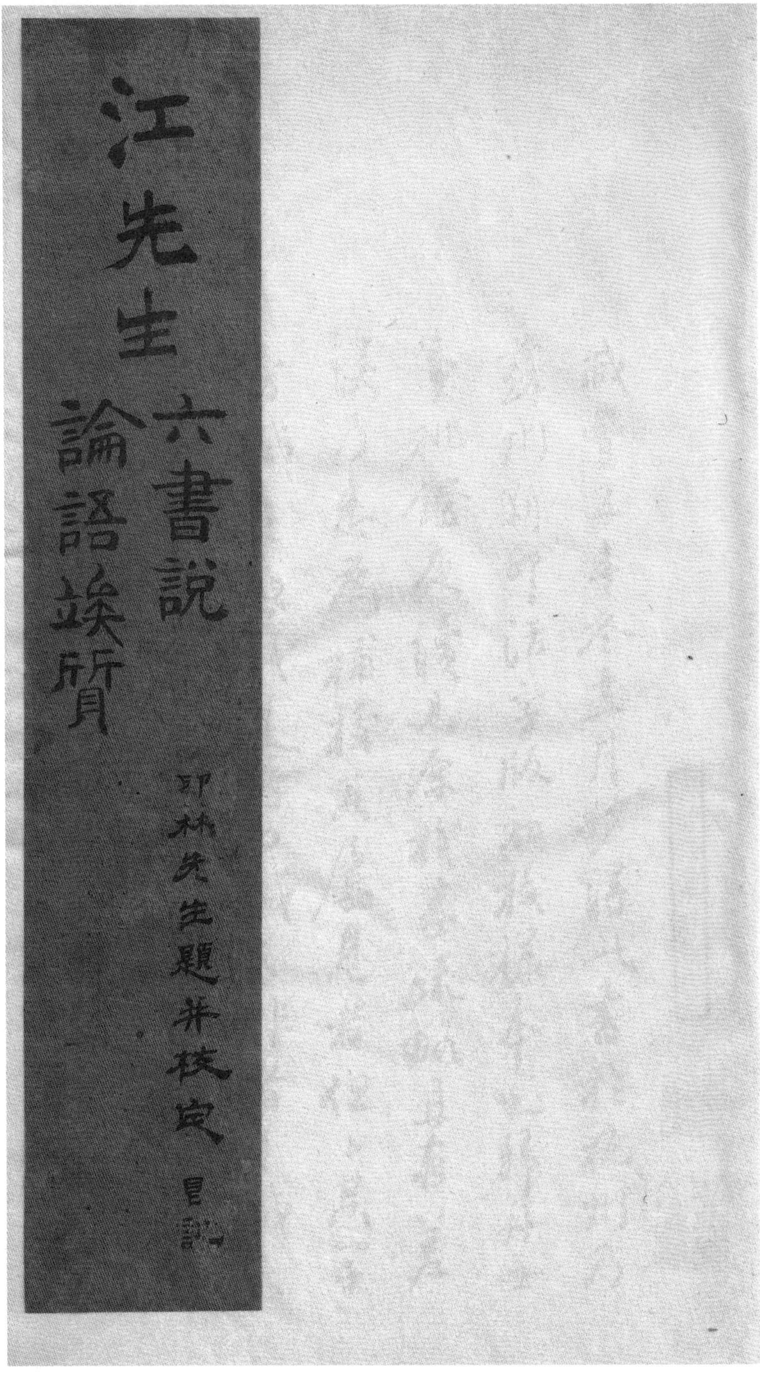
江先生六書說
論語竢質
印林先生題并校定

咸豐五年冬十一月杪得此書於杭州乃
蘇州新印活字版初校樣本也歸舟無
事挑鐙夜讀見原校甚疏略且有差
誤乃悉爲補校其屢見者但△其字
旁識之原校是者○識之非者丨識之
越歲秋七月重觀於琅邪客館因記

半葉九行，行二十一字，單魚尾，黑口，四周單闌，框高19.6厘米，寬13.2厘米，清道光、咸豐時期（1821—1861）活字本。有許瀚批校與題跋，除鈐有吴重喜“海豐吴氏珍藏”、“吴重喜印”及許霽祥“許光宇”、“固始許霽祥藏書”印外，另有“漢章”、“北學盦藏”印。

許瀚題跋云：

咸豐五年冬十一月杪得此書於杭州，乃蘇州新印活字版初校樣本也。歸舟無事，挑鐙夜讀，見原校甚疏略，且有差誤，乃悉爲補校，其屢見者但△其字旁識之，原校是者○識之，非者|識之。越歲秋七月重視於瑯邪客館，因記。

許瀚（1797—1866），字印林，室名攀古小廬，山東日照人。清代著名樸學家，精校勘及古文字學。吴重喜（1838—1918），又作重熹，字仲飴，山東海豐（今山東省濱州市無棣縣）人。學者、藏書家吴式芬之子，亦富收藏。許霽祥，生卒年不詳，字光宇，河南固始人，民國時期收藏家，與著名學者馬衡先生有交往。

《藏園訂補郘亭知見傳本書目》著録有此書清咸豐二年江都李氏半畝園刊《小學類編》本、光緒七年萩林山房刊《文選樓叢書》本、光緒十四年董金鑒校補《琳琅密室叢書》本，而《販書偶記》、《販書偶記續編》則皆未著録此書。但《古書經眼録》著録此書，並云：“傳本頗少，顧廣圻刻本亦罕見，已收入《小學類編》及《益雅堂叢書》中。”以上書目皆未著録此種活字本，其稀見可知。加之先父所藏這部爲批校本，係精於小學之許瀚所校並有其題跋，又曾爲清代学者吴式芬之子吴重喜所藏，更增其價值。

唐書本紀卷第一

監修國史推誠守節保運功臣特進守司空兼門下侍郎同中
書門下平章事上柱國譙國公食邑五千戶食實封四百戶臣
劉昫　等奉勑修

皇明奉　勑提督南畿學政山西道監察御史餘姚聞人詮校刻
蘇州府儒學訓導門人嘉興沈桐同校

高祖

高祖神堯大聖光孝皇帝姓李氏諱淵其先隴西狄道人凉武昭王暠七代孫也暠生歆歆生重耳仕魏爲弘農太守重耳生熙爲金門鎮將領豪傑鎮武川因家焉儀鳳中追尊宣皇帝熙生天錫仕魏爲幢主大統中贈司空儀鳳中追尊光皇帝皇祖諱虎後衛左僕射封隴西郡公與周文帝及太保李弼大司馬獨孤信等以功參佐命當時稱爲八柱國家仍賜姓大野氏周受禪追封唐國公謚曰襄至隋文帝作相還復本姓武德初追尊景皇帝廟號太祖陵曰永康皇考

諱昞周安州總管柱國大將軍襲唐國公謚曰仁武德初追尊元皇帝廟號世祖陵曰興寧高祖以周天和元年生於長安七歲襲唐國公及長倜儻豁達任性眞率寬仁容衆無貴賤咸得其歡心隋受禪補千牛備身文帝獨孤皇后即高祖從母也由是特見親愛累轉譙隴岐三州刺史有史世良者善相人謂高祖曰公骨法非常必爲人主願自愛勿忘鄙言高祖頗以自負大業初爲滎陽樓煩二郡太守徵爲殿內少監九年遷衛尉少卿遼東之役督運於懷遠鎮及楊玄感反詔高祖馳驛鎮弘化郡兼知關右諸軍事高祖歷試中外素樹恩德及是結納豪傑衆多款附時煬帝多所猜忌人懷疑懼會有詔徵高祖詣行在所遇疾未謁時甥王氏在後宮帝問曰汝舅何遲王氏以疾對帝曰可得死否高祖聞之益懼因縱酒沉湎納賄以混其迹焉十一年煬帝幸汾陽宮命高祖往山西河東黜陟討捕師次龍門賊帥毋端兒帥衆數千薄於城下高祖從十餘騎擊之所射七十發皆應弦而倒賊乃大潰十二年遷右驍衛將軍十三年爲太原留

舊唐書重鋟紀勛序

李唐氏有天下三百年三代而降英君明辟若唐文皇

功德固在首列厥後子孫迭興雖中更喪亂猶不失為

盛朝而玄憲二宗至配二漢七廟同稱何也其典

章法度貽謀之善不可及巳蓋作唐史者有三人焉其

競葦述令狐垣此皆金鑾上彥操筆石渠而未竟一代

至石晉朝始敕中書劉朐等因垣舊文增為百九十卷

然後有唐事跡悉載無遺而撰述詳贍妙極模寫足以

舊唐書重鏤紀勛序

李唐氏有天下三百年三代而降英君明辟若唐文皇功德固在首列厥後子孫迭興雖中更喪亂猶不失爲盛朝而玄憲二宗至配貞觀與漢七廟同稱何也其典章法度貽謀之善不可及已蓋作唐史者有三人焉吳兢韋述令狐垣此皆金閨上彥操筆石渠而未竟一代至石晉朝始敕中書劉昫等因垣舊文增爲百九十卷然後有唐事跡悉載無遺而撰述詳贍妙極模寫足以

〇二五

［漢］司馬遷《史記》一百三十卷

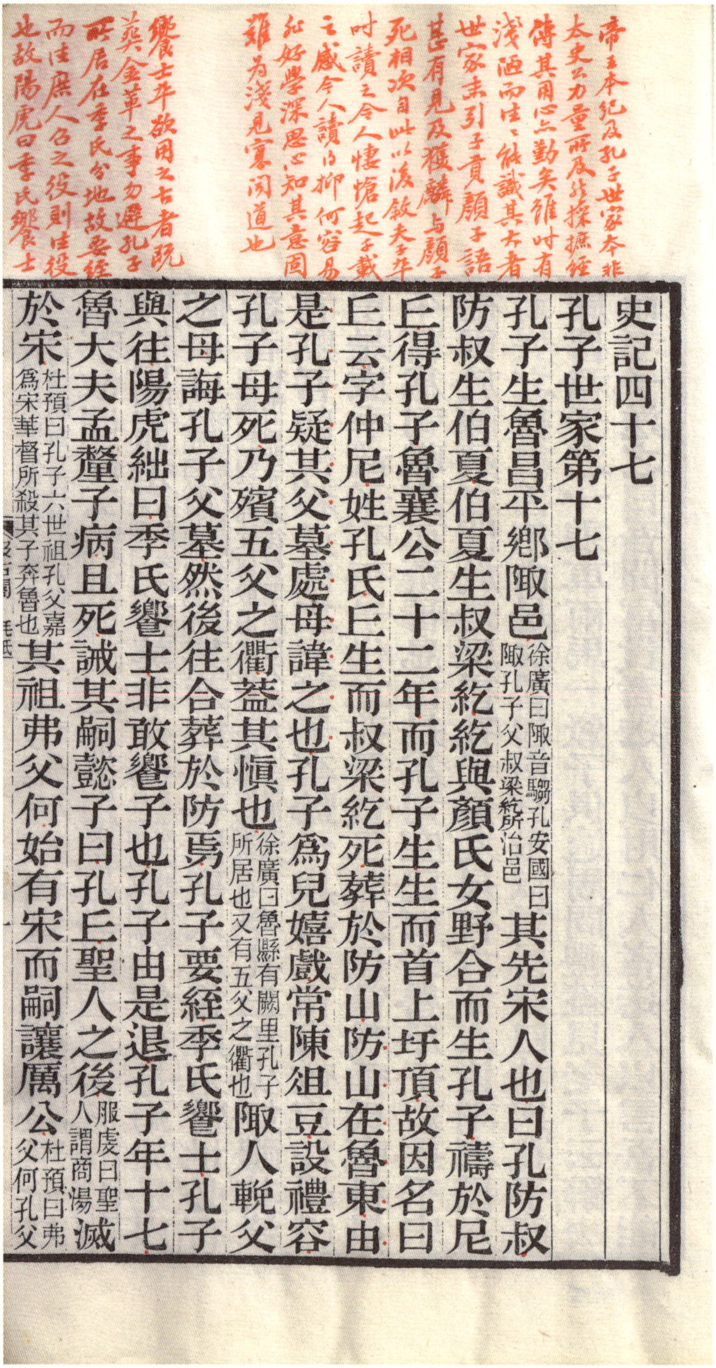

史記四十七

孔子世家第十七

孔子生魯昌平鄉陬邑徐廣曰陬音騶孔安國曰陬孔子父叔梁紇所治邑其先宋人也曰孔防叔防叔生伯夏伯夏生叔梁紇紇與顏氏女野合而生孔子禱於尼丘得孔子魯襄公二十二年而孔子生生而首上圩頂故因名曰丘云字仲尼姓孔氏丘生而叔梁紇死葬於防山防山在魯東由是孔子疑其父墓處母諱之也孔子爲兒嬉戲常陳俎豆設禮容孔子母死乃殯五父之衢蓋其愼也徐廣曰魯縣有闕里孔子所居也又有五父之衢也陬人輓父之母誨孔子父墓然後往合葬於防焉孔子要絰季氏饗士孔子與往陽虎絀曰季氏饗士非敢饗子也孔子由是退孔子年十七魯大夫孟釐子病且死誡其嗣懿子曰孔丘聖人之後服虔曰聖人謂商湯滅於宋杜預曰孔子六世祖孔父嘉爲宋華督所殺其子奔魯也其祖弗父何始有宋而嗣讓厲公杜預曰弗父何孔父

禮其家余祗回留之不能去云天下君王至於賢人眾矣當時則榮沒則已焉孔子布衣傳十餘世學者宗之自天子王侯中國言六藝者折中於夫子可謂至聖矣

王臨川曰太史公敘帝王則曰本紀公侯傳國則曰世家公卿特起則曰列傳此其例也其列孔子為世家奚其進退無所據耶孔子旅人也棲棲衰季之世無尺土之柄此列之以傳宜矣曷為世家哉豈以仲尼躬將聖之資其教化之盛舄奕萬世故為之世家以抗之又非極摯之論也夫仲尼之才帝王可也何特公侯哉仲尼之道世天下可也何特世其家哉處之世家仲尼之道不從而大置之列傳仲尼之道不從而小而遷也自亂其例所謂多所牴牾者也

史記四十七

金陵書局仿汲古閣本刊

半葉十二行，行二十五字，單魚尾，白口，左右雙闌，框高19.2厘米，寬12.6厘米，清光緒四年（1878）金陵書局刊本（即五局合刻本），有惲毓嘉朱筆批校。首册缺失，餘者無題跋。

惲毓嘉（1857—1919），字孟樂，號甦齋、樘翁、逸叟，江蘇陽湖（今江蘇省常州市）人，後入籍順天大興（今北京市大興區），清光緒十八年（1892）進士。近代學者，平生致力於史地之學，並擅書法。

《增訂四庫簡明目録標注》、《藏園訂補郘亭知見傳本書目》、《中國古籍善本書目》等著録《史記》傳世刊本極夥，其中不乏宋元珍本，而此金陵書局本即五局合刻本，係太平天國事後幾省督撫爲恢復文化而合刻二十四史之一種。此書並不稀見，且不符合一般概念上之善本標準，然先父所藏這部書中却有惲毓嘉批校頗多，就文獻層面而言甚爲珍貴，可惜缺失首册數卷。

〇二六

［唐］司馬貞《史記索隱》三十卷

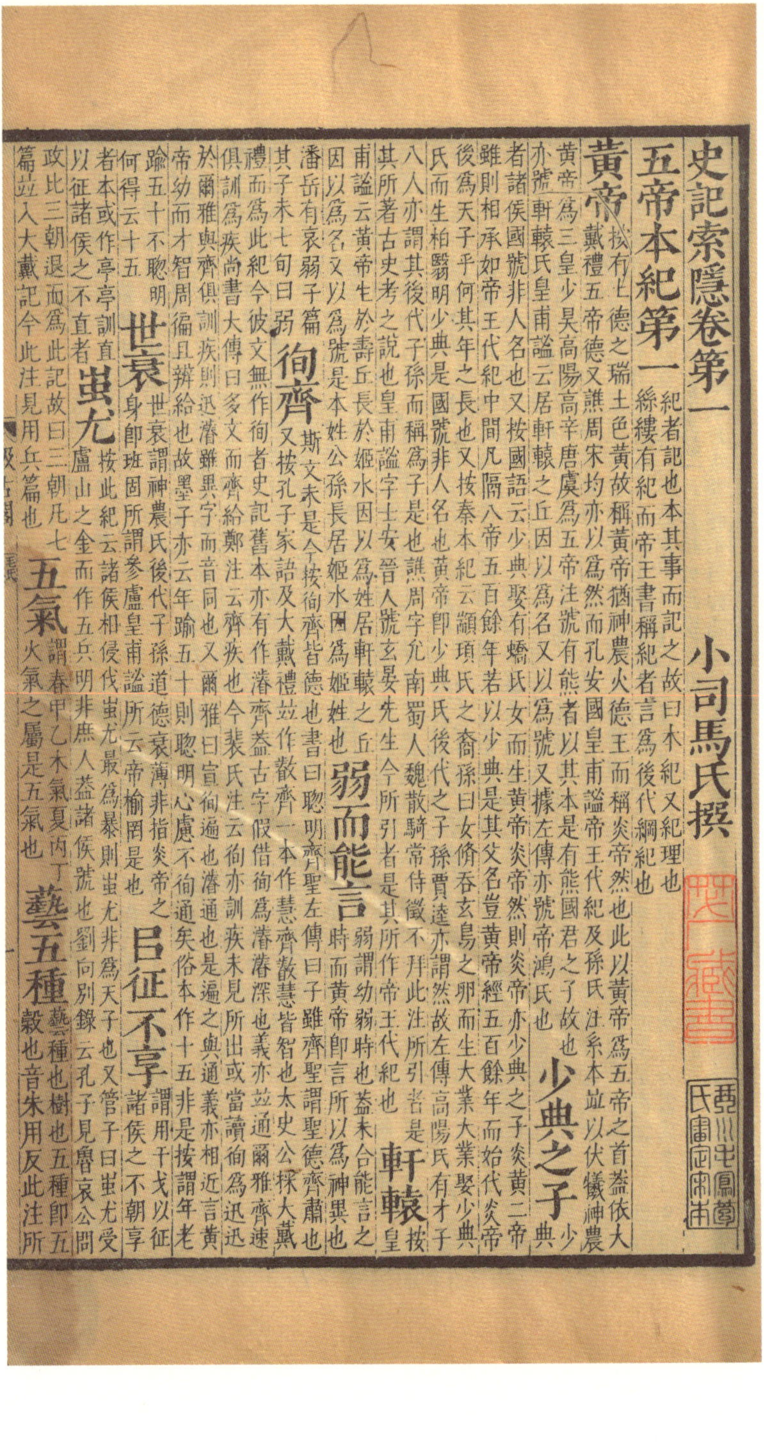

史記索隱卷第一　小司馬氏撰

五帝本紀第一 紀者記也本其事而記之故曰本紀又紀理也絲縷有紀而帝王書稱紀者言爲後代綱紀也

黃帝 按有土德之瑞土色黃故稱黃帝猶神農火德王而稱炎帝然也此以黃帝爲五帝之首蓋依大戴禮五帝德又譙周宋均亦以爲然而孔安國皇甫謐帝王代紀及孫氏注系本竝以伏犧神農黃帝爲三皇少昊高陽高辛唐虞爲五帝注號有熊者以其本是有熊國君之子故也亦號軒轅氏皇甫謐云居軒轅之丘因以爲名又以爲號又據左傳亦號帝鴻氏也

少典之子 少典者諸侯國號非人名也又按國語云少典娶有蟜氏女而生黃帝炎帝然則炎帝亦少典之子炎黃二帝雖則相承如帝王代紀中間凡隔八帝五百餘年若以少典是其父名豈黃帝經五百餘年而始代炎帝後爲天子乎何其年之長也又按秦本紀云顓頊氏之裔孫曰女脩吞玄鳥之卵而生大業大業娶少典氏而生柏翳明少典是國號非人名也黃帝即少典氏後代之子孫賈逵亦謂然故左傳高陽氏有才子八人亦謂其後代子孫而稱爲子是也譙周字允南蜀人魏散騎常侍徵不拜此注所引者是其所著古史考之說也皇甫謐字士安晉人號玄晏先生今所引者是其所作帝王代紀也

軒轅 按皇甫謐云黃帝生於壽丘長於姬水因以爲姓居軒轅之丘因以爲名又以爲號是本姓公孫長居姬水因爲姬姓也

弱而能言 弱謂幼弱時也蓋未合能言之時而黃帝即言所以爲神異也潘岳有哀弱子篇其子未七旬曰弱

徇齊 斯文未是今按徇齊皆德也書曰聰明齊聖左傳曰子雖齊聖謂聖德齊肅也又按孔子家語及大戴禮竝作叡齊一本作慧齊叡慧皆智也太史公採大戴禮而爲此紀今彼文無作徇者史記舊本亦有作濬齊蓋古字假借徇爲濬濬深也義亦竝通爾雅齊速俱訓爲疾尚書大傳曰多文而齊給鄭注云齊疾也今裴氏注云徇亦訓疾未見所出或當讀徇爲迅迅於爾雅與齊俱訓疾則迅濬雖異字而音同也又爾雅曰宣徇遍也濬通也是遍之與通義亦相近言黃帝幼而才智周徧且辨給也故墨子亦云年踰五十則聰明心慮不徇通矣俗本作十五非是按謂年老踰五十不聰明何得云十五

世衰 世衰謂神農氏後代子孫道德衰薄非指炎帝之身即班固所謂參盧皇甫謐所云帝榆罔是也

㠯征不享 謂用干戈以征諸侯之不朝享者本或作亭亭訓直以征諸侯之不直者

蚩尤 按此紀云諸侯相侵伐蚩尤最爲暴則蚩尤非爲天子也又管子曰蚩尤受盧山之金而作五兵明非庶人蓋諸侯號也劉向別錄云孔子見魯哀公問政比三朝退而爲此記故曰三朝凡七篇竝入大戴記今此注見用兵篇也

五氣 謂春甲乙木氣夏丙丁火氣之屬是五氣也

蓺五種 蓺種也樹也五種即五穀也音朱用反此注所

史記索隱卷六

漢興已來諸侯王年表第五

應劭云雖名為王其實如古之諸侯

同姓五十五 按漢書封國八百同姓五十餘顧氏據左傳魏子謂成鱄云武王克商光有天下兄弟之國十有五人姬姓之國四十人是也 非德不純 純善也亦云純一言周王非德不純一形勢弱也

同姓為王者九國 徐氏九國不數吳蓋以荆絕乃封吳故也仍以淮陽為九今按下文所封列有十國者以長沙異姓故言九國也

怵邪臣 怵音誓怵訓習言習於邪臣之謀故爾雅云怵猶狃也狃亦訓習 推恩分子弟 按武帝用主武偃言而下推恩之令也 或以適削地 適音宅或作過

形錯諸侯間 錯音七各反錯謂交錯相衘故云犬牙相制言犬牙參差 楚 高祖五年封韓信六年王弟交也 齊 四年封韓信六年封子肥 荆 六年封劉賈十一年賈為英布所殺其年立吳國封兄子濞也 淮南 四年封英布十一年反誅立子長 燕 五年封盧綰十一年亡入匈奴十二年立子建也 趙 四年封張耳其年薨明年子敖立八年廢為宣平侯九年立子如意也 梁 五年封彭越十一年反誅十二年立子恢 代 二年封韓王信五年降匈奴十一年立子恒也 長沙 五年吳芮薨六年子成王臣立 高后 元年

魯 初置國立張偃 常山 哀王不疑元年薨立王義為帝又立軹侯朝為王 呂 肅王呂台元年薨立呂嘉 淮陽 懷王強惠帝子 長沙 共王右哀王子 故軹侯 音章是反王軹縣在河內後文帝封舅薄昭 故浚侯 音交浚水所出縣名在沛又音也 呂通故東平侯 東平縣屬梁國 呂大故呂平侯 縣名屬上谷也 呂祿故胡陵侯 縣名屬山陽也 營陵侯 燕王劉澤初封縣名屬北海也 朱虛侯 縣名屬琅琊 東牟 縣名屬東萊

孝文二年 封城陽封濟北王章興居 辟彊 趙幽王子音璧 十六年 分淮南為三國分齊為七國 淮南三 衡山王勃城陽王安廬江王賜也 齊七 城陽濟北濟南淄川膠東膠西齊 趙分為六 河間廣川中山常山清河趙 廟壖垣 壖音儒緣反壖垣廟境外之墟壖邊 郃陽 郃音下匝反代王劉仲後封也

江都易王非 按謚法云好更故舊為易也 臨江王閼于 閼音遏 膠西于王端 謚法云能優其德曰于 中山靖

家語有顏相字子襄當即是顏祖

產家語冉季字產秦祖字南家語字子南漆彫哆赤者反家語字子斂顏子驕家語名產孔子在衛南子招夫子爲次過市時產爲御也漆彫
徒父家語字固也壤駟赤字徒家語字子徒者石高澤家語字季石作蜀字明家語同任不齊字選家語
公良儒家語作良儒陳人字子正賢而有勇孔子周遊常以家車五乘孔子家語在三十五人之中亦見系家在三十二人不見蕃傳之數亦誤也鄒誕本作公襄儒后處字
家語同也公夏首字乘家語同也奚容箴字子皙家語同也公肩定字中家語同也顏祖字襄家語
無此人也鄡單字子家鄡音苦堯反單音善則單名徐廣云一作鄔單鉅鹿有鄡縣太原有鄔縣家語無此人也罕父黑字子索家語作罕父黑字索秦
商家語魯人字丕慈少孔子四歲其人薑與孔子父紇俱以力聞也申堂字周家語有申績字周論語有申棖鄭玄云申棖魯人弟子也蓋申堂是棖不疑以棖堂聲相近上文又有公
伯繚亦字周家語則無伯繚是史記述伯繚一人者也公祖句茲字子之句音鉤榮子祺家語榮祈字子顏也縣成字子祺家語
作子謀也左人郢字行家語同也燕級字恩家語同也鄭國字子徒家語薛邦字徒史記作國而家語稱邦者蓋避漢祖諱而改鄭與薛
字誤也秦非字子之施之常字子恒顏噲字子聲步叔乘字子車顏之僕字
叔家語竝同原亢籍家語名亢字籍樂欬字子聲家語同也廉潔字子庸家語同也叔仲會字子期鄭玄
云晉人家語魯人少孔子五十四歲與孔琁年相比二孺子俱執筆迭侍於夫子孟武伯見而放之是也顏何字冉家語字稱狄黑字皙家語同邦巽字
子斂家語巽作選字子斂文翁圖作國選蓋亦由避漢諱改也劉氏作邦巽鄭音圭所見各異也孔忠家語云忠字子蔑孔子兄之子也公西輿如字子
上家語同公西箴字子上家語子上作子尚也已上四十二人無年及不見書傳者按家語此例唯
有三十七人其公良孺秦商步叔仲會四人家語有事迹史記闕然自公伯遼秦冉鄡單三人家語不載而別有琴牢陳亢縣豐當此三人數皆互有也如文翁圖所記又有林放遼伯玉申棖申堂俱是後人以

半葉十四行，行二十七字，單魚尾，白口，左右雙闌，框高22厘米，寬15.5厘米，明崇禎年（1628—1644）汲古閣刊本，有批校（當是藏家鮑氏所校），鈐有“樂是簃”、“苾厂藏書”等印。

據云，“樂是簃”、“苾厂藏書”爲北京一位鮑姓滿族藏書家之藏書印，此人名字及具體情況不詳，僅知其收藏古籍頗多。

《史記索引》原附於《史記》諸多刊本中，單刻本却不多，據《增訂四庫簡明目録標注》著録除此汲古閣刊本外，還有廣雅書局刊本，《藏園訂補郘亭知見傳本書目》著録也與此相同。《中國古籍善本書目》著録五部有批校之汲古閣刊本，而綫裝書局出版的《中國古籍善本總目》還著録有二十二部無批校本。先父所藏這部既有批校，故亦有價值。

〇二七

［清］徐松《漢書西域傳補注》二卷

漢書西域傳補注卷上　大興徐松學

西域傳 補曰史記大宛傳匈奴奇兵時時遮擊使西國者古
如域廣雅釋詁域國也後書烏桓傳有東域西南夷傳有南
域此城郭國界中國之西故曰西域按通鑑太初三年貳師將軍誅
宛王漢通西域應在是年史通云史記所書年止漢武太初以後闕
而不錄是西域之通在史記後史公但據張騫所至大宛大月氏大
夏康居烏孫及漢所嘗發使者安息奄蔡犛軒條支身毒諸國作大
宛傳班君撰漢書乃分大宛傳爲張騫李廣利兩傳又採錄舊文益
以城郭諸國創爲西域傳叙傳云西戎卽序夏后是表周穆觀兵荒
服不旅漢武勞神圖遠甚勤王師驒驒致誅大宛姼姼公主迺女烏
孫使命迺通條支之瀕昭宣承業都護是立總督城郭三十有六修
奉朝貢各以其職是也顏君作注
義或未備有所引伸以補曰別之

卷第六十六上

師古曰烏孫國已
後分爲下卷補曰
孟堅漢書紀表志傳合爲百篇顏君作注雖依舊目而文之繁重者
每篇或析爲數卷五行志分爲五王莽傳分爲三其餘第分爲上下
二篇如高祖紀王子侯表百官公卿表食貨志郊祀志地理志司馬
相如傳嚴朱吾邱主父徐嚴終王賈傳揚雄傳匈奴傳外戚傳叙傳
及此篇是也孔穎達曲禮疏云上者對下生名本以語多簡策重大
分爲上下更無義也卷字據宋本增下卷同注烏孫上俗本有自字

班固 補曰據宋本增汪
校本作漢班固譔　漢書九十六

漢書西域傳補注上　卷上　一

道亦謂之通道今俗語猶云通衢大道矣戶四百五十口千七百五十勝兵者五百人補曰勝音升通鑑注曰勝任也勝兵者謂能操五兵而戰也傳惟罽賓安息烏弋山離三國不言戶口兵數西與且末接師古曰且音子餘反補曰舊唐書吐谷渾傳作且沫傳或言接或言通或言至接于闐言北與姑墨接而姑墨言南至于闐龜茲言西與姑墨接而姑墨言東通龜茲是因地爲文非有異義隨畜逐水草不田作補曰後漢書西羌傳南接蜀漢徼外蠻夷西北鄯善車師諸國所居無常依隨水草地少五穀以產收爲業仰鄯善且末穀師古曰賴以自給也仰音牛向反補曰鄯善亦仰穀旁國此蓋由鄯善以資且末山有鐵自作兵兵有弓矛服刀劍甲劉德曰服刀拍髀也師古曰拍音狛髀音俾又音陛補曰御覽引作自作兵甲有弓矛服刀劍汪校本弓下無矛字釋名曰短刀曰拍髀帶時拍體旁也西北至鄯善乃當道云補曰婼羌種與西域別班君不立西羌傳故因西域道里所經併言之

鄯善國本名樓蘭補曰水經注澤在樓蘭國北扜泥城故彼俗謂是海爲牢蘭海蓋海因國得名牢樓一聲之轉匈奴傳單于遺漢書曰樓蘭烏孫是未改國名之證王治扜泥城師古曰扜音一胡反補曰御覽注云扜音烏注校本泥作尼按水經注扜泥城其俗謂之東故城蓋以伊循爲新城也魏書曰所都城方一里去陽關千六百里補曰魏書自玉門渡流沙西行二千里至鄯善去

半葉十一行，行二十八字，單魚尾，白口，左右雙闌，框高21.6厘米，寬14.9厘米，清道光九年（1829）原刊本，除鈐有袁行雲“武進袁氏藏書”印外，還有“栝雪書堂”印。

“武進袁氏藏書”乃袁行雲（1928—1988）先生之藏書印。袁先生爲當代知名學者，江蘇武進（今江蘇省常州市武進區）人。改革開放後供職於中國社會科學院歷史研究所，精版本目録之學，專攻清代學術史，撰有《許瀚年譜》、《清人詩集敘録》等。而且袁先生與先父交往密切，二十世紀七十年代曾至西安訪友，與先父在雨中同遊興慶宮公園，並共吟詩。

《增訂四庫簡明目録標注》、《藏園訂補郘亭知見傳本書目》著録此書多種清代刊本，《販書偶記》衹著録有嘉慶間刊本，並云“無刻書年月”，而嘉慶、道光時期刻書字體、板式基本一致，故此所謂嘉慶間刊本疑即道光年大興徐氏刊本。先父所藏這部爲道光九年原刊本，在文獻方面具有珍貴價值。

〇二八

[劉宋]范曄《後漢書》一百三十卷

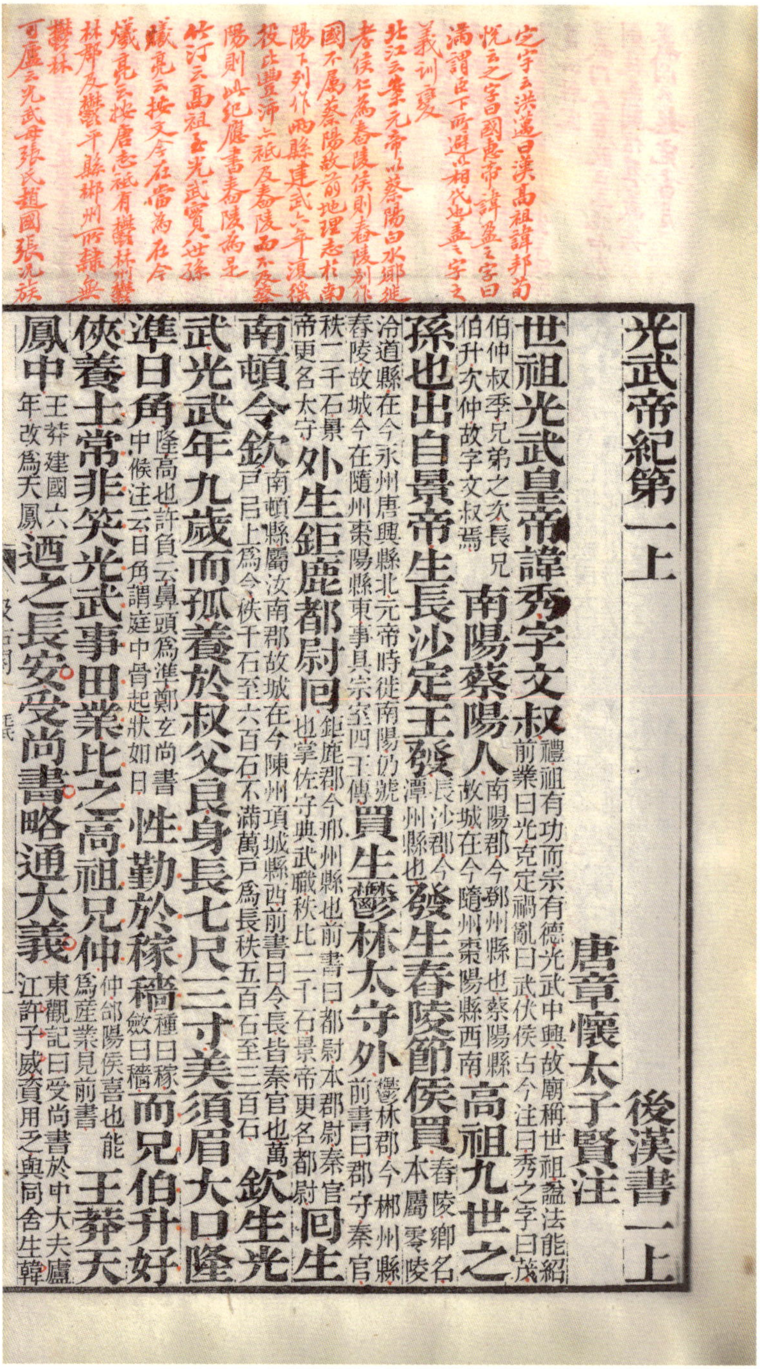

光武帝紀第一上　　後漢書一上

唐章懷太子賢注

世祖光武皇帝諱秀字文叔禮祖有功而宗有德光武中興故廟稱世祖謚法能紹前業曰光克定禍亂曰武伏侯古今注曰秀之字曰茂伯仲叔季兄弟之次長兄伯升次仲故字文叔焉南陽蔡陽人南陽郡今鄧州縣也蔡陽縣故城在今隨州棗陽縣西南高祖九世之孫也出自景帝生長沙定王發長沙郡今潭州縣也發生舂陵節侯買舂陵鄉名本屬零陵泠道縣在今永州唐興縣北元帝時徙南陽仍號舂陵故城今在隨州棗陽縣東事具宗室四王傳買生鬱林太守外鬱林郡今郴州縣前書曰郡守秦官秩二千石景帝更名太守外生鉅鹿都尉回鉅鹿郡今邢州縣也前書曰都尉本郡尉秦官也掌佐守典武職秩比二千石景帝更名都尉回生南頓令欽南頓縣屬汝南郡故城在今陳州項城縣西前書曰令長皆秦官也萬戶已上爲令秩千石至六百石不滿萬戶爲長秩五百石至三百石欽生光武光武年九歲而孤養於叔父良身長七尺三寸美須眉大口隆準日角隆高也許負云鼻頭爲準鄭玄尚書中候注云日角謂庭中骨起狀如日性勤於稼穡種曰稼斂曰穡而兄伯升好俠養士常非笑光武事田業比之高祖兄仲仲郃陽侯喜也能爲産業見前書王莽天鳳中王莽建國六年改爲天鳳迺之長安受尚書略通大義東觀記曰受尚書於中大夫廬江許子威資用乏與同舍生韓

謂江夏太守侯登武陵太守王堂長沙相韓福桂陽太守張福零陵太守田翕蒼梧太守杜穆交阯太守錫光也見岑彭傳章懷以七郡爲南海蒼梧鬱林合浦交阯九真日南迺非也

州大將軍隗囂遣子恂入侍交阯牧鄧讓率七郡太守遣使奉貢交阯郡今交州縣也南濱大海輿地志云其夷足大指開析兩足並立指則相交阯與趾同古字通應劭漢官儀曰始開北方遂交於南爲子孫基阯也七郡謂南海蒼梧鬱林合浦交阯九眞日南並屬交州見續漢書詔復濟陽二年傜役濟陽縣故城在今曹州冤句縣西南皇考南頓君初爲濟陽令㠯哀帝建平元年帝生於濟陽宮故復之前書音義曰復謂除其賦役也復音福是歲野穀漸少田畝益廣焉

光武帝紀第一上

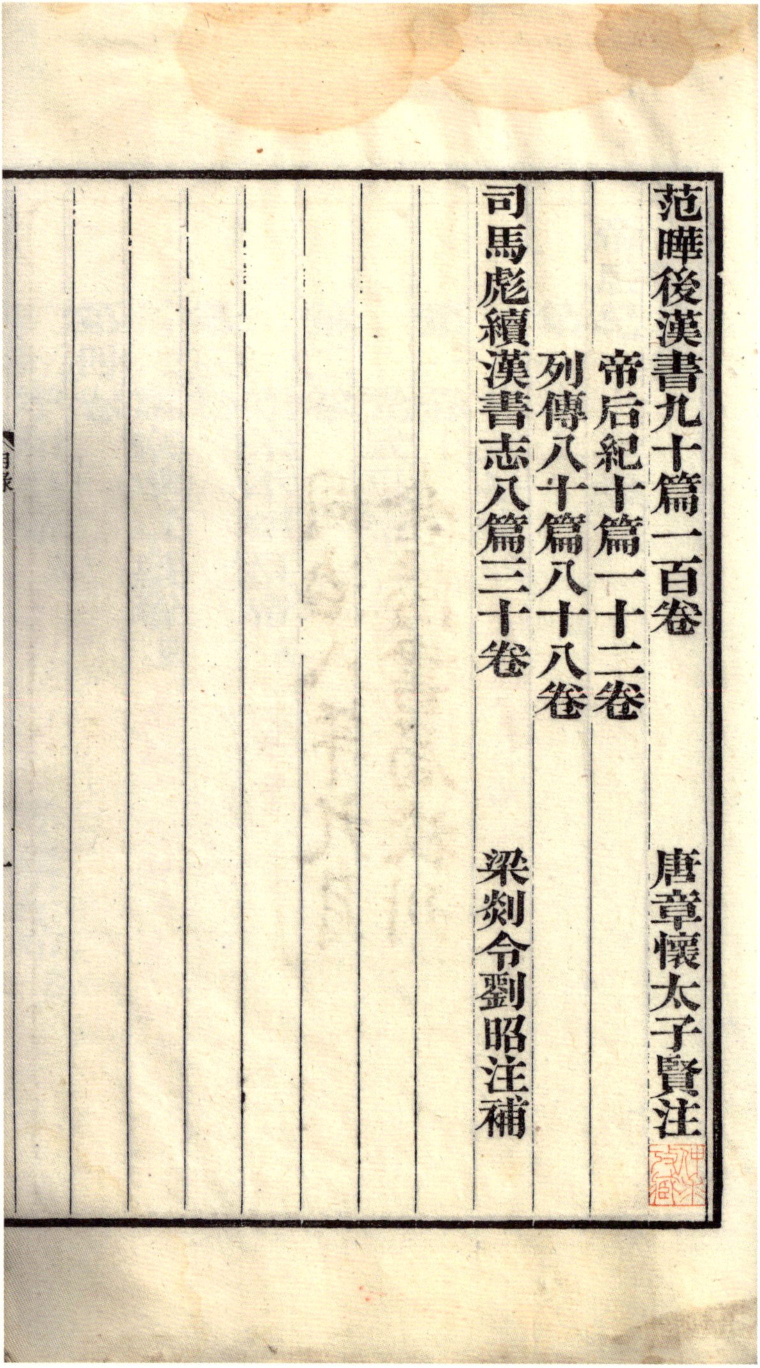
范曄後漢書九十篇一百卷　唐章懷太子賢注
帝后紀十篇一十二卷
列傳八十篇八十八卷
司馬彪續漢書志八篇三十卷　梁剡令劉昭注補

同治八年九月
金陵書局校刊

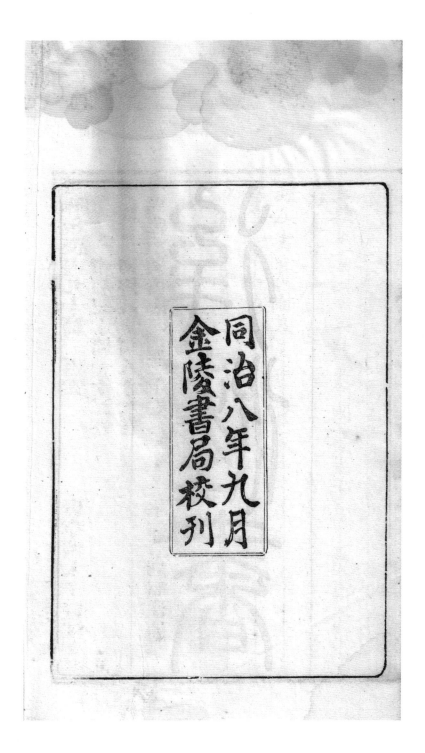

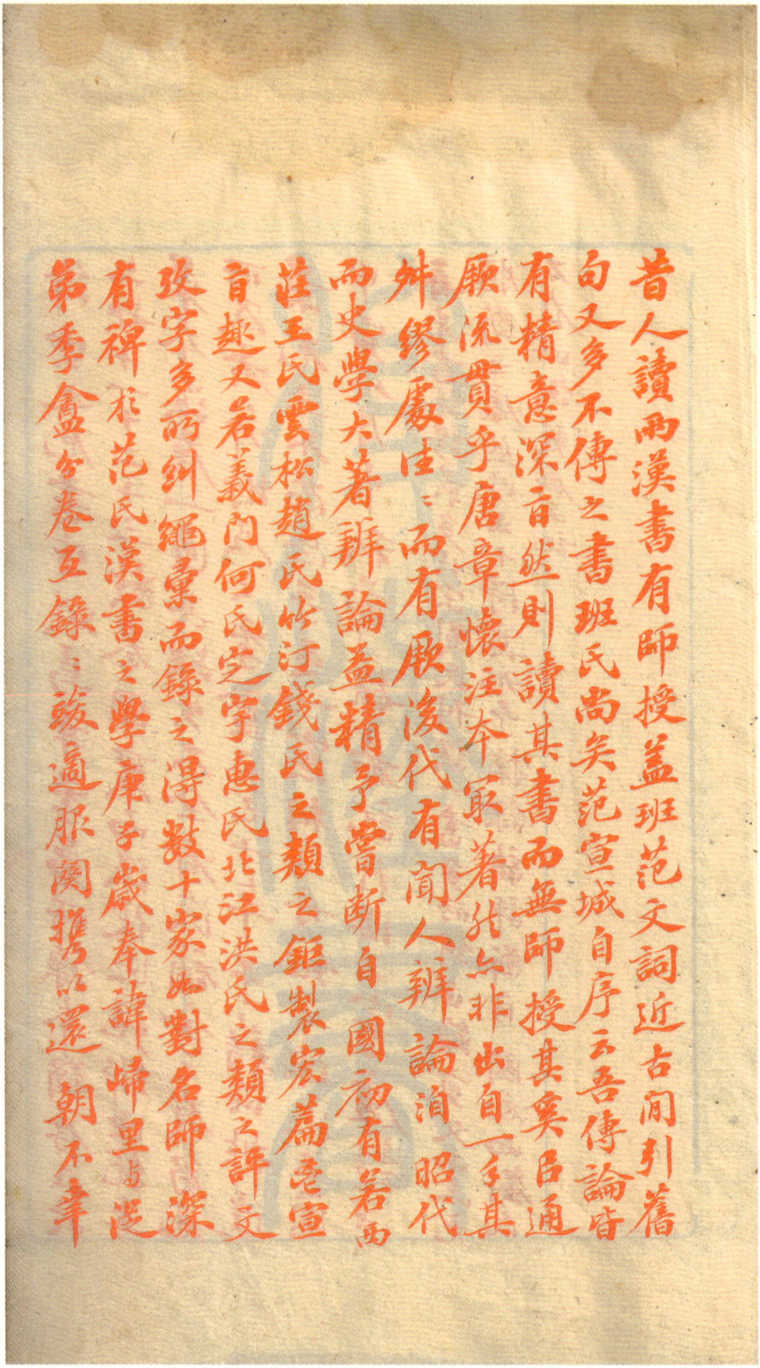

昔人讀兩漢書有師授蓋班范文詞近古間引舊
句又多不傳之書班氏尚矣范宣城自序云吾傳論皆
有精意深旨然則讀其書而無師授其奚由通
厥流貫乎唐章懷注本最著然亦非出自一手其
舛繆處往往而有厥後代有聞人辯論洎昭代
而史學大著辯論益精予嘗斷自國初有若西
莊王氏雲松趙氏竹汀錢氏之類之鉅製宏篇竟宣
旨趣又若義門何氏定宇惠氏北江洪氏之類之許文
攷字多所糾繩彙而錄之得數十家如對名師深
有裨於范氏漢書之學庚子歲奉諱歸里與湛
弟季龕分卷互錄錄竣適服闋攜以還朝不幸

絳雲之厄書皆燬焉幸季弟所錄本猶存在於
亦缺十一十二十三數卷國變而後伏匿滬鄉晒乾季
弟本復度一過其缺失不全者復補全之有勿見
所及者并瓣及之季盦亡已十年予藉此排遣
景光且不忍忘手澤之一寓相與丹鉛之陳迹云爾
甲寅八月中秋節毓嘉記於海上寄廬本字下奪遺字

再是書訛謬最多北宋劉氏刊誤一書多所糾正雖貢父亦未免
臆斷之處然改正十得其九予採錄諸評斷自 國初而劉氏
不在此例 毓嘉又記

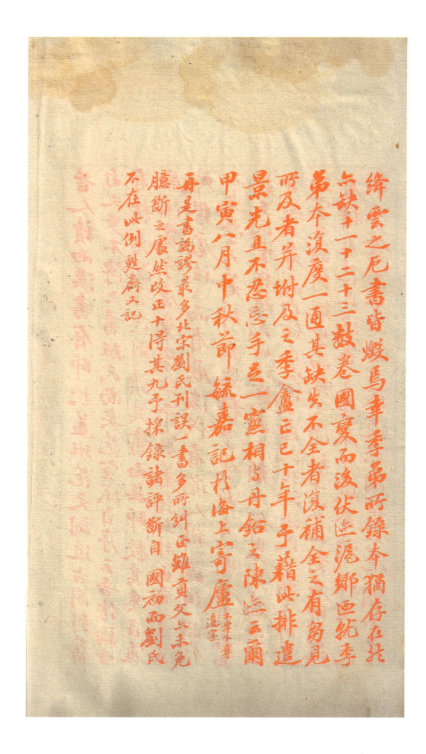

半葉十二行，行二十五字，單魚尾，白口，左右雙闌，框高19.2厘米，寬12.6厘米，清同治八年（1869）金陵書局刊本（即五局合刻本），有惲毓嘉引錢大昕、惠棟、洪亮吉、何焯、趙翼等著述所作批校及其題跋，鈐有“仲求考藏”印。

惲毓嘉題跋云：

昔人讀兩《漢書》有師授，蓋班、范文詞近古，間引舊句，又多不傳之書，班氏尚矣。范宣城自序云：吾傳論皆有精意深旨。然則讀其書而無師授，其奚吕通厥流貫乎？唐章懷注本冣著，然亦非出自一手，其舛繆處往往而有，厥後代有聞人辨論。洎昭代而史學大著，辨論益精。予嘗斷自國初，有若西莊王氏、雲松趙氏、竹汀錢氏之類之鉅制宏篇，皀宣旨趣；又若義門何氏、定宇惠氏、北江洪氏之類之評文攷字，多所糾繩，彙而録之，得數十家，如對名師，深有裨於范氏《漢書》之學。庚子歲奉諱歸里，與從弟季龕分卷互録，録竣適服闋，携以還朝，不幸絳雲之厄，書皆燬焉。幸季弟所録本猶存在，然亦缺十一、十二、十三數卷。國變而後，伏迹滬鄉，迺就季弟本復度一通，其缺失不全者復補全之，有咼見所及者并坿及之。季龕亡已十年，予藉此排遣景光，且不忍忘手足一窻相與丹鉛之陳迹云爾。甲寅八月中秋節毓嘉記於海上寄廬。不幸下奪“遘”字。

再，是書譌謬最多，北宋劉氏《刊誤》一書多所糾正，雖貢父亦未免臆斷之處，然改正十得其九。予採録諸評，斷自國初，而劉氏不在此例。甦齋又記。

惲毓嘉（1857—1919），字孟樂，號甦齋、榿翁、逸叟，江蘇陽湖（今江蘇省常州市）人，後入籍順天大興（今北京市大興區），清光緒十八年（1892）進士。近代學者，平生致力於史地之學，並擅書法。

各種書目著録之《後漢書》傳世刊本甚夥，其中不乏宋元珍本，而此金陵書局本即五局合刻本，實不稀見，且不符合一般概念上之善本標準，但是先父所藏此書之批校係惲毓嘉據錢大昕、惠棟、洪亮吉、何焯、趙翼等著名學者著述所作，加之惲氏本身致力於史地之學，故其批校甚佳，因而是書不論文獻價值抑或收藏價值皆頗高。

［晉］陳壽《三國志》六十五卷

魏書一　　三國志一

武帝紀第一

太祖武皇帝沛國譙人也姓曹諱操字孟德漢相國參之後太祖一名吉利小字阿瞞　王沈魏書曰其先出於黃帝當高陽世陸終之子曰安是爲曹姓周武王克殷存先世之後封曹俠於邾春秋之世與於盟會逮至戰國爲楚所滅子孫分流或家於沛漢高祖之起曹參以功封平陽侯世襲爵土絕而復紹至今適嗣國於容城桓帝世曹騰爲中常侍大長秋封費亭侯司馬彪續漢書曰騰父節字元偉素以仁厚稱鄰人有亡豕者與節豕相類詣門認之節不與爭後所亡豕自還其家豕主人大慙送所認豕并辭謝節節笑而受之由是鄉黨貴歎焉長子伯興次子仲興次子叔興騰字季興少除黃門從官永寧元年鄧太后詔黃門令選中黃門從官年少溫謹者配皇太子書騰應其選太子特親愛騰飲食賞賜與衆有異順帝即位爲小黃門遷至中常侍大長秋在省闥三十餘年歷事四帝未嘗有過好進達賢能終無所毀傷其所稱薦若陳留虞放邊韶南陽延固張溫弘農張奐潁川堂谿典等皆致位公卿而不伐其善蜀郡太守因計吏修敬於騰益州刺史种暠於函谷關搜得其牋上太守并奏騰內臣外交所不當爲請免官治罪帝曰牋自外來騰書不出非其罪也乃寢暠奏騰不以介意常稱歎暠以爲暠得事上之節暠後爲司徒語人曰今日爲公乃曹常侍恩也騰之行事皆此類也桓帝即位以騰先帝舊臣忠孝彰著封費亭侯加位特進太和三年追尊騰曰高皇帝養子嵩嗣官至太尉莫能審其生出本末續漢書曰嵩字巨高質性敦慎所在忠孝爲司隸校尉靈帝擢拜大司農大鴻臚代崔烈爲太尉黃初元年追尊嵩曰太皇帝吳人作曹瞞傳及郭班世語竝云嵩夏侯氏之子夏侯惇之叔父太祖於惇爲從父兄弟嵩生太祖太祖少機警有權數

軌表輒出軍以外威比能內鎮步度根帝省表曰步度根以為比能所誘有自疑心今軌出軍適使二部驚合為一何所威鎮乎促勑軌以出軍者慎勿越塞過句注也比詔書到軌以進軍屯陰館遣將軍蘇尚董弼追鮮卑比能遣子將千餘騎迎步度根部落與尚弼相遇戰於樓煩二將沒步度根部落皆叛出塞與比能合寇邊遣驍騎將軍秦朗將中軍討之虜乃走漠北秋九月安定保塞匈奴大人胡薄居姿職等叛司馬宣王遣將軍胡遵等追討破降之冬十月步度根部落大人戴胡阿狼泥等詣并州降朗引軍還

魏氏春秋曰朗字元明新興人獻帝傳曰朗父名宜祿為呂布使詣袁術術妻以漢宗室女其前妻杜氏留下邳布之被圍關羽屢請於太祖求以杜氏為妻太祖疑其有色及城陷太祖見之乃自納之宜祿歸降以為銍長及劉備走小沛張飛隨之過謂宜祿曰人取汝妻而為之長乃蚩蚩若是邪隨我去乎宜祿從之數里悔欲還飛殺之朗隨母氏畜于公宮太祖甚愛之每坐席謂賓客曰世有人愛假子如孤者乎　魏略曰朗遊遨諸侯間歷武文之世而無尤也及明帝即位授以內官為驍騎將軍給事中每車駕出入朗常隨從時明帝喜發舉數有以輕微而致大辟者朗終不能有所諫止又未嘗進一善人帝亦以是親愛每顧問之多呼其小字阿蘇數加賞賜為起大第於京城中四方雖知朗無能為益猶以附近至尊多賂遺之富均公侯　世語曰朗子秀勁

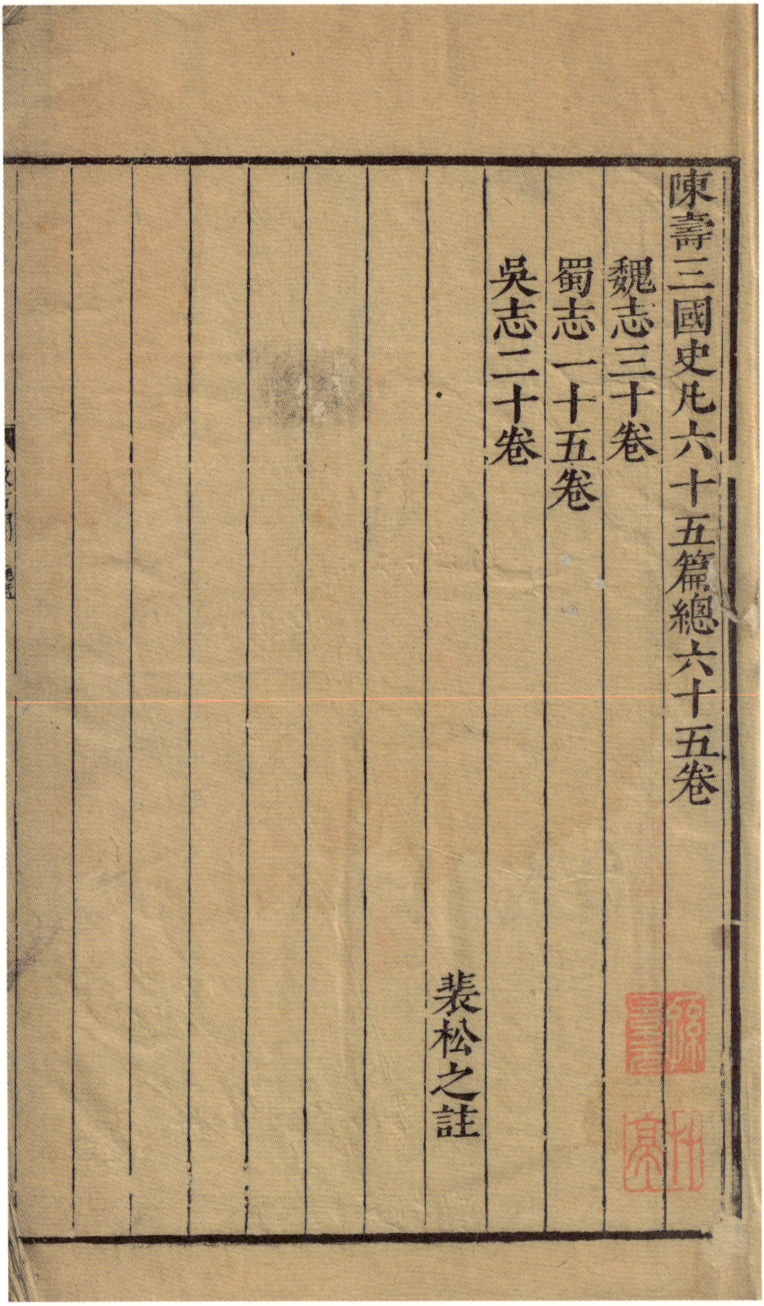
陳壽三國史凡六十五篇總六十五卷
魏志三十卷
蜀志一十五卷
吴志二十卷
裴松之註

半葉十二行，行二十五字，單魚尾，白口，左右雙闌，框高21.8厘米，寬15.3厘米，明崇禎十七年（1644）汲古閣刊本，有羅振常批校及“蟫隱廬所得善本”印，另有“孫永福”、“錫天”、“孫景元”、“竹亭”諸印。

蟫隱廬爲羅振常書齋名，羅振常（1875—1942）係近現代著名學者羅振玉季弟，字子經，又字子敬，號心井、邈園。浙江上虞（今浙江省紹興市上虞區）人，僑居江蘇淮安。近代學者、版本目録學家、藏書家，精校勘，於版本源流、文字異同、收藏變遷等皆詳爲稽考。又藏宋元精刻、名家抄校本，編家藏善本書目爲《善本書所見録》。

各書目著録《三國志》傳世刊本衆多，亦含宋元珍本，明汲古閣刊本雖屬善本，然並不稀見，據《中國古籍善本書目》著録有十九部，皆有批校，其中兩部爲殘本。先父所藏此部亦爲批校本，但批校者爲知名學者羅振常，可據此知其學術功力，故有學術與收藏之雙重價值。

〇三〇

［清］周濟《晉略》六十六卷

晉畧本紀一

武帝　　　　　　　　　　　　荆溪周濟譔

帝諱炎字安世氏曰司馬楚漢時卬爲殷王都河內其後因居溫云八世至漢征西將軍鈞鈞生豫章太守量量生潁川太守儁儁生京兆尹防防子八人其第二子曰懿懿子九人長曰師次曰昭（懿妻張氏河內平皋人生三子師昭榦張有權畧魏武初辟懿懿辭以風痺天暴雨不覺自起收書家惟一婢見之張恐事泄手殺婢遂自執爨及懿寵柏夫人不禮張張嘗覘懿疾懿曰老物可憎何煩出也張恚不食諸子亦不食懿乃謝之旣而告人曰老物不足惜慮困我好兒耳魏正始八年年五十九卒武帝受禪追尊曰宣穆皇后）帝昭長子也懿字仲達漢末爲魏國太子中庶子魏武察其雄豪欲除之賴太子丕以免文帝末以撫軍將軍錄尚書與曹眞陳羣並受顧命明帝卽位封舞陽侯遷驃騎將軍太和元年都督荆豫二州鎮宛平孟達四年遷大將軍加大都督假黃鉞與曹眞伐蜀青龍四年遼東叛徵詣京師景初二年平遼東還至薊使者迎勞增封詔便道復鎮

晉畧

道光乙亥年開雕
音略
味經齋藏板

半葉十二行，行二十五字，單魚尾，白口，左右雙闌，框高19.4厘米，寬14.5厘米，清道光十九年（1839）味雋齋原刊本，鈐有先父“江陰黃永年藏書之記”印。

《增訂四庫簡明目録標注》著録是書有此道光刊本及周濟之孫周煒於光緒二年（1876）重刊本，《藏園訂補郘亭知見傳本書目》、《販書偶記》著録亦相同。此書乃先父於二十世紀末用較低之價格購得於北京琉璃廠中國書店。

〇三一

［清］章宗源《隋經籍志考證》十三卷

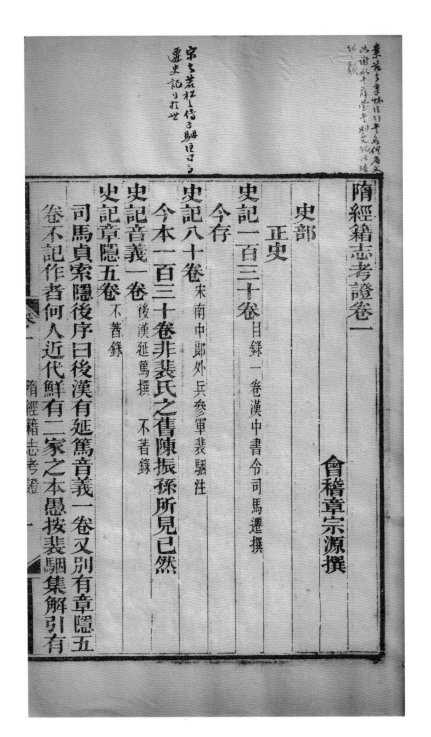

隋經籍志考證卷一

會稽章宗源撰

史部

正史

史記一百三十卷目錄一卷漢中書令司馬遷撰

今存

史記八十卷宋南中郎外兵參軍裴駰注

今本一百三十卷非裴氏之舊陳振孫所見已然

史記音義一卷後漢延篤撰　不著錄

史記章隱五卷不著錄

司馬貞索隱後序曰後漢有延篤音義一卷又別有章隱五卷不記作者何人近代鮮有二家之本愚按裴駰集解引有

隋經籍志考證　卷一　一

光緒三年三月湖
北崇文書局開雕

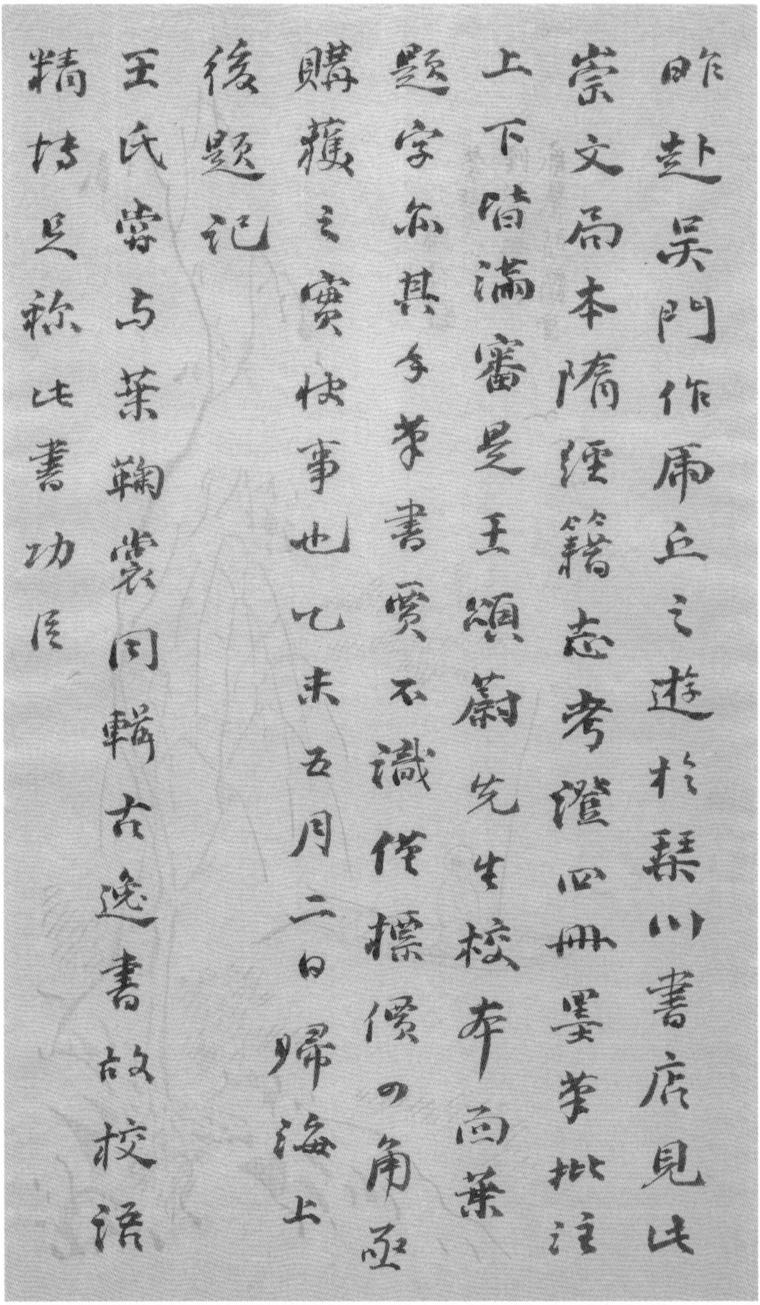
昨赴吳門作虎丘之遊於琴川書店見此
崇文局本隋經籍志考證四冊墨筆批注
上下皆滿審是王頌蔚先生校本而葉
題字亦其手筆書賈不識從標價四角亟
購獲之實快事也乙未五月二日歸海上
後題記
王氏嘗與葉鞠裳同輯古逸書故校語
精博足稱此書功臣

半葉十二行，行二十四字，雙魚尾，黑口，四周雙闌，框高19.4厘米，寬14.8厘米，清光緒三年（1877）崇文書局刊本，有王頌蔚墨筆批校，另有先父題跋及“黃永年藏善本書印”。

先父題跋云：

昨赴吴門，作虎丘之遊，於桒川書店見此崇文局本《隋經籍志考證》四册，墨筆批注，上下皆滿。審是王頌蔚先生校本，面頁題字亦其手筆。書賈不識，僅標價四角。亟購獲之，實快事也。乙未五月二日帰海上後題記。

王氏嘗與葉鞠裳同輯古逸書，故校語精博，足稱此書功臣。

王頌蔚（1848—1895），字芾卿，號蒿隱，初名叔炳。江蘇長洲（今江蘇省蘇州市）人。晚清學者、藏書家，參與校定《鐵琴銅劍樓書目》，撰有《周禮義疏》、《明史考證捃逸》。與葉昌熾、袁寶璜合稱“蘇州三才子”。富藏書，如《老子》、《文中子》、《白虎通義》、《老子纂圖互注》等書宋刊本。

由於自《漢書》至《周書》之各部正史或無志，或雖有志的部分，但却無藝文志、經籍志，直至唐太宗貞觀年間修《五代史志》（即《隋書》之志）始有《經籍志》，因此《隋經籍志》可謂東漢以來三百多年學術史之總結，受到歷代史家之重視，對此志之考證與研究著作頗多，重要者有清章學誠《隋書經籍志考證》、章宗源《隋經籍志考證》、姚振宗《隋書經籍志考證》及日本當代學者興膳宏與川合康三合撰之《隋書經籍志詳考》等，其中章學誠所著當不存於世，章宗源此書亦僅存史部，經部、子部、集部遭毀，見於《清史稿》記載。先父所藏此部雖爲光緒間刊本，傳世量頗多，然有王頌蔚墨筆批校甚多，係二十世紀五十年代僅以人民幣四角購得於蘇州琴川書店，其中機緣俱見先父題跋所敘。

〇三二

［後晉］劉昫《舊唐書》二百卷

唐書本紀卷第一

監修國史推誠守節保運功臣特進守司空兼門下侍郎同中
書門下平章事上柱國譙國公食邑五千戶食實封四百戶臣
劉　昫　等奉勑修

皇明奉　勑提督南畿學政山西道監察御史餘姚聞人詮校刻
蘇州府儒學訓導門人嘉興沈桐同校

高祖

高祖神堯大聖光孝皇帝姓李氏諱淵其先隴西狄道人凉武昭王暠七代孫也暠生歆歆生重耳仕魏爲弘農太守重耳生熈爲金門鎮將領豪傑鎮武川因家焉儀鳳中追尊宣皇帝熈生天錫仕魏爲幢主大統中贈司空儀鳳中追尊光皇帝皇祖諱虎後衛左僕射封隴西郡公與周文帝及太保李弼大司馬獨孤信等以功參佐命當時稱爲八柱國家仍賜姓大野氏周受禪追封唐國公謚曰襄至隋文帝作相還復本姓武德初追尊景皇帝廟號太祖陵曰永康皇考

舊唐書重鏤紀勛序

李唐氏有天下三百年三代而降英君明辟若唐文皇功德固在首列厥後子孫迭興雖中更喪亂猶不失爲盛朝而玄憲二宗至配貞觀與漢七廟同稱何也其典章法度貽謀之善不可及已蓋作唐史者有三人焉吳兢韋述令狐垣此皆金閨上彥操筆石渠而未竟一代至石晉朝始敕中書劉昫等因垣舊文增爲百九十卷然後有唐事跡悉載無遺而撰述詳贍妙極模寫足以上追史漢下包魏陳信乎史之良者無以加于是矣柰何宋之慶曆又出新編大有增損至使讀者不復得覩

半葉十四行，行二十六字，雙魚尾，白口，左右雙闌，框高21.5厘米，寬14.9厘米，明嘉靖十四年（1535）聞人詮刊本，鈐有盧址“四明盧氏抱經樓藏書印”、吴引孙“真州吴氏有福讀書堂藏書”印及先父“黄永年藏善本書印”。

四明盧氏抱經樓爲盧址之書齋名。盧址（1725—1794），字丹陛，一字青厓，浙江鄞縣（今浙江省寧波市鄞州區）人。其爲著名學者盧文弨族人，係清中期大藏書家。抱經樓在寧波鄞縣，而盧文弨之抱經堂在杭州仁和，故人稱“東西二抱經”。吴引孫（1851—1921），字福茨，一字茨甫，江蘇儀徵人，祖籍安徽歙縣（今安徽省黄山市徽州區）。晚清東南地區著名藏書家，書齋名測海樓，藏書頗多。

《增訂四庫簡明目録標注》著録此書除此聞人詮刊本外，還有殘宋本六十九卷以及幾種清代刊本，而清代晚期刊本多不入善本之列（批校本例外），因此《中國古籍善本書目》除著録那部南宋紹興年兩浙東路鹽茶司殘宋本外，主要著録了此聞人詮刊本。另外此刊本係傳世最早的一種完整本。而先父所藏這部先后爲寧波抱經樓主人盧址、測海樓主人吴引孫所藏，係於二十世紀五十年代在滬上舊書店購得，亦可稱珍貴。

○三三

［清］趙紹祖《新舊唐書互證》二十卷

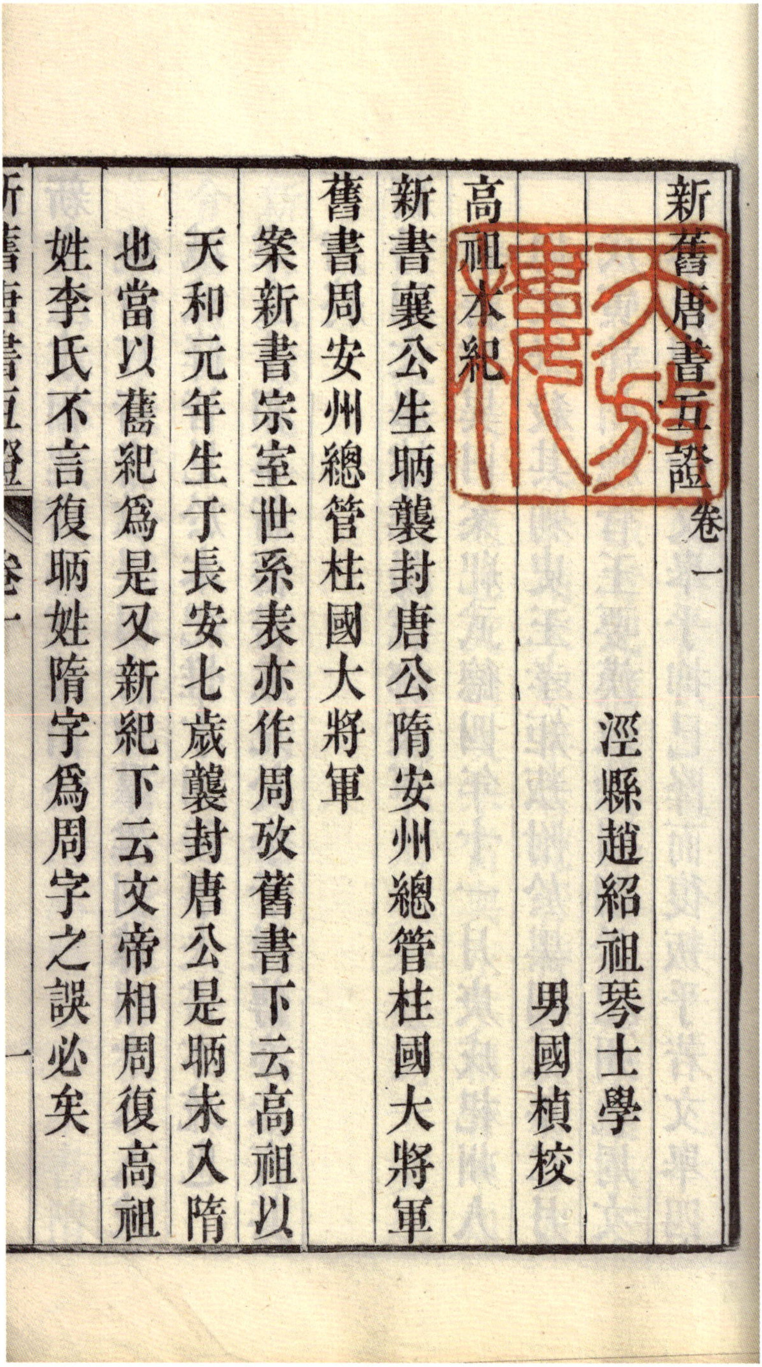

新舊唐書互證卷一

涇縣趙紹祖琴士學

男國楨校

高祖本紀

新書襄公生昞襲封唐公隋安州總管柱國大將軍

舊書周安州總管柱國大將軍

案新書宗室世系表亦作周攷舊書下云高祖以天和元年生于長安七歲襲封唐公是昞未入隋也當以舊紀爲是又新紀下云文帝相周復高祖姓李氏不言復昞姓隋字爲周字之誤必矣

新舊唐書互證　卷一　一

新舊唐書互證卷目

卷一

高祖本紀至太宗本紀凡四十二事

卷二

高宗本紀至元宗本紀凡六十事

卷三

肅宗本紀至文宗本紀凡五十九事

卷四

武宗本紀至昭宗本紀凡四十六事

卷五

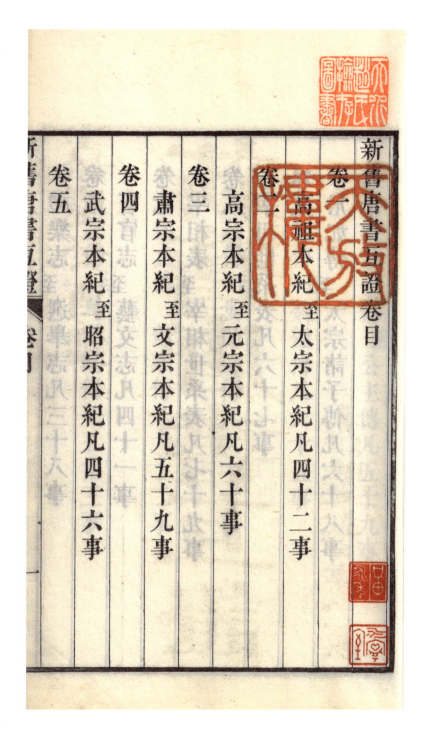

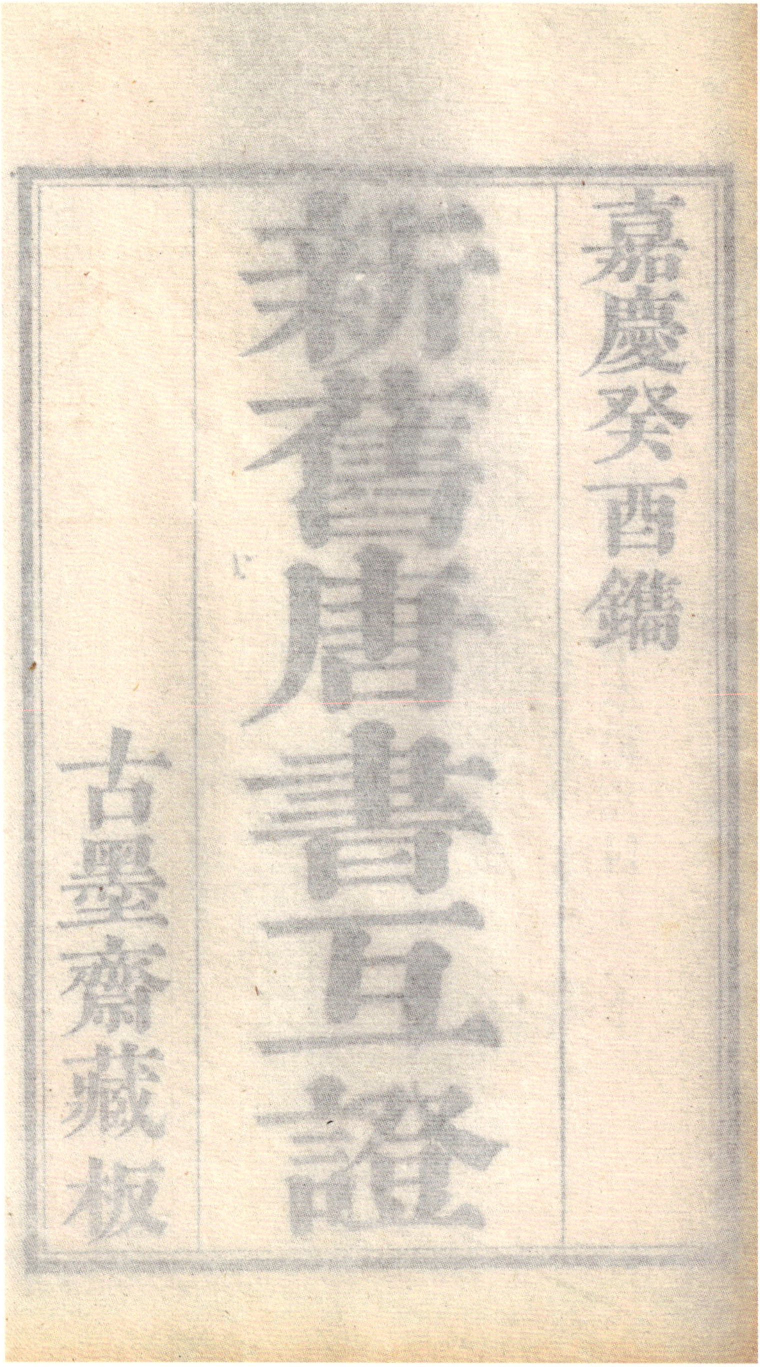

嘉慶癸酉鐫

新舊唐書互證

古墨齋藏板

半葉十行，行二十字，單魚尾，白口，左右雙闌，框高20.5厘米，寬14.3厘米，清嘉慶十八年（1813）古墨齋刊本，鈐有趙烈文“天放樓”、“天水趙氏掄存圖書”印，又有先父“黄永年”、“永寧室”等印。

此部古墨齋刊本係曾國藩重要幕僚趙烈文舊藏。趙烈文（1832—1894），字惠甫，號能静居士，江蘇常州人，學者、藏書家。多年爲晚清名臣曾國藩機要幕僚，多所謀劃，其曾於清同治六年（1867）六月二十日晚在與曾國藩交談中，預言清朝將於五十年内滅亡，隨後爲軍閥割據局面。此外，其對佛、易、醫、軍事、經濟之學均有所涉獵，藏書數萬卷，藏書之所名稱有“能静居”、“天放樓”、“小脈望館”，又與邵懿辰、莫友芝、許瀚、龔橙等藏家交往密切。

《增訂四庫簡明目録標注》未著録是書，但《藏園訂補郘亭知見傳本書目》、《販書偶記》皆著録有此刊本，並不罕見，但先父所藏這部曾爲趙烈文舊藏，其收藏價值自然非同一般。

［清］毛霦《平叛記》二卷

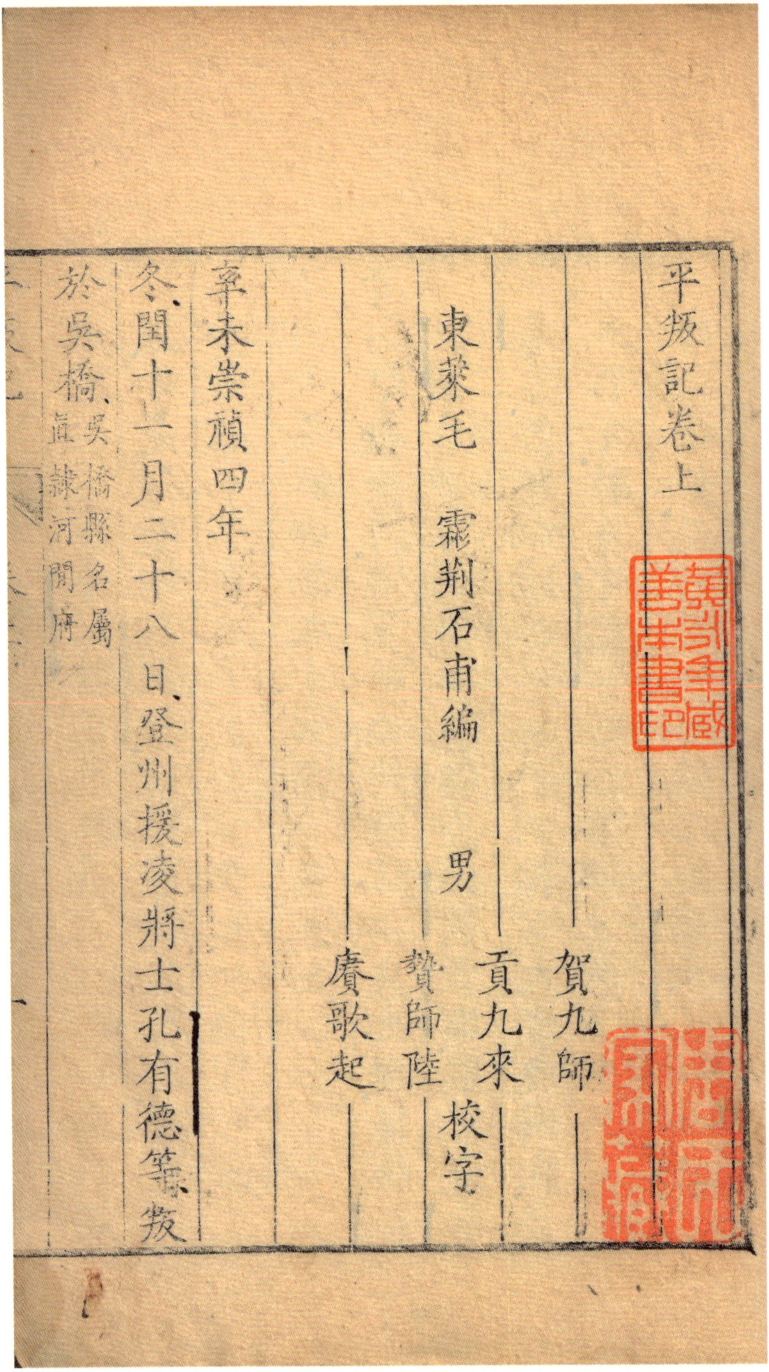

平叛記卷上

東萊毛霦荆石甫編

男　賀九師　貢九來　贇師陸　賡歌起　校字

辛未崇禎四年

冬閏十一月二十八日登州援淩將士孔有德等叛

於吳橋吳橋縣名屬直隸河間府

平叛記卷下

東萊毛霦荊石甫編

男　賀九師　貢九來　贊師陸　賡歌起　校字

五月初一日、巡撫謝璉集城守文武獎勵之、

謝撫集文武於堂獎其勤勞而警其怠惰

賊操演兵馬於墻兒埠、埠在城東北三里許

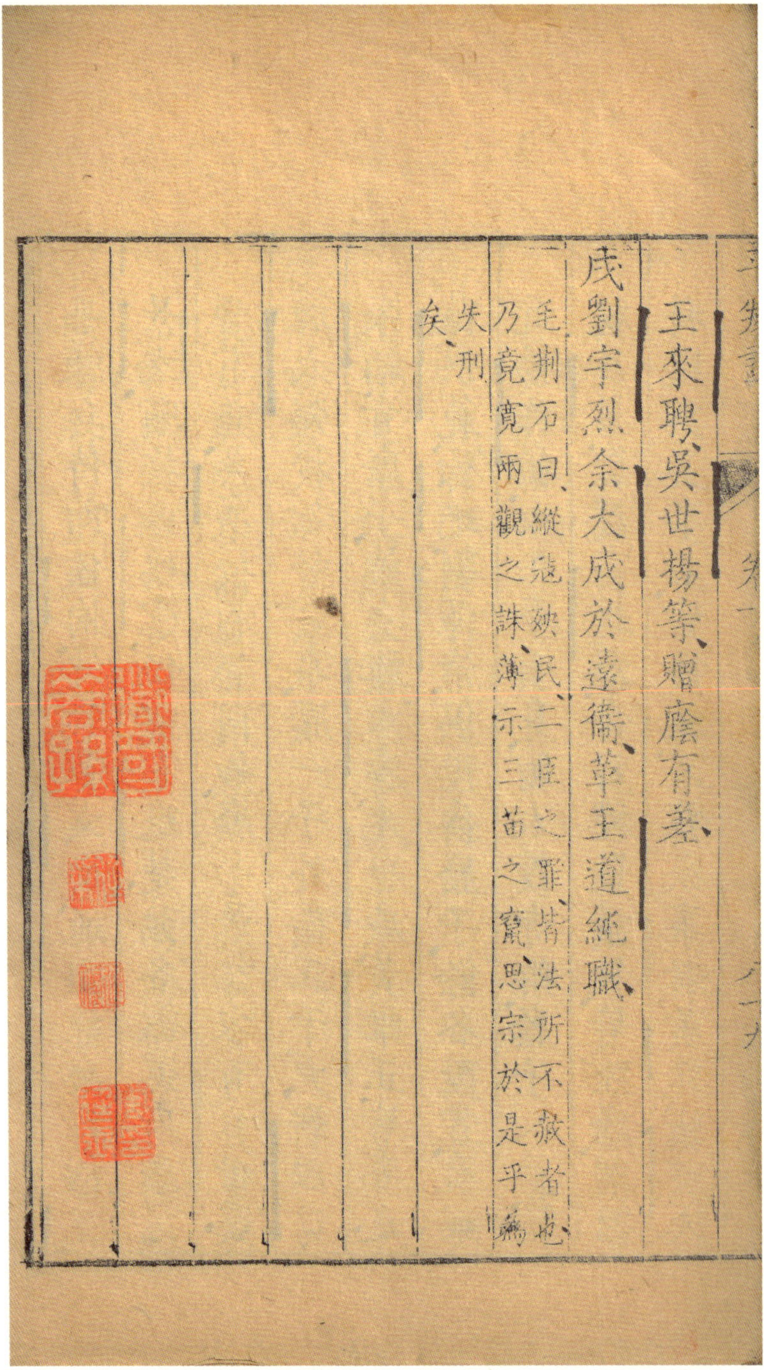

王來聘、吳世揚等、贈廕有差、
戌劉宇烈、余大成於遠衛、革王道純職、
毛荆石曰、縱逸殃民、二臣之罪、皆法所不赦者也、乃竟寬兩觀之誅、薄示三苗之竄、思宗於是乎爲失刑矣、半葉九行，行二十字，單魚尾，白口，左右雙闌，框高18.1厘米，寬13.7厘米，清康熙五十五年（1716）刊本。有題名爲《書平叛記後》之題跋，除鈐有“黄永年藏善本書印”外，還有“周氏家藏”、“隈雲瀼雪巢居”、“道國裔孫”、“廷采”、“周廷玉印”、“進俊”諸印。

題跋云：

書《平叛記》後

明懷宗五年，孔、李之亂，萊圍七月而解。其事之首尾，人之忠佞功罪，毛子一書言之詳矣。獨悲楊公禦蕃、彭公有謨之偉烈，生不酬功，死不廟食，可太息也。方二公入城拒守，兵不滿五千，賊勢數萬，如摧枯朽，且二公於萊，地非桑梓，聆非守土，乃志益堅，氣益奮，卒全萊州。戰守之勳，幾與張、許比烈。乃中傷於忌者之口，楊不過實授總兵，尋中蜚語下獄；彭不過量移參將，尋摘告劾罷矣。功高賞薄，而罰遽及之，此勞臣志士所以灰心解體，而國勢亦由不振也。太守嚴公有禧建遺愛祠，置主其中，共歷朝春秋祭祀焉。

孔有德降於我朝，入關封定南王，順治十一年五月十九日謚武壯。

《增訂四庫簡明目録標注》、《販書偶記》、《藏園訂補郘亭知見傳本書目》皆未著録此書，《販書偶記續編》

著録有此康熙刊本。《中國古籍善本總目》則著録一部此刊本藏於中央民族大學圖書館，而《中國人民大學圖書館善本目録》著録有三部此康熙刊本。另據舊日學生所云，北京師範大學圖書館亦藏有一部。即便如此，此康熙年刊《平叛記》亦可謂不多見，且具相當高之文獻價值者。

〇三五

［孫吳］韋昭《國語》二十一卷

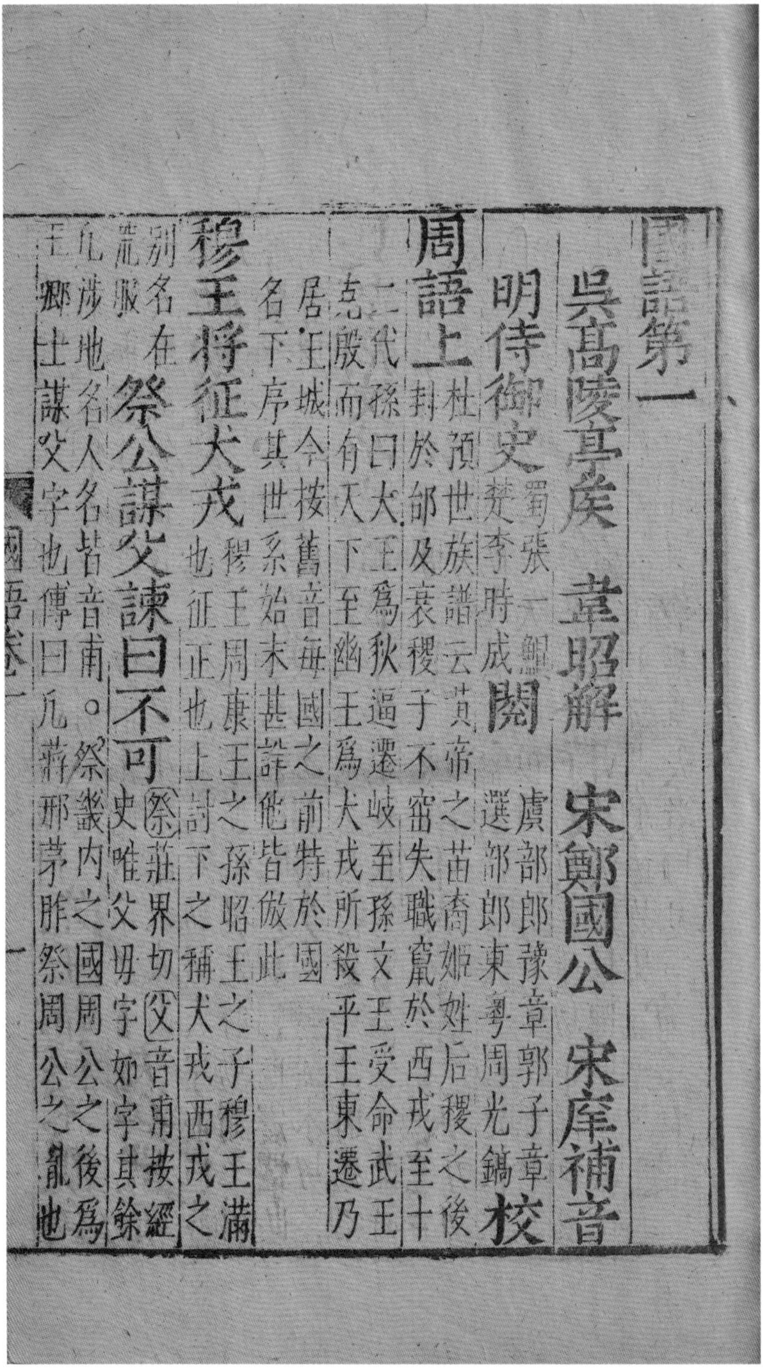

國語第一

吳高陵亭侯 韋昭解　宋鄭國公 宋庠補音

明侍御史 蜀張一鯤 楚李時成 閱　虞部郎豫章郭子章 選部郎東粵周光鎬 校

周語上 杜預世族譜云黃帝之苗裔姬姓后稷之後封於邰及衰稷子不窋失職竄於西戎至十三代孫曰大王爲狄逼遷岐至孫文王受命武王克殷而有天下至幽王爲犬戎所殺平王東遷乃居王城今按舊音每國之前特於國名下序其世系始末甚詳他皆倣此

穆王將征犬戎 穆王周康王之孫昭王之子穆王滿也征正也上討下之稱犬戎西戎之別名在荒服 祭公謀父諫曰不可 (祭)莊界切(父)音甫按經史唯父母字如字其餘凡涉地名人名皆音甫。祭畿内之國周公之後爲王卿士謀父字也傳曰凡蔣邢茅胙祭周公之胤也

國語卷一　一

半葉九行，行二十字，單魚尾，白口，左右雙闌，框高21厘米，寬14.6厘米，明萬曆年（1573—1620）張一鯤刊本。

《增訂四庫簡明目録標注》著録是書有金、元刊本以及多種明刊本，並云："明張一鯤刊本，翻刻甚多。"《藏園訂補郘亭知見傳本書目》著録者與此相差不多，未著録金刊本，却著録南皮張氏、傅增湘、日本静嘉堂各藏有一部宋刊元明遞修本。《中國古籍善本書目》著録國家圖書館藏有一部宋刊元遞修本，此外多爲明刊本，其中國家圖書館、上海圖書館等收藏單位共藏有二十四部此張一鯤刊本，不過其中當有一些實際乃翻刻本。

〇三六

［清］雍正帝《大義覺迷録》四卷

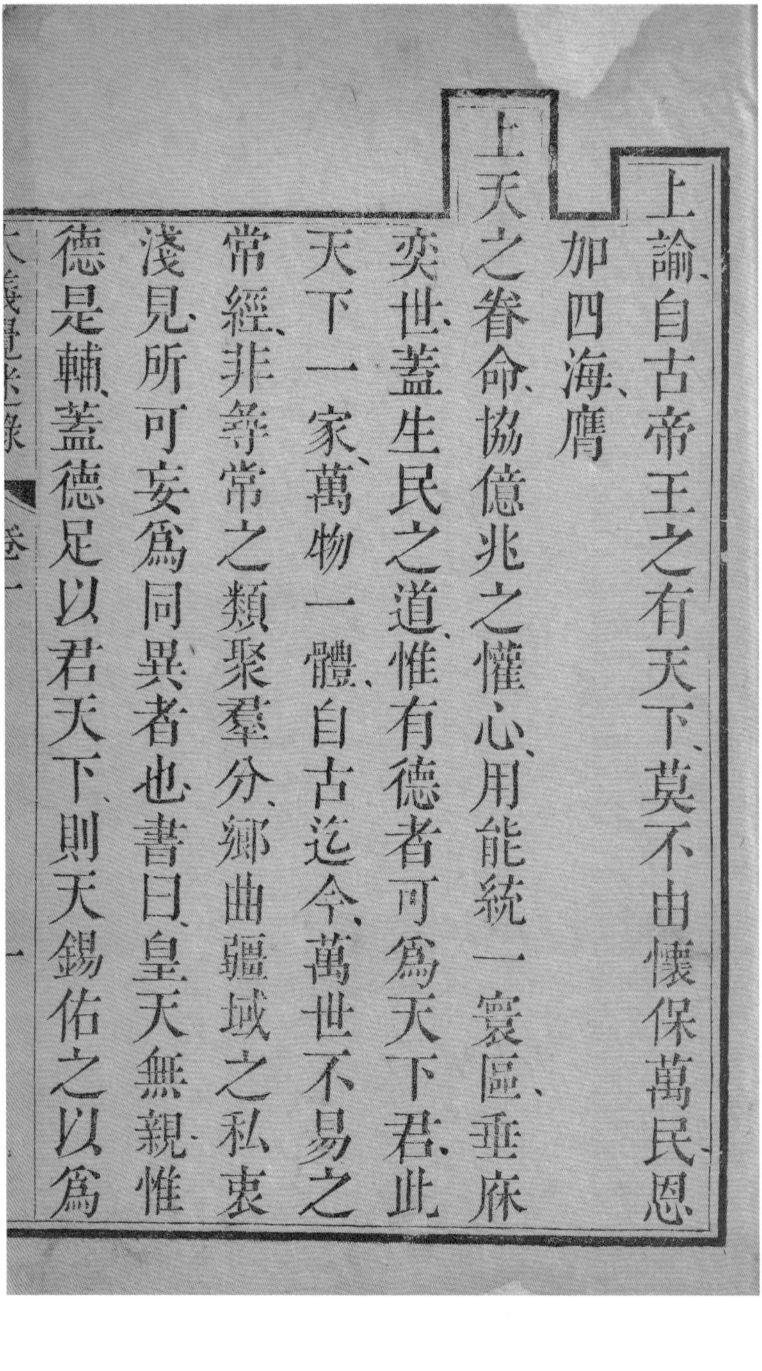
上諭、自古帝王之有天下、莫不由懷保萬民、恩
加四海、膺
上天之眷命、協億兆之懽心、用能統一寰區、垂庥
奕世、蓋生民之道、惟有德者可爲天下君、此
天下一家、萬物一體、自古迄今、萬世不易之
常經、非尋常之類聚羣分、鄉曲疆域之私衷
淺見所可妄爲同異者也、書曰、皇天無親、惟
德是輔、蓋德足以君天下、則天錫佑之以爲

大義覺迷錄　卷一　一

半葉八行，行十七字，單魚尾，白口，四周雙闌，框高19.8厘米，寬14.4厘米，清雍正七年（1729）内府原刊本，鈐有“黄永年藏善本書印”，附顧起潛（廷龍）先生寫給張菊老（元濟）信函一封。

《增訂四庫簡明目録標注》、《藏園訂補郘亭知見傳本書目》皆未著録是書，《販書偶記》則著録有此刊本。而《中國古籍善本書目》著録清華大學圖書館、北京師範大學圖書館、中國科學院圖書館等多家單位共藏有此書十六部，不過晚清光緒年間此書曾重新刊印，故疑這十六部中有光緒重刊本。先父所藏這部書中所附信札，述及二十世紀五十年代張元濟先生想看此書，故而向時掌合衆圖書館古籍的顧廷龍先生借閲，然館中却無此書，顧先生乃轉問先父借得後供張菊老閲讀。此事説明是時滬上公立圖書館之收藏中當無此書，從另一個角度體現了是書之罕見。

〇三七

［明］王世貞《嘉靖以來首輔傳》八卷

嘉靖以來首輔傳卷之一

吳郡王世貞元美撰

平陵宋　獻獻孺訂

防風茅元儀止生校

余所稱述閣臣沿起輕重始末已具年表中旣

而歎曰

高帝之罷設丞相著爲甲令重其典危其辭豈

不諄諄偲偲哉然卒避名而陰操其實以至於

極重不可反者

首輔傳卷之一

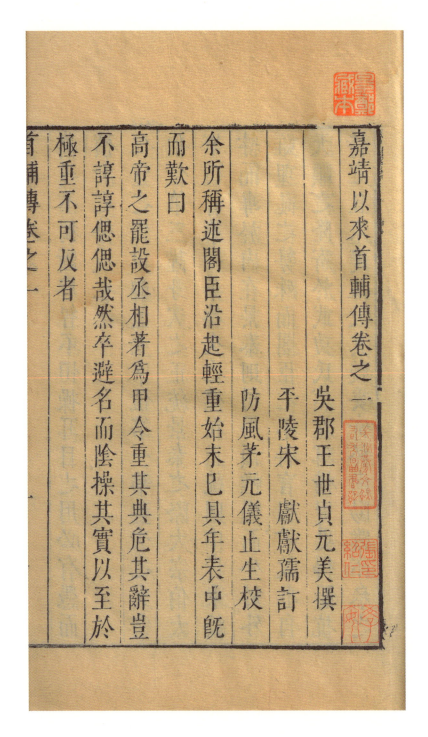

嘉靖以来首輔傳序

高皇帝罷中書省置四輔官官不易人已罷去故其職業不著然居之者以耆儒將亦以備顧問非專論思也

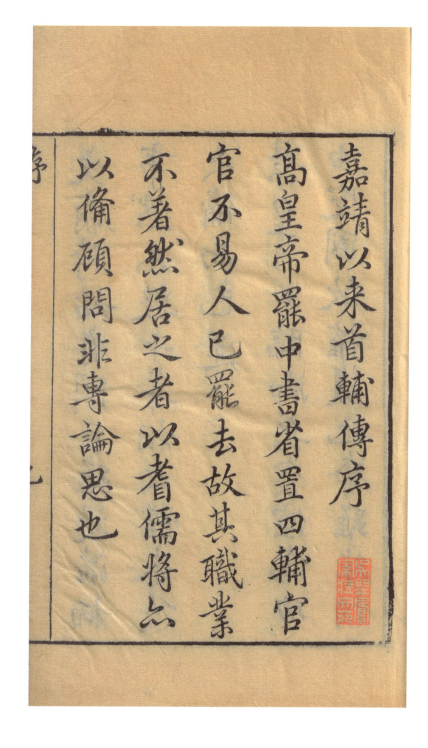

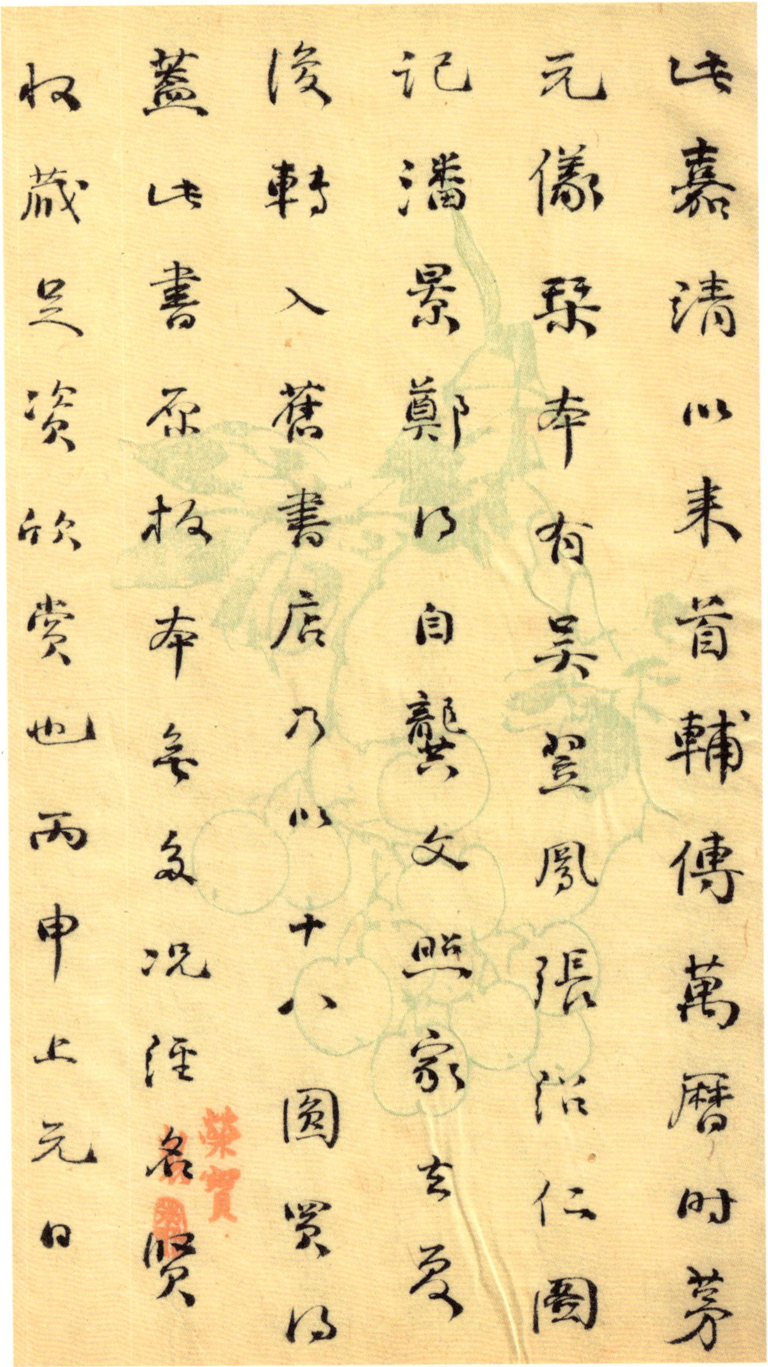
此嘉靖以来首輔傳萬曆时茅
元儀琛本有吳翌鳳張紹仁圖
記潘景鄭乃自龔文照家去夏
後轉入舊書店乃以十八圓買得
蓋此書原校本無多況經名賢
收藏足資欣賞也丙申上元日

半葉九行，行十八字，無魚尾，白口，四周單闌，框高18.8厘米，寬13.3厘米，明萬曆四十五年（1617）茅元儀刊本，有先父題跋及“黄永年藏善本書印”，另鈐有“吴翌鳳家藏文苑”印、“張敦仁印”、潘景鄭“景鄭藏本”印。

先父題跋云：

此《嘉靖以來首輔傳》，萬曆時茅元儀栞本，有吴翌鳳、張紹仁圖記，潘景鄭得自龔文照家，去夏復轉入舊書店，乃以十八圓買得。蓋此書原板本無多，況經名賢收藏，足資欣賞也。丙申上元日。

據各藏書印及先父之跋，此部書曾爲吴翌鳳、張敦仁、龔文照、潘景鄭等多位學者、藏書家所藏。吴翌鳳（1742—1819），字伊仲，號枚庵，别號古歡堂主人，祖籍安徽休寧，僑居蘇州。清代著名抄書、藏書家，係藏書家吴銓後裔，其藏書印有“吴翌鳳印”、“吴翌鳳家藏文苑”、“枚庵流覽所及”、“愛讀奇書手自抄”、“古歡堂抄書”、“枚庵藏本”、“古香樓吴翌鳳枚庵珍藏”、“枚庵翰墨緣”、“翌鳳詳閲”等十數枚。撰有《遜志堂雜抄》、《懷舊集》、《卯須集》、《吴梅村詩集箋注》、《與稽齋叢稿》、《燈窗叢録》。張敦仁（1754—1834），字仲篙，一字古餘，號古愚，澤州陽城（今山西省晉城市陽城縣）人。清代學者、藏書家，撰有《爾雅圖考》、《資治通鑒補正略》、《資治通鑒刊本識誤》、《禮記補注考異》、《尚書補注考異》等。龔文照，字旭昇，號野夫，江蘇長洲（今江蘇省蘇州市）人，生活於清道光年間，書齋名爲蛛隱齋、群玉山房，富有藏書。潘景鄭（1907—2003），江蘇吴縣（今江蘇省蘇州市）人。藏書家、版本目録家，家世藏書可追溯至清乾隆時期，計藏有宋元本五十八部，内有趙明誠所撰《金石録》十卷殘宋本及楊守敬從日本帶回之北宋刊本《廣韻》與南宋刊本《竹友集》等。

《增訂四庫簡明目録標注》、《藏園訂補郘亭知見傳本書目》、《中國古籍善本書目》皆著録此書茅元儀刊本，《中國古籍善本書目》並著録有六部，分藏於首都圖書館、中國科學院圖書館、上海圖書館、原旅大市圖書館、山東省圖書館、原杭州大學圖書館。由以上信息可明，此茅元儀原刊本亦屬珍貴之本。

〇三八

［元］單慶《嘉禾志》三十二卷

嘉禾志卷第一

沿革

嘉興路九域志曰上秀州古揚州之境也周時爲吳國釋名曰吳虞也卽太伯避季歷之地吳伐越越子禦之檇李檇李卽今嘉興也舊有檇李城魯定公十四年春秋書越敗吳於檇李至哀公元年吳王夫差敗越於夫椒報檇李也按此則知檇李者吳越之戰地也周顯王四十六年楚威王伐越破之盡取其地至於浙江之北故此地亦名曰楚杜佑通典云吳滅屬越越滅屬楚是也又吳錄地里曰吳王時此地本

扶剔幽眇考古訂今裒集會粹釐之爲卷者五今之爲卷者三十有二釐之爲門者二十有五今之爲門者四十有三鑣分臚列此志得爲全書徐君之用功亦勞矣編成而萊山劉侯傑賓來一日嵗鸞戾泮路推官佐翟公汝彌以是白侯侯喜退而諗於同列同列亦喜亟命工刻諸梓時與人會事與機投莫不慶是書之遭昔張茂先志博物士歆其才蕭相國收圖籍史韙其識向非侯有相國之識思以具知戶口爲急務則此志編而不刊與不編等徐君雖有茂先之

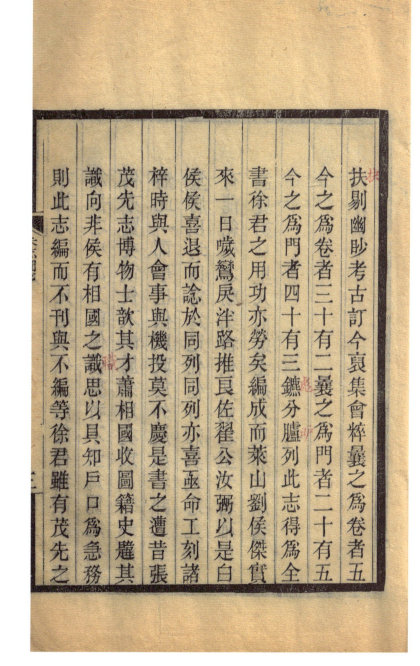

別本解九皋在井銘字下空一格京本三字在第十六七八格解九皋必是撰井銘撰人此本誤附前記之末

曰諾退而洗心齋戒再拜稽首爲之記紹興二十七
年十月一日左朝請郎致仕維揚朱敦儒記解九皋

秀州棲眞觀二井銘 解九皋

粤彼靈泉　涵□□□　二處方開　一時爲盛
松檜影臨　江湖脈應　汲之不竭　緜緜永永

報忠觀記

古之教者一後之教者三先王盛時人知有儒教而
已有黨庠遂序而已自二氏以禍福之說懲世浮屠
老子之宮徧天下大抵資眾而成求其不命而獻力
不祈而薦貨者蓋鮮道家者流以清淨去羨爲本而

嘉禾志目錄

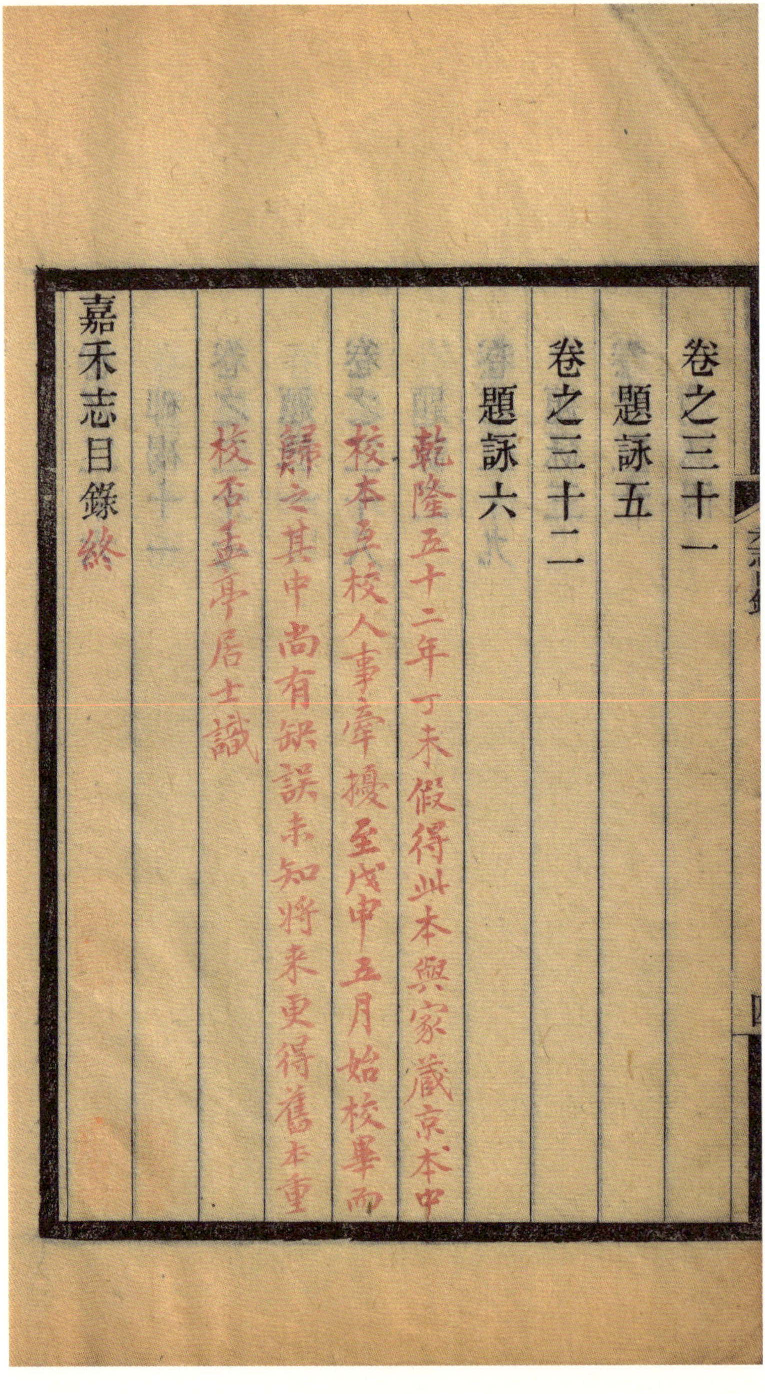

乾隆五十二年丁未假得此本與家藏京本中校本互校人事牽擾至戊申五月始校畢而歸之其中尚有缺誤未知將來更得舊本重校否孟亭居士識

嘉禾志目錄終

半葉十行，行二十字，單魚尾，黑口，左右雙闌，框高18.2厘米，寬14厘米，清乾隆年（1736—1795）刊本，有馮浩批校及題跋，除鈐有金兆蕃"兆蕃校讀"及先父"黄永年藏善本書印"外，另有"小涼茗山館"印。

馮浩題跋云：

> 乾隆五十二年丁未假得此本，與家藏京中校本互校。人事牽擾，至戊申五月始校畢而歸之。其中尚有缺誤，未知將來更得舊本重校否。孟亭居士識。

馮浩（1719—1801），字養吾，號孟亭，浙江桐鄉人。乾隆十三年（1748）進士，官至御史，丁憂後不復出，著述自娱。金兆蕃（1867—1938），字籛孫，號藥夢老人，浙江秀水（今浙江省嘉興市）人，後移居平湖。晚清舉人，頗有著述，參與修撰《清史稿》。

《增訂四庫簡明目録標注》著録是書名爲《至元嘉禾志》，有明刊本及路有、振綺堂等家鈔本，《藏園訂補郘亭知見傳本書目》著録與此大致相同，衹增録有元刊本。《中國古籍善本書目》却未著録元刊本、明刊本，據此推測，元刊本、明刊本當已不存。另外，以著録清刻本著稱的《販書偶記》、《販書偶記續編》亦未著録，説明此乾隆刊本並不多見。而先父所藏這部還有清人馮浩批校及題跋，其學術價值、收藏價值不言而喻。

〇三九

［北魏］酈道元《水經注》四十卷

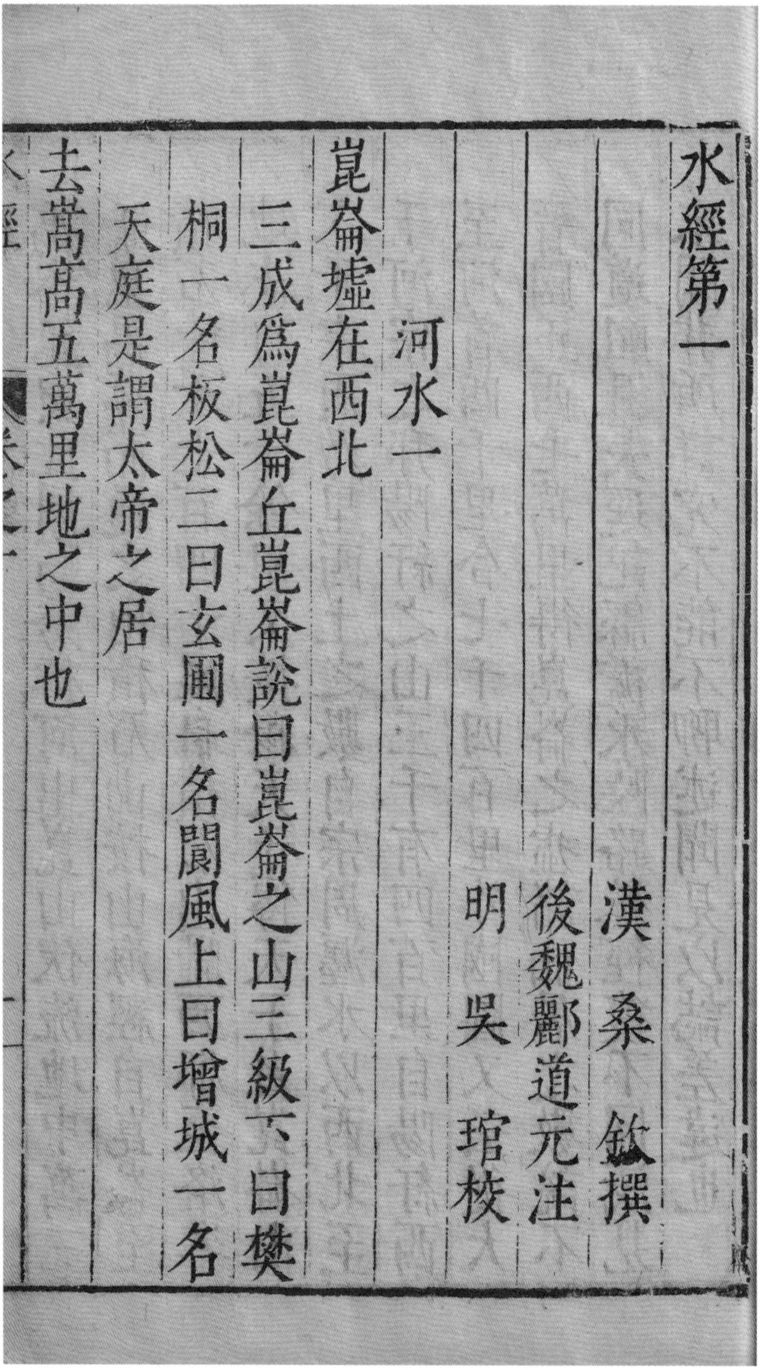

水經第一

漢　桑　欽撰

後魏酈道元注

明　吳　琯校

河水一

崑崙墟在西北

三成爲崑崙丘崑崙說曰崑崙之山三級下曰樊桐一名板松二曰玄圃一名閬風上曰增城一名天庭是謂太帝之居

去嵩高五萬里地之中也

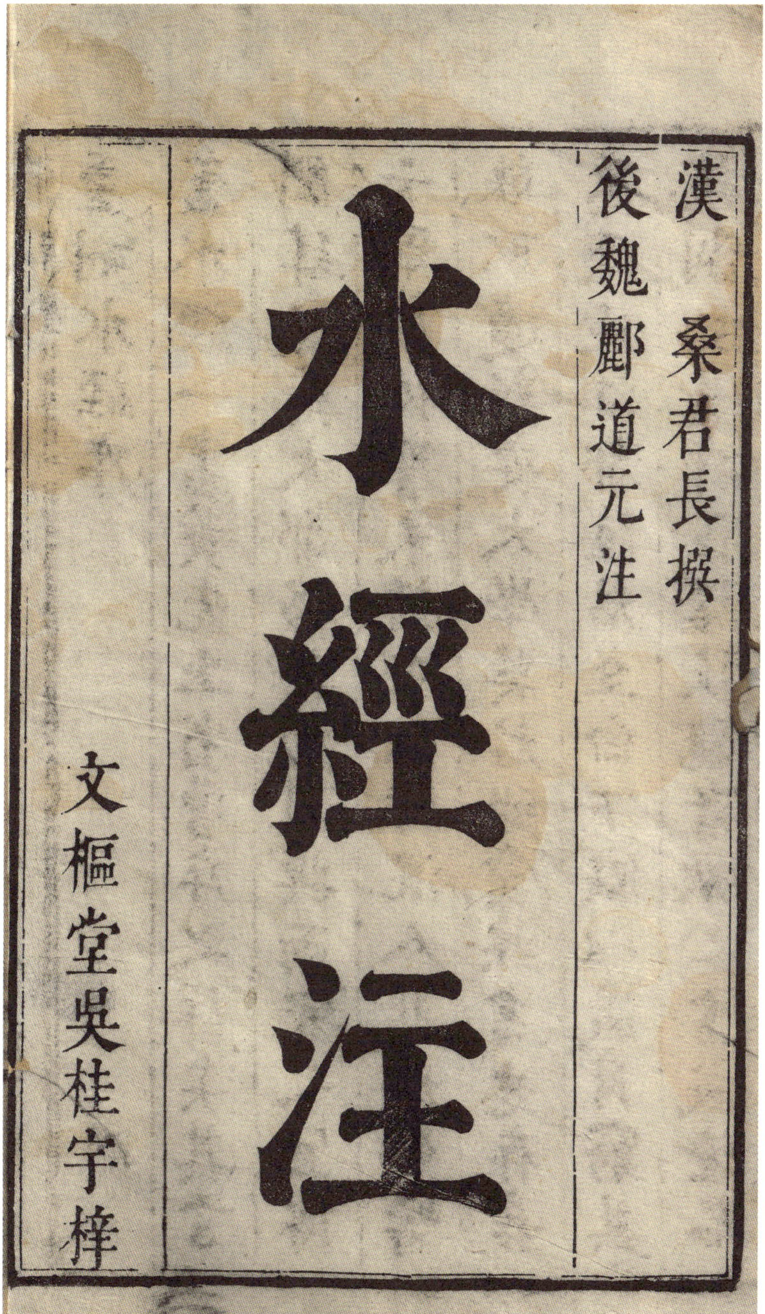
漢 桑君長撰
後魏酈道元注
水經注
文樞堂吴桂宇梓

宋本水經

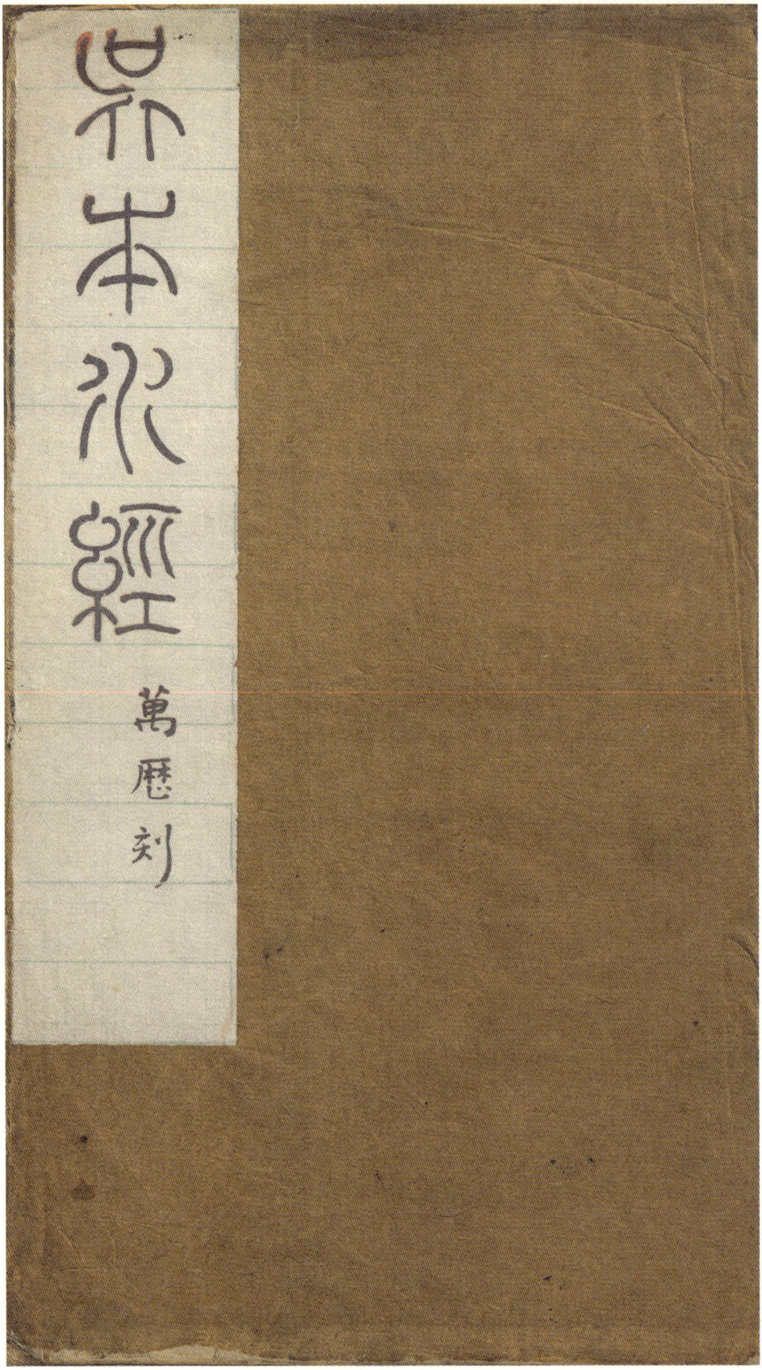

萬曆刻

半葉十行，行二十字，單魚尾，白口，左右雙闌，框高20.3厘米，寬13.6厘米，明萬曆十三年（1585）吴琯刊本，封面有先父篆書“吴本水經”及行楷“萬曆刻”。

是書《增訂四庫簡明目録標注》著録有此刊本，還有明嘉靖年黄省曾刊本等。《藏園訂補郘亭知見傳本書目》除著録這些刊本外，還著録有一部殘宋本及一些清刊本。《中國古籍善本書目》著録情況與《藏園訂補郘亭知見傳本書目》大致相同，只是明確了收藏單位。除那部殘宋本外，黄省曾刊本刊刻較早，不過據先父所云，就文獻校勘而言，吴琯刊本自有其價值。

〇四〇

［清］宋犖《滄浪小志》二卷

滄浪小志上卷

傳

商丘宋　犖牧仲編

宋史文苑傳略

蘇舜欽字子美參知政事易簡之孫父耆有才名爲工部郎中直集賢院舜欽少慷慨有大志狀貌傀偉當天聖中學者爲文多病偶對獨舜欽與河南穆修好爲古文歌詩一時豪俊多從之遊初以父任補太廟齋郎調滎陽縣尉玉清昭應宮災舜欽年二十一詣登聞鼓院上疏略曰臣觀今歲自春徂夏霖雨陰晦農田被菑者

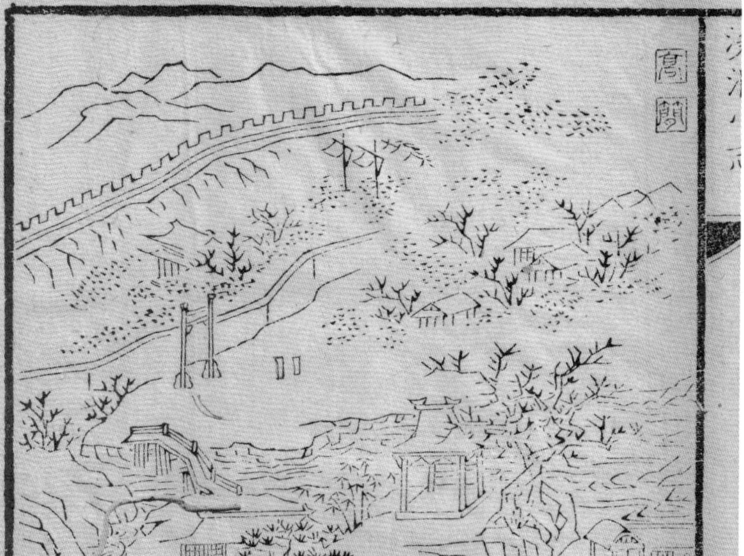
高閣

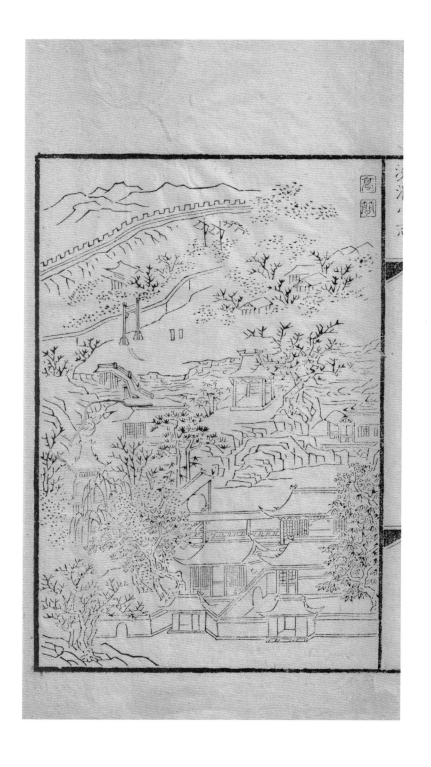

半葉十行，行二十一字，雙魚尾，白口，四周單闌，框高18厘米，寬13.6厘米，清康熙三十七年（1698）寫刊本，除鈐有先父“龍池精舍藏書”印外，還有“康甫手校”、“退翁館穀所得”印。

“龍池精舍”一名曾爲先父用作閒章，見鈐於其所藏之張敦仁請顧千里校定仿刻南宋撫州本《禮記鄭注》之上，又其跋明覆元至正刊本《師友雅言》之落款亦有“丙申十月十二日補記於終南山北龍池精舍”云云。

是書《增訂四庫簡明目録標注》著録爲康熙三十七年（1698）徐氏所刊之蘇舜欽《蘇學士集》後附此《滄浪小志》二卷，《藏園訂補郘亭知見傳本書目》、《中國古籍善本書目》雖未著録此書，然皆著録上述徐氏刊蘇舜欽《蘇學士集》，應當亦附有《滄浪小志》。該書爲寫刊本，字體優美，賞心悦目。

〇四一

［宋］晁公武《郡齋讀書志》二十卷

昭德先生郡齋讀書志卷第一

門人姚應績編

自漢武帝之後雖世有治亂無不知崇尚典籍劉歆始著七畧總錄羣書一曰輯畧二曰六藝畧三曰諸子畧四曰詩賦畧五曰兵書畧六曰術數畧七曰方技畧至荀勗更著新簿分爲四部一曰甲部紀六藝及小學等書二曰乙部有古今諸子家及兵書術數三曰丙部有史記及故事四曰丁部有詩賦圖讚勗之簿蓋合兵書術數方技於諸子自春秋類摘出史記別而爲一六藝

讀書志卷一　一

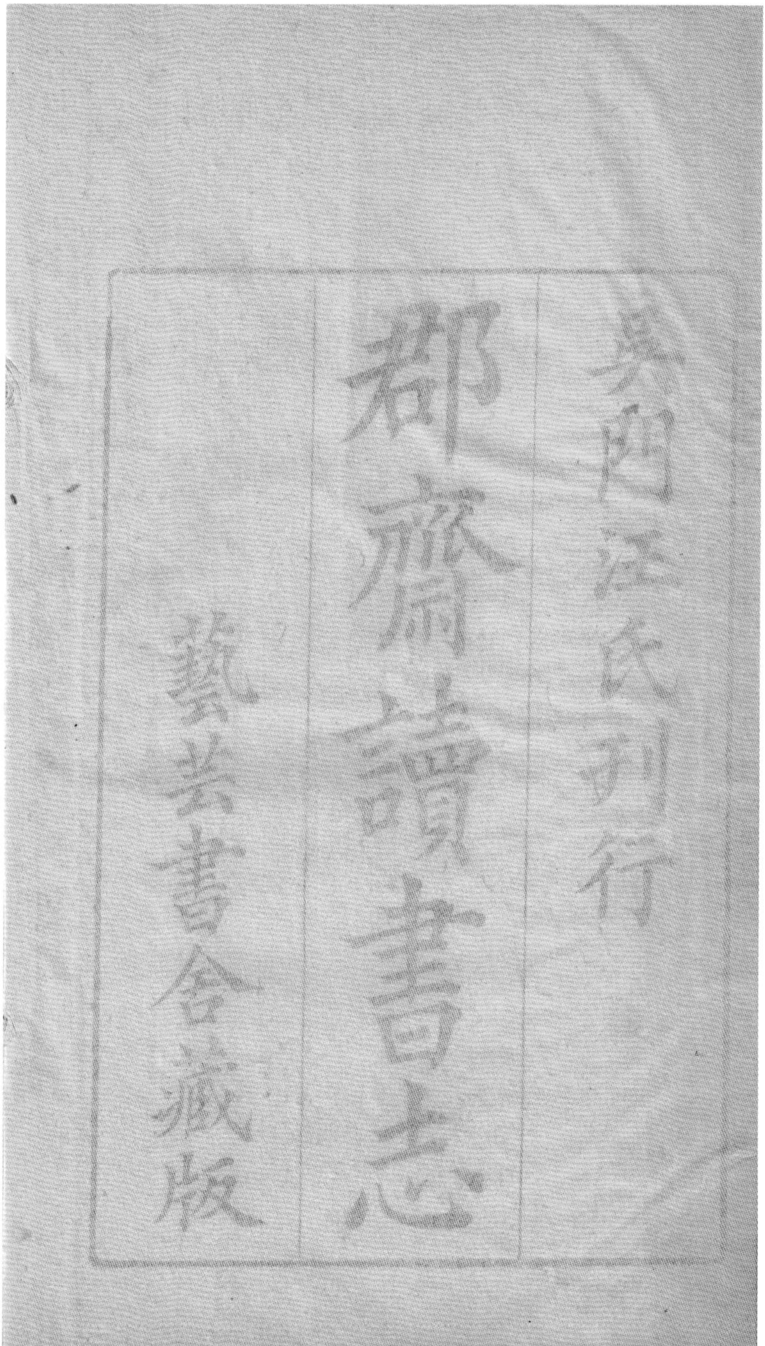

吳門汪氏刊行

郡齋讀書志

藝芸書舍藏版

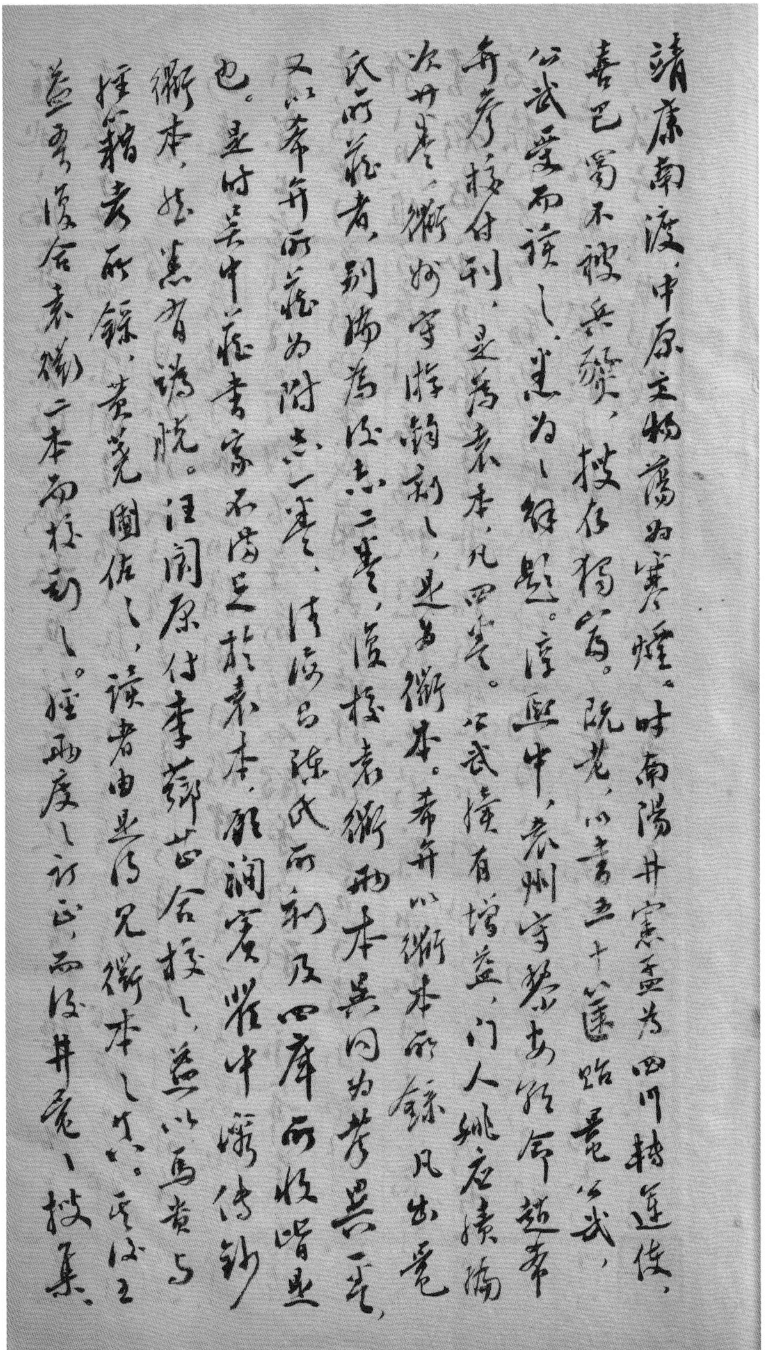
靖康南渡，中原文物蕩為寒煙。時南陽井憲孟為四川轉運使，喜巴蜀不被兵燹，校存獨完。既老，以書五十篋遺晁公武，公武受而讀之，遂為之解題。淳熙中，衢州守黎安朝命趙希弁考校付刊，是為袁本，凡四卷。公武後有增益，門人姚應績編次廿卷，衢州守游鈞刻之，是為衢本。希弁以衢本所錄凡出袁氏所藏者，別編為後志二卷，復校袁衢兩本異同為考異一卷，又以希弁所藏為附志一卷。清海寧陳氏所刻及四庫所收皆是也。是時吳中藏書家不啻見於袁本，顧澗薲從中秘傳抄衢本，然甚有譌脫。汪閬原付李蕣蓀合校之，並以馬貴與經籍考所錄，黃堯圃佐之，讀者由是得見衢本之真。長沙王益吾復合袁衢二本而校刻之。經兩度之訂正，而後井氏之校集，

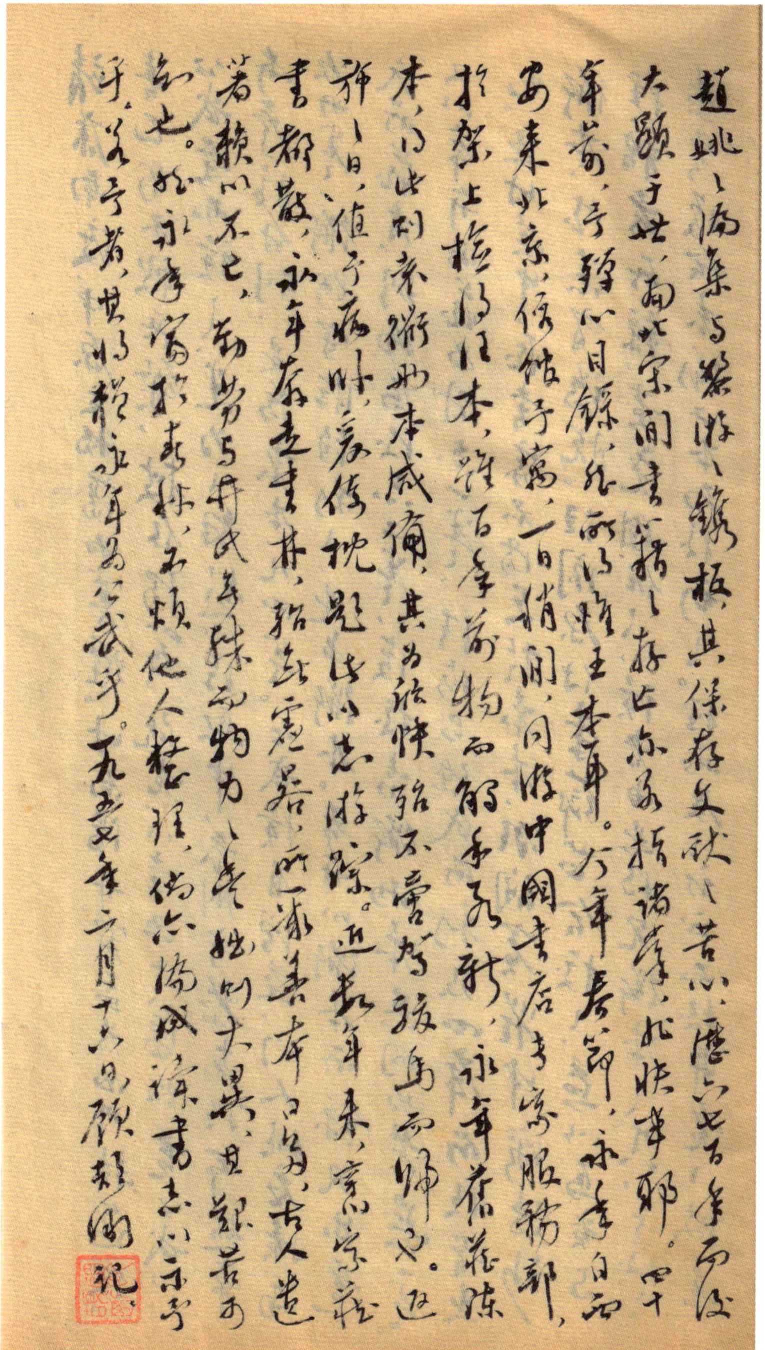
趙姚之譜集與蔡游之鐫板，其保存文獻之苦心，歷六七百年而後大顯于世，而北宋閒書籍之存亡亦可指諸掌，非快事耶。四十年前，予纂辨僞目錄，然所得惟王本耳。今年春節，予自西安來北京，任職于寓，一日稍閒，同游中國書店古籍服務部，於架上檢得舊本，雖百年前物而觸手猶新，永年蒼莽諒本，乃此刻系衢州本咸備，其爲誠快，殆不啻獲孩兒而歸也。近辨之日，值予病時，家傳枕匙此以志游蹤。近數年來，家人家藏書籍散，永年奔走書林，始能完器，所收善本日多，古人遺著賴以不亡，勤勞與丹氏無殊而物力之限則大異，其艱苦可知也。然永年實於書林，不煩他人整理，倘亦綸成讀書志之宗乎，況于者，其將稱永年爲公武乎。一九五五年二月十六日，顧頡剛記。

半葉九行，行二十一字，單魚尾，白口，左右雙闌，框高18.3厘米，寬13厘米，清嘉慶二十四年（1819）吴門汪士鐘藝芸書舍刊本，係衢本，並有顧頡剛先生題跋。

顧頡剛先生題跋云：

靖康南渡，中原文物蕩爲寒煙。時南陽井憲孟爲四川轉運使，喜巴蜀不被兵燹，搜存獨富。既老，以書五十篋貽晁公武，公武受而讀之，悉爲之解題。淳熙中，袁州守黎安朝命趙希弁考校付刊，是爲袁本，凡四卷。公武續有增益，門人姚應績編次廿卷，衢州守游鈞刻之，是爲衢本。希弁以衢本所録凡出晁氏所藏者，别編爲後志二卷，復校袁、衢兩本異同爲考異一卷，又以希弁所藏爲附志一卷，清海昌陳氏所刻及四庫所收皆是也。是時吴中藏書家不滿足於袁本，顧澗賓、瞿中溶傳鈔衢本，然悉有譌脱。汪閬原付李瓣芷合校之，益以馬貴與《經籍考》所録，黄蕘圃佐之，讀者由是得見衢本之真，其後王益吾復合袁、衢二本而校刻之。經兩度之訂正，而後井、晁之搜集，趙、姚之編集與黎、游之鎸板，其保存文獻之苦心，歷六七百年而後大顯于世，南北宋間書籍之存亡亦若指諸掌，非快事耶！四十年前，予殫心目録，然所得惟王本耳。今年春節，永年自西安來北京，假館予寓，一日稍閒，同游中國書店專家服務部，於架上檢得汪本，雖百年前物而觸手若新，永年舊藏陳本，得此則袁、衢兩本咸備，其爲欣快殆不啻駕駿馬而歸也。返旆之日，值予病卧，爰倚枕題此，以志游踪。近數年來，舊家藏書都散，永年奔走書林，殆無虚晷，所聚善本日多，古人遺著賴以不亡，勤勞與井氏無殊，而物力之盡絀則大異，其艱苦可知也。然永年富於春秋，不煩他人整理，倘亦編成讀書志以示予乎？若予者，其將賴永年爲公武乎？一九五七年二月十六日，顧頡剛記。

顧頡剛（1893—1980），名誦坤，字銘堅，號頡剛，江蘇蘇州人。中國現代史學大師，古史辨學派創始人，現代歷史地理學及民俗學之開拓者、奠基人，亦爲先父恩師。

是書《增訂四庫簡明目録標注》除著録此汪氏刊刻衢本外，還有光緒六年（1880）會稽章氏刊本、光緒十年（1884）長沙王先謙合袁衢二本校刻本以及一部清鈔本等。《藏園訂補郘亭知見傳本書目》著録有宋淳祐年宜春郡刊刻袁本，其他與《增訂四庫簡明目録標注》同。結合以上各書目所著録此書版本情况，汪氏刊本乃衢本流傳下來之最早刊本，而先父所藏這部還有其恩師顧頡剛先生題跋，彌足珍貴。

〇四二

［清］管庭芬輯、章鈺補輯《錢遵王讀書敏求記校證》四卷

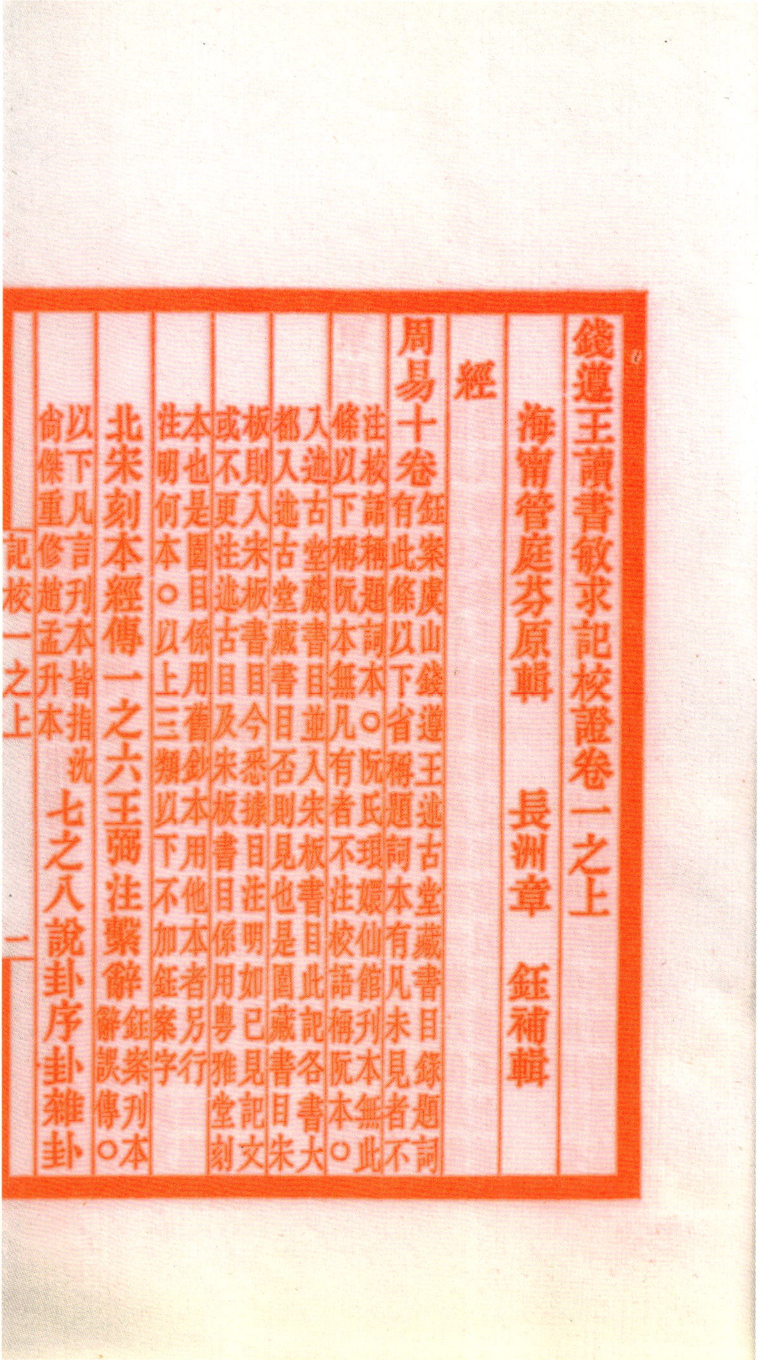
錢遵王讀書敏求記校證卷一之上

海甯管庭芬原輯　長洲章　鈺補輯

經

周易十卷鈺案虞山錢遵王述古堂藏書目錄題詞有此條以下省稱題詞本有凡未見者不注校諸稱題詞本○阮氏琅嬛仙館刊本無此條以下稱阮本無凡有者不注校語稱阮本○入述古堂藏書目並入宋板書目此記各書大都入述古堂藏書目否則見也是圖藏書目宋板則入宋板書目今悉據目注明如已見記文或不更注述古目及宋板書目係用粵雅堂刻本也是圖目係用舊鈔本用他本者另行注明何本○以上三類以下不加鈺案字

北宋刻本經傳一之六王弼注繫辭鈺案刊本辭誤傳○以下凡言刊本皆指沈尙傑重修趙孟升本七之八說卦序卦雜卦

記校一之上　一

讀書敏求記校證總目

半葉十行，行二十字，紅口，四周單闌，框高16.1厘米，寬11.8厘米，民國十五年（1926）長洲章氏紅印本，鈐有先父“黄永年藏書印”。

《增訂四庫簡明目録標注》著録錢曾《讀書敏求記》一書除此長洲章氏刊本外，還有幾種清代刊本，《藏園訂補郘亭知見傳本書目》大致相同。可是傅沅叔先生特對章氏刊本大加讚賞：“視原書增大三倍，洋洋大觀，考訂極爲精詳，爲必傳之作。此書既出，清初以來諸本均可束置不觀矣。”而先父所藏這部又係初刻紅印本，文獻價值與收藏價值並重。

〇四三

［清］紀昀等《欽定四庫全書簡明目録》二十卷

欽定四庫全書簡明目錄卷一

經部一

通志堂經解百四十種千七百八十六卷

皇清經解百八十三種千四百卷

通志堂刊汲古閣刊學津討原刊五經白文趙用賢刊又
某刊六經白文古香齋巾箱本九經白文無錫秦氏本又翻
刻古注永懷堂本又翻刻稽古樓本巾箱本 翻葛本
不佳稽古本儀礼注又刪節 抱經云吾見九经小字
本南宋不如北宋秦本又不及南宋翻刻更劣正統間
內府刻四書五经集注大佳 康熙中又刊仿宋四書周
易亦好怡府明善堂巾箱本 鮑本黃本俱劣

易類

近平湖孫堂有廿一家易注輯皆古注之佚者凡
八冊已刊行

子夏易傳十一卷 卜子夏撰

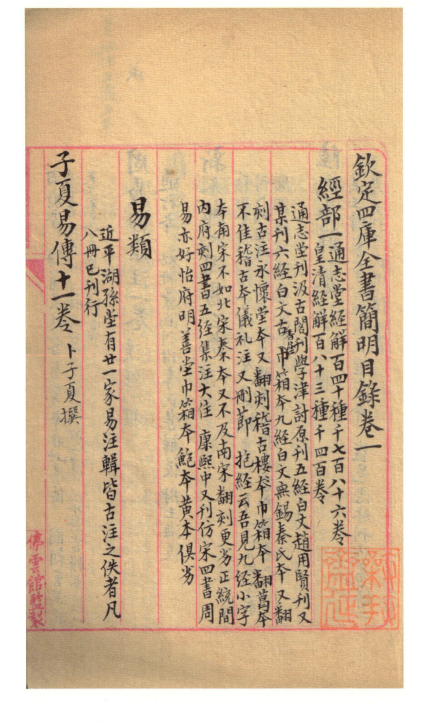

周易王弼注十卷　魏王弼撰

浙江進本　北宋本經一之六繫辭七之八說卦序卦雜卦
九畧例十　刻本甚多除宋本外推明味經堂最善刻
汴似宋本線外有小耳標卦名附釋文音義有雅雨刊本
抱經堂本據錢孫保印宋本校刊岳本五經有內府
重刊福建又刊內府本不如內府遠矣凡經注本北宋止
附釋文於後南宋散入句下
釋文以泰傳為需傳以噬嗑為隨傳不經同　振孫云蜀本
略例有疇所注以蘇首畧例二字注同餘皆不然

周易正義十卷　唐孔穎達撰

凡十行本即南雍本注疏係宋元旧刊遞修至正德時嘉
靖中李元陽等即用以重雕即閩本也獨缺儀礼以楊復圖
說補之嘉靖五年陳鳳梧刻儀礼疏以板送監其后又云周
礼禮記孟子餘亦多缺萬歷中以閩本翻北監本毛氏又從
北監本刊　十行本明修極劣閩監諸本不誤者修本多
誤正德刊十三經注疏亦不易得　元本半頁九行二十八字宋

莫批作正德五年

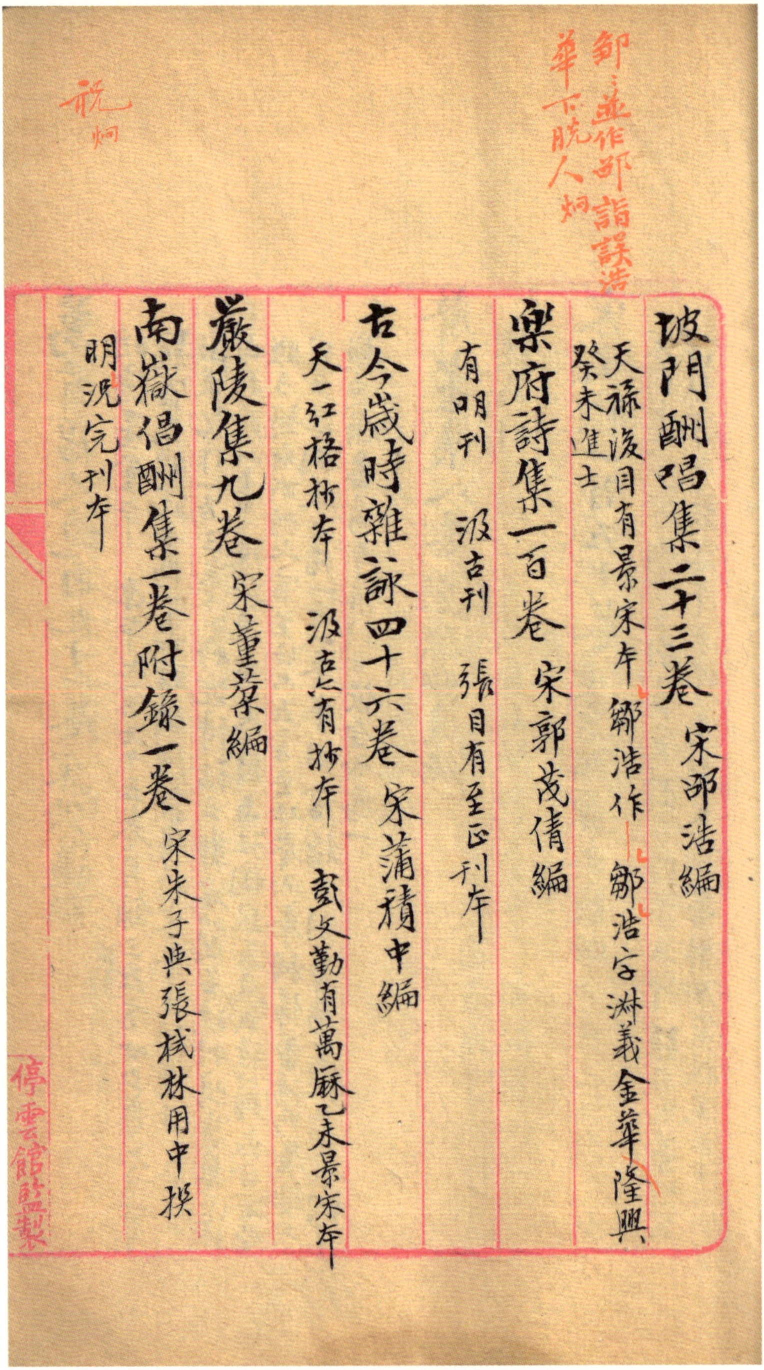
鄒並作邵諸誤浩
華下脫人 炯
祝 炯

坡門酬唱集二十三卷　宋邵浩編
天祿後目有景宋本　鄒浩作　鄒浩字淵義金華隆興
癸未進士
樂府詩集一百卷　宋郭茂倩編
有明刊　汲古刊　張目有至正刊本
古今歲時雜詠四十六卷　宋蒲積中編
天一紅格抄本　汲古閣有抄本　戴文勤有萬曆乙未景宋本
巖陵集九卷　宋董棻編
南嶽倡酬集一卷附錄一卷　宋朱子與張栻林用中撰
明況完刊本

停雲館監製

向聞邵位西先生有手批簡明目錄甲申季秋從頌魯葉兄桉頭見之葢滂喜齋中物也亟叚歸手錄一副原本亦係倩人迻寫譌謬寔多就其顯而易見者隨筆略改一二俟它日訪尋邵氏手稾再詳校焉光緒乙酉長日至後五日管禮耕識于操敎齋

停雲館監製

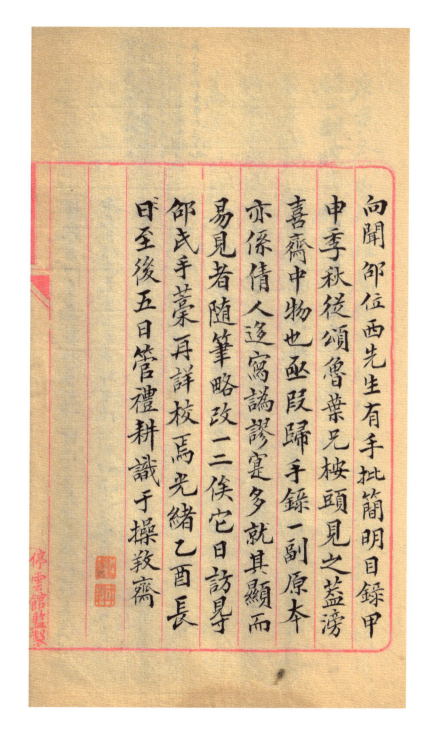

按位翁於咸豐初即出
防河南此本東都事略下
有云咸豐九年十月廿日
今上以宋刻事略示位臣
云云其為朱本亦一證也

搽穀吾此本為邵批本以頌蔚改之蓋中墨稱邵云位西又云位西先生云吾鄉邵本均然可知頌蔚藏有臨邵本與此本多異邵本蓋引朱修伯曰此本云云邵本稱朱修伯有某書此本作余有然則搽穀所臨蓋修伯宗丞本也潘文勤尚宗丞又契叔從之傳錄亦未可知惜文勤遽逝莫從印證矣讀竟三嘆光緒庚寅長至前音王頌蔚

宗丞子名徵官江蘇候補道卷中之徵即觀察諱也亦未有之塙證萬隱文記

庚寅冬　翁叔祖屬坊賈抄得鄧位西先生批簡明目
録一部脱落錯誤殆不可讀烱知　葉夫子頗有
筱君臨鄧批亟假歸擬一校及見　蒿隱丈跋以爲是朱修
伯宋丞批目檢　翁叔祖篋藏手鈔朱評互證同者八九數
蒿隱所見精稿（卷十三中有自稱學勤處蒿隱未舉及）遂从蒿隱借真鄧批本校正坊
抄半月而訖已值新歲蕭齋無事復以兩部朱批手細讐
對雖大處悉同而互有漏略（翁叔祖校録時子清觀察尚幼卷内無徵語筱君所臨本在後原稟不無增删故兩本詳略稍異）
翁叔祖親從修伯艸本迻寫而此册則輾轉傳鈔且滂
喜原本已出寫官之手故不無譌謬烱因舉其異文疑於

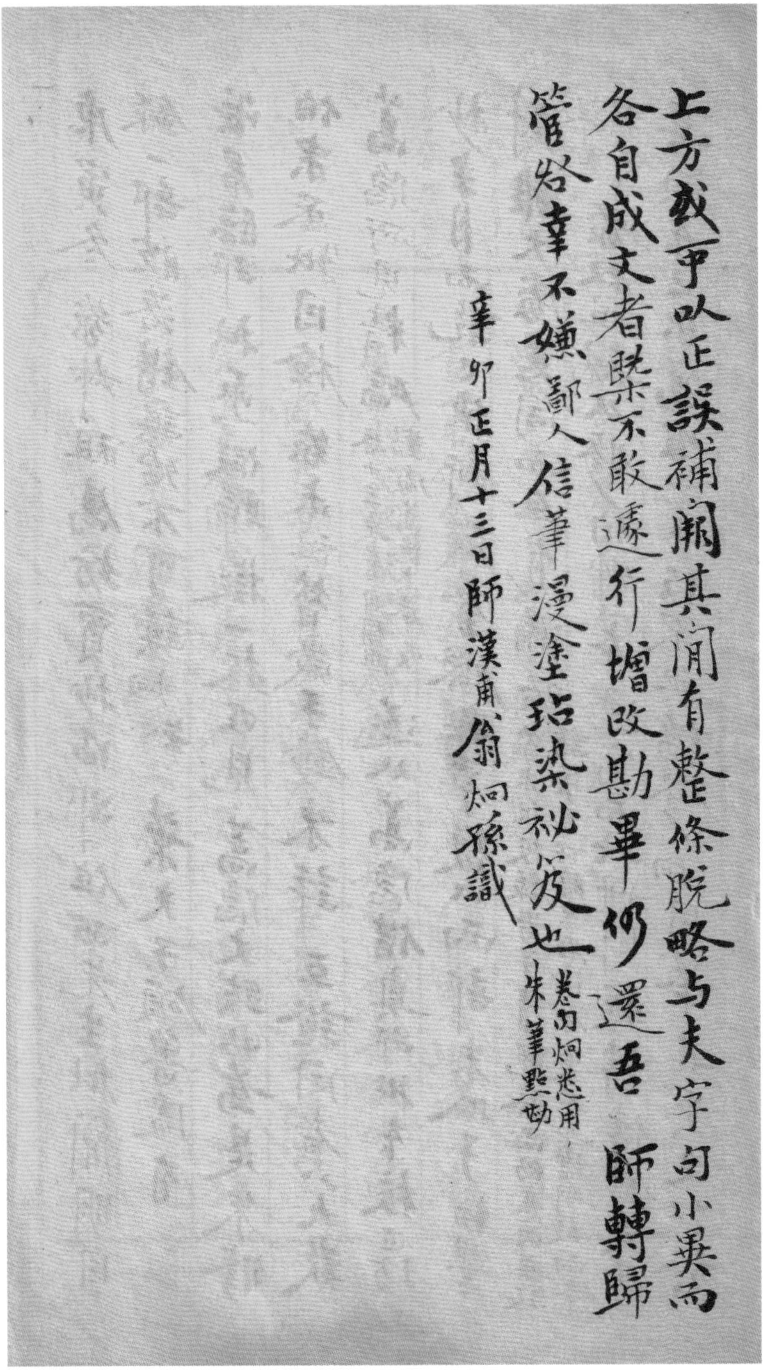

上方或手以正誤補闕其間有整條脫略与夫字句小異而各自成文者槩不敢遽行增改勘畢仍還吾 師轉歸管谷幸不嫌鄙人信筆漫塗玷染秘笈也（卷首炯悉用朱筆點勘）

辛卯正月十三日師漢甫翁炯孫識

治學而不習目錄版本之業猶訪勝境而徘徊於門墻之外也橋西雜
記云邵君蕙西居京師購書甚富拳拳於版本鈔法名澧與之言
曰彭文勤公嘗謂讀書敏求記染骨董家氣我輩讀書當用於
大者未可蹈此敝也後閱錢氏曝書雜記引鄭康成戒子書吾家
舊貧不為父母昆弟所容康成大儒不應出此語攷元刻後漢書康
成本傳無不字與唐史承節所撰鄭公碑合今本作不為父母昆弟所
容乃傳刻之誤此校書之有功於先賢者名澧始悔前言之陋蓋讀
書不多未可輕生訾議耳今之學人不蹈此敝者夥希卒能悔悟者
又識希
從事目錄之學四庫總目蒐輯較富猶堪津逮當清咸同之際學
者奉為圭臬鑽研稱盛仁和邵懿辰位西首以簡明目錄創為標注
之業一書數本詳加羅列以資攷稽踵起者以獨山莫友芝郘亭
朱學勤修伯為最著三人者各注見聞相互交流展轉傳鈔多所

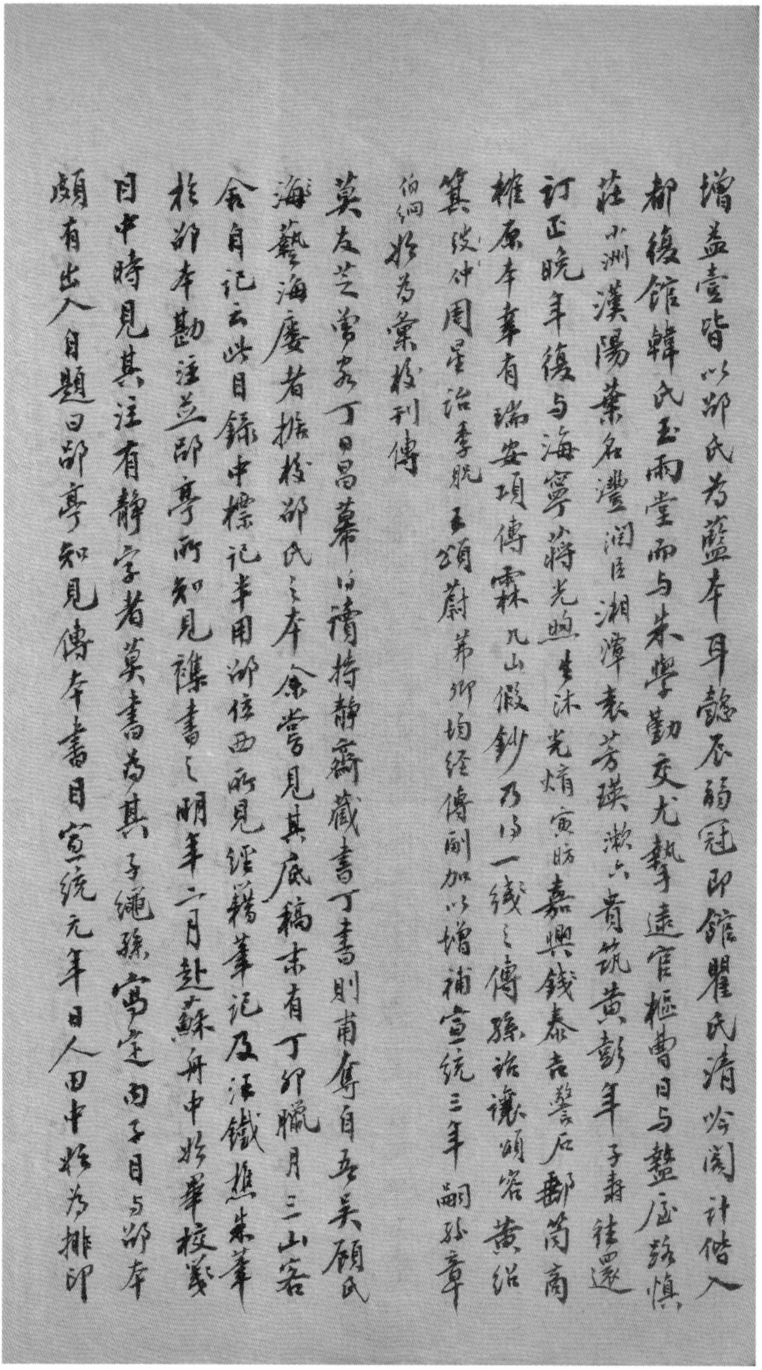
增益壹皆以鄧氏為藍本耳龍氏翁冠印館瞿氏清吟閣許借入
都復館韓氏玉雨堂而與朱學勤交尤摯遠官樞曹日與盤庵孫慎
莊小洲漢陽葉名灃潤臣湘潭袁芳瑛漱六貴筑黃彭年子壽往還
訂正晚年復與海寧蔣光煦生沐光焴寅昉嘉興錢泰吉警石鄞萬商
榷原本彙有瑞安項傳霖几山假鈔乃得一綫之傳孫詒讓頌容黃紹
箕設仲周星詒季貺王頌蔚芾卿均經傳副加以增補宣統三年嗣孫章
伯綱始為彙校刊傳
莫友芝嘗為丁日昌纂目持靜齋藏書丁書則甫奪自吾吳顧氏
海藝海慶者摭校邵氏之本余嘗見其底稿末有丁卯臘月三山客
余自記云此目錄中標記半用邵位西所見經籍箋記及汪鐵樵朱華
於邵本勤注並郘亭所知見謙書之明年二月赴蘇舟中始舉校箋
目中時見其注有靜字者莫書為其子繩孫寫定因予目與邵本
頗有出入自題曰郘亭知見傳本書目宣統元年日人田中始為排印

繼有江安傅氏排印大字本、適園排印本、掃葉山房石印本、中國書
店縮印傅本，流播甚廣。
朱學勤自富藏書，結一廬馳譽當時，所注不若邵、莫之詳審。因
吳縣潘祖蔭之傳鈔，管禮耕申季、葉昌熾菊裳均以據傳，而余外
叔祖王公同愈勝之又以葉本傳錄，余復據王本校於莫本之上，略有
異同也。
標注之業，見聞所備，永無止境，必賴來學之踵事增華，不能成於一手
者也。三家之著，聊自備忘，初皆未必有成書之意，故俱未能及身寫定。
邵本以章彙錄各家所訂補，遂最詳備，惟以雕版印數不多，售價既
昂，且禁翻印，流傳以致甚稀。莫本經繩孫輯成後，任人覆印，影為治
目錄者人手一編，書林相沿，知莫多於知邵，朱本僅有傳鈔，知者益
尠矣。
此為管禮耕手鈔之本，初以為邵本，後經王頌蔚、翁炯孫校定者，是即

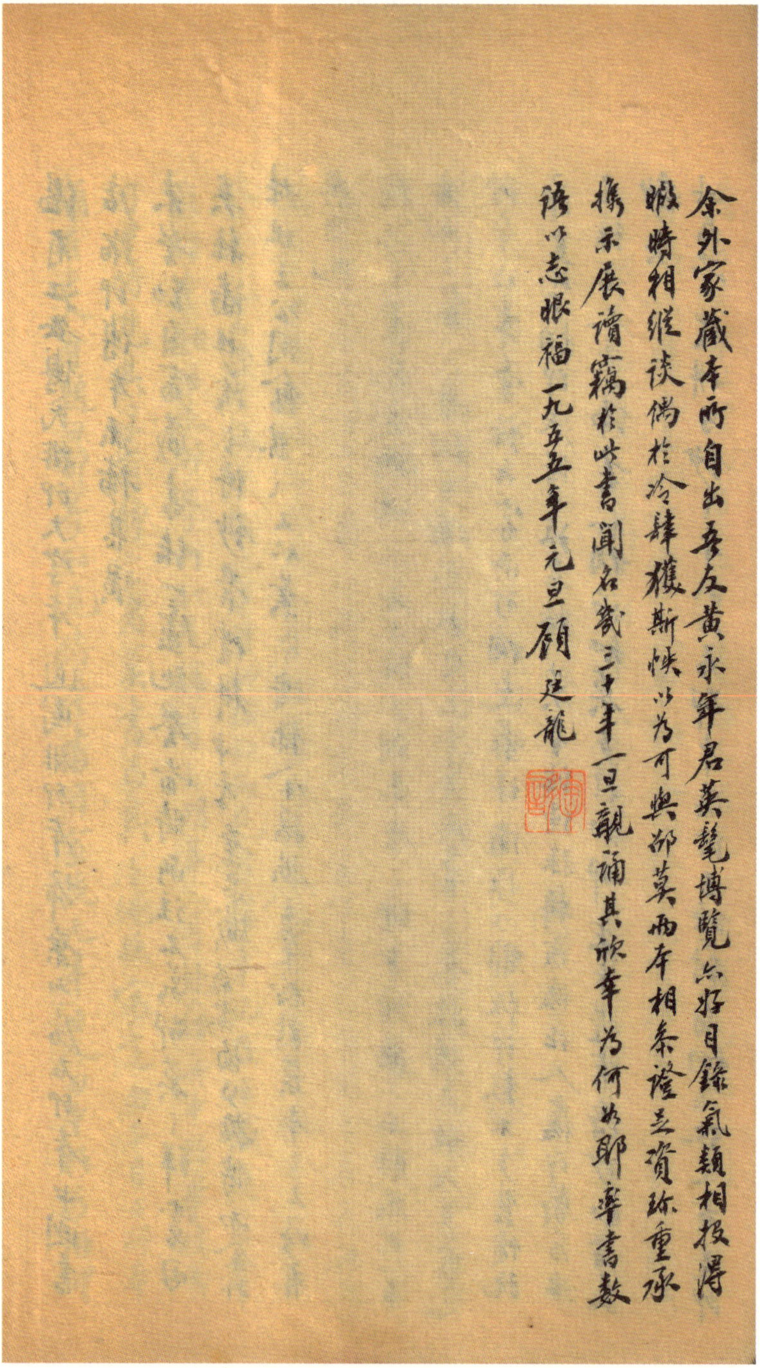

余外家藏本所自出吾友黃永年君英髦博覽亦好目錄氣類相投渇
暇時相從談偶於冷肆獲斯帙以為可與鄧莫兩本相參證之資殊重承
携示展讀竊於此書聞名幾三十年一旦覿誦其欣幸為何如耶率書數
語以志眼福一九五五年元旦顧廷龍

半葉九行，行二十一字，紅單魚尾，白口，四周單闌，框高12.8厘米，寬10厘米，清人管禮耕鈔本，抄寫同時還過録朱學勤（修伯）批校，並有管禮耕、王頌蔚、翁炯孫、顧起潛（廷龍）諸人題跋，鈐有"操敦齋"印。

管禮耕題跋云：

向聞邵位西先生有手批《簡明目録》，甲申季秋從頌魯葉兄案頭見之，蓋滂喜齋中物也，亟叚歸手録一副。原本亦係倩人迻寫，譌謬寔多，就其顯而易見者隨筆略改一二，俟它日訪㝷邵氏手藁再詳校焉。光緒乙酉長至後五日管禮耕識于操敦齋。

王頌蔚題跋云：

操敦曰此本爲邵批本。以頌蔚攷之，篇中婁（屢）稱"邵云"、"位西丈云"、"位西先生云"，其非邵本灼然可知。頌尉藏有臨邵本，與此本多異，邵本婁（屢）引"朱修伯曰"，此本無之，邵本稱朱修伯有某書，此本作"余有"，然則操敦所臨，蓋修伯宗丞本也。攷位翁於咸豐初即出防河，而此本《東都事略》下有云"咸豐九年十月廿日今上以宋刻《事略》示樞臣"云云，其爲朱本亦一證也。潘文勤與宗丞交契，或從之傳録，亦未可知，惜文勤薨逝，無從印證矣，讀竟三嘆。光緒庚寅長至前二日，王頌蔚。

宗丞子名澂，官江蘇候補道，卷中之"澂"即觀察識語也，亦朱本之塙證。蒿隱又記。

翁炯孫題跋云：

〔光緒〕庚寅冬，家叔祖屬坊賈抄得邵位西先生批《簡明目録》一部，脱落錯誤，殆不可讀。炯知葉夫子頌魯處有管君臨邵批，亟假歸擬一校，及見蒿隱丈跋，以爲是朱修伯宗丞批，叵檢家叔祖稔歲手鈔朱評互證，同者八九，歎蒿隱所見精碻。卷十三中有自稱學勤處，蒿隱未舉及。遂從蒿隱借真邵批本校正坊抄，半月而訖。已值新歲，蕭齋無事，復以兩部朱批子細讐對，雖大處悉同，而互有漏略。家叔祖校録旹子清觀察尚幼，卷内無識語，管君所臨本在後，原稾不無增删，故兩本詳畧稍异。家叔祖親從修伯艸本迻寫，而此册則輾轉傳鈔，且滂喜原本已出寫官之手，故不無譌謬。炯叵舉其異文，疏於上方，或可以正誤補闕。其閒有整條脱略，與夫字句小異而各自成文者，槩不敢遽行增改。勘畢仍還吾師，轉歸管君，幸不嫌鄙人信筆漫塗，玷染祕笈也。卷内炯悉用朱筆點勘。辛卯正月十三日師漢甫翁炯孫識。

顧起潛先生題跋云：

治學而不習目録版本之業，猶訪勝境而徘徊於門墻之外也。《槁西雜記》云，邵君蕙西居京師，購書甚富，拳拳於版本鈔法，名澧與之言曰：彭文勤公嘗詆《讀書敏求記》染骨董家氣。我輩讀書當用於大者，未可蹈此蔽也。後閱錢氏《曝書雜記》引鄭康成《戒子書》:“吾家舊貧，不爲父母昆弟所容。”康成大儒，不應出此語。攷元刻《後漢書》康成本傳，無“不”字，與唐史承節所撰《鄭公碑》合。今本作“不爲父母昆弟所容”，乃傳刻之誤。此校書之有功於先賢者，名灃始悔前言之陋。蓋讀書不多，未可輕生訾議耳。今之學人不蹈此蔽者幾希，卒能悔悟者又幾希。

從事目録之學,《四庫總目》蒐輯較富，猶堪津逮，當清咸同之際學者奉爲圭臬，鑽研稱盛，仁和邵懿辰位西首以《簡明目録》創爲標注之業，一書數本，詳加羅列，以資攷稽。踵起者以獨山莫友芝郘亭、朱學勤修伯爲最著，三人者各注見聞，相互交流，展轉傳鈔，多所增益，壹皆以邵氏爲藍本耳。懿辰弱冠即館瞿氏清吟閣，計偕入都，復館韓氏玉雨堂，而與朱學勤交尤摯。逮官樞曹，日與盩厔路慎莊小洲、漢陽葉名灃潤臣、湘潭袁芳瑛漱六、貴筑黄彭年子壽往還訂正，晚年復與海寧蔣光煦生沐、光焴寅昉、嘉興錢泰吉警石郵筒商榷。原本幸有瑞安項傳霖凡山假鈔，乃得一綫之傳。孫詒讓頌容、黄紹箕弢仲、周星詒季貺、王頌蔚芾卿均經傳副，加以增補，宣統三年嗣孫章伯絅始爲彙校刊傳。

莫友芝曾客丁日昌幕，得讀持靜齋藏書。丁書則甫奪自吾吴顧氏藝海樓者，據校邵氏之本。余嘗見其底稿，末有“丁卯臘月三山客舍自記”云。此目録中標記半用邵位西所見經籍筆記及汪鐵樵朱筆，於邵本勘注並郘亭所知見襍書之，明年二月赴蘇舟中始畢校箋。目中時見其注有“靜”字者，莫書爲其子繩孫寫定，内子目與邵本頗有出入，自題曰“郘亭知見傳本書目”。宣統元年日人田中始爲排印，繼有江安傅氏排印大字本、適園排印本、掃葉山房石印本、中國書店縮印傅本，流播甚廣。

朱學勤自富藏書，結一廬馳譽當時，所注不若邵、莫之詳；嘗因吴縣潘祖蔭之傳鈔，管禮耕申季、葉昌熾菊裳均得據傳，而余外叔祖王公同愈勝之又從葉本傳録，余復據王本校於莫本之上，略有異同也。

標注之業，見聞所牖，永無止境，必賴來學之踵事增華，不能成於一手者也。三家之著，聊自備忘，初皆未必有成書之意，故俱未能及身寫定。邵本得章彙録各家所訂補，遂最詳備，惟以雕版印數不多，售價既昂，且禁翻印流傳，以致甚稀。莫本經繩孫輯成後任人覆印，幾爲治目録者人手一編，書林相沿，知莫多於知邵。朱本僅有傳鈔，知者益尠矣。

此爲管禮耕手鈔之本，初以爲邵本，後經王頌蔚、翁炯孫攷定者，是即余外家藏本所自出。吾友黄永年君英髦博覽，亦好目録，氣類相投，得暇時相縱談，偶於冷肆獲斯帙，以爲可與邵、莫兩本相參證，足資珎重，承携示展讀。竊於此書聞名幾三十年，一旦親誦，其欣幸爲何如耶！率書數語，以志眼福。一九五五年元旦，顧廷龍。

朱學勤（1823—1875），字修伯，清代學者、藏書家，浙江仁和（今浙江省杭州市）人。咸豐三年（1853）進士，官至大理寺卿。一生好學，博通古典，喜好搜羅古籍善本，計有宋、元、明三代刊本及精鈔本達數百種，書齋名爲結一廬，編撰《結一廬書目》。管禮耕（1848—1887），字申季，號操敦，江蘇元和（今江蘇省蘇州市）人，晚清學者、藏書家。藏書印有"管禮耕印"、"季申"，及"禮"、"耕"聯珠印等，撰《操敦齋遺書》。王頌蔚（1848—1895），字芾卿，號蒿隱，初名叔炳，江蘇長洲（今蘇州）人，晚清學者、藏書家。頗有著述，參與校定《鐵琴銅劍樓書目》，所批校章宗源《隋經籍志考證》學術價值甚高。翁炯孫（1871—？），原名耀孫，曾名炳孫，字又申，號樵孫，别號師漢，江蘇常熟人，晚清學者。精版本目録之學，有《樵孫爾雅檢字敘》一卷（現存民國鈔本），並對《四庫全書簡明目録》進行校訂。顧起潛（1904—1998），名廷龍，江蘇蘇州人，現代著名版本目録學家，上海圖書館原館長。長期致力於古典文獻學、版本學和目録學研究，撰有《説文廢字廢義考》、《四當齋書目》，與潘景鄭合編《明代版本圖録初編》，主編《中國叢書綜録》、《中國古籍善本書目》。

《藏園訂補郘亭知見傳本書目》著録是書有初稿本及清乾隆年（1736—1795）刊本，《中國古籍善本書目》著録有莫友芝等人批校乾隆年刊本及幾部清鈔本，其中有幾部也有批校題跋，但未著録有此朱學勤批校本，可知此鈔本學術價值尤爲重要。

○四四

［宋］歐陽脩《集古録》十卷

集古錄卷一

廬陵歐陽脩著

章丘謝啓光校

古敦銘　毛伯敦　龔伯彝　伯庶父敦

右毛伯古敦銘嘉祐中原父以翰林侍讀學士出爲永興軍路安撫使其治在長安原父博學好古多藏古奇器物能讀古文一作之銘識考知其人事蹟而長安秦漢故都時時發掘所得原父悉購而藏之以予方集錄古文故每有所得必模其銘文以見遺此敦原父得其蓋

景君銘元第六百二十一

景君碑元第九百七十一熙寧二年十月朔一作晦日山齋書一有此十一字

景君石郭銘元附九百七十一

袁良碑元第七百七十一時時一作有時

張平子墓銘元第三十一謂衡一作稱衡

集古錄目序

物常聚於所好而常得於有力之彊有力而不好好之而無力雖近且易有不能致之象犀虎豹蠻夷山海殺人之獸然其齒角皮革可聚而有也玉出崑崙流沙萬里之外經十餘譯乃至乎中國珠出南海常生深淵採者腰絙而入水形色非人往往不出則下飽蛟魚金礦于山鑿深而穴遠篝火餱糧而後進其崖崩窟塞則遂葬於其中者率常數十百人其遠且難而又多死禍常如此然而金玉珠璣世常兼聚而有也凡物好之而有

半葉九行，行二十一字，單魚尾，白口，四周單闌，框高18.7厘米，寬13厘米，清初四留堂刊本，鈐有“常湖劉氏繼書畫印”、“㬎南”、“遂華書屋藏珍”印。

是書《增訂四庫簡明目録標注》除著録此四留堂刊本外，還有宋刊《歐陽全集》本、明汲古閣《六一題跋》本以及幾種清代刊本，《藏園訂補郘亭知見傳本書目》與此著録大致相同，只是多出乾隆三十八年（1773）謝啟昆刊本。《中國古籍善本書目》衹著録有一部單刻宋刊殘本、一部有陳鱣校語的清鈔本。即便如此，先父所藏此清初四留堂刊本亦屬善本，具有收藏價值。

［宋］趙明誠《金石録》三十卷

金石錄卷第一

目錄一　三代　秦　漢

宋東武趙明誠編著

清　濟南謝世箕較梓

晉陵馮逹道叅訂

第一古器物銘一

第二古器物銘二

第三古器物銘三

第四古器物銘四

第五古器物銘五

金石錄目錄　卷一

金石錄卷第四　目錄　唐　僞周

半葉九行，行二十一字，單魚尾，白口，四周單闌，框高18.6厘米，寬13厘米，清順治七年（1650）謝世箕刊本。

是書《增訂四庫簡明目録標注》除著録此謝世箕刊本外，還有十卷殘宋趙不譾刊本以及幾種清代刊本。《藏園訂補郘亭知見傳本書目》與《增訂四庫簡明目録標注》著録情況大致相同。《中國古籍善本書目》著録有宋淳熙龍舒郡齋刊本、殘宋趙不譾刊本、明清諸家鈔本及清刊本，其中有十三部此謝世箕刊本。而此謝刊本爲宋版之外存世的最早刊本，故頗有文獻價值。

〇四六

［宋］佚名《寶刻類編》八卷

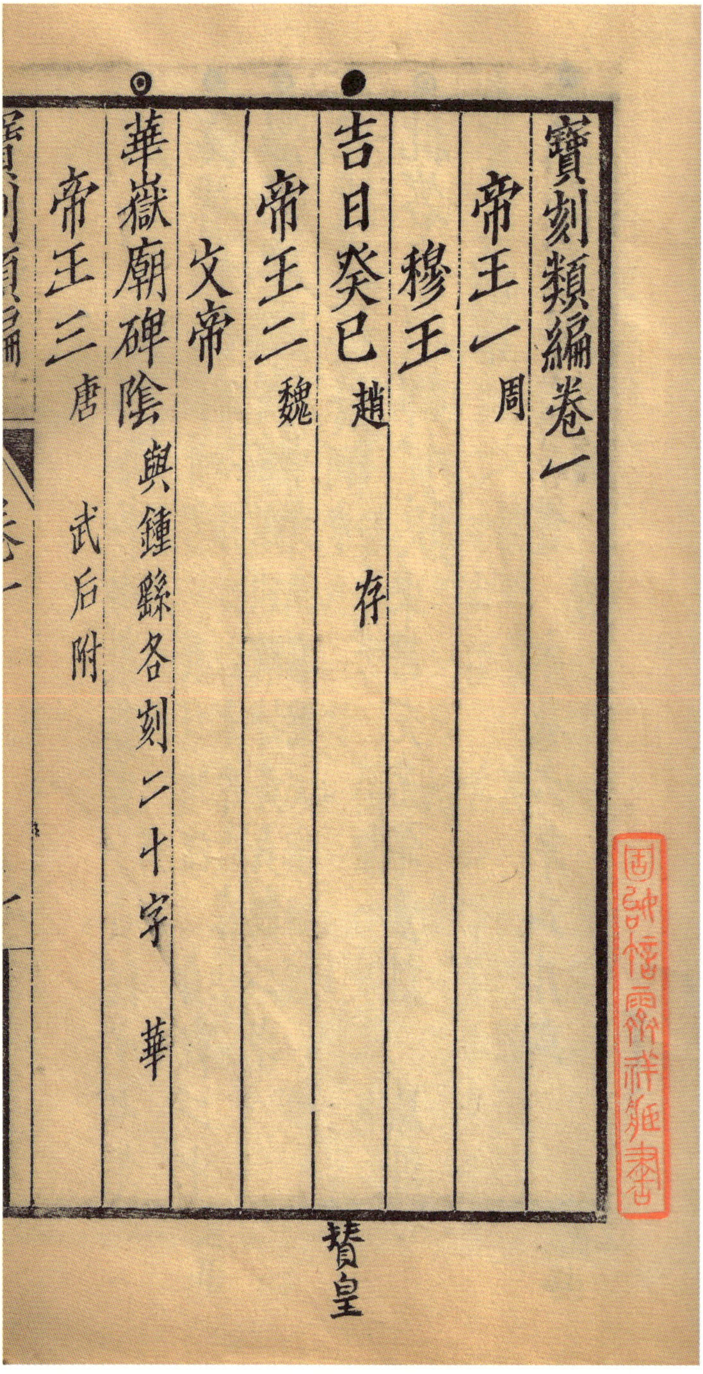
寶刻類編卷一
帝王一 周
穆王
吉日癸巳 趙 存
帝王二 魏
文帝
華嶽廟碑陰 與鍾繇各刻二十字 華
帝王三 唐 武后附
贊皇

本書又有刑政箴碑貞元十五年韋集書

慈恩寺常住莊地碑顏真卿撰韓擇木八分書御篆額大歷六年八月 京兆

德宗

河中尹渾瑊賀批答表貞元四年 河中

刑政箴并批答御製八分書并篆額碑陰表胡證正書行書批答

河中 胡證書 貞元十四年

太子諸王一 梁

皇太子綱即簡文帝

寶刻類編 卷一 六

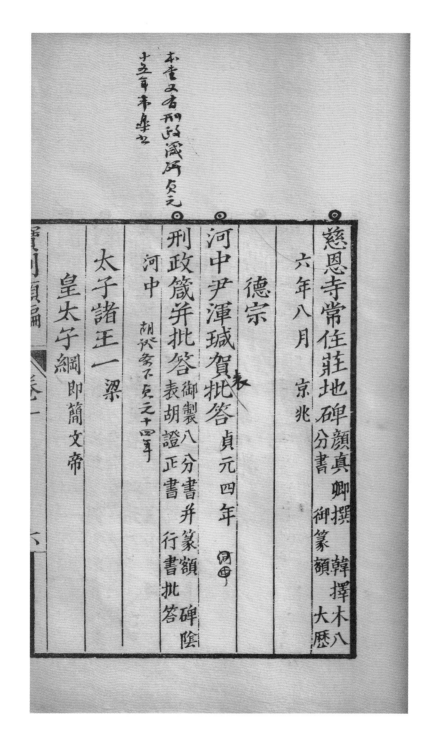

半葉八行，行十七字，單魚尾，黑口，四周單闌，框高14.7厘米，寬8.2厘米，清道光十八年（1838）東武劉氏刊本，有吴式芬批校，鈐有“許光宇”、“固始許霽祥藏書”印。

吴式芬（1796—1856），字子苾，號誦孫，山東海豐（今山東省濱州市無棣縣）人。清代學者，專攻音韻訓詁之學，精於考訂，多有著述。許霽祥，生卒年不詳，字光宇，河南固始人，民國時期收藏家，與著名學者馬衡有交往。

《增訂四庫簡明目録標注》、《藏園訂補郘亭知見傳本書目》著録此劉氏刊本，先父所藏此部雖刊刻於清道光年，却係吴式芬批校本，學術價值及收藏價值皆頗高。

〇四七

[清]武億《授堂金石文字續跋》十四卷

授堂金石文字續跋卷一

偃師武億錄　男　穆淳編

周

西宮襄戎夫盤銘

盤銘予收得拓本後入京師又閱孫季逑集諸家釋文讀之始了晰其題西宮云者古命士以上父子皆異宮故因所居以爲氏乃有西宮之目襄則其謚而戎夫爲其字也又云自瀊涉以南至於大沽一表以陟二表至於徽柳復涉瀊陟雩阻原隊以西表於𢿢淳桂木表於艾道表於艾衙內陟艾登於丁淳表𣂷麻隊陵剛㭒表於單衙表於原道表於魯道以東表於遊東彊右還表於莧衙以南表於卻道衙以西至於唯莽莧井邑田自稿木衙左至於井邑

授堂金石文字續跋目錄

卷一

半葉十一行，行二十三字，單魚尾，黑口，左右雙闌，框高19.2厘米，寬14.7厘米，清嘉慶元年（1796）武氏《授堂遺書》刊本，鈐有趙宗建“趙次公”、“非昔居士”印，爲舊山樓舊藏。

趙宗建（1824—1900），字次侯，又字次公、次山，號非昔居士，江蘇常熟人。藏有諸多明清學者手稿、藏書目録、日記、信札及大量宋元珍籍。撰有《舊山樓藏書記》，身後藏書多歸於盛宣懷、莫有芝及丁申和丁丙兄弟。

是書於《增訂四庫簡明目録標注》、《藏園訂補郘亭知見傳本書目》、《中國古籍善本書目》中，皆衹著録有此《授堂遺書》刊本。先父所藏此部因係藏書名家趙宗建舊山樓中舊物，故具收藏價值。

〇四八

［清］嚴觀《江寧金石記》八卷《待訪目》二卷

江寧金石記目錄　　　　　　冶城嚴觀子進輯

卷一　秦　漢　吳　晉　梁　陳　北周　隋

古餘先生大兄閣下半載以來久未
奉書
左右沈生神鷗回吳得悉
足下[illegible]
公務之餘不廢撰述
文學政事一以貫之心跡雙清當於
古人求之正恐古人中不多得耳金陵

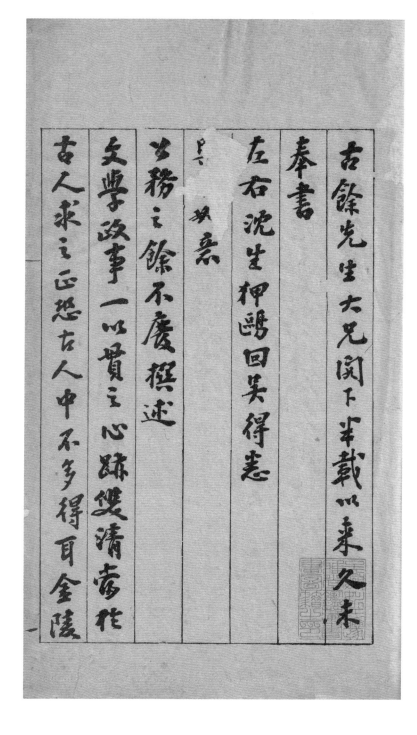

半葉十二行，行二十四字，雙魚尾，大黑口，左右雙闌，框高18.3厘米，寬14.1厘米，清嘉慶九年（1804）賜書堂刊本，除鈐有姚晏"吴興姚氏邃雅堂鑒藏書畫圖籍之印"外，還有"漢畫軒藏書"、"古新閣所藏金石文字記"印。

"吴興姚氏邃雅堂鑒藏書畫圖籍之印"係姚晏藏書印。姚晏，生卒年不詳，字聖常，號嬰齋，浙江歸安（今浙江省湖州市吴興區）人，清嘉慶四年（1799）狀元姚文田之子。富藏書，書齋名邃雅堂。

《增訂四庫簡明目録標注》、《販書偶記》皆衹著録此書清嘉慶九年（1804）賜書堂刊本，《藏園訂補郘亭知見傳本書目》則未著録，而先父所藏的這部曾爲清代學者姚晏邃雅堂所藏，可謂流傳有序，故頗有意義。

○四九

〔清〕翁方綱《粵東金石略》九卷《附》二卷

粤東金石略卷第一

廣州府金石一

至聖先師像碑

先師像碑在廣州府學後圃番山燕居亭摹吳道子筆也

左有篆書

宣聖遺像四字右有八分書一段叙摹勒原委至正五年

乙酉正月望日中奉大夫廣東道宣慰使都元帥僧家

奴記承直郎廣東道宣慰使司都元帥府經歷貢師謙

篆額廣東憲曹天台張謹書

宣聖兗公小影碑

粤東金石略自序

世多稱集古自歐陽子然碑集之作始於陳勰謝莊遠矣而梁時書目已有廣州刺史碑十二卷惡得以服嶺以南限哉爰逮會昌元祐際侘傺竚眙幽聽遥思或軼弗盡章而唐以前溯漢熹平翠琰之氣沙水汨之每對海瀾而遐睎也然什一存者猶作作其芒出丹砂水銀南金大貝之上方綱八年五周歷崖捫蘚剔所得蓋五百餘種録為十二卷以其有與圖經可互証者故於變代之頃録諸板而補訂討論以俟異日若周憬功勳銘収於洪氏輒取鄭志文言略例三禮目録之義書之其文雖具而弗備書則世

北平翁覃溪著

粵東金石略

石洲艸堂梓

半葉十行，行二十二字，單魚尾，白口，左右雙闌，框高20.2厘米，寬14.6厘米，清乾隆三十六年（1771）石洲草堂寫刊本，鈐有“項氏世英”、“宵溪”印。

《增訂四庫簡明目録標注》著録是書僅有此乾隆刊本，《藏園訂補郘亭知見傳本書目》則未著録。《中國古籍善本書目》衹著録一部名爲《粵東金石略目》之陸增祥鈔本一卷，而乾隆三十六年刊本於善本時限界定而言亦符合標準，但不知何故未被收入此目之中。

〇五〇

［清］劉喜海《金石苑》六卷

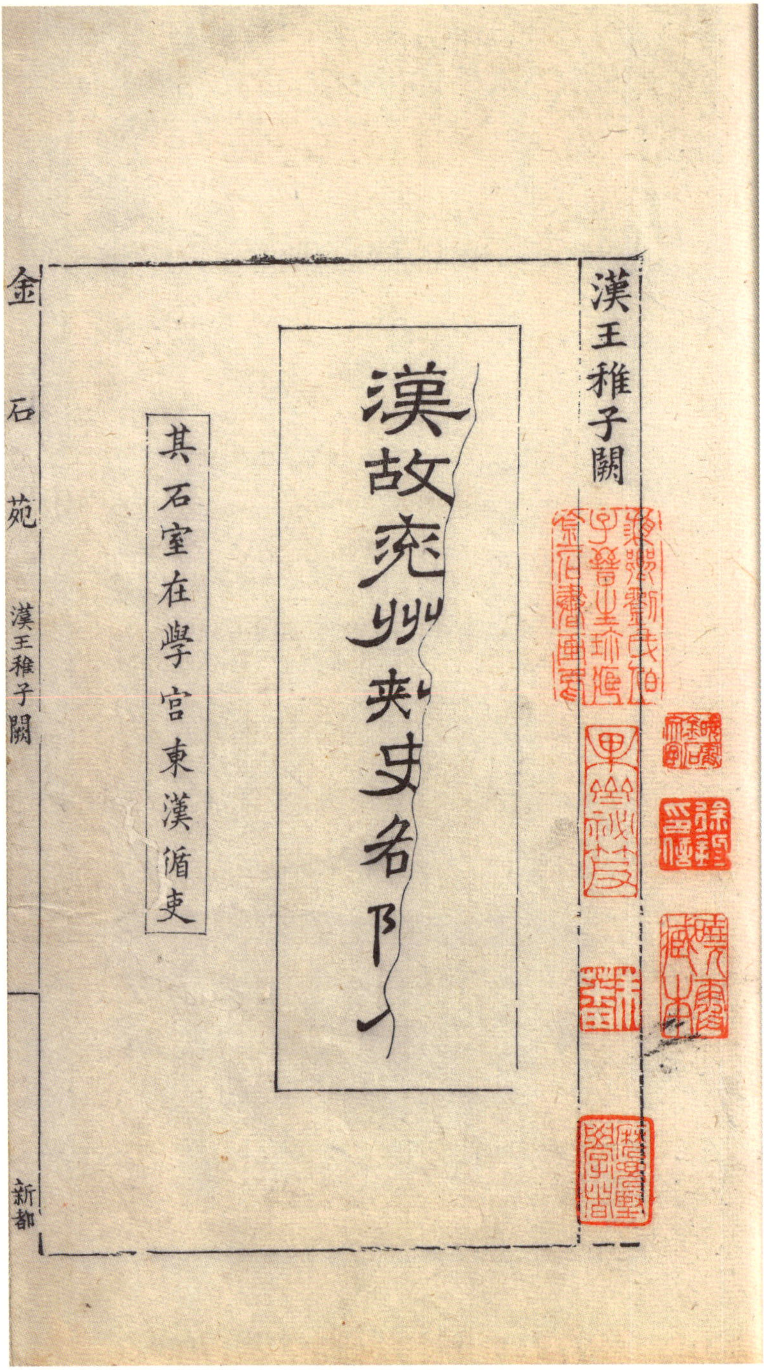
漢王稚子闕

漢故兖州刺史[illegible]

其石室在學宫東漢循吏

金石苑　漢王稚子闕　新都

宋甘露祖師像并行狀

石高七尺八寸廣三尺六寸像高五尺五寸餘行狀十六行行十一二三四字不等字徑八九分正書對聯字徑三寸餘行書

形歸露井靈光爍

手植仙茶瑞氣芬

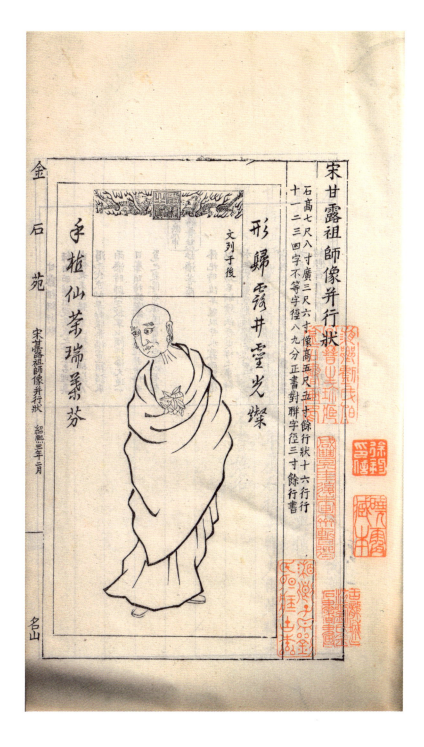

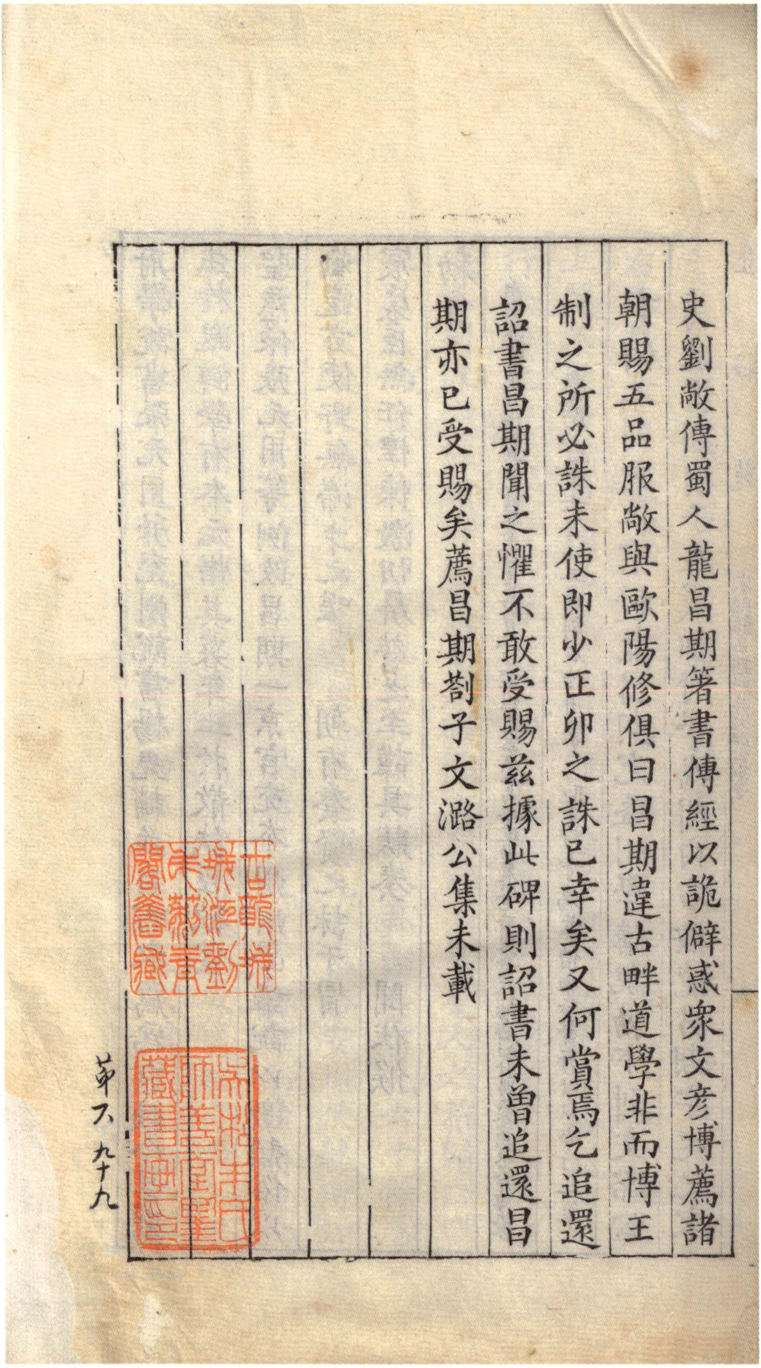

史劉敞傳蜀人龍昌期箸書傳經以詭僻惑衆文彥博薦諸
朝賜五品服敞與歐陽修俱曰昌期違古畔道學非而博王
制之所必誅未使即少正卯之誅已幸矣又何賞焉乞追還
詔書昌期聞之懼不敢受賜茲據此碑則詔書未曾追還昌
期亦已受賜矣薦昌期劄子文潞公集未載

苐六 九十九

金石苑總目

第一卷

漢王稚子闕

漢逍遥洞仙集留題漢安元年

漢巴郡太守樊敏碑建安十年三月

漢益州太守高頤碑建安十四年

漢益州太守高頤雙闕

漢高頤闕

漢馮焕闕

漢李業闕

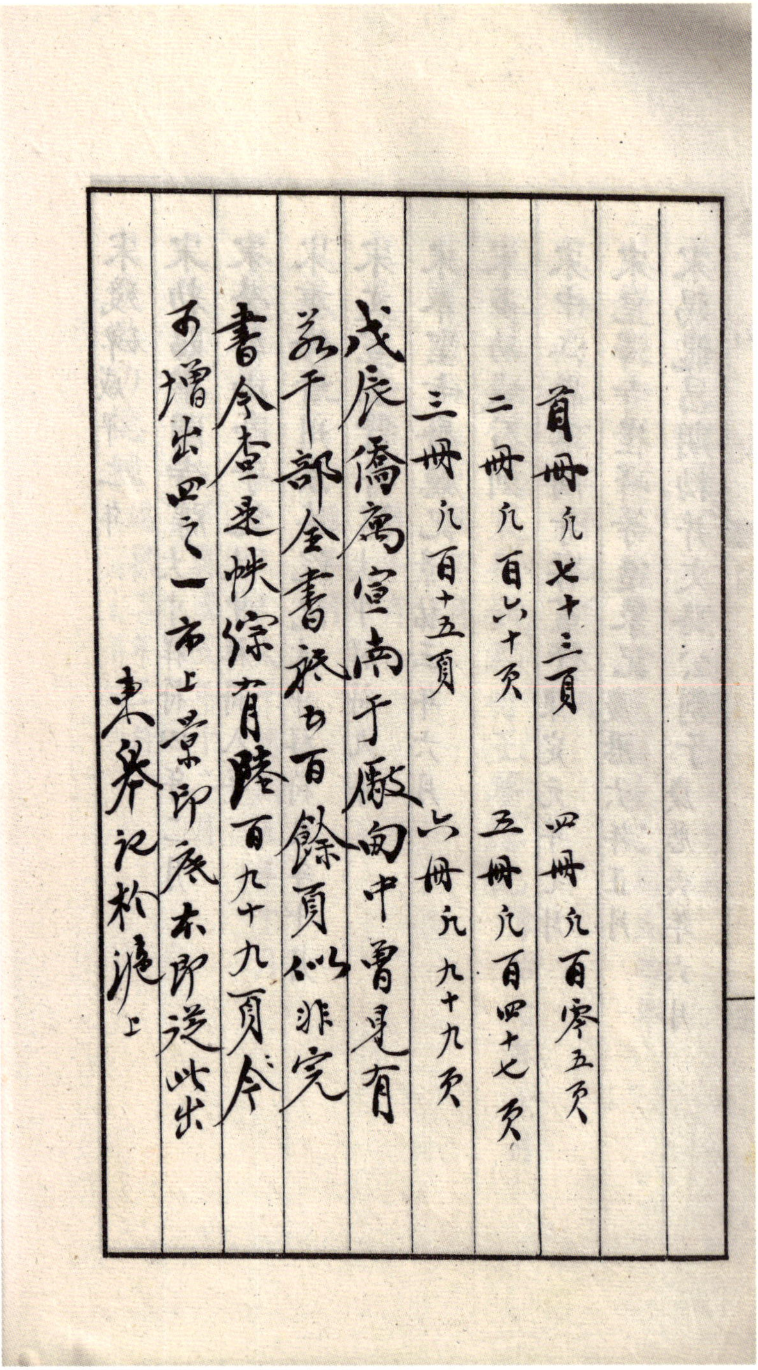
首冊九七十三頁　四冊九百零五頁
二冊九百六十頁　五冊九百四十七頁
三冊九百十五頁　六冊九九十九頁
戊辰僑寓宣南于廠甸中買是有
若干部全書裁去百餘頁似非完
書今查是帙實有陸百九十九頁今
可增出四之一市上賈即展本即送此出
東癸記於滬上

劉燕庭原刊金石苑槧刻絕精而流
傳甚少晚近有影印本始爲世人所知
永年仁弟英年好古尤留心版本目錄之
學偶於白門書肆獲見此本遂以廉值
收之卷首雖有石印目次書賈不察遂
誤以爲影本 永年得之狂喜屬爲題記
因書數語以紀墨緣 甲申歲暮龍沐勛

半葉十行，行二十四字，無魚尾，白口，四周單闌，框20.8高厘米，寬13.9厘米，清道光二十八年（1848）劉氏來鳳堂原刊本，有東皋及龍榆生先生題跋，除鈐有“何寶善”、“楚侯”、“淮安何氏”、“寶善珍藏”、“守拙軒珍藏”、“徐鈞私印”、“徐鈞印信”、“曉霞鑒藏”、“曉霞所藏”、“曉霞藏本”、“曉霞金石文字”、“愛日館收藏印”外，另有“古龍城城江劉氏藏書”、“古龍城城江劉氏金石書畫”、“古龍城城江劉氏藜青閣舊藏”、“湘鄉劉氏伯子晉生珍藏金石書畫印”、“湘鄉子劉氏收藏古本”、“果齋秘笈”、“朱蕃”、“吴淞朱氏師善堂書畫印”。

東皋題跋云：

戊辰僑寓宣南，于廠甸中曾見有若干部全書，衹五百餘頁，似非完書。今查是帙綜有陸百九十九頁，可增出四之一，市上景印底本即從此出。

東皋記於滬上

龍榆生先生題跋云：

劉燕庭原刻《金石苑》槧刻絶精，而流傳甚少，晚近有影印本，始爲世人所知。永年仁弟英年好古，尤留心版本目録之學，偶於白門書肆獲見此本，遂以廉值收之。卷首載有石印目次，書賈不察，遂誤以爲影本。永年得之狂喜，屬爲題記，因書數語以紀墨緣。甲申歲晏龍沐勳。

何寶善（1896—1979），字楚侯，生於“江淮甲族”，後遷居北京，富收藏。徐鈞，生卒年不詳，字曉霞，爲南京著名藏書樓愛日館之主人。龍榆生（1902—1966），本名龍沐勳，號忍寒，江西萬載人。現代著名學者，與夏承燾、唐圭璋並稱爲二十世紀最負盛名之三大詞學宗師，主編《詞學季刊》，編《唐宋名家詞選》、《近三百年名家詞選》，著《風雨龍吟室詞》等。

《增訂四庫簡明目録標注》著録有是書，《藏園訂補郘亭知見傳本書目》却未見著録，因此先父所藏此部道光年劉氏來鳳堂原刊本可謂甚爲稀見。二十世紀四十年代南京保文堂誤以此部書爲影印本，得使先父“將錯就錯”，以低廉價格購得，又特請龍榆生先生題跋，堪稱佳藏。

〇五一

［清］浦起龍《史通通釋》二十卷

史通通釋卷一

南枒秋浦起龍二田釋

長洲方懋福駿公

同里蔡焯敦復參釋

蔡龍孫初篁

內篇

六家第一〇合起 結共八章

自古帝王編述文籍外篇謂古今正史篇此二字一作史言之備矣古往今来質文遞變諸史之作不恒厥體〔釋〕二句首提史字權揭出全書眼目而為論其流有六一曰尚書家二曰春秋家三曰左傳家

史通通釋卷一 六家 一 內

盧抱經家重此書稱二田録不言宋本
而書中大字正書皆宋本也蕘圃翁跋
所過顧千里較本之謂劉書實以浦本
爲善謂顧較未爲得宋本之真蓋此之
證明刻重慕門千里較本陸胥董見也
於浦本原刻亦難得蓋此早印寬大益
可貴矣壬寅正月以小金買得十四日晨
起題記

半葉九行，行二十二字，無魚尾，白口，左右雙闌，框高19厘米，寬13.5厘米，清乾隆十七年（1752）浦氏求放心齋原刊本，有先父題跋。

先父題跋云：

盧抱經寂重此書，稱二田雖不言宋本，而書中大字正書皆宋本也。菽風翁跋所過顧千里較本，亦謂劉書實以浦本爲善，謂顧較未必得宋本之真。蓋世之珎明刻，重義門、千里較本，徒骨董見也。然浦本原刻亦難得，若此早印寬大，益可貴矣！壬寅正月以八金買得，十四日晨起題記。

是書《增訂四庫簡明目録標注》、《增訂四庫簡明目録標注》除著録此乾隆十七年（1752）刊本外，還有光緒十一年（1885）刊本等，《藏園訂補郘亭知見傳本書目》著録有一部有盧文弨、陳鱣校跋的此乾隆十七年刊本。據先父題跋，浦氏刊本重在文獻價值，其所得此部爲“早印寬大”原刊本，故同時又具收藏價值。

唐摭言　卷第一

王定保譔

統序科第

周禮鄉大夫具鄉飲酒之教考其德行察其道藝三年舉賢者貢於王庭非夫鄉舉里選之義源於中古乎夫子聖人始以四科齒門弟子後王因而範之漢革秦亂講求典禮亦解循塗方轍以須賢俊考德行則升孝廉而激浮俗掄道藝則第雋造而廣人文故郡國貢士無虛歲矣繇是天下上計集於大司徒府所以顯五教於萬民者也我唐沿隋法漢孜孜矻矻以事草澤琴瑟不改而清濁殊塗丹漆不施而豐儉異致始自武德辛巳歲四月一日敕諸州學士及早有明經及秀才俊士進士明於理體為鄉里所稱者委本縣考試州長重覆取其合格每年十月隨物入貢斯

子部·第二十一種

唐摭言目録

第一卷

統序科第　貢舉釐革并行鄉飲酒

會昌五年舉格節文

述進士上篇　述進士下篇

散序進士　兩監

西監　東監

唐摭言目錄

第一卷

〇五二

［漢］孔鮒《孔叢子》六卷

孔叢子卷第一

嘉言第一

夫子適周見萇弘言終退萇弘語劉文公曰吾觀孔仲尼有聖人之表河目而隆顙黃帝之形貌也脩肱而龜背長九尺有六寸成湯之容體也然言稱先王躬履廉讓洽聞強記博物而不窮抑亦聖人之興者乎劉子曰方今周室衰微而諸侯力爭孔丘布衣聖將安施萇弘曰堯舜文武之道或弛而墜禮樂崩喪其亦正其統紀而已矣既而夫子聞之曰吾豈敢哉亦好禮樂

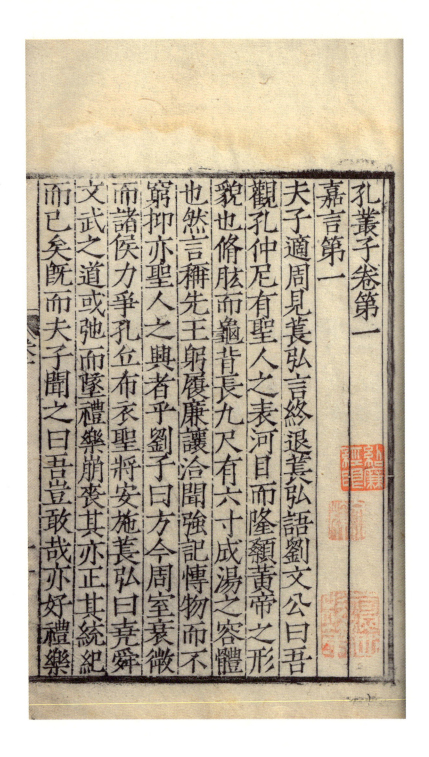

重刻孔叢子序

文不詭于一家是文也不亦辯乎其爲制哉繇之沿其哲流涉波而懿蓋遠采義理之實辟襭文學之華執之幅幀含諸胷俎於是乎可以觀矣其孔叢子之謂與鮒孫孔子九世周造將既在魯爲文通君至始皇兼并六國入秦爲博士遷太傅竊聞李斯燔籍之議遂囊括其家論語尚書孝經諸楬而壁之碑地嵩山之陽取自仲尼子

半葉十行，行十八字，單魚尾，白口，左右雙闌，框高18.4厘米，寬14厘米，明嘉靖二十九年（1550）刊本，白棉紙，除鈐有楊紹廉“紹廉經眼”印及先父“黄永年藏善本書印”外，還有“文輝”、“荷池出□科第”印。

“紹廉經眼”當爲楊紹廉的藏書印。楊紹廉（1824—1900），字志林（一作志齡），號拙廬，浙江瑞安人，精版本，富收藏，擅書法。

是書《中國古籍善本書目》著録明嘉靖二十九年刊本一部、明崇禎六年（1633）孔胤植刊本十三部、年代不詳的明刊本七部、《四庫全書》本一部、有王韜校跋的清代孔氏刊本一部，其中那部明嘉靖二十九年刊本藏於國家圖書館，而先父所藏者亦爲此嘉靖本，且係白棉紙所印，其珍貴程度可見。

○五三

〔清〕孫志祖《家語疏證》六卷

家語疏證卷之一

仁和孫志祖學

相魯第一

孔子初仕爲中都宰節

案史記孔子世家但云定公以孔子爲中都宰一年四方皆則之王肅因禮記檀弓有夫子制於中都四寸之棺五寸之椁語遂摭出制爲養生送死之節一段其實男女别塗道無拾遺乃下文爲司寇時事此方爲邑宰一年未必化行如是之速期月已可三年有成孔子自言治效之漸固如是耳凡肅所云皆敷

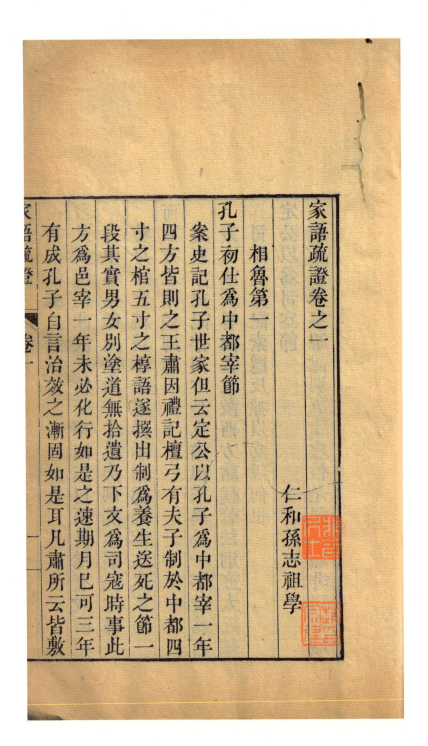

半葉十行，行二十一字，單魚尾，白口，左右雙闌，框高18.7厘米，寬13.1厘米，清乾隆五十九年（1794）仁和孫氏原刊初印本，鈐有趙宗建之“趙宗建印”及“非昔居士”印。

趙宗建（1824—1900），字次侯、次公、次山，號非昔居士，江蘇常熟人。清末學者，藏有諸多明清學者手稿、藏書目録、日記、信札及大量宋元珍籍。撰有《舊山樓藏書記》，身後藏書多歸於盛宣懷、莫有芝及丁申和丁丙兄弟。

此書係孫志祖審定《孔子家語》爲僞書的辨僞名著。《增訂四庫簡明目録標注》、《藏園訂補郘亭知見傳本書目》皆未著録此刊本，《中國古籍善本書目》著録有一部清鈔本、兩部清刊本，皆有校語題跋。不過先父所藏此部則爲趙宗建舊山樓舊藏，原爲先父於二十世紀九十年代指點弟子辛德勇教授購入，此後德勇教授用此書及清道光年兩江總督陸建瀛所刊《爾雅義疏》與先父所藏黄丕烈代古倪園沈氏刻《四婦人集》互换，於是轉入先父書齋。

〇五四

〔漢〕荀悦《申鑒》五卷

申鑒卷第一

吴郡黄省曾注

政體第一

夫道之本仁義而已矣五典以經之羣籍以緯之詠之歌之弦之舞之前鑒既明後復申之故古之聖王其於仁義也申重而已篤序無彊謂之申鑒聖漢統天惟宗時亮其功格宇宙粤有虎臣亂政虎臣漢輿輔弼之臣所與共成天功者亂治也治亂謂之亂猶治汙謂之汙也書泰誓曰予有亂臣十人時亦惟荒圮湮

申鑒卷一　文台堂　周潮寫

申鑒注序

申鑒五卷漢荀悅著悅仕獻帝朝辟曹操府與孔融及弟彧同侍講禁中悅每有獻替而意有未盡此申鑒所爲作者蓋有志於經世也然當時政體顧有大於總攬機務使權不下移者乎而曾無一言及之何哉厥後融以論建漸廣彧以不阿九錫皆不得其死悅獨優游以壽終其亦善處濁世者矣其論政體無賈誼之經制而近於醕無劉向之憤激而

傳世申鑒多嘉靖時覆刻，較此板刻粗滞，又蓋仍孟春序文，蓋以其板收入兩京遺編，尚不乏印本也。此本韓家讀有用書齋舊藏，乃真正德原刻，字跡雅麗，審是宋季草窗韵讀廖校韓柳文雲礽，以視嘉靖所覆，不止中郎之於虎賁耳。乙未九月廿三日見於中漢文淵架上，價止三金，得以二金乞寶。四月十九日屬工裝畢，一仍舊貫。時寓西安。

半葉九行，行十七字，雙魚尾，白口，四周雙闌，框高20.3厘米，寬13.4厘米，明正德十四年（1519）黄省曾刊本，有先父題跋，鈐有“李年喬珍藏印”。

先父題跋云：

> 傳世《申鑒》多嘉靖時覆刻，較此板刻粗滯，又益何孟春序文，蓋以其板收入《兩京遺編》，尚不乏印本也。此本韓家讀有用書齋舊藏，乃真正德原刻，字跡雅麗，審是宋季《草窗韻語》廖板、韓柳文雲礽，以視嘉靖所覆，不止中郎之於虎賁耳。乙未四月廿三日，見於申漢文淵架上，價止三金，得以二金。壬寅四月廿四日屬工裝畢，一仍舊貫，時寓西安。

是書《增訂四庫簡明目録標注》、《藏園訂補郘亭知見傳本書目》著録有此刊本，而《中國古籍善本書目》著録有六部此刊本，另據先父題跋可知此黄省曾刊本甚爲精善。

〇五五

［明］辛全韋《衡門芹》不分卷

衡門芹

河汾草莽臣辛全謹著　洪洞門人晉淑健

晉家銓

韓居貞

胡曰璉

晉家仁梓

太平門人龐有聲録

天下不難治患無治之之道不患無治之之道患無知道之人有知道之人又患無願治之主

衡門芹　一

衡門芹序

余友辛復元先生晉絳理學真儒也名播海内久矣先生體性怡情寘心樂道澹約若寒畯之寡營靜默類衲子之面壁遯不諱窮恥書空而賦咄知達必不

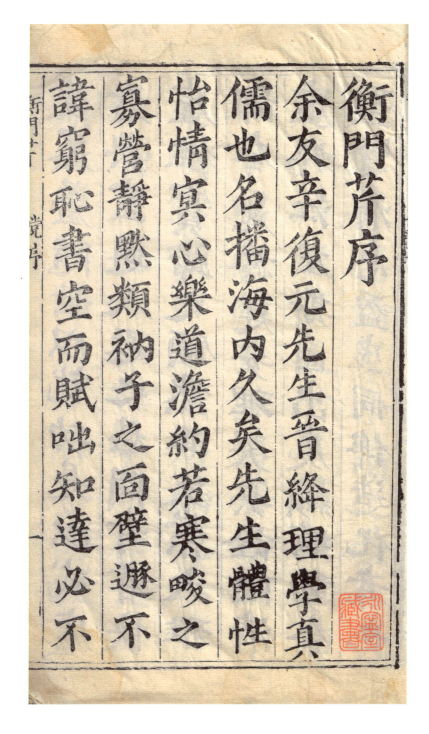

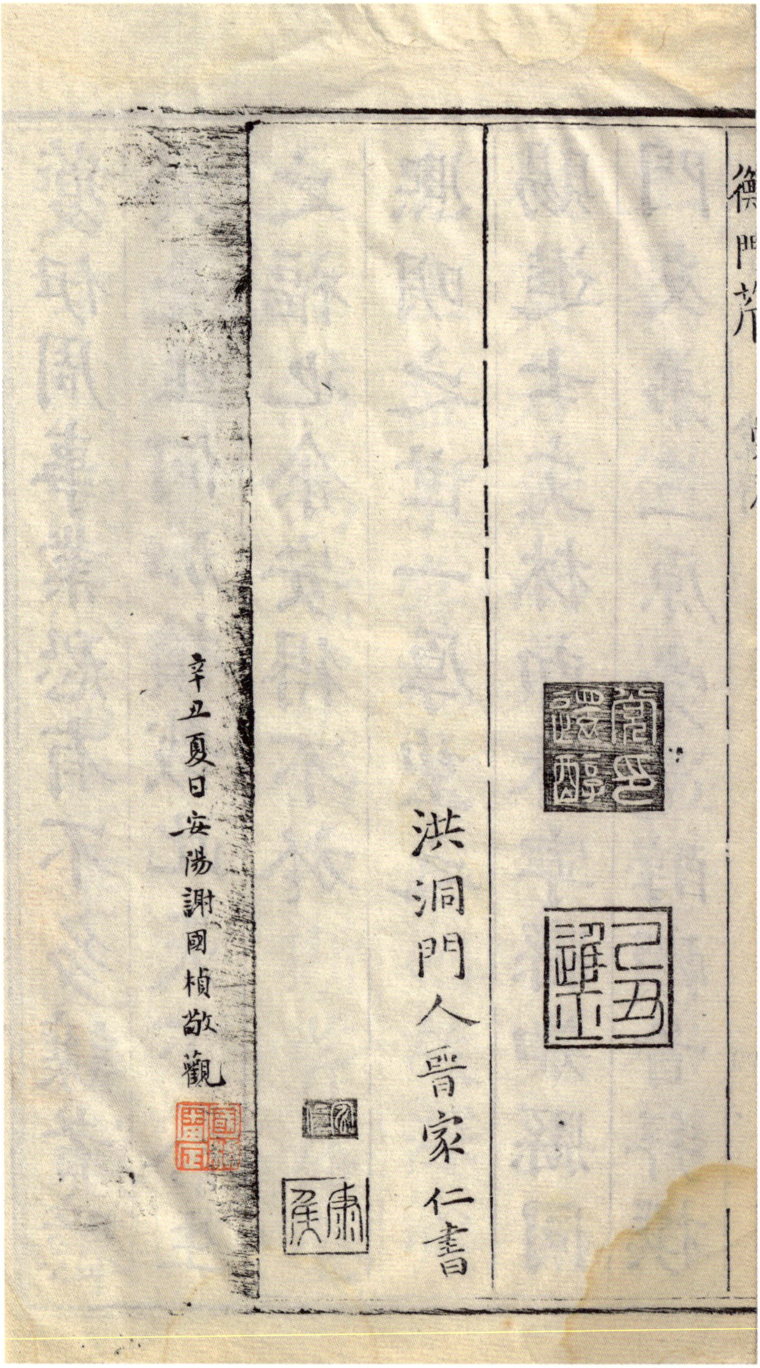
洪洞門人晉家仁書

辛丑夏日安陽謝國楨敬觀

半葉九行，行二十字，無魚尾，白口，四周單闌，框高23.2厘米，寬14.2厘米，明崇禎年（1628—1644）刊本，有謝國楨先生“辛丑夏日安陽謝國楨敬觀”的題記及先父“永寧室藏書”印，還有“長不毀齋所藏”、“再玉信璽”諸印。

謝國楨（1901—1982），字剛主，晚號瓜蒂庵主，河南安陽人。現當代著名學者，精於版本目録金石之學與明清史及明代文獻研究，富收藏，著述頗多。

是書《增訂四庫簡明目録標注》、《藏園訂補郘亭知見傳本書目》、《中國古籍善本書目》、《販書偶記》均未著録，《販書偶記續編》僅著録有此刊本，可見先父所得此書頗有收藏價值。

〇五六

［先秦］韓非《韓非子》二十卷

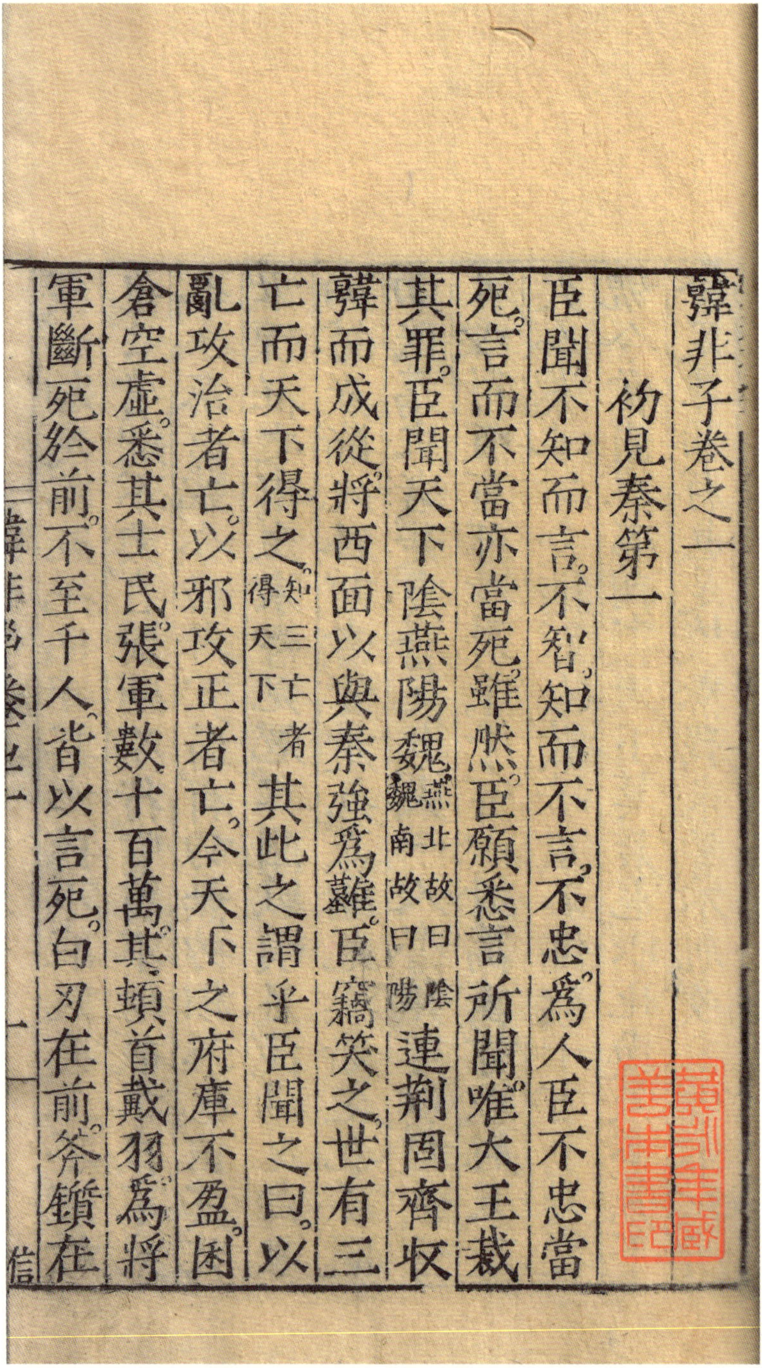

韓非子卷之一

初見秦第一

臣聞不知而言不智知而不言不忠爲人臣不忠當死言而不當亦當死雖然臣願悉言所聞唯大王裁其罪臣聞天下陰燕陽魏（燕北故曰陰魏南故曰陽）連荊固齊收韓而成從將西面以與秦強爲難臣竊笑之世有三亡而天下得之（知三亡者得天下）其此之謂乎臣聞之曰以亂攻治者亡以邪攻正者亡今天下之府庫不盈囷倉空虛悉其士民張軍數十百萬其頓首戴羽爲將軍斷死於前不至千人皆以言死白刃在前斧鑕在

韓非子卷之一　一　信

校刻韓非子序

按漢諸子畧凡十類百八十九家灋家十第四唐六典子類十四藝文志子類廿七六百九家灋家皆居第三太史公曰灋家嚴而少恩然其正君臣上下之分不可改也夫治太上以道其次以灋韓子灋家其所著書無非鉤箝決摘之術當是時天下

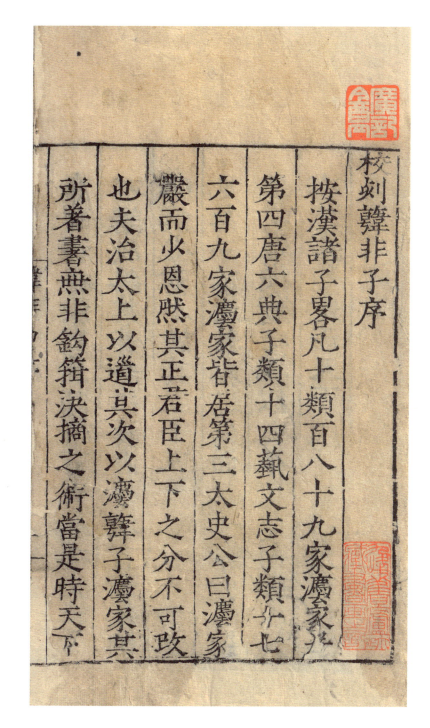

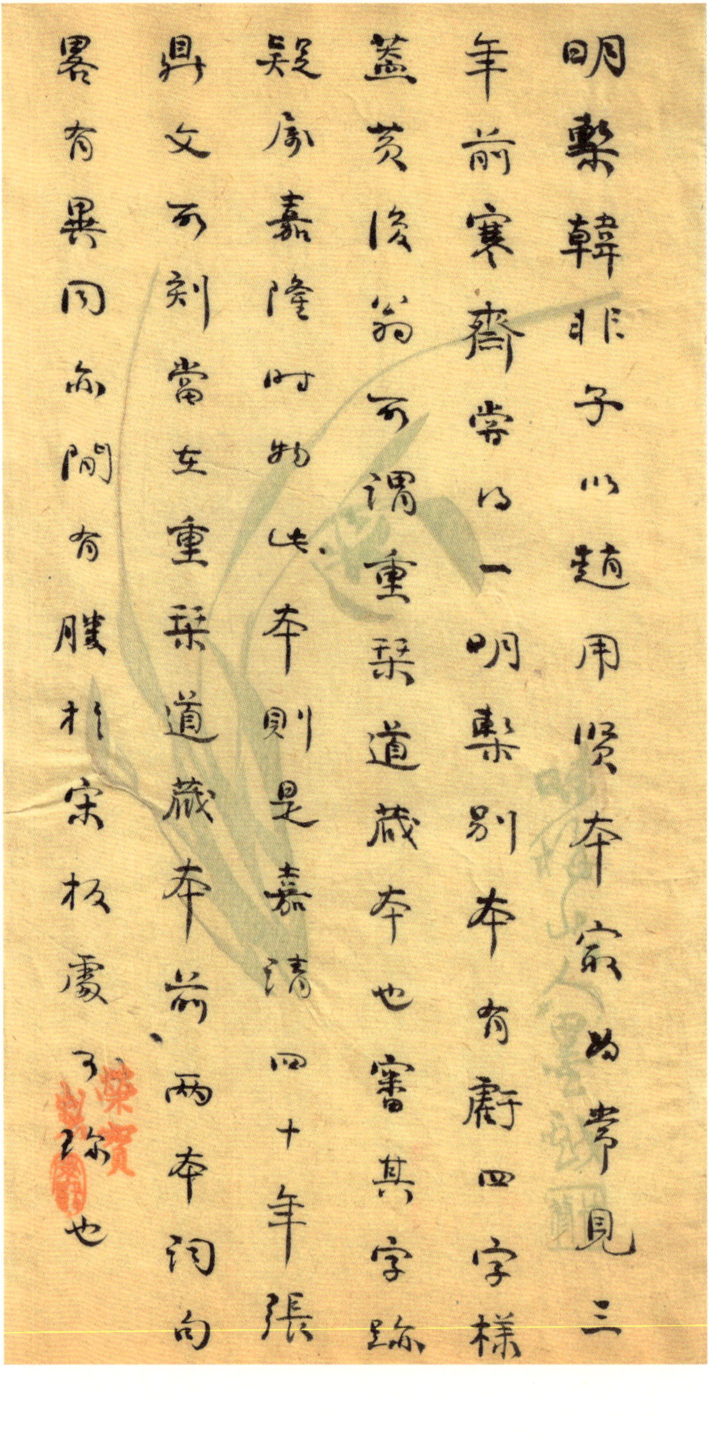

明槧韓非子以趙用賢本爲常見。三年前寒齋嘗收一明槧別本，有廚四字樣，蓋黃復翁所謂重栞道藏本也。審其字跡，疑應嘉隆時物也。本則是嘉靖四十年張鼎文所刻，當在重栞道藏本前，兩本詞句略有異同，而間有勝於宋板處，可珍也。

半葉十行，行二十字，無魚尾，白口，四周單闌，框高18厘米，寬13.1厘米，明嘉靖四十年（1561）張鼎文刊本，有先父題跋兩頁，鈐有王綬珊“九峰舊廬珍藏書畫之記”及先父“廣記盦”、“黄永年藏善本書印”。

先父題跋云：

明槧《韓非子》以趙用賢本冣爲常見。三年前寒齋嘗得一明槧别本，有“虧四”字樣，蓋黄復翁所謂重栞道藏本也。審其字跡，疑屬嘉、隆時物，此本則是嘉靖四十年張鼎文所刻，當在重栞道藏本前。兩本詞句畧有異同，亦間有勝於宋板處，可珎也。

《韓非子》有宋刻小字本，有景寫本，爲吴山尊本所從出，而景寫本後歸涵芬樓，復經印行，世多有之。然宋刻亦有脱誤，轉賴明刻校正。明刻自以正統道藏本爲善，有嘉、隆時重刊者，無刻書年月、敘跋。黄蕘翁嘗以校宋。見清刻《士禮居藏書題跋》。然印本亦不多見，方柳橋偶得一部，即甚珍貴。見《文禄堂訪書記》。寒齋却於海上傳薪書店以廉值買得白棉紙初印者，卷中有“虧四”字樣可證也。此本乃嘉靖四十年浙西張鼎文所刻，蓋是出自藏本，故《説林》及《内儲説》下均有脱文。五硯樓嘗有其書，爲蕘翁借得，屬顧千里臨校於趙文毅本上，頗有勝處。蓋趙本雖稱出於宋刻，然頗多妄改，不若此刻之近古。亦見《士禮居題跋》。則此刻蓋亦明板《韓非》之上駟矣。此本舊爲杭州王綬珊收藏，王書散於海上，余獲諸温知書店者雖非初印，尚完好，卷首有張氏栞書序，後列五十五篇之要旨，知張氏是讀書人，雖語未得當，亦勝坊賈書帕之所爲矣也。至文盡斷句，爲明刻所僅見，字體頗依《説文》楷寫，則當時風尚，然則講《説文》固不昉自乾嘉學人矣。書賈謂王氏收書在廿餘年，雄於貲，其時海上書鋪明刻難存，以王一見即收。所得精粗雜陳，初不流覽，束之高閣，身後爲兒女剖分販鬻已盡。此本既歸余，乃爲述其源流於此，俾後人得之所珍重，不致若王氏之輕棄也。

“九峰舊廬”爲王綬珊書齋名。王綬珊（1873—1938），名體仁，字綬珊，浙江紹興人，清末秀才，藏書家。初居杭州，辛亥革命後遷居上海。其以經營鹽業起家，喜好典籍，築九峰舊廬於杭州，藏宋本百餘種，各省府縣方志亦有兩千餘種。

是書《增訂四庫簡明目録標注》、《藏園訂補郘亭知見傳本書目》著録宋、元、明多種刊本，《中國古籍善本書目》中則上述幾種宋、元刊本均不見著録，衹有其餘幾種明刊本，不過此張鼎文刊本僅著録三部，其中一部有丁丙題跋。而先父所藏這部爲王綬珊舊藏，因而具有收藏價值。

〇五七

［明］沈繼孫《墨法集要》不分卷

墨法集要

明 沈繼孫 撰

浸油

古法惟用松燒煙近代始用桐油麻子油燒煙衢人用皂青油燒煙蘇人用菜子油豆油燒煙以上諸油俱可燒煙製墨但桐油得煙最多爲墨色黑而光久則日黑一日餘油得煙皆少爲墨色淡而昏久則日淡一日每桐油十五斤芝麻油五斤先將蘇木二兩黃連一兩半海桐皮杏仁紫草檀香各一兩梔子白芷各半兩木鼈

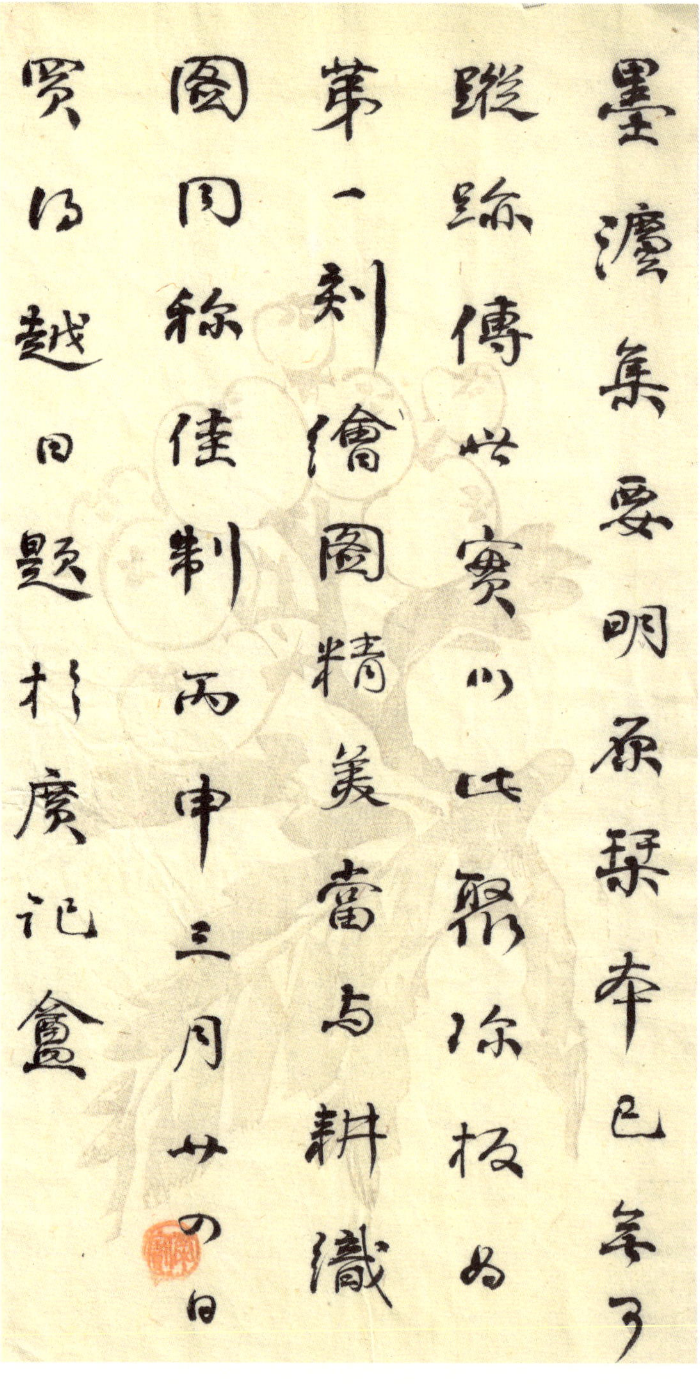
墨灋集要明原槧本已無了
蹤跡傳世實以此聚珍板為
第一刻繪圖精美當與耕織
圖同稱佳制丙申三月廿四日
買得越日題於廣記盦

半葉九行，行二十一字，單魚尾，白口，四周雙闌，框高19厘米，寬12.5厘米，清乾隆四十年（1775）武英殿聚珍本，有先父題跋及“黄永年藏善本書印”。

先父題跋云：

> 《墨瀍集要》，明原槧本已無可蹤跡，傳世實以此聚珎板爲第一刻，繪圖精美，當與《耕織圖》同稱佳制。丙申三月廿四日買得，越日題於廣記盦。

《增訂四庫簡明目録標注》、《藏園訂補郘亭知見傳本書目》著録此武英殿聚珍本，《中國古籍善本書目》則著録武英殿聚珍本計九部，可知存世量不大。此本爲是書傳世最早刊本，先父所收這部係1956年在滬上購得，較有收藏價值。

〇五八

［戰國］呂不韋《呂氏春秋》二十六卷

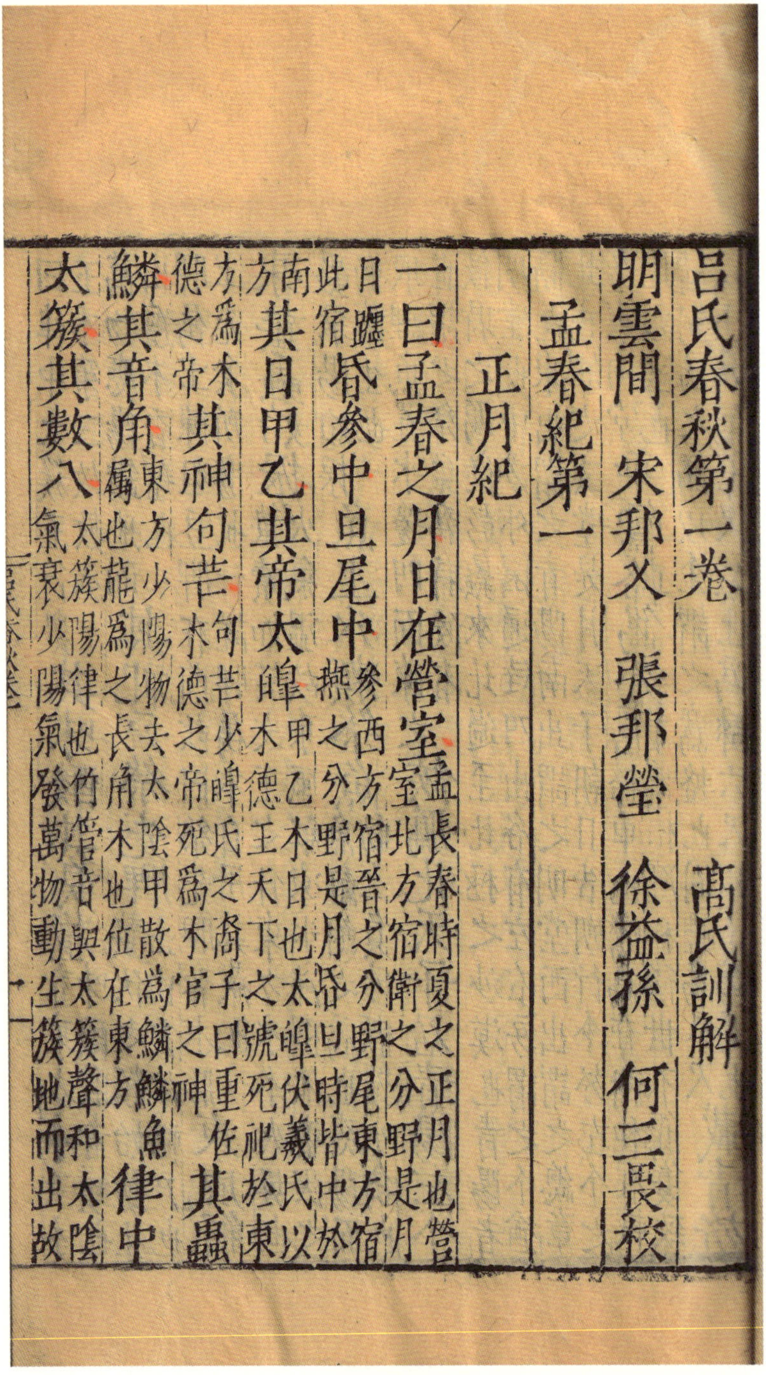
呂氏春秋第一卷　高氏訓解

明雲間　宋邦乂　張邦瑩　徐益孫　何三畏校

孟春紀第一

正月紀

一曰孟春之月日在營室孟長春時夏之正月也營室北方宿衛之分野是月日躔此宿昏參中旦尾中參西方宿晉之分野尾東方宿燕之分野是月昏旦時皆中於南方其日甲乙其帝太皞甲乙木日也太皞伏羲氏以木德王天下之號死祀於東方爲木德之帝其神句芒句芒少皞氏之裔子曰重佐木德之帝死爲木官之神其蟲鱗東方少陽物去太陰甲散爲鱗鱗魚屬也龍爲之長角木也位在東方其音角律中太簇太簇陽律也竹管音與太簇聲和太陰氣衰少陽氣發萬物動生簇地而出故其數八

呂氏春秋卷一　一

調法

婉而多風

云越王翳也逃乎丹穴山穴也淮南云越國無君求王子搜而不
得從之丹穴王子搜不肯出越人薰之以艾乘之以
王輿王子搜援綏登車仰天而呼曰君乎獨不可以
舍我乎舍置也王子搜非惡爲君也惡爲君之患也患害
也若王子搜者可謂不以國傷其生矣此固越人之
所欲得而爲君也欲得王子搜爲君也魯君聞顏闔得道之人
也使人以幣先焉顏闔守閭鹿布之衣而自飯牛魯
君之使者至顏闔自對之使者曰此顏闔之家耶顏
闔對曰此闔之家也使者致幣顏闔對曰恐聽繆而
遺使者罪不若審之恐繆誤致幣得罪故勸令審之使者還反審之

呂氏春秋序

高誘撰

呂不韋者濮陽人也爲陽翟之富賈家累千金秦昭襄王者孝公之曾孫惠文王之孫武烈王之子也太子死以庶子安國君柱爲太子柱有子二十餘人所幸妃號曰華陽夫人華陽夫人無子安國君庶子名楚其母曰夏姬不甚得幸令楚質於趙而不能顧質數東攻趙趙不禮楚時不韋賈於邯鄲見之曰此奇貨也不可失乃見楚曰吾能大子之門楚曰何不大君之門乃大吾之門耶不韋曰子不知也吾門待子

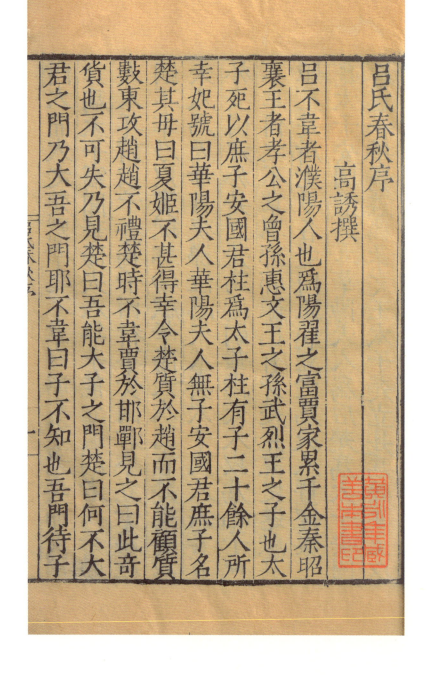

呂氏春秋總目

孟春紀第一凡五篇卷第一

一曰孟春　二曰本生

三曰重己　四曰貴公

五曰去私

仲春紀第二凡五篇卷第二

一曰仲春　二曰貴生

三曰情欲　四曰當染

五曰功名一作由道

季春紀第三凡五篇卷第三

半葉十行，行二十字，單魚尾，白口，左右雙闌，框高19.2厘米，寬14.2厘米，明萬曆年（1573—1620）刊本，有朱筆批校，鈐有先父“黄永年藏善本書印”。

《增訂四庫簡明目録標注》、《藏園訂補郘亭知見傳本書目》著録此書多種元、明刊本，《中國古籍善本書目》著録者與以上兩部書目大致相似。而先父所藏此部萬曆刊本雖刊刻時間不算太早，但有批校，因此文獻價值頗高。

〇五九

［漢］高誘注《淮南子》二十一卷

淮南子卷之一　　　　武進莊逵吉校刊

漢涿郡高誘注

原道訓原本也本道根眞包裹天地以歷萬物故曰原道因以題篇

夫道者覆天載地道無形而大也廓四方柝八極廓張也柝開也八極八方之極也言其遠柝讀重門擊柝之柝也高不可際深不可測際至也度深曰測一曰盡也包裹天地稟授無形稟給也授予也無形萬物之未形者皆生於道故曰稟授無形也原流泉浡沖而徐盈混混滑滑濁而徐清原泉之所出也浡湧也沖虛也始出虛徐流不止能漸盈滿以喻於道亦然也滑讀曰骨也故植之而塞于天植立也塞滿也彌猶地橫之而彌于四海施之無窮而無所朝夕終也施用也用之無窮竭也無所朝夕盛衰舒之幎於六合卷之不盈於一握舒散也幎覆也孟春與孟秋爲合仲春與仲秋爲合季春與季秋爲合孟夏與孟冬爲合仲夏與仲冬爲

敘目　　　　武進莊逵吉校刊　一

漢涿郡高誘撰

淮南王名安厲王長子也長高皇帝之子也其母趙氏女逵吉按漢書淮南王傳不云趙氏女而云其弟趙兼爲趙王張敖美人高皇帝七年討韓信於銅鞮信亡走匈奴上遂北至樓煩還過趙不禮趙王趙王獻美女趙氏女逵吉按應云獻美人趙氏女此女字疑譌得幸有身趙王不敢內之於宮爲築舍于外及貫高等謀反發覺并逮治王盡收王家及美人趙氏女亦與焉吏以得幸有身聞上上方怒趙王未理也趙美人弟兼因辟陽侯審食其言之吕后吕后不肯白辟陽侯亦不强爭及趙美人生男恚而自殺吏奉男詣上上命吕后

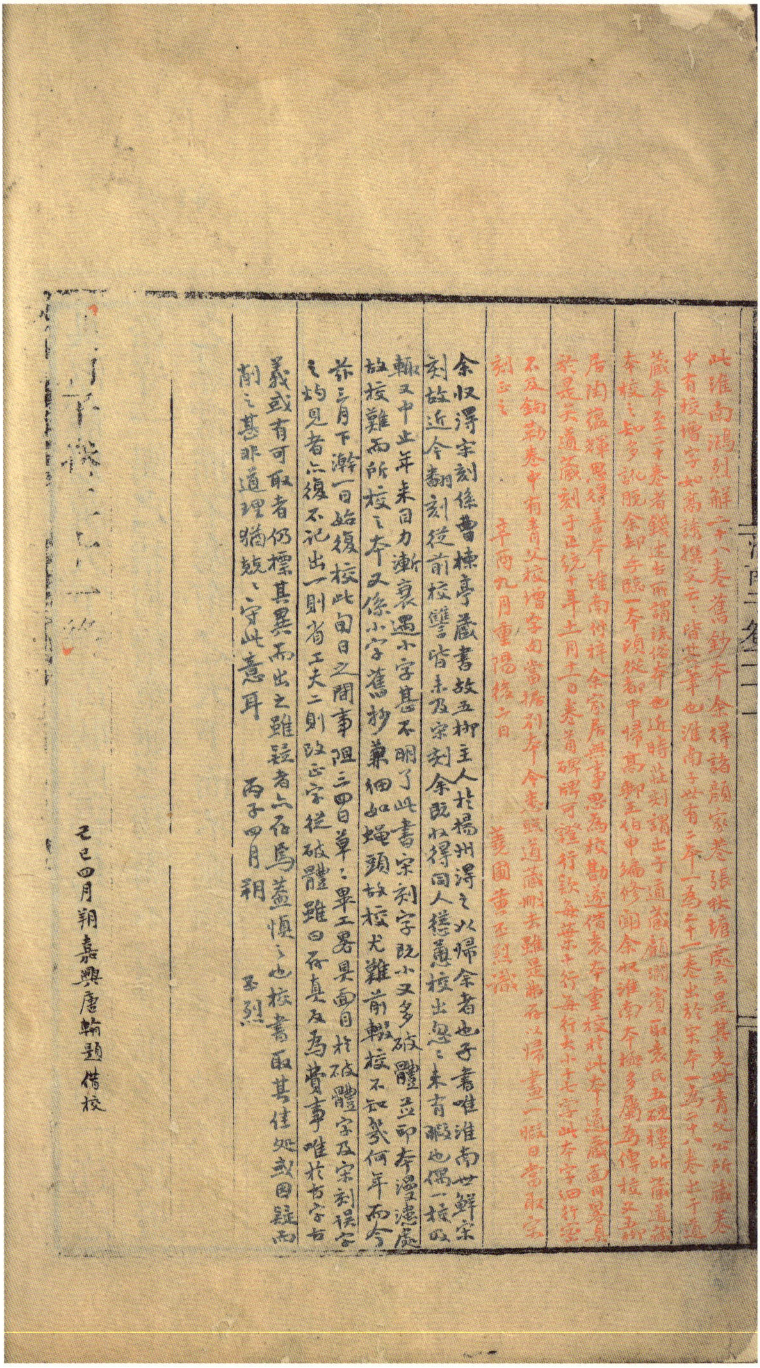
此淮南鴻烈解二十八卷舊鈔本余得諸顧家巷張秋塘處云是其先世青父公所藏者
中有校增字如高誘撰文云云皆其筆也淮南子世有二本一為二十一卷出於宋本一為二十八卷出于道
藏本至二十八卷者錢述古所謂諸俗本也近時莊刻謂出于道藏顧澗賓取袁氏五硯樓所藏道藏
本校之知多訛脫余卻手臨一本頃從都中歸高郵王伯申編修聞余收淮南本極多屬為傳校又欲
屬陶蘊輝思得善本淮南付梓余家居無事思為校勘遂備袁本重校於此本道藏面目略具
於是矣道藏刻于正統十年十一月十一日卷首碑牌可證行款每葉十行每行大小十七字此本字細行密
不及鈔勘卷中有青父校增字因當據別本今悉照道藏刪去雖是亦不以歸盡一暇日當取宋
刻正之　辛酉九月重陽後二日　蕘圃黃丕烈識

余收得宋刻係曹楝亭藏書故五柳主人於揚州得之以歸余者也子書唯淮南世鮮宋
刻故近今翻刻從前校讐皆未及宋刻余既收得同人慫恿校出惡未有暇也偶一校取
輒又中止年來目力漸衰遇小字甚不明了此書宋刻字既小又多破體亟即束還處
故校難而所校之本又係小字舊抄兼細如蠅頭故校尤難前輟校不知幾何年而今
於三月下澣一日始復校此旬日之間事阻三四日草草畢工略具面目於破體字及宋刻誤字
之均見者亦復不記出一則省工夫二則改正字從破體雖留存真反為費事唯於古字古
義或有可取者仍標其異而出之雖疑者亦存焉蓋慎之也校書取其佳處或因疑而
削之甚非道理猶鼓鼓守此意耳　丙子四月朔　丕烈

乙巳四月朔嘉興唐翰題借校

清河書畫已寥落門巷依稀認故家鴻到
猶傳前代寫風流文采自堪誇書林競說
鮮元忙互研庚中閣道藏為報高郵勤附訊
漫ㄑ歲月到重陽不辭破覩並蟫頭點勘丹
黃寂鮮然矣謝吳門陶五柳棣亭李子出揚
州咸寧官舍近南山想見高臺風雨寒注子
說通甚饱學淮南精棊滿人寰琢畫宗屢老
後篇江陰派与蘇州同余故寫傳存妙論還憶當年
徐薇風

半葉十一行，行二十一字，單魚尾，黑口，四周單闌，框高18.3厘米，寬13.5厘米，清乾隆五十三年（1788）莊逵吉刊本，有屈爔過録之張宗祥批校、唐翰過録黄丕烈題跋二則並題，另有先父題跋並七絶詩五首，鈐其“黄永年藏善本書印”。

唐翰過録黄丕烈題跋云：

此《淮南鴻烈解》二十八卷，舊鈔本余得諸顔家巷張秋塘處，云是其先世青父公所藏，卷中有校增字，如“高誘撰文”云云，皆其筆也。《淮南子》世有二本，一爲二十一卷，出於宋本；一爲二十八卷，出于《道藏》本。至二十卷者，錢述古所謂流俗本也。近時莊刻謂出于《道藏》，顧澗賓取袁氏五硯樓所蔵《道藏》本校之，知多訛脱，余却手臨一本。頃從都中帰，高郵王伯申編修聞余收《淮南》本極多，屬爲傳校，又五柳居陶藴輝思得善本《淮南》付梓，余家居無事，思爲校勘，遂借袁本重校於此本，《道蔵》面目畧具於是矣。《道蔵》刻于正統十年十一月十一日，卷首碑牌可證，行款每葉十行，每行大小十七字。此本字細行密，不及鉤勒，卷中有青父校增字句，當据别本，今悉照《道藏》删去，雖是弗存，以帰畫一，暇日當取宋刻正之。辛酉九月重陽後二日，蕘圃黄丕烈識。

余收得宋刻係曹楝亭藏書，故五柳主人於揚州得之以帰余者也。子書唯《淮南》世鮮宋刻，故近今翻刻，從前校讐，皆未及宋刻。余既收得，同人慫恿校出，忽忽未有暇也。偶一校及，輒又中止，年來目力漸衰，遇小字甚不明了。此書宋刻字既小，又多破體，並印本漫漶處，故校難，而所校之本又係小字舊抄，兼細如蠅頭，故校尤難。前輟校不知幾何年，而今兹三月下澣一日始復校，此旬日之間，事阻三四日，草草畢工，畧具面目。於破體字及宋刻誤字之灼見者，亦復不記出，一則省工夫，二則改正字從破體，雖曰存真，反爲費事。唯於古字、古義或有可取者，仍標其異而出之，雖疑者亦存焉，蓋慎之也。校書取其佳處，或因疑而削之，甚非道理，猶兢兢守此意耳。丙子四月朔，丕烈。

唐翰題記云：

己巳四月朔，嘉興唐翰題借校。

先父題跋云：

傳世《淮南子》以宋刻小字廿一卷本及明正統《道藏》廿八卷本爲古，今通行乾隆戊申常州莊逵吉校刊者，乃據錢别駕坫所校《道藏》。莊敘謂："别駕曰道書中亦非全本，然較之流俗所行者，多十之五六，爰籀其篋笥，以示逵吉。"又謂："别駕校訂是書，既精且博，謹刊而布之。蓋即别駕所校道書中本也。"云云，明文可證。然則莊刻實系重加校訂之新本，蓋用畢刻《墨子》、《吕氏春秋》之例，與覆刊《韓非》宋本、《晏子》舊刻之屬有别，故開卷標題即已更易，《藏》本原卷亦省並爲廿一。顧千里輩不察，轉訾其竄亂舊文，妄托《道藏》，過矣！蓋學問派别，本難求一，死校景刻，期存真面，校注重開，有便誦覽，各具所長，正不相掩也。至莊本文字，間有明言《道藏》作某而與《道藏》真本違異處，則當時校例未精，畢刻如此者正多，不得獨爲莊氏病矣。昔黄蕘圃嘗得明張丑藏廿八卷小字寫本，與《道藏》亦有異同，因以朱筆校五硯樓藏本，以墨筆校自藏宋小字本於其上。其本後歸前京師圖書館，館長張閬聲用校莊刻。此本余癸巳春得之海上温知肆中，乃屈爔是閒假張校用朱、藍兩色過録者。莊敘後有屈氏題記，謂朱筆所改字體，悉依舊鈔，是此本朱筆已合《藏》本與明張丑藏小字寫本爲一，而藍筆乃存宋刻面目。又蕘圃先校《道藏》，後勘宋刻，此本亦然。故凡宋刻之同《藏》本者，不再以藍筆注出，惟破體實未盡校出，黄跋已言之。此本朱筆所校破體乃本明寫耳。今宋刻已有涵芬樓所印劉泖生據陳碩甫景本覆寫者，《藏》本亦經涵芬影印，然合宋、《藏》、莊刻三本爲一，並略存明寫字跡，則自此校始，其可珍在斯。劉文典《集解》僅本莊刻而已。至宋、《藏》兩本，自多勝處，然脱文誤字，亦數數見，莊刻校文，頗足匡正，且參諸類書，間施考案，時有精語，蓋亦高郵王氏之亞，爲治《淮南》之先路也。

又此校所録黄跋兩則，載江建霞所刻《士禮居藏書題跋記續》，後復收入《蕘圃藏書題識》中。江刻自云得繆藝風之助，而京師圖書館實藝風手創，此兩跋蓋藝風從黄校舊抄録出以寄江氏者。

此校本源流得失已詳跋語中，黄校原本今當存北京圖書館善本書庫，後有志于此學者不難假閲取證也。

《先秦經籍考》中有武内義雄所撰考《淮南》版本，亦足參證。

清河書畫已寥落，門巷依稀認故家。
《鴻烈》猶傳前代寫，風流文采自堪誇。

書林競説解元忙，五研廔中閲道藏。
爲報高郵勤問訊，浸浸歲月到重陽。

不辭破體並蠅頭，點勘丹黄寂解愁。
多謝吴門陶五柳，棟亭本子出揚州。

咸寧官舍近南山，相見高臺風雨寒。
注子説經總絶學，淮南精栞滿人寰。

珎重宋廛老復翁，江陰派與蘇州同。
京館寫傳存妙跡，還憶當年繆荺風。

張宗祥（1882—1965），字閬聲，號冷僧，別署鐵如意館主，浙江海寧人。近現代著名學者，愛好收藏古玩文物，精於鑒别。屈爔（1880—1963），字伯剛，號是閒、彈山，浙江平湖人，寓居江蘇蘇州。喜購書藏書，足涉北京、南京、杭州等地公私圖書館、藏書樓及廠肆，遍讀群籍，精於版本目録之學。

《增訂四庫簡明目録標注》、《藏園訂補郘亭知見傳本書目》、《中國古籍善本書目》著録有此刊本，但據黄丕烈所云，此莊逵吉刊本"妄删臆改，不足憑"。然先父藏本有過録的張宗祥批校，仍可稱精善。

〇六〇

［明］李卓吾《李卓吾批點世説新語補》二十卷

李卓吾批點世說新語補卷之一

宋　劉慶義　撰
梁　劉孝標　注
宋　劉辰翁　批
明　何良俊　增
王世貞　刪定
王世懋　批釋
李　贄　批點
張文柱　校注

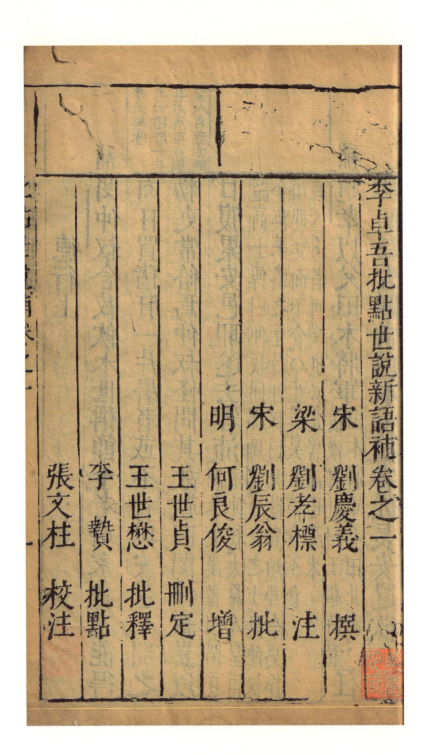

遭故終身不見喜慍之色別見
榮在洛陽嘗應人請覺行炙人有欲炙之色
因輟己施焉同坐嗤之榮曰豈有終日執之而
不知其味者乎後遭亂渡江每經危急常有一
人左右己問其所以乃受炙人也文士傳曰榮字彥先吳郡
人其先越王句踐之支庶封於顧邑子孫遂氏
焉為世為吳著姓大父雍吳丞相父穆宜都太守
榮少朗俊機警風顏標徹歷廷尉正曾在省與
同僚共飲見行炙者有異於常儕乃割炙以飲
之後趙王倫篡位其子為中領軍逼用榮為長
史及倫誅榮亦被執凡受戮等輩十有餘人或
有救榮者問其故曰某省中受炙臣也榮乃悟
而嘆曰一餐之惠恩今不忘古人豈虛言哉

一作如報
受炙者有
古人之風

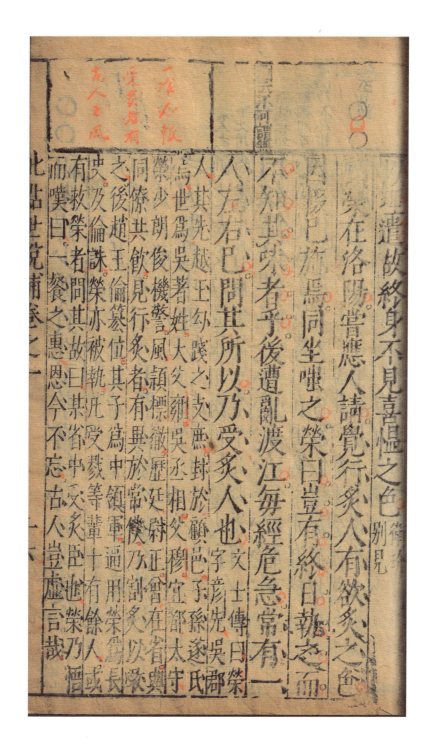

排調下

初謝安在東山居布衣時。兄弟已有富貴者。翕集家門傾動人物。劉夫人戲謂安曰。大丈夫不當如此乎。謝乃捉鼻曰。但恐不免耳。

支道林因人就深公買印山。深公答曰。未聞巢由買山而隱。高逸沙門傳曰遁得深公之言慙恧而已。

張吳興年八歲虧齒。玄之也。先達知其不常。故戲之曰。君口中何為開狗竇。張應聲答曰。正使君輩從此中出入。

半葉九行，行十八字，無魚尾，白口，四周單闌，框高23.2厘米，寬14.5厘米，明萬曆年（1573—1620）刊本，有金武祥朱筆批校並鈐其“粟香所藏”印，還有先父“江陰黃永年藏書之記”印。

“粟香所藏”爲金武祥之藏書印。金武祥（1841—1924），字溎生、淯生，號粟香，江蘇江陰人。近代學者，撰有《江陰藝文志》、《粟香隨筆》等。

是書《增訂四庫簡明目録標注》未著録，而《藏園訂補郘亭知見傳本書目》僅著録此刊本，《中國古籍善本書目》則未著録此刊本。先父所得這部書，曾爲近代名家金武祥批校，文獻價值較高。

〇六一

［清］孫承澤《庚子銷夏記》八卷

庚子銷夏記卷一

庚子四月之朔天氣漸炎晨起坐東籬書舍注易數行閉目少坐令此中湛然無一物再隨意讀陶韋李杜詩韓歐王曾諸家文及重訂所著夢餘錄人物志諸書倦則取古柴窑小枕偃卧南窗下自烹所蓄茗連啜數小盃或入書閣整頓架上書或坐藤下撫摩雙石或登小臺望郊壇烟樹倘佯少許復入書舍取法書名畫一二種反復詳玩盡領其致然後仍置原處閉扉屏息而坐家居已久人鮮過者然亦不欲晤人老人畏熱或免蒸灼之苦

庚子銷夏記卷一　一

庚子銷夏記者北平孫退谷先生評隲其所見晉唐以來名人書畫之所作也鈎元抉奥題甲署乙足以廣見聞而益神智其鑒裁精審古人當必引為知已余尤愛其有恬曠之懷蕭閒之致雖今昔聚散之慨所不能無而亦不至吝情太甚以視趙德父之欲求適意而反取憀慄者固不同哉曩余於黄崑圃先生家見退谷手書畿輔人物志稾數十幀秀勁可喜此書自云晚得米襄陽墨跡始悟晉法其書之工宜也退谷萬卷樓藏書今太半在黄氏昆季家而記中所載之縹素卷軸又不知散

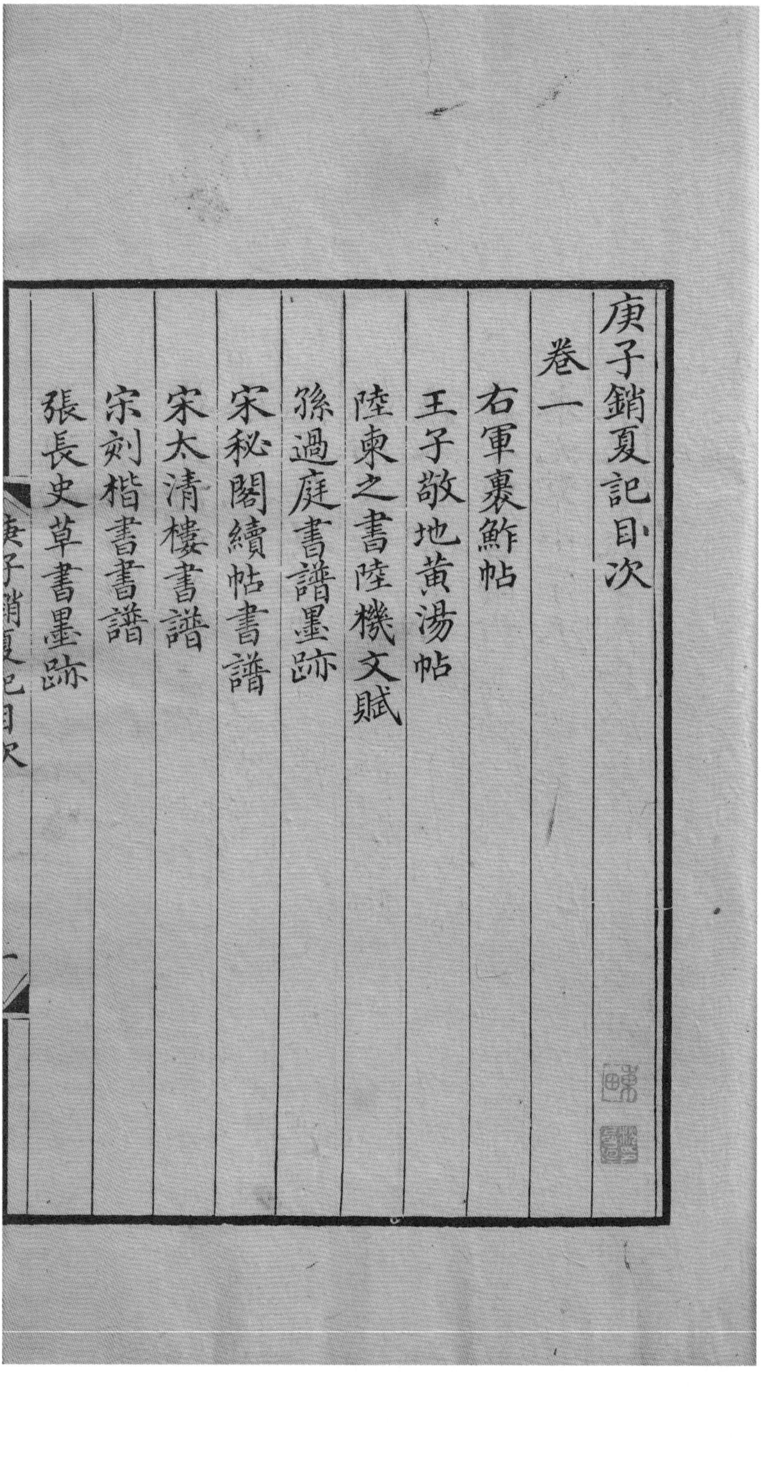

庚子銷夏記目次

卷一

右軍裹鮓帖

王子敬地黃湯帖

陸柬之書陸機文賦

孫過庭書譜墨跡

宋秘閣續帖書譜

宋太清樓書譜

宋刻楷書書譜

張長史草書墨跡

庚子銷夏記目次　一

半葉十行，行二十字，雙魚尾，黑口，左右雙闌，框高18.6厘米，寬13.5厘米，清乾隆二十六年（1761）精寫刊本，鈐印有“沈長垣印”、“東田”、“貴生”，及潘康保“秋谷”、“秋谷藏書”、“迦蘭陀室”印。

“秋谷”、“秋谷藏書”爲潘康保印章。潘康保（1834—1881），字良士，號秋谷，江蘇吴縣（今江蘇省蘇州市）人，潘奕雋之從孫，撰有《迦蘭陀室詩鈔》。

是書《增訂四庫簡明目録標注》、《藏園訂補郘亭知見傳本書目》皆著録此乾隆二十六年刊本，而先父所藏這部有多人遞藏，亦屬佳善之本。

〇六二

［北齊］顏之推《顏氏家訓》二卷

顏氏家訓卷上

北齊黃門侍郎顏之推撰

建寧府通判盧陵羅春刊

序致篇一

夫聖賢之書教人誠孝愼言檢迹立身揚名亦已備矣魏晉以來所著諸子理重事複遞相模斆猶屋下架屋牀上施牀耳吾今所以復爲此者非敢軌物範世也業以整齊門內提撕子孫夫同言而信信其所親同命而行行其所服禁童子之暴謔則師友之誡不如傅婢之指揮止凡人之鬬鬩則堯舜之道不如

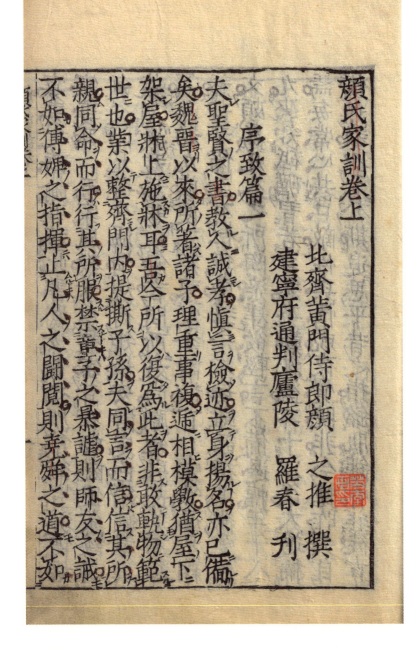

惑哉哉三字不解

人以爲教乎。對曰勸也。勸其立名則獲其實。且勸一伯夷而千萬人立清風矣。勸一季札而千萬人立仁風矣。勸一柳下惠而千萬人立貞風矣。勸一史魚而千萬人立直風矣。故聖人欲其魚鱗鳳翼雜沓參差不絶於世。豈不弘哉。四海悠悠皆慕名者。蓋因其情而致其善耳。抑又論之。祖考之嘉名美譽亦子孫之冕服牆宇也。自古及今獲其庇蔭者衆矣。夫修善立名者亦猶築室樹果。生則獲其利。死則遺其澤。世人汲汲者不達此意。若其與魂爽俱昇松栢皆長惑哉哉

按上哉爲矣字 宋本作松栢偕茂者惑矣哉 此無者字

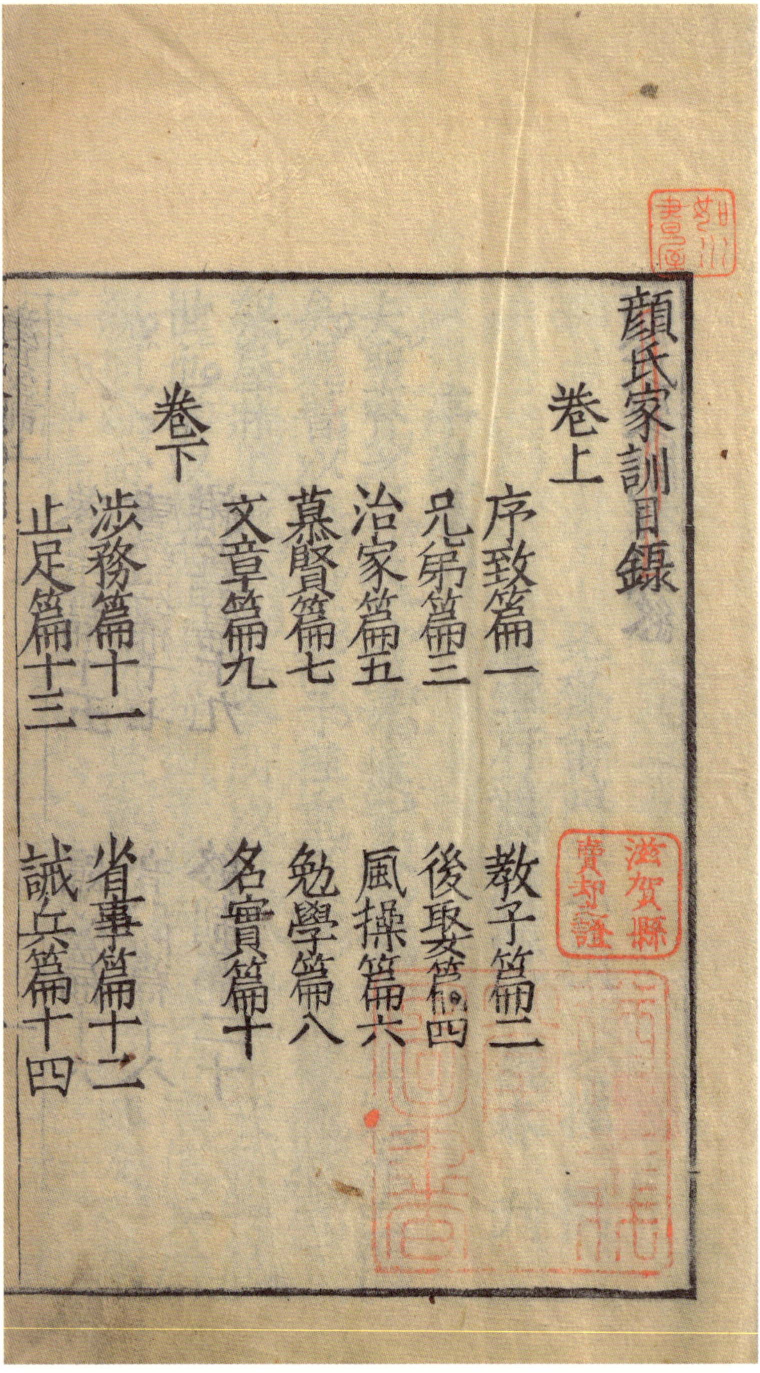

顏氏家訓目錄

卷上

卷下

寛文二壬寅年三月吉日

村田庄五郎刊行

民國二十四年九月二十九日攜錫蝦遊

南京市購此

彭城李苦李記

顔氏家訓宋有沈揆刻本明有程榮本遼陽傅太平本清有抱經堂盧氏本近有渭南嚴式誨重刻盧氏本附補校注最爲詳備此東洋翻刻歷陵羅春本訛誤頗多然亦出宋本也

菩孝又記

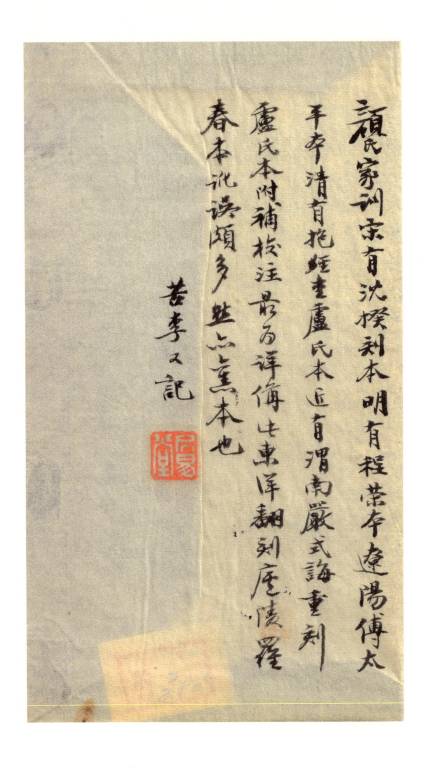

半葉十行，行二十字，單魚尾，白口，四周單闌，框高19.4厘米，寬13厘米，日本寬文二年（1662）翻刻盧陵羅春刊本，有浙江籍書畫家李禎批校、題跋及其“苦李畫印”，又鈐有“如水書屋”印。

李禎題跋云：

民國二十四年九月二十九日携錫嘏遊南京市購此。彭城李苦李記。

《顏氏家訓》，宋有沈揆刻本，明有程榮本、遼陽傅太平本，清有抱經堂盧氏本，近有渭南嚴式誨重刻盧氏本，附補校注，最爲詳備。此東洋翻刻廬陵羅春本，訛誤頗多，然亦舊本也。苦李又記。

李禎，生卒年不詳，字曉芙，號苦李，浙江山陰（今浙江省紹興市）人。近代畫家，師吴昌碩，善花卉，兼工篆刻。

《藏園訂補郘亭知見傳本書目》除著録此刊本外，還著録有元翻宋淳熙七年（1180）沈揆刊本、明成化刊本、嘉靖三年（1524）傅鑰刊本。《中國古籍善本書目》亦著録有多種刊本。而先父所藏的這部和刻本雖不稀見，但却有李禎批校及題跋，因此別有文獻價值。

〇六三

[清]錢大昕《十駕齋養新録》二十卷

十駕齋養新錄卷第一

嘉定錢大昕

易韻

易象傳六十四卦皆有韻唯革傳大人虎變其文炳也君子豹變其文蔚也小人革面順以從君也三句以今韻求之不合顧氏炎武撰易音遂諱而不言予案說文虨虎文彪也从虍彬聲與易義相應則許君所見周易必作虨不作炳也彬炳聲相近故今本作炳猶彪虨字本當作虨而詞賦家多用彪炳耳虨正字炳假借字當讀如虨與君爲韻也蔚从尉聲尉本作㷉說文㷉从上案下也从𡰥又持火以申繒也今吳

十駕齋養新錄序

學術盛衰當於百年前後論升降焉元初學者不能學唐宋儒者之難惟以空言高論易立名者爲事其流至於明初五經大全易極矣中葉以後學者漸務於難然能者尙少我
朝開國鴻儒碩學接踵而出乃遠過乎千百年以前乾隆中學者更習而精之可謂難矣可謂盛矣
國初以來諸儒或言道德或言經術或言史學或言天學或言地理或言文字音韵或言金石詩文專精者固多兼擅者尙少惟嘉定　錢辛楣先生能兼其成由今言之蓋有九難
先生講學

半葉十行，行二十三字，單魚尾，白口，四周單闌，框高17.5厘米，寬12.5厘米，清嘉慶九年（1804）刊本，鈐有趙鉞“趙氏種芸仙館收藏印”及先父“黃永年藏書印”。

“種芸仙館”係趙鉞書齋名。趙鉞（1778—1849），字雩門、星父、星甫，號春沂，浙江仁和（今浙江省杭州市）人。嘉慶十六年（1811）進士，選庶吉士，官至泰州知州。乾嘉學派著名學者，著述頗豐，與勞格合撰《唐御史臺精舍題名考》、《唐郎官石柱題名考》。

是書《藏園訂補郘亭知見傳本書目》、《販書偶記》僅著録有此清嘉慶九年刊本。《中國古籍善本書目》著録有此嘉慶刊本三部，分別有孫詒讓、陳鱣等人批校。而先父所藏這部雖無批校，却係清代著名學者趙鉞舊藏，因此收藏價值頗高。

〇六四

［五代］王定保《唐摭言》十五卷

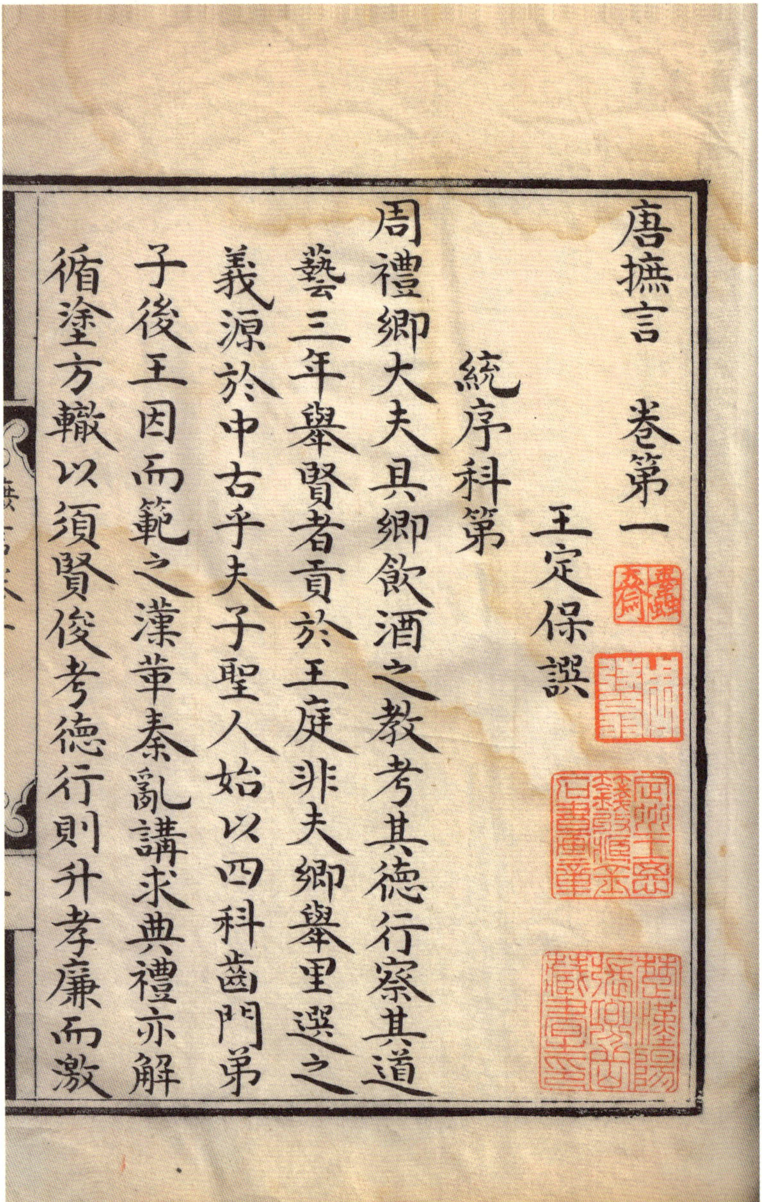

唐摭言　卷第一

王定保譔

統序科第

周禮鄉大夫具鄉飲酒之教考其德行察其道
藝三年舉賢者貢於王庭非夫鄉舉里選之
義源於中古乎夫子聖人始以四科齒門弟
子後王因而範之漢革秦亂講求典禮亦解
循塗方轍以須賢俊考德行則升孝廉而激

不憶往日任宋城縣尉乎僕稍喜文章每蒙提奬勤勤見遇又以齋盱叨承恩顧銘心在骨復聞升進不出臺省當為風波可望故舊不遺近者伏承皇皇者華出使江外路次于宋依然舊遊門生故人動有十輩蒙問及者衆矣未嘗言洽然明公縱欲高心不垂半面豈不畏天下窺公侯之淺深與著綠袍乘驄馬蹌蹌正色誰敢直言僕所以數日伺君望

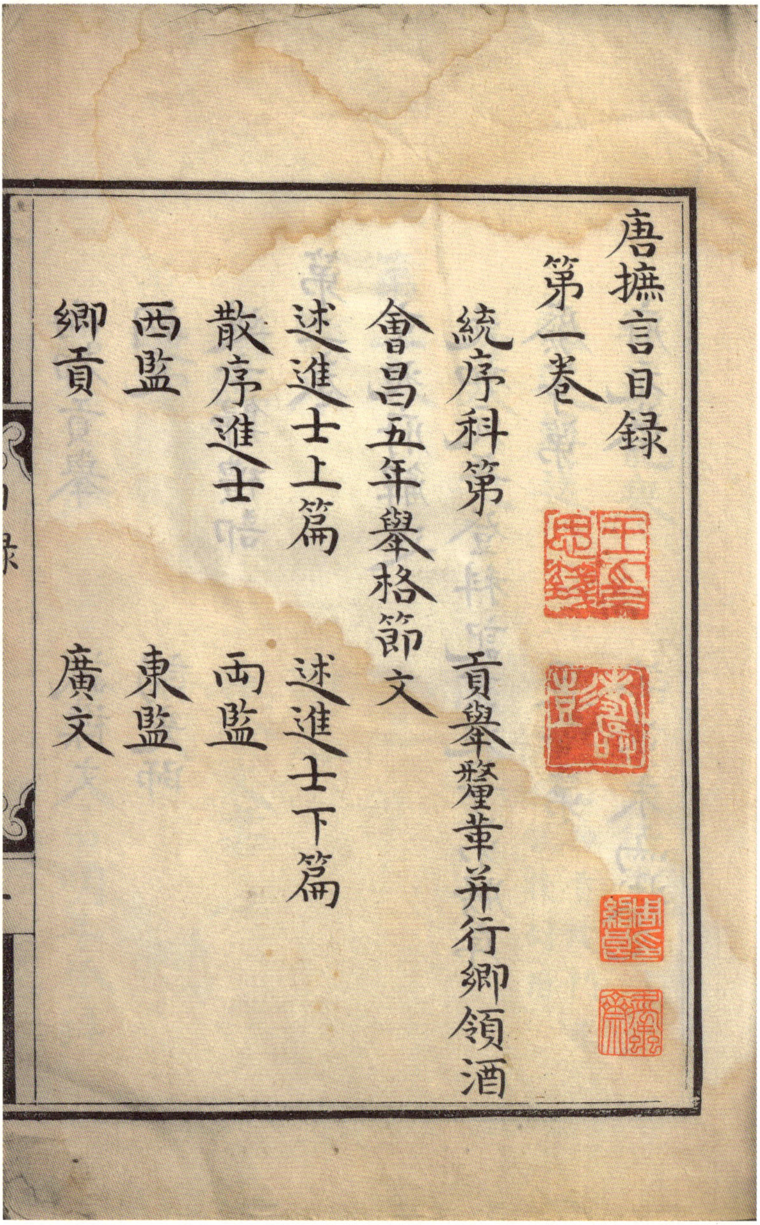
唐摭言目録
第一卷
統序科第　貢舉釐革并行鄉領酒
會昌五年舉格節文
述進士上篇　述進士下篇
散序進士　兩監
西監　東監
鄉貢　廣文

心太平盦古籍書影·黄永年先生收藏精粹

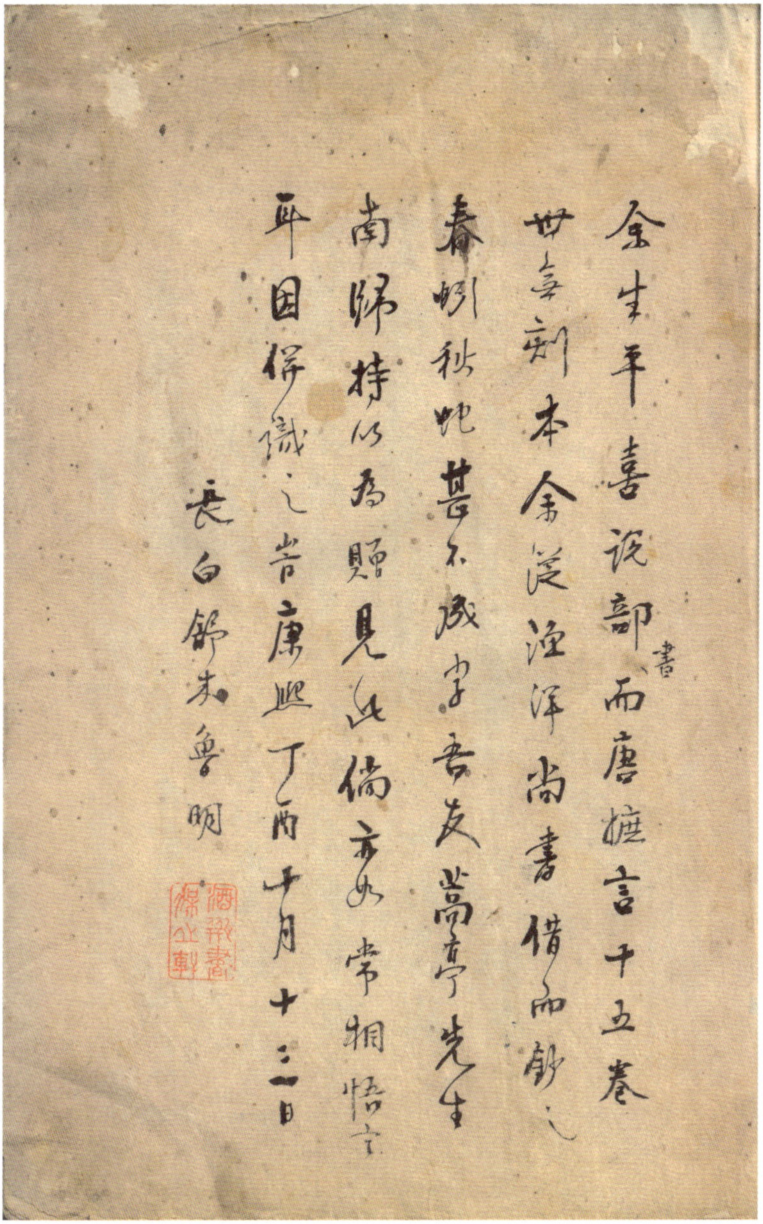
余生平喜說部書而唐摭言十五卷世無刻本余從漁洋尚書借而鈔之春蚓秋蛇甚不成字吾友嵩亭先生南歸持以為贈見此編亦如常相晤言耳因識之時康熙丁酉十月十三日

長白舒木魯明

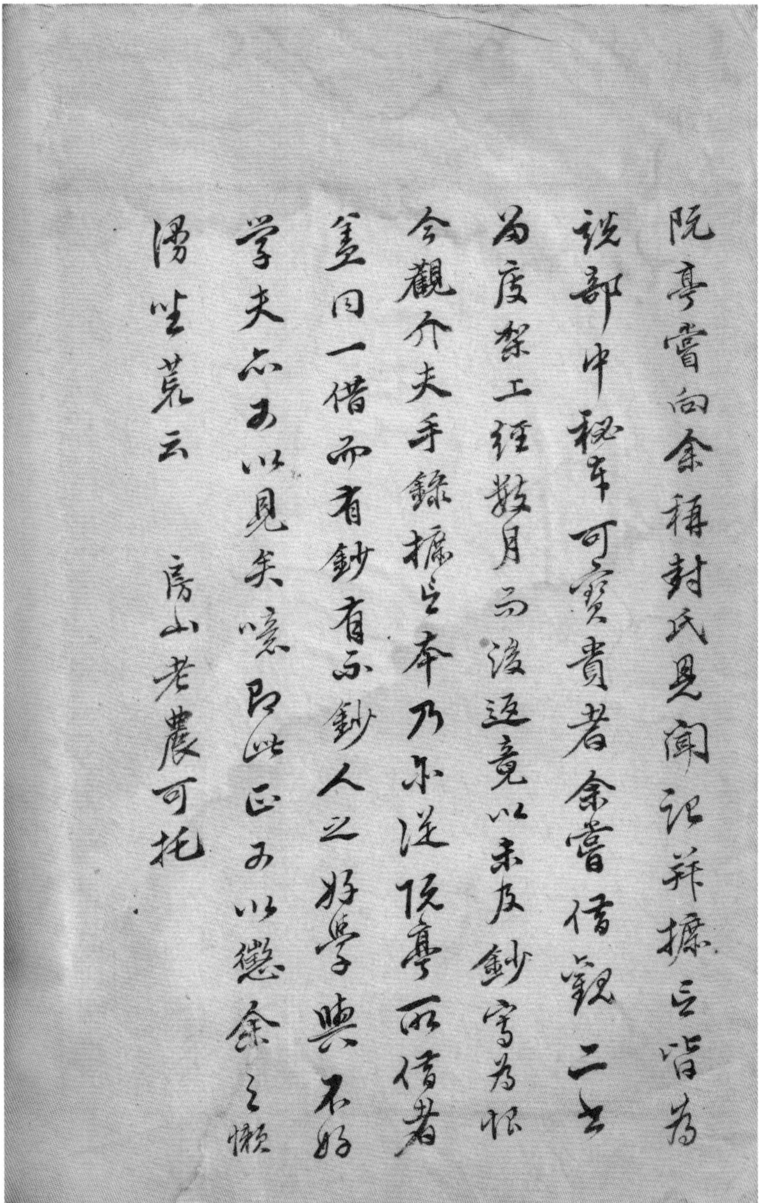
阮亭嘗向余稱封氏見聞記薛據々皆為
說部中秘本可寶貴者余嘗借觀二去
為度架工經數月而後返竟以未及鈔寫為恨
今觀介夫手錄據々本乃不從阮亭所借者
寔因一借而有鈔有不鈔人之好學與不好
學夫亦可以見矣噫即此亦可以戀余之懶
湯生荒云　房山老農可托

半葉八行，行十八字，雙花魚尾，大黑口，四周雙闌，框高22.8厘米，寬17.6厘米，清康熙年（1662—1722）舒木魯明開花紙大字鈔本，有舒木魯明、房山老農可托及先父題跋，鈐印除有周叔弢先生“周弢翁”、“蠹齋”，周紹良先生“周紹良印”、“周紹良經眼”，王壽彭“王思籛印”、“定州王思籛收藏金石書畫章”、“畿南文獻之家”諸印外，另有“楚漢陽張卿岳藏書之印”。

舒木魯明題跋云：

余生平喜説部書，而《唐摭言》十五卷世無刻本，余從漁洋尚書借而鈔之，春蚓秋蛇，甚不成字。吾友蒿亭先生南歸，持以爲贈，見此倘亦如常相晤言耳，因併識之。旹康熙丁酉十月十三日長白舒木魯明。

房山老農可托題跋云：

阮亭嘗向余稱《封氏見聞記》并《摭言》皆爲説部中秘本可寶貴者，余嘗借觀二書，爲庋架上，經數月而後返，竟以未及鈔寫爲恨。今觀介夫手録《摭言》本，乃亦從阮亭所借者，蓋同一借而有鈔有不鈔，人之好學與不好學，夫亦可以見矣。噫！即此正可以懲余之懶漫坐荒云。房山老農可托。

先父題跋云：

五代王定保《唐摭言》十五卷，開花紙印黑色板框大字鈔本，半葉八行，行十八字，雙魚尾，大黑口，而未施闌綫，的是清初北方刊版格局，清諱亦止“玄”字闕筆。卷首有“房山老農可托”題字，謂：“阮亭嘗向余稱《封氏見聞記》並《摭言》皆爲説部中秘本可寶貴者，余嘗借觀二書，爲庋架上，經數月而後返，竟以未及鈔寫爲恨。今觀介夫手録《摭言》本，乃亦從阮亭所借者，蓋同一借而有鈔有不鈔，人之好學與不好學，夫亦可以見矣。噫！即此可以懲余之懶漫坐荒云。”書尾跋語謂：“《摭言》足本，葵腮居士鈔本中多舛字，借松南中允藏本屬余校之。立秋晚涼，凡六閲日而盡十五卷，正恐落葉亦不能盡掃耳。丁酉七月五日芝栖生校畢記。”並鈐“紅藥”、“蒿亭”二朱文小印。舊書衣上則題：“余生平喜説部書，而《唐摭言》十五卷世無刻本，余從漁洋尚書借而鈔之，春蚓秋蛇，甚不成字。吾友蒿亭先生南歸，持以爲贈，見此倘亦如常相悟言耳，因並識之。時康熙丁酉十月十三日長白舒木魯明。”下鈐“酒瓶書保之軒”朱文雙行長方印。案康熙丁酉是五十六年，檢金榮《漁洋山人精華録箋注》所附年譜，王士禛已前此於五十年逝世，其罷官歸里在四十三年，四十九年還刑部尚書原職，知舒木魯明借鈔《唐摭言》必在四十三年之前，至五十六年題記仍可稱漁洋尚書也。五十六年七月舒木魯明屬字號蒿亭者用松南中允藏本校舛訛，十月蒿亭南歸，遂以爲贈。此蒿亭、松南及房山老農可托諸人姓氏，倉促未能攷得。舒木魯明則是八旗中人，故自題“長白”，是名明，字介夫，而以葵牕居士爲别號者。書贈蒿亭以後，卷一前鈐有“楚漢陽張卿岳藏書之印”朱文大方印，觀刻法印色已不越有清中葉。此印上端鈐有“定州王思籛收藏金石書畫章”朱文大方印，目録前鈐有“王思籛印”朱文、“壽彭”白文方印，卷尾鈐有“畿南文獻之家”白文雙行長方印，則書復自南返北，經光緒癸卯科狀元山東濰縣人王壽彭收藏。然後入北京中國書店，爲《中國書店三十年所收善本書目》所著録。書店旋送周叔弢先生處，先生未收而爲從子紹良尊兄所得。卷一前“周弢翁”白文方印即紹良兄所加，“蠹齋”朱文楷字扁方印及目録前“周紹良印”白文、“蠹齋”朱文聯珠印、卷尾“周紹良經眼”白文方印，均紹良兄自鈐。丙子秋日永年在京，允爲紹良兄撰《資治通鑒唐紀勘誤》校字，兄以此書相酬。越二載戊寅正月十三日考其源流，成此跋語。

舒木魯明其人，檢乾隆本《八旗通志》未得。臺北友人劉君顯叔寄貽“中央圖書館”編印《善本題跋真跡》，第三册有黑格鈔二十三卷本《黄文獻公集》，是西圃蔣氏據舒木魯明録本寫成者。有蔣氏過録舒木魯題記，略謂:“元金華黄文獻公溍所著詩文全集二十五卷爲《日損齋稿》，宋景濂爲之序，今已不存。世但有新、舊兩本，舊本二十三卷；新本僅十卷而已。蓋明萬曆間温陵張維樞選而重刻者，凡涉釋、道二氏之文，一概弗録，意欲辟異端崇儒教，而不計其文之工拙爲可噱也。兹本盛行於世，舊本遂至不絶如綫矣。予遍訪二十餘年，卒無一遇。歲庚子五月，乃得之吾友林鹿原寓齋，因假之歸，録其總目，其詩與文凡新本所刊落者悉補入之，另爲一本，俟他日照目繕寫，俾復舊觀，不亦善乎！”末署“時庚子五月廿五日舒木魯介夫識於千畝堂”。此庚子是康熙五十九年，晚于丁酉贈《唐語林》於蒿亭凡三年。題記後有蔣氏手跋，略謂：“余老友舒木魯介夫訪《黄文獻公全集》二十餘年，始得閩中鹿原林氏藏本，乃按新刻中遺缺者目校手書，另爲一册，復録其總目，以待依次繕寫。介夫之好古嗜學，可謂至矣。余從借觀，因照總目序次，命傭書人鈔録，四閲月而後卒業，缺者補，譌者正，初稿續稿，悉歸原部。介夫之有志未逮者，余代成之。”署“雍正元年十月十九日邗江蔣西圃識于京華寓齋”。此閩中鹿原林氏，即是王士禛門人而以寫刻《漁洋山人精華録》著稱之林佶，事蹟具見葉昌熾《藏書紀事詩》。舒木魯明得與林、王諸公往還通假，其久被華風而篤好典籍可知。惜葉氏《紀事詩》止及怡府、成邸諸皇子及納蘭性德、揆敘、富察昌齡、崇恩、盛昱寥寥數家，于此舒木魯氏不復齒及，蓋亦文獻脱落所致。昔陳援老嘗以撰著《清東域人華化考》戲語啟元白先生，實亦今治民族史諸君之職已。至西圃蔣氏亦未入葉氏《紀事詩》，然所鈔藏諸書多見公私簿録。《善本題跋真跡》第三册即有所鈔校之《唐摭言》，題“戊戌三月西圃居士手録”。戊戌是康熙五十七年，已是此舒木魯鈔本贈蒿亭携以南歸之第二年，此蔣鈔實别據他本，故大題止曰《摭言》，不冠“唐”字。蔣氏鈔書題跋多鈐“繼軾”朱文長方印或白文扁方印，葉德輝跋此蔣鈔《摭言》遂謂“繼軾”是蔣氏之名。有翟圻者於民國己巳即十八年跋此蔣鈔，則據《揚州畫舫録》謂名恭棐。今檢《畫舫録》卷三，謂揚州安定書院掌院二十有三人，第十人“蔣恭棐，字西圃，康熙辛丑進士”。辛丑是康熙十八年，中式後當久任京職，故得與舒木魯明輩周旋。其掌安定書院已在晚年，緣籍貫邗江見延聘耳。繼軾或是原名，待檢進士題名碑録考訂。

大凡鈔本總有脱誤，此舒木魯鈔《唐摭言》所以有蒿亭用朱筆校正之處。然卷十“載應不捷聲價益振”蔣凝條“臼頭花鈿滿面”，源自王士禛鈔之雅雨堂盧見曾刻初印本已訛作“白頭”，修版始剜改成“臼”字，此舒鈔則徑作“臼”字不誤。又舒鈔未録南宋嘉定辛未柯山鄭昉跋及朱彝尊跋，祇有王士禛題識，末署“康熙壬申年長至日南郊大雪經筵講官户部右侍郎王士禛”。壬申是康熙三十一年，檢金箋《精華録》附年譜，此年八月王氏正調任户部右侍郎。而雅雨本文字大同，却祇題“王士禛阮亭跋”，自亦以舒鈔爲是。以舒的是假王本徑行鈔録者，初不同於雅雨所據本之輾轉傳寫已多失真也。

近蘇州書友江澄波君寄贈所撰《古刻古鈔經眼録》江蘇人民出版社印本，爲數十年來所見善本書作提要，殊可觀覽。惟所記王士禛校跋本《摭言》，或是贋物。所録王跋祇曰："唐王定保《摭言》足本十五卷，宋嘉定中柯山鄭昉刻於宜春，竹垞有寫本，予戊辰、辛未于京師兩借觀。今會稽商氏刻僅什之一耳，商刻《稗海》多得之浙東鈕石溪家。漁洋山人王士禛。”而不及借鈔之事，文理亦欠通貫。又舒鈔所録王跋曰其本“視《稗海》所刻多十之五”，雅雨本作“什之五”，此王跋作“什之一”者，恐亦襲雅雨本而妄肆改竄。且商濬刻《稗海》在明萬曆時，清初人題跋亦不得曰“今”也。此蓋别一作《摭言》無“唐”字之鈔本，王跋則爲牟利而僞撰，江君不察，亦所謂君子可欺以其方已。至所鈐“汲古閣”、“池北書庫收藏”二印自皆僞加，紅豆山房惠氏、士禮居黄氏諸印之誠僞，則所攝書影模糊，當看原書鑒定。

此鈔本在舒木魯明身後，曾由王思籛、張卿岳、周叔弢、周紹良等收藏，王思籛，當即王壽彭（1879—1929），山東潍县（今山东省潍坊市）人，字次籛。清光緒二十九年（1903）狀元，授翰林院修撰，清末民初著名學者、教育家、書法家。周叔弢先生（1891—1984），名暹，字叔弢，安徽建德（今安徽省池州市東至縣）人，著名古籍收藏家，精於文物鑒藏，收藏宋元本頗多。周紹良先生（1917—2005），著名學者、收藏家，精於文物鑒定，係先父摯友，且爲周叔弢先生之侄，父親是著名佛學家周叔迦。先生家世顯赫，曾祖爲清末兩廣總督周馥，祖父則爲著名實業家周學熙。

《增訂四庫簡明目録標注》、《藏園訂補郘亭知見傳本書目》著録此書傳世版本有南宋嘉定四年（1211）刊本及数种清代刊本，《中國古籍善本書目》中則未見著録南宋嘉定四年刊本，當已失傳。此書最爲流行之本即爲雅雨堂刊本及《學津討原》刊本，但此二種版本皆有缺字，其問題最爲嚴重者，譬如第七卷“知己”李華所撰《三賢論》條中“劉之志行當以《六經》諧人心蕭之志行當以中古易今世”，乃皆作“劉之志行當以中古易今世”，缺“以六經諧人心蕭之志行當”十一字，此外還有幾處缺字，導致有些據此整理之標點本語句生硬。然上述缺字問題，於此舒木魯明鈔本皆不缺，故可謂極佳。此清康熙舒木魯明開花紙大字鈔本之入我家，係得自周紹良先生所贈，緣於我曾爲紹良先生校訂《資治通鑒唐紀勘誤》書稿，其實只是利用古籍原著，將書稿中之簡體字改作正體字而已，可是紹良先生却過意不去，以我研讀隋唐史爲業，故將此鈔本相贈。至於此後又因整理《唐摭言》而發現流行刊本之缺漏，繼知此舒木魯明鈔本正可補其缺字，實在是始料不及的，此真可說是一種莫大之書緣矣。

〇六五

[清]錢大昕《疑年録》四卷

附吴修《續疑年録》四卷

疑年錄卷一

嘉定錢大昕辛楣編　　海鹽吳　修子修校

鄭康成七十四

生永建二年丁卯

卒建安五年庚辰

荀慈明六十三 爽

生永建三年戊辰

卒初平元年庚午

虞仲翔七十 翻

生漢延熹七年甲辰

疑年錄

四卷

錢辛楣先生編

陽湖孫星衍題

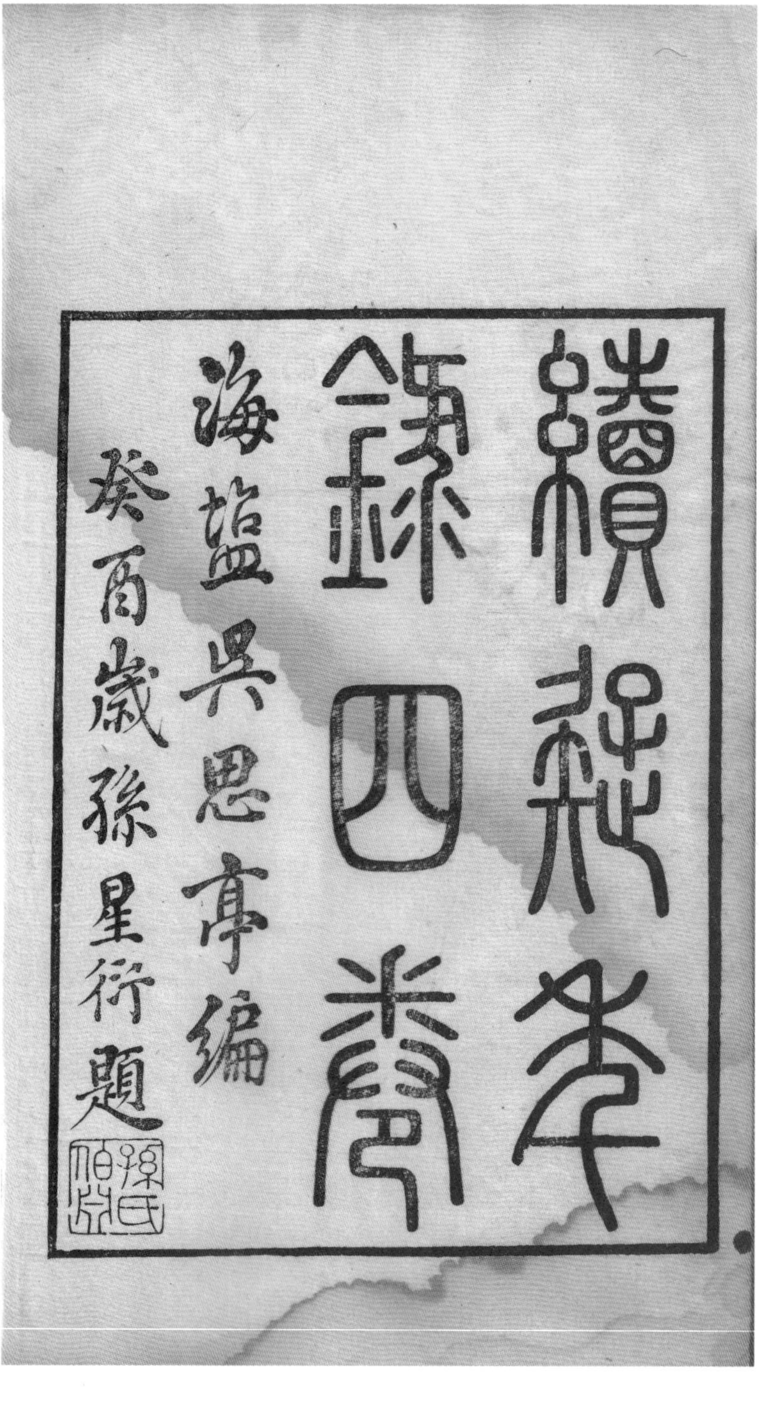
續疑年錄四卷
海鹽吳思亭編
癸酉歲孫星衍題
孫氏伯淵

半葉十行，行二十四字，單魚尾，白口，左右雙闌，框高17.8厘米，寬13.3厘米，清嘉慶十八年（1813）吴修刊本，鈐有先父“江陰黄永年藏書之記”印。

《增訂四庫簡明目録標注》著録是書刊本有《潛研堂全書》本、《小石山房叢書》本、《粤雅堂叢書》本、《天壤閣叢書》本，《藏園訂補郘亭知見傳本書目》未著録此書，《中國古籍善本書目》著録有此嘉慶刊本及三部清鈔本。由此可見，先父所藏這部書可謂兼具學術與收藏價值者。

〇六六

［晉］荀勖《穆天子傳》六卷

竹書穆天子傳卷一

晉 郭璞 注　臨海 洪頤煊 校

古文

飲天子蠲音涓山之上戊寅天子北征乃絕漳水絕猶截也漳水今在鄴縣庚辰至于口觴天子于盤石之上觴者所以進酒因云觴耳天子乃奏廣樂史記云趙簡子疾不知人七日而寤曰我之帝所甚樂與百神遊于鈞天廣樂九奏萬舞不類三代之樂其聲動心廣樂義見此載立不舍言在車上立不下也至于鈃山之下燕趙謂山脊為鈃即井鈃山也今在常山石邑縣鈃音邢○注燕趙謂山脊為鈃七字本脫从太平御覽一百六十一引補井字也字从御覽八十五引補辛楣詹事云井鈃即井陘古讀鈃如陘宋牼即宋鈃也癸未雨雪天子獵于鈃山之西阿阿山陂也○阿太平御覽十二八十

竹書穆天子傳卷一　一　鄂不館校本

按亓乃其字之誤其古作亓言其味如糜胃而滑也當从道藏本

三十里澤中有草者爲藪○三太平御覽八百三引作四爰有萑葦莞蒲莞芯蒲或

曰莞蒲齊名耳關西云莞音丸○萑本作藿从太平御覽九百九十九引改茅蕢蕢今菩字音倍○道

藏本程氏本皆作茅蕢太平御覽九百九十九引作藐葦蒹蒹薕也似萑而細音兼○爾雅釋草云蒹薕郭

氏注云似萑而細注薕字本作荷今改正葽莠屬詩曰四月秀葽乃獻白玉□隻□角

之一□三可以□沐乃進食□酒十□姑劓九□亦味

中糜胃而滑中猶合也○亦道藏本作亓因獻食馬三百可以供廚膳者牛

羊三千天子□昆侖此以上似說封人於昆侖山旁以守黃帝之宮南

司赤水而北守舂山之瑤欲以崇表聖德因用顯其功迹天子乃□之

人□吾黃金之環三五空邊等爲環○北堂書鈔一百二十九引作天子乃賜黃金之

環三五乃下□疑是賜字朱帶貝飾三十淮南子曰貝帶鵕鸃是也○貝太平御覽六百九十

南道○水經河水注引無山字乃宿于虞虞國名今大陽縣庚寅天子南征吉

日辛卯天子入于南鄭

穆傳一書內奇語重而字多脫漏此本校證頗詳丁卯冬讀檀默齋先生疏本

嘆其有功于此書因取其可以大意屬讀者校補八十餘字其不可強補者尚多註

諸晴山識

鄂不館校本

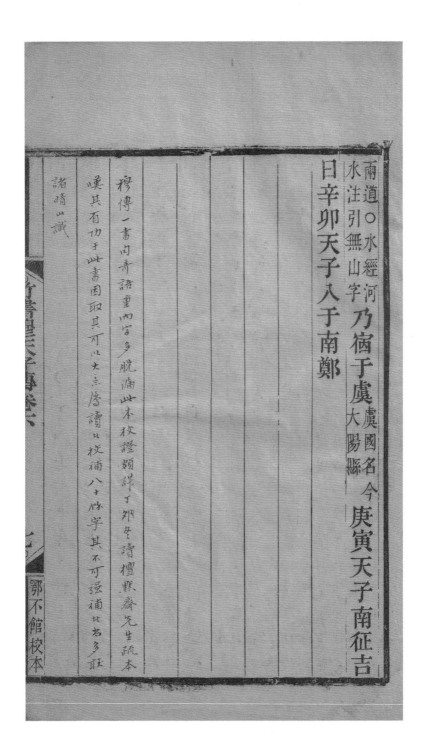

穆天子傳序

侍中中書監光祿大夫濟北侯臣荀勗撰

序古文穆天子傳者太康二年汲縣民不準盜發古冢所得書也○（案晉書武帝紀云咸寧五年冬十月汲郡人不準掘魏襄王冢得竹簡小篆古書十餘萬言藏於祕府史記周本紀正義云晉咸和五年汲郡汲縣發魏襄王冢得古書冊七十五卷咸和即咸寧之譌在太康前二年惟束晳傳云太康二年與此序同）皆竹簡素絲編以臣勗前所考定古尺度其簡長二尺二寸以墨書一簡四十字汲者戰國時魏地也案所得紀年蓋魏惠成王子今王之冢也○（今王本作令王从史記魏世家集解引紀年改）於世本蓋襄王也○（藝文類聚四十引王隱晉書云盜發安釐王冢今晉書束晳傳云盜發魏襄王墓或云安釐王冢蓋兩存其說）案

竹書穆天子傳序　一　鄂不館校本

嘉慶甲子夏鐫
翻刻必究
竹書穆天子傳
金鼟山房藏板

半葉十行，行二十一字，雙魚尾，黑口，左右雙闌，框高19厘米，寬13.2厘米，清嘉慶年（1796—1820）刊本，有晴山批校及題跋，鈐印除有黎經誥之“黎經誥印”、“覺人”印及謝國楨“剛主讀校”印外，還有“沈□書塾”、“傭書堂”印。

晴山題跋云：

《穆傳》一書，句奇語重，而字多脱漏。此本校證頗詳。丁卯冬讀檀默齋先生疏本，嘆其有功于此書，因取其可以大意屬讀者，校補八十餘字，其不可强補者，尚多聽諸。晴山識。

黎經誥，字覺人，清末民初學者，撰有《許學考》、《六朝文絜箋注》等。謝國楨（1901—1982），字剛主，晚號瓜蒂庵主，河南安陽人。現當代著名學者，精於版本、目録、金石之學與明清史及明代文獻研究，富收藏，著述頗多。而晴山則不知何許人也。

《增訂四庫簡明目録標注》著録此書有明清數種刊本，《藏園訂補郘亭知見傳本書目》所著録刊本基本相同。而先父所藏此部嘉慶年刊本雖刊刻年代較晚，不過既有批校題跋，又有謝國楨先生鈐印，因此不論文獻價值還是收藏價值都較高。

〇六七

［宋］李昉《太平廣記》五百卷

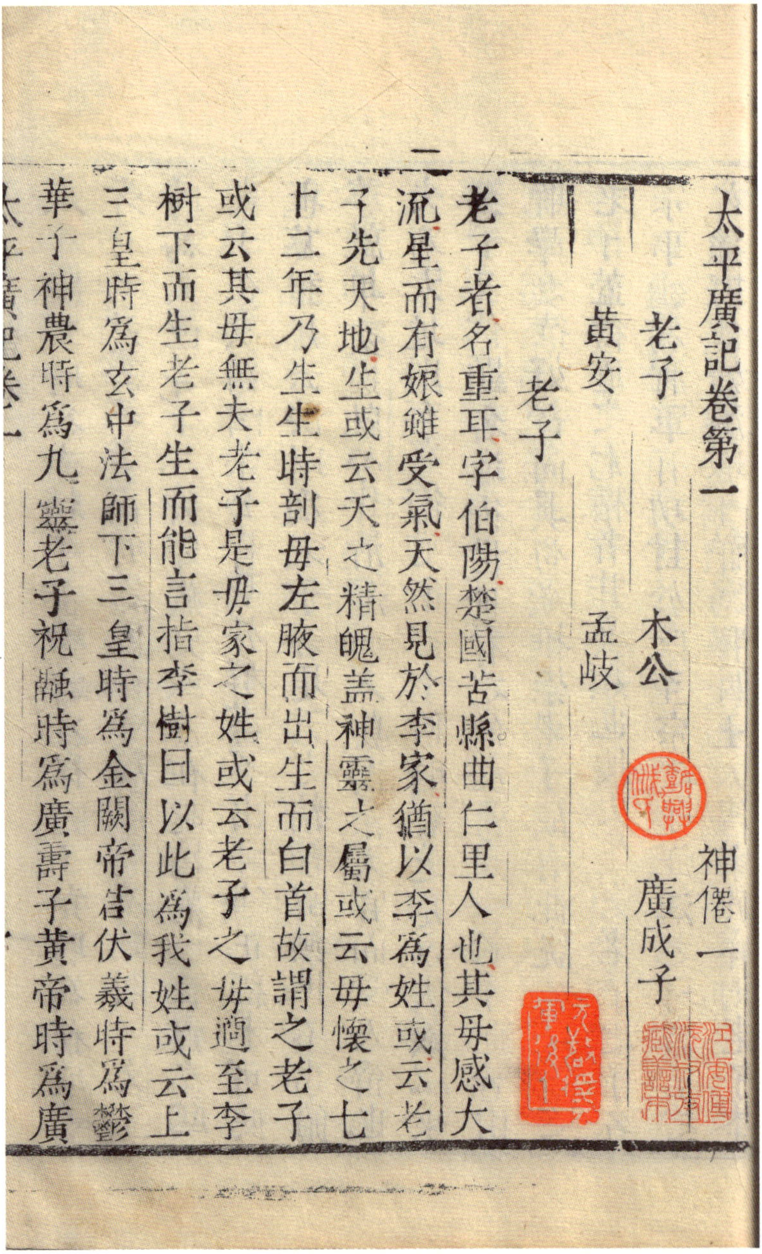

太平廣記卷第一　　神僊一

老子　木公　廣成子

黃安　孟岐

老子

老子者名重耳字伯陽楚國苦縣曲仁里人也其母感大流星而有娠雖受氣天然見於李家猶以李爲姓或云老子先天地生或云天之精魄蓋神靈之屬或云母懷之七十二年乃生生時剖母左腋而出生而白首故謂之老子或云其母無夫老子是母家之姓或云老子之母適至李樹下而生老子生而能言指李樹曰以此爲我姓或云上三皇時爲玄中法師下三皇時爲金闕帝君伏羲時爲鬱華子神農時爲九靈老子祝融時爲廣壽子黃帝時爲廣

太平廣記卷一

太平廣記表

臣昉等言臣先奉
勅撰集太平廣記五百卷者伏以六籍既分九流並起皆
得聖人之道以盡萬物之情足以啓迪
聰明鑒照今古伏惟
皇帝陛下體周
聖啓德邁
文思博綜羣言不遺衆善以為編秩既廣觀覽難周故使
采擷菁英裁成類例惟兹重事宜屬通儒臣等謬以諛
聞幸塵清賞猥奉修文之寄曾無叙事之能退省疎蕪
惟增靦冒其書五百卷并目録十卷共五百十卷謹詣

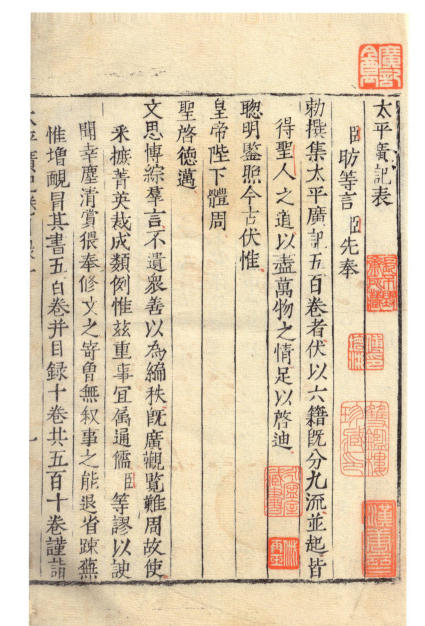

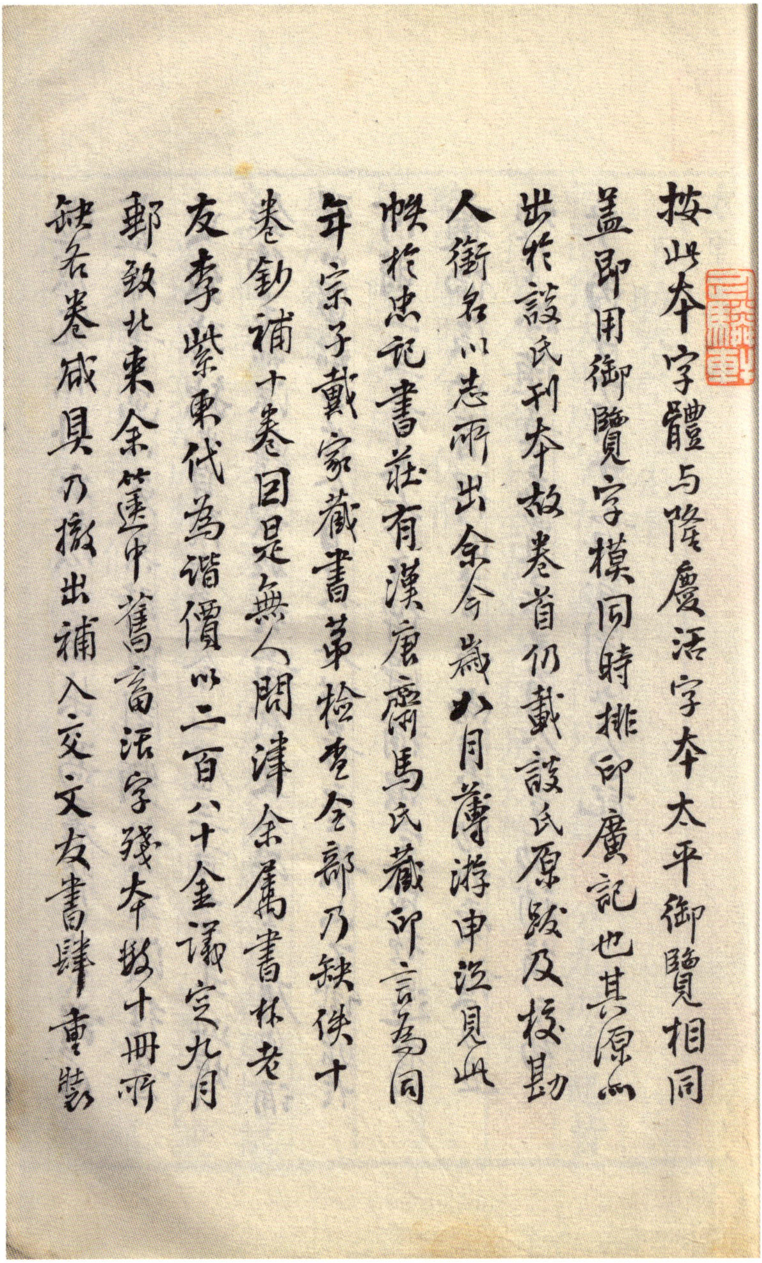
按此本字體与隆慶活字本太平御覽相同蓋即用御覽字模同時排印廣記也其原本出於談氏刊本故卷首仍載談氏原跋及校勘人銜名以志所出余今歲八月薄游申江見此帙於忠記書莊有漢唐齋馬氏藏印言為同年宗子戴家藏書第檢查全部乃缺佚十卷鈔補十卷因是無人問津余屬書林老友李紫東代為諧價以二百八十金議定九月郵致北來余篋中舊畜活字殘本數十冊所缺各卷咸具乃撤出補入交文友書肆重裝

遂成完帙外衣覆以自染高麗舊箋護以
藍布書函以免異時取閱頻繁不復經意
更致殘缺也自隆慶迄今已歷三百七十年此煌煌
鉅編未知流轉幾姓經前代文人學士之摩挲誦
習以留貽至於今日其卷帙奇零散亂不識始於
何時一旦幸入余手俾得補綴完成頓還舊
觀倘後世有得此書者尚冀勤加愛護勿妄
加塗抹隨意妄置庶不負余辛勤補緝之功
平丙子十月十三日藏園老人記

半葉十二行，行二十二字，無魚尾，白口。四周單闌，框高21厘米，寬16厘米，明隆慶至萬曆年間（1567—1620）活字本，有藏園老人題跋，鈐印尤多，有馬玉堂“馬笏齋藏書記”、“馬笏齋所藏”、“道光□□歲武原馬氏漢唐齋收藏書籍”、“漢唐齋”諸印，傅增湘“雙劍樓珍藏印”、“傅增湘印”、“傅沅叔藏書印”、“沅叔”、“江安傅氏藏園鑒定書籍之記”、“江安傅增湘字沅叔别號藏園”、“江安傅沅叔所藏善本”諸印及其子傅忠謨“江安傅忠謨之珍藏”、“忠謨繼鑒”印，又有戚再玉之“戚再玉”、“嘉興戚氏”、“長不毀齋所藏”、“元敬將軍後人”諸印，及龍榆生先生“龍沐勛印”、“榆生”印和先父“廣記盦”、“永寧室藏書”等印。

藏園老人題跋云：

按此本字體與隆慶活字本《太平御覽》相同，蓋即用《御覽》字模同時排印《廣記》也。其源亦出於談氏刊本，故卷首仍載談氏原跋及校勘人銜名，以志所出。余今歲八月薄游申江，見此帙於忠記書莊，有漢唐齋馬氏藏印，言爲同年宗子戴家藏書。第檢查全部，乃缺佚十卷，鈔補十卷，叵是無人問津。余屬書林老友李紫東代爲諧價，以二百八十金議定，九月郵致北來。余篋中舊畜（蓄）活字殘本數十册，所缺各卷咸具，乃撤出補入，交文友書肆重裝，遂成完帙。外衣覆以自染高麗舊箋，護以藍布書函，以免異時取閱頻繁，不復經意，更致殘缺也。自隆慶迄今，已歷三百七十年，此煌煌鉅編，未知流轉幾姓，經前代文人學士之摩挲誦習，以留貽至於今日。其卷帙奇零散（案：當脱“佚”字），亦不識始於何時，一旦幸入余手，俾得補綴完成，頓還舊觀。倘後世有得此書者，尚冀勤加愛護，勿妄加塗抹，隨意委置，庶不負余辛劬補緝之功乎！丙子十月十三日藏園老人記。

馬玉堂，生卒年不詳，字笏齋，號秋藥，别號扶風書隱生，浙江鹽官（今浙江省海寧市）人，清代藏書家。書齋名“漢唐齋”，另有“紅藥山房”、“讀史經舍”等藏書處，聞有善本書即輾轉購録，藏宋元刊本秘册頗多。傅增湘（1872—1949），字沅叔，號雙鑒樓主人、藏園居士、藏園老人等，四川江安人，北洋政府時期曾任教育總長。工書善文，精鑒賞，富收藏，並頗有著述。一生收藏宋金刻本多達一百五十部，元刻本數十部，明清精刻善本、鈔本、校本亦甚夥，古籍收藏總數計有二十萬卷以上，乃中國近現代極負盛名之大藏書家。戚再玉，民國時曾任上海警備司令部稽查處第六大隊隊長，軍統特務。喜收藏，後因勒索罪被槍决。龍榆生（1902—1966），本名沐勳，號忍寒，江西萬載人。現代著名學者、詞學大師、藏書家。

是書《增訂四庫簡明目録標注》著録有宋刊本、明嘉靖四十五年（1566）談愷刊本、嘉靖年（1522—1566）許自昌刊本[一]、隆慶年（1567—1572）活字本、清乾隆

（一）《增訂四庫簡明目録標注》著録刊刻時間有誤，此許自昌本實際刊於明萬曆年間。

十八年（1753）黃晟刊本，《藏園訂補郘亭知見傳本書目》著録與此基本相同，不過訂正許自昌刊本刊刻時間。《中國古籍善本書目》著録有幾種明刊本及兩部明鈔本（其中一部係殘本，僅存四十卷），而明活字本僅著録北京大學圖書館藏有一部，由是可見此活字本之珍貴。而先父所藏這部活字本，係於二十世紀五十年代得自滬上傳薪書店，且曾由馬玉堂、傅增湘等知名大藏書家遞藏，傅增湘題跋更記其補緝之因緣並囑後得者“勤加愛護”，洵可寶也。

〇六八

［五代］譚峭《譚子化書》六卷

譚子化書卷之一

紫霄真人譚景昇譔

明新安黃之寀校

道化

道之委也虛化神神化氣氣化形形生而萬物所以塞也道之用也形化氣氣化神神化虛虛明而萬物所以通也是以古聖人窮通塞之端得造化之源忘形以養氣忘氣以養神忘神以養虛虛實相通是謂大同故藏之爲元精用之

譚子題辭

譚子名峭字景升號紫霄眞人五代爲唐司業洙之子洙訓以進士業不就好黃老言一旦去父出遊終南自終南遊太白太行王屋嵩華岱嶽不復歸父馳使責之爲書以謝於嵩山爲道士十餘年得辟穀養氣之術以酒爲樂父嘗遣人寄衣及錢帛一無所留住廬山棲隱洞其徒百人能醮星象事黑煞神君禹步魁罡禁鬼魅爲人祈禱頗知禍福大壽隣僧於溪滸創亭爲

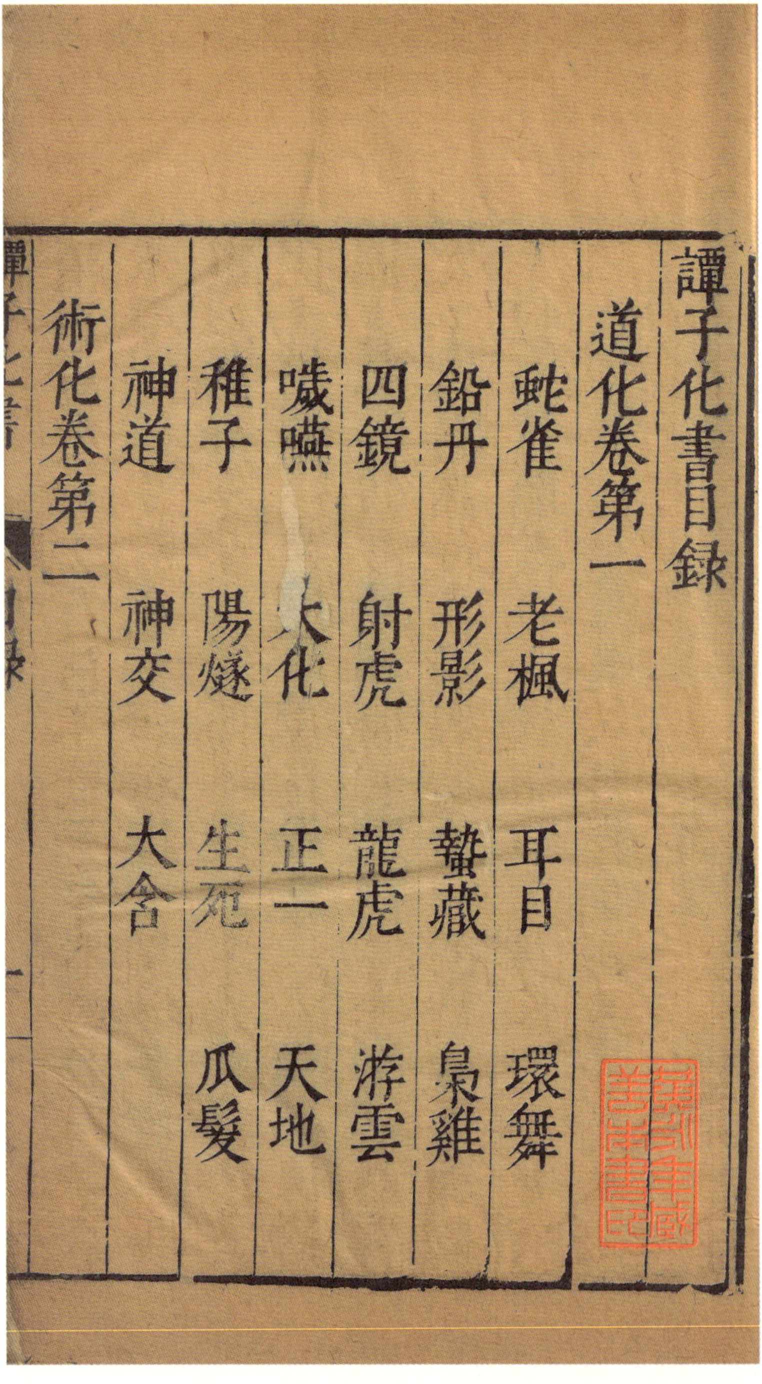
譚子化書目録

道化卷第一

蜕雀　老楓　耳目　環舞

鉛丹　形影　蟄藏　梟雞

四鏡　射虎　龍虎　游雲

嚱嚥　大化　正一　天地

稚子　陽燧　生死　瓜髮

神道　神交　大含

術化卷第二

譚子化書　目録　一

此譚子化書六卷半葉九行行十八
字題新安黄之寀校萬曆時單
槧本也嘉靖時有槧本未見宏
治槧本則在常州曾見一册字跡
古雅惜未買得此外叢書中亦[叐]有
之佳不足數矣丙申三月題記

半葉九行，行十八字，單魚尾，白口，左右雙闌，框高19.5厘米，寬14.2厘米，明萬曆年（1573—1620）刊本，有先父題跋，鈐有王綬珊“九峰舊廬珍藏書畫之記”、“綬珊六十以後所得書畫”、“東漢傳經人家”及先父“黃永年藏善本書印”。

先父題跋云：

此《譚子化書》六卷，半葉九行，行十八字，題“新安黃之寀校”，蓋萬曆時單梊本也。嘉靖時有梊本未見，宏（弘）治梊本則在常州曾見一册，字跡古雅，惜未買得。此外叢書中亦多有之，然不足數矣。丙申三月題記。

王綬珊（1873—1938），名體仁，字綬珊，浙江紹興人，清末秀才，藏書家。初居杭州，辛亥革命後遷居上海。書齋名爲“九峰舊廬”，藏有宋本百多種，各省府縣方志亦有兩千餘種。

是書《增訂四庫簡明目録標注》、《藏園訂補郘亭知見傳本書目》、《中國古籍善本書目》著録者有多種宋、明、清刊本，萬曆本刊刻時間並不算早，不過先父所藏這部却爲藏書家王綬珊舊藏，因此仍頗有收藏價值。

〇六九

［清］陳澧《東塾類稿》不分卷

黑水說

禹貢黑水昔人之說不一嘗綜諸說而攷之則以爲今潞江者是也潞江上源曰哈喇烏蘇蒙古謂黑曰哈喇謂水曰烏蘇水道提綱言其水色深黑其爲黑水明矣哈喇烏蘇源出西藏喀薩北境東流至喀木乃屈南流蓋卽禹貢雍梁二州之界三危當在其地自喀木南流爲禹貢梁州西界至雲南曰潞江又南出雲南徼外入南海以今證古無疑義矣說者以雍州黑水與梁州黑水爲二水然雍州經文云三危既宅則道水云至于三危者在雍州境而雍州不近南海其入于南海必過梁

東塾類稾自序

余自弱冠始知讀書賦性淺躁多好而善忘都無所得今行年四十所著書皆未成其餘散帙稍稍删改感念平生師友半爲古人未及質正聊錄一通欲就今日二三知己定其得失其篇幅粗完者爲一集總其零雜別爲札記家之東偏有一書塾余七歲就傅處也今於此繕寫輒以題其卷云爾道光己酉正月陳澧書

半葉十行，行二十一字，單魚尾，白黑口，左右雙闌，框高17.1厘米，寬13.5厘米，清道光二十九年（1849）刊本，爲罕見之書，鈐有孫人龢“鹽城孫氏”、“蜀丞”、“孫人龢藏書記”印。

孫人龢（1894—1966），字蜀丞，江蘇鹽城人。近現代學者、藏書家，精於文獻之學，著述頗多。

《增訂四庫簡明目録標注》、《藏園訂補郘亭知見傳本書目》皆未著録此書，而先父所藏這部未刻卷數，皆作“卷■”，係初印本，又爲孫人龢舊藏，可見其珍貴。

〔東晉〕天竺三藏佛陀跋陀羅譯《波羅提木叉僧祇戒本》

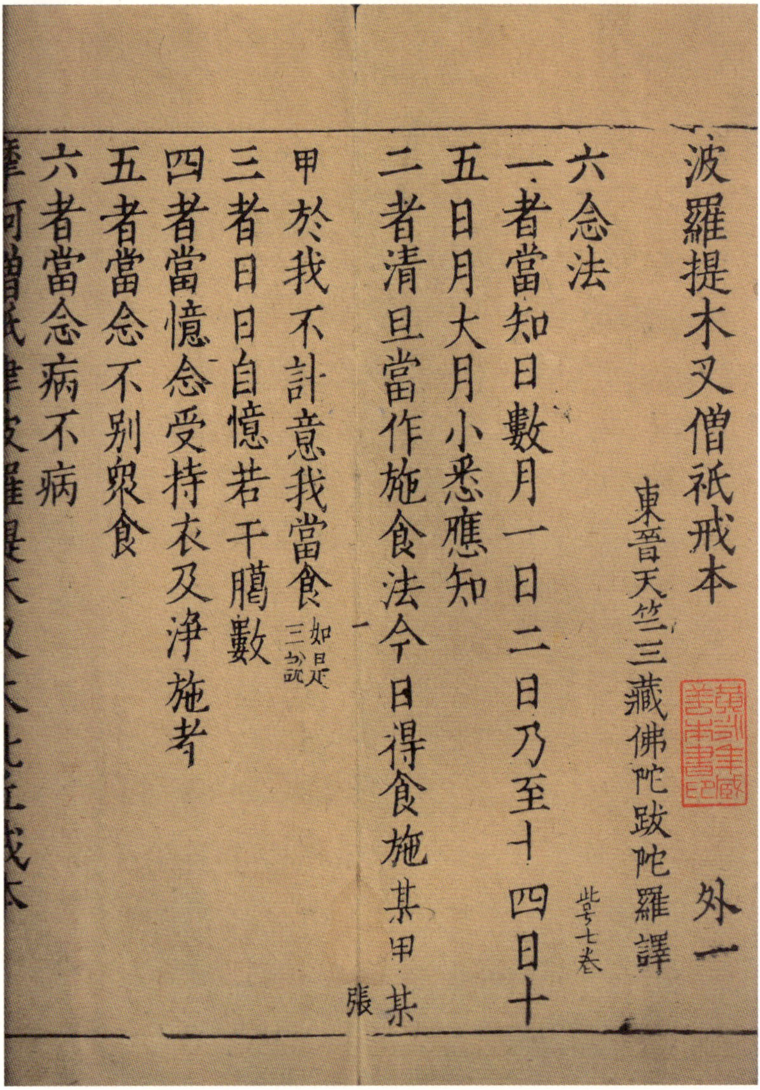

波羅提木叉僧祇戒本　外一

東晉天竺三藏佛陀跋陀羅譯　呰七卷

六念法

一者當知日數月一日二日乃至十四日十

五日月大月小悉應知

二者清旦當作施食法今日得食施某甲某

甲於我不計意我當食（如是三說）

三者日日自憶若干臘數

四者當憶念受持衣及淨施者

五者當念不別衆食

六者當念病不病

摩訶僧祇律波羅提木叉大比丘戒本

一　張

半葉六行，行十七字，四周單闌，框高14.8厘米，經折裝，南宋末磧砂藏刊本，鈐有先父“黃永年藏善本書印”。

《增訂四庫簡明目録標注》、《藏園訂補郘亭知見傳本書目》均未著録此書，《中國古籍善本書目》著録有多家圖書館及文博部門藏有此本，不過多爲殘本，據見聞所知，磧砂藏衹陝西省圖書館所藏一部較完整。而先父所藏此磧砂藏本《波羅提木叉僧祇戒本》乃一部首尾完整之磧砂藏零種，又係宋代刊刻，可謂珍罕。

〇七一

［漢］河上公章句《老子道德經》二卷

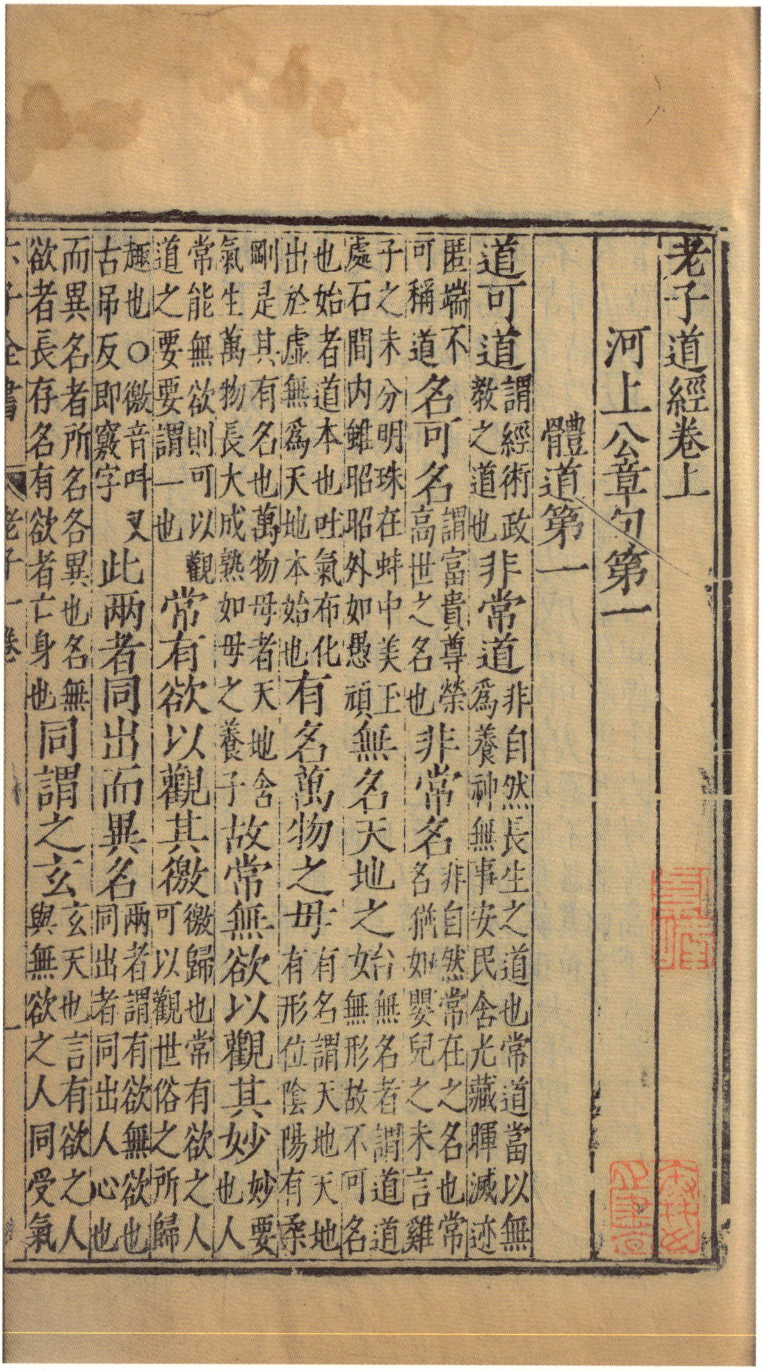

老子道經卷上

河上公章句第一

體道第一

道可道（謂經術政教之道也）非常道（非自然長生之道也常道當以無爲養神無事安民含光藏暉滅迹匿端不可稱道）名可名（謂富貴尊榮高世之名也）非常名（非自然常在之名也常名猶如嬰兒之未言雞子之未分明珠在蚌中美玉處石間內雖昭昭外如愚頑）無名天地之始（無名者謂道道無形故不可名也始者道本也吐氣布化出於虛無爲天地本始也）有名萬物之母（有名謂天地天地有形位陰陽有柔剛是其有名也萬物母者天地含氣生萬物長大成熟如母之養子）故常無欲以觀其妙（妙要也人常能無欲則可以觀道之要要謂一也）常有欲以觀其徼（徼歸也常有欲之人可以觀世俗之所歸趣也○徼音叫又古弔反即竅字）此兩者同出而異名（兩者謂有欲無欲也同出者同出人心也而異名者所名各異也名無欲者長存名有欲者亡身也）同謂之玄（玄天也言有欲之人與無欲之人同受氣

六子全書　老子一卷

子書錄永始三年八月壬寅上

萬曆癸未孟秋

金陵胡東塘梓

半葉十一行，行二十三字，單魚尾，白口，四周雙闌，框高20.1厘米，寬14.5厘米，明萬曆年（1573—1620）金陵胡東塘刊本，鈐有“秦氏之書”、“紫峰”、“曲沃秦氏紫峰藏書”印。

據《增訂四庫簡明目録標注》、《藏園訂補郘亭知見傳本書目》、《中國古籍善本書目》著録此書宋、元、明刊本甚多，然先父所得此胡東塘刊本却鮮有著録，故而頗具收藏價值。

○七二

〔晉〕郭象注《莊子》十卷

莊子卷第一

郭象子玄注　陸德明音義

內篇逍遥遊第一 夫小大雖殊而放於自得之場則物任其性事稱其能各當其分逍遥一也豈容勝負於其間哉○音義曰內篇內者對外立名說文云篇書也字從竹從艸者草名耳非也逍音銷亦作消遥如字亦作搖遊如字亦作游逍遥遊者篇名義取閒放不拘怡適自得夫音符場直良反稱尺證反當丁浪反分符問反

五章

北冥有魚其名爲鯤鯤之大不知其幾千里也化而爲鳥其名爲鵬 鵬鯤之實吾所未詳也夫莊子之大意在乎逍遥遊放無爲而自得故極小大之致以明性分之適達觀之士宜要其會歸而遺其所寄不足事事曲與生說自不害其弘旨皆可略之○北冥本

章義劉辰翁云其視下也謂天也已与造物者人雲於萬物之表方見蒼蒼者之非正色方知人者是非起滅生死去來不過在此處此語得莊生意

馳也埃音哀崔云天地間氣蓊鬱似塵埃揚也吹如字崔本作炊馮皮氷反本亦作憑天之蒼蒼其正色邪其遠而無所至極邪其視下也亦若是則已矣今觀天之蒼蒼竟未知便是天之正色邪天之爲遠而無極邪鵬之自上以視地亦若人之自此視天則止而圖南矣言鵬不知道里之遠近趣足以自勝而逝○邪也差反助句不定之辭後放此且夫水之積也不厚則負大舟也無力覆杯水於坳堂之上則芥爲之舟置杯焉則膠水淺而舟大也此皆明鵬之所以高飛者翼大故耳夫質小者所資不待大則質大者所用不得小矣故理有至分物有定極各足稱事其濟一也若乃失乎忘生之主而營生於至當之外事不任力動不稱情則雖垂天之翼不能無窮決起之飛不能無困矣○夫音符覆芳服反杯崔本作盃坳於交反又烏了反李又伊九反崔云堂道謂之坳司馬云塗地令平支遁云謂有

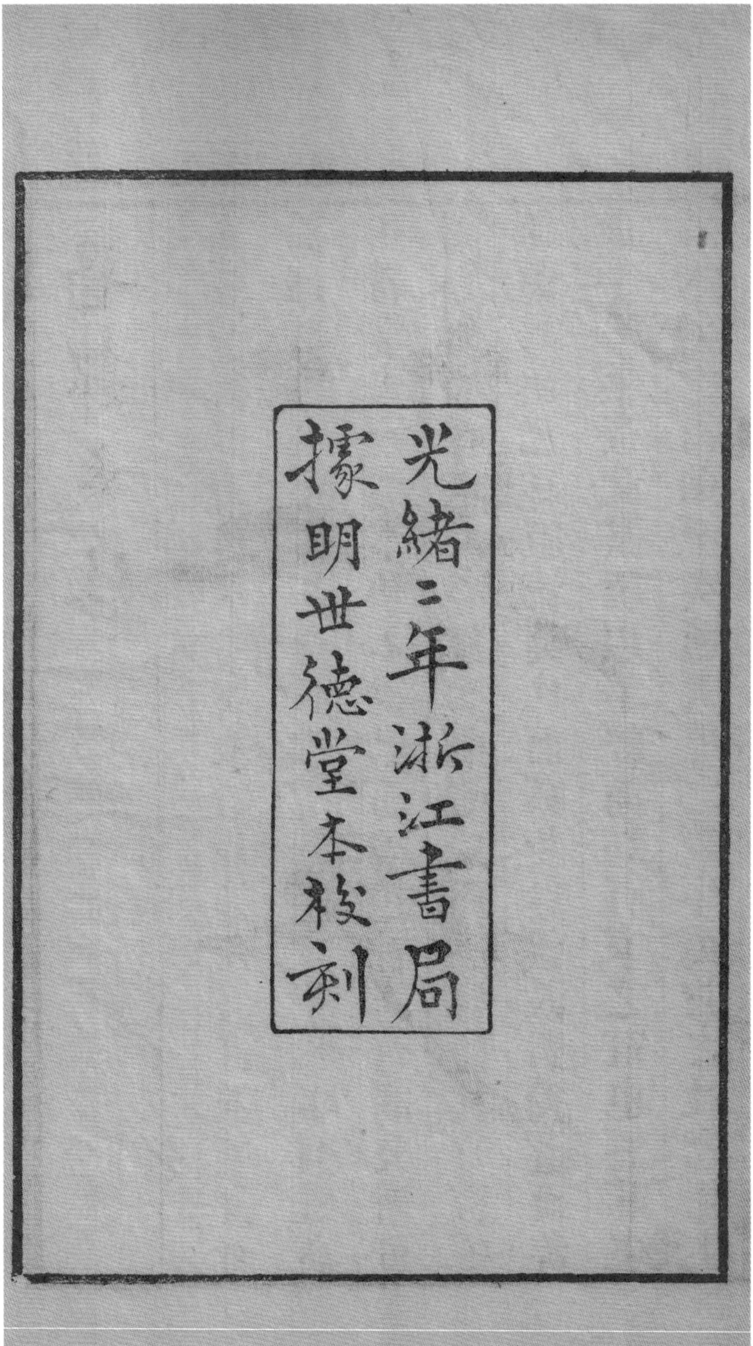
光緒二年浙江書局
據明世德堂本校刻

半葉九行，行二十一字，單魚尾，白口，左右雙闌，框高18.2厘米，寬13厘米，清光緒二年（1876）浙江書局據明嘉靖年（1522—1566）世德堂本翻刻本，有墨筆批校，鈐有“容民審校”印。

據《增訂四庫簡明目録標注》、《藏園訂補郘亭知見傳本書目》、《中國古籍善本書目》著录此書有宋、元、明多种刊本，先父所得此部雖爲晚至清光緒二年之浙江書局本，但却係據嘉靖年世德堂刊本翻刻者，又有批校，故仍具價值。

西崑訓唱集卷上

虞山周　楨以寧　注

雲間王圖煒彤文

受詔修書述懷感事三十韻

左司諫知制誥楊億

太極垂裳日 魏略青龍三年起太極殿徐堅初學記歷代殿名或沿或革惟魏之太極自晉以降正殿皆因之易黃帝堯舜垂衣裳而天下治 中原偃革初 謝靈運述祖德詩中原昔喪亂喪亂豈解已漢書張良曰昔武王伐殷紂事已畢偃革爲軒宋史眞宗紀景德元年十一月契丹進寇澶州帝自將禦之四年六月宜州軍校作亂以曹利用爲廣南安撫使討平之 樓船秋發詠 漢武帝秋風辭泛樓船兮濟汾河橫中流兮揚素波 衡石夜程書 史記始皇紀天下之事無大小皆決於上上至以衡石量書日

夜有呈不中呈不得休息 好問虛前席 史記孝文帝方受釐坐宣室上因感鬼神事而問鬼神之本賈生因具道所以然之狀至夜半文帝前席 徵賢走傳車 漢書蒲輪安車以徵賢史記范睢傳使以傳車名范睢漢書高帝紀注師古曰傳若今之驛古者以車謂之傳車後人單置馬謂之傳驛傳張戀反 蓬萊侔漢制 華嶠後漢書學者稱東觀爲老氏藏室道家蓬萊山 煨燼訪秦餘 史記李斯曰臣請非博士官所職天下敢有藏詩書百家語詣守尉雜燒之廣雅曰煨燼也張衡西京賦獲林光於秦餘 紬繹資金匱 史記太史公自序遷爲太史令紬史記石室金匱之書漢書注紬繹者引其緒端也 規模出玉除 漢書高帝紀雖日不暇給規模弘遠矣班固西都賦玉除彤庭 紛綸開四部 封禪書紛綸葳蕤後漢書井丹字大春通五經善談論故京師爲之語曰五經紛綸井大春晉太康起居注祕書丞桓石綏戡校定四部之書詔遣郎中四人各掌一部 祕邃接千廬 張衡西京賦徼道外周千廬內附 飫賜雙雞膳 左傳襄二十六年聲子對子木將賞爲之加膳加膳則飫賜二十八年公膳日雙雞饔人竊更之以鶩 親迴六尺輿 漢書爰盎傳天子所與共六尺輿者皆天下豪英 華芝下閶闔

集部·二十八種

西崑詶唱集序

虞山周楨以寧

雲間王圖煒彤文　注

翰林學士戶部郎中知制誥楊億述（宋史本傳楊億字大年建州浦城人真宗即位超拜左正言詔錢若水修太宗實録奏億參預知處州召拜左思諫知制誥景德三年召爲翰林學士同修國史凡變例多出億手大中祥符初加戶部郎中天禧二年拜工部侍郎四年復爲翰林學士兼史館修撰

僉景德中忝佐修書之任得接群公之遊（本傳億剛介寡合在書局惟

時今紫微錢君希聖（本傳錢惟演字希聖吴越王俶之子歸朝歷右神

李繼路振刁衎陳越劉筠輩厚善

西崑詶唱集序

虞山周　楨以寧
雲間王圖煒彤文　注

翰林學士戶部郎中知制誥楊億述（宋史本傳楊億字大
年建州浦城人真宗即位超拜左正言詔錢若水修太宗實録奏
億參預知處州召拜左思諫知制誥景德三年召爲翰林學士又
同修國史凡變例多出億手大中祥符初加戶部郎中天
禧二年拜工部侍郎四年復爲翰林學士兼史館修撰

余景德中忝佐修書之任得接群公之遊（本傳億剛介寡
合在書局惟
李繼路振刁衎陳
越劉筠輩厚善
時今紫微錢君希聖（本傳錢惟演字希聖吳越
王俶之子歸朝歷右神武

〇七三

［唐］寒山子《寒山子集》不分卷

寒山詩集

豐干拾得詩附

重巖我卜居鳥道絶人迹庭際何所有白雲抱幽石住茲凡幾年屢見春冬易寄語鐘鼎家虛名定無益

凡讀我詩者心中須護淨慳貪繼日廉諂曲登時正驅遣除惡業歸依受真性今日得佛身急急如律令

寒山子詩集序

朝議大夫使持節台州諸軍事守刺史上柱國賜緋魚袋閭丘 胤 撰

己未閏七月初八日
藝風老人贈 書屏

詳夫寒山子者不知何許人也自古老見之皆謂貧人風狂之士隱居天台唐興縣西七十里號爲寒巖每於茲地時還國清寺寺有拾得知食堂尋常收貯餘殘菜滓於竹筒内寒山若來即負而去或長廊徐行叫喚快活獨言獨笑時僧遂捉罵打趂乃駐立撫掌呵呵大笑

二七三

半葉八行，行十四字，單魚尾，紅口，左右雙闌，框高21.3厘米，寬15.6厘米，民國年間紅印本，係繆荃孫校樣本，鈐先父“江陰黃永年藏書之記”印。

繆荃孫（1844—1919），字炎之，又字筱珊，晚號藝風老人，江蘇江陰人。中國近代著名學者、藏書家，精版本目録之學，著述頗豐，撰《藝風堂藏書記》、《續記》、《再續記》,《書目答問》疑似實由其代筆，刊刻有《雲自在龕叢書》、《藕香零拾》、《對雨樓叢書》等。

《增訂四庫簡明目録標注》、《藏園訂補郘亭知見傳本書目》、《中國古籍善本書目》著録是書有宋、明刊本數種，而先父所藏此部書刊刻精美，當是翻刻宋刊本，又係大名家繆荃孫校樣本，值得珍藏。

〇七四

［唐］獨孤及《毘陵集》二十卷

序後舊抄本即接神道碑銘

毘陵集卷第一

朝散大夫使持節常州諸軍事守常州刺史賜紫金魚袋獨孤及

賦

夢遠遊賦

詩上二十三首

壬辰歲過舊居

夏中酬于逖畢燿問病見贈

三月三日自京到華陰水亭獨酌寄裴六薛八

海上寄蕭立唐文粹作五

酬梁二十宋中所贈兼別梁少府

毘陵集卷一　一　亦有生齋校本

獨孤憲公毘陵集序

內閣中書舍人武進趙懷玉篹

敘曰習爲纂組詎知麻枲之有功長於蓬茨難語臯應之合制文章之道何莫不然故尚藻繢者目不眡典謨矯侈靡者口薄言騷雅硜硜之守其失維均不爲泝沿恐昧流別有唐之興體凡三變天寶而後大歷以前燕許云徂韓柳未盛則蘭陵蕭功曹趙郡李員外與常州刺史獨孤憲公實比肩焉蕭雖忤於權門李乃汙夫僞命揆諸文行未免參差公則讜直著於朝宁愷悌洽乎方州淩轢四君見李舟序祖述六藝孝經一卷首志立身孔

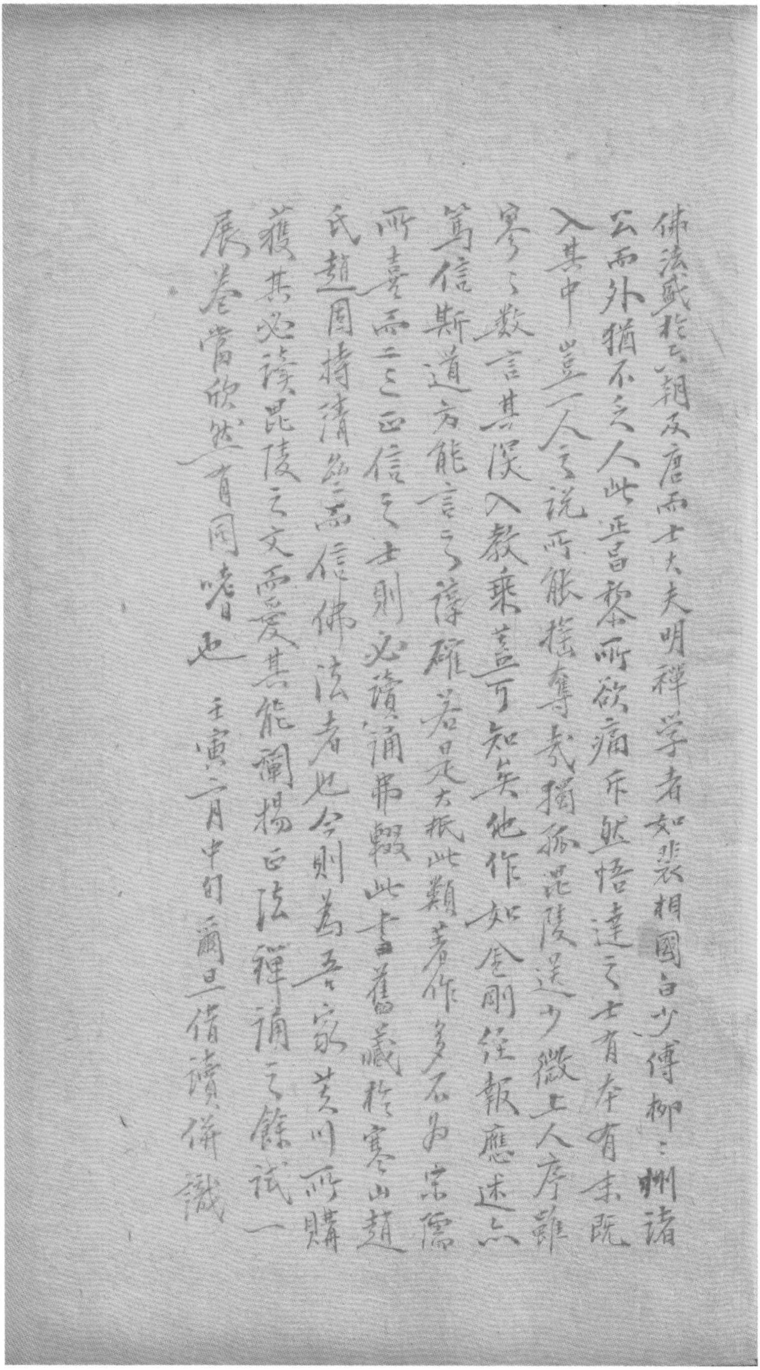

佛法盛於六朝及唐而士大夫明禪學者如裴相國白少傅柳柳州諸公而外猶不乏人此正昌黎所欲痛斥然悟達之士有本有末既入其中豈一人之說所能搖奪哉獨孤毘陵送少微上人序雖寥寥數言其深入教乘蓋可知矣他作如金剛經報應述亦篤信斯道方能言之之詳確若是大抵此類著作多不為宋儒所喜而二三正信之士則必讀誦弗輟此書舊藏於寒山趙氏趙園持清齋而信佛法者也今則為吾家芸川所購獲其必讀毘陵之文而愛其能闡揚正法禪誦之餘試一展卷當欣然有同嗜也　壬寅二月中旬薾旦借讀併識

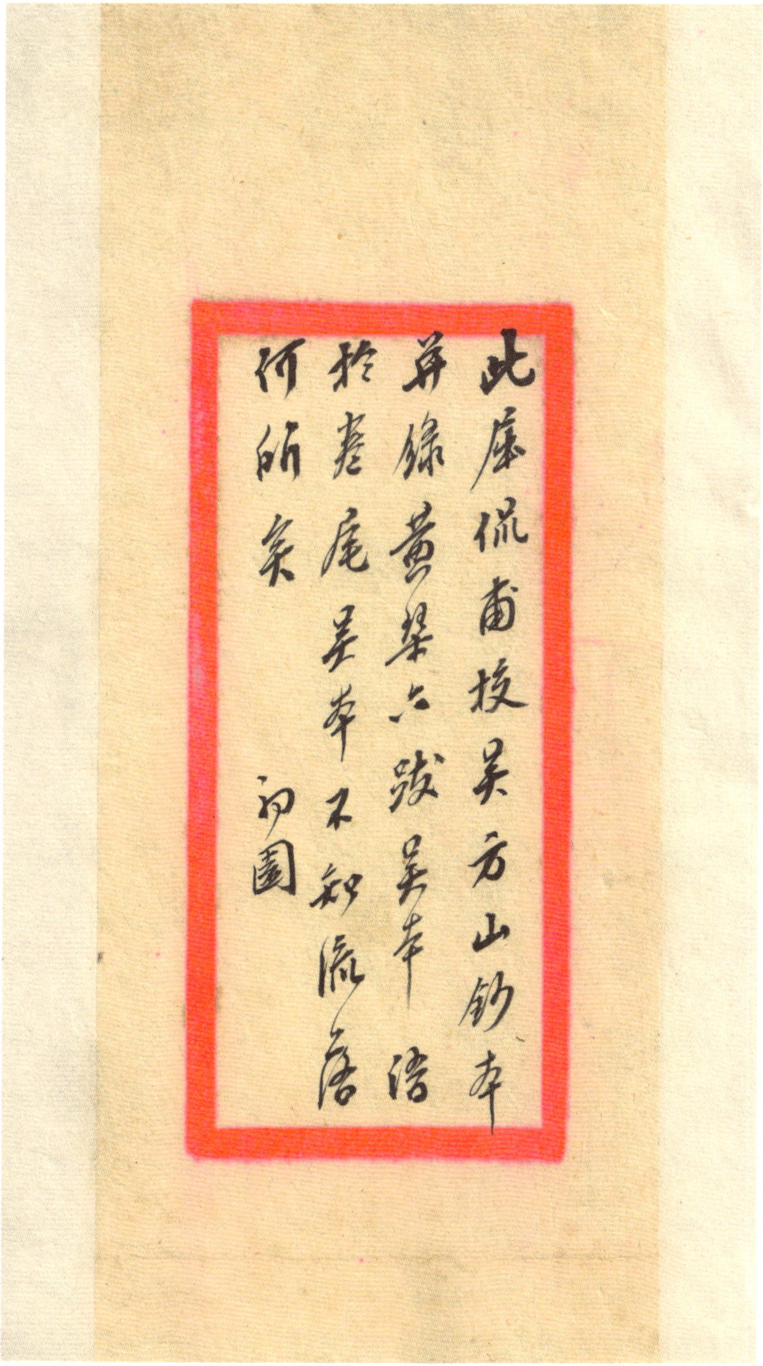
此康侃甫校吳方山鈔本并錄黃蕘六跋吳本諸於蕘庵吳本不知流落何所矣 初園

半葉十行，行二十一字，無魚尾，白口，左右雙闌，框高19厘米，寬13.1厘米，清乾隆五十六年（1791）趙懷玉亦有生齋刊本，有屈軼批校和題跋及丁祖蔭題跋，鈐有屈軼“屈氏”、“軼”、“海隅蒼生”、“常熟屈氏佘經堂藏本”諸印及先父“黄永年藏善本書印”。

黄琴六題跋云：

《毘陵集》自宋槧既絶聞，留傳世有三本：一爲寒山趙氏藏有吴岫本，一爲葉氏藏吴文定抄内閣本，一爲馮氏藏曹甲本。馮本未知存佚，葉本即今亦有生齋新刊本所自出，而此則趙氏之吴岫本也。是書似出元人舊抄，而有殘闕，歷經諸家藏弆，校補完帙。嘉慶間曾入吴門士禮居黄氏，復翁嘗云：“題簽十字的是〔趙〕凡夫手跡，又其中隸書者爲柳大中筆。”按書中校補非一手，字跡工拙亦不同，要皆出自右手，有圖記可據也。今趙氏新書固稱佳刻，而其所據《英華》、《文粹》校補者，悉以舊抄爲藍本，則是本固泝河源之積石也。琴六識。

屈軼題跋云：

佛法盛於六朝及唐，而士大夫明禪學者，如裴相國、白少傅、柳柳州諸公而外猶不乏人，此正昌黎所欲痛斥。然悟達之士，有本有末，既入其中，豈一人之説所能摇奪哉？獨孤毘陵《送少微上人序》雖寥寥數言，其深入教乘蓋可知矣。他作如《金剛經報應述》亦篤信斯道，方能言之諄確若是，大抵此類著作多不爲宗儒所喜，而二三正信之士則必讀誦弗輟。此書舊藏於寒山趙氏，趙固持清𡙇而信佛法者也。今則爲吾家芙川所購獲，其必讀毘陵之文而愛其能闡揚正法。禪誦之餘，試一展卷，當欣然有同嗜也。壬寅二月中旬爾旦借讀併識。

跋竟適書友鮑芳谷至，云曾見吴方山手抄書皆隸體，爲人作書亦然。此當爲方山手筆。又攷柳大中係明正德時人，較後於吴，況此書已有吴氏印記，可證復翁所云恐亦傳譌也。拙叟又識。

丁祖蔭題跋云：

此屈侃甫校吴方山鈔本，并録黄琹六跋吴本語於卷尾，吴本不知流落何所矣。初園。

黄廷鑒（1762—1842），字琴六，號拙經逸叟，江蘇昭文（今江蘇省常熟市）人。清代學者，擅長考證，精校勘之學，富有藏書。屈軼（1768—1835），字侃甫，江蘇常熟人，清道光時學者，與黄廷鑒有“心契”之交。“初園”爲近代學者丁祖蔭（1871—1930），原名祖德，字芝孫、之孫，號初我、初園居士、一行，江蘇常熟人，晚近蘇南地區藏書家，以藏《脈望館鈔校本古今雜劇》而聞名。

是書《增訂四庫簡明目録標注》除著録有此刊本外，

另祗著録清康熙年（1662—1722）席氏刊本，不過僅有詩三卷。《藏園訂補郘亭知見傳本書目》除著録此刊本外，還著録含三卷詩集之明嘉靖二十九年（1550）毘陵蔣孝刊本、康熙年席氏刊本及一部鈔本。《中國古籍善本書目》除著録此刊本外，僅著録有兩部明鈔本、九部清鈔本。故而《毘陵集》之二十卷本，自宋代後實祗有此趙懷玉刊本。先父所藏這部趙本乃其二十世紀五十年代初得於蘇州琴川書店，係屈軼以黄跋明吴岫舊藏鈔本校過之本，又爲常熟丁祖蔭舊藏，故頗有學術價值。

〇七五

［宋］朱熹《朱文公校昌黎先生集》四十卷《外集》十卷

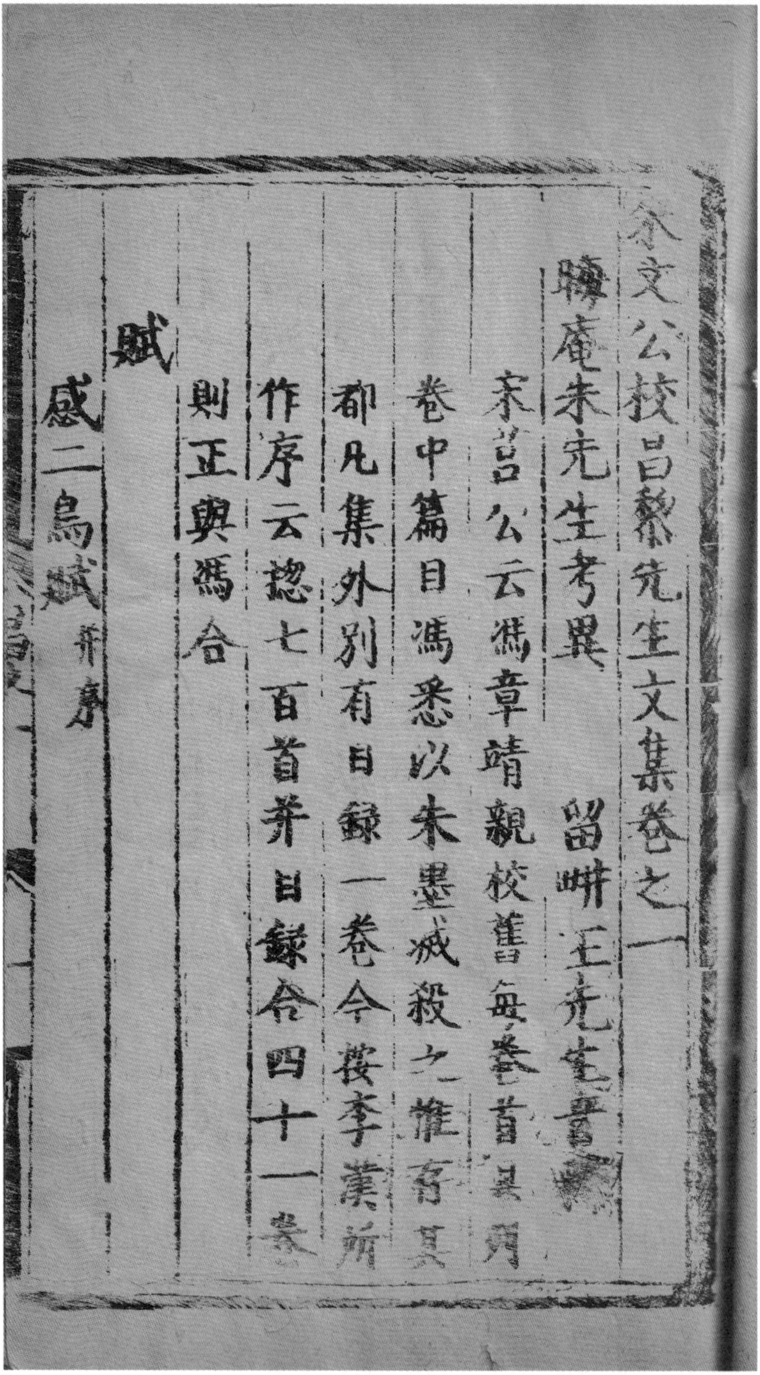
朱文公校昌黎先生文集卷之一

晦庵朱先生考異　　留畊王先生音釋

宋莒公云淵章靖親校舊每卷首皆有

卷中篇目淵悉以朱墨滅殺之惟存其

都凡集外别有目録一卷今從李漢所

作序云總七百首并目録合四十一卷

則正與淵合

賦

感二鳥賦并序

疑乃發于君子言語行事何所法守意

可邪（或无邪字爲可下一邪字【方】无邪爲二字）凡事父母得如曾參可以無譏矣作人得如周公孔子亦可以止矣【方】（矣或並作也並作邪）今世之士不務行曾參周公孔子之行而諱親之名則務勝於曾參周公孔子亦見其惑也夫周公孔子曾參卒不可勝勝周公孔子曾參乃比於宦者宮妾則是宦者宮妾之孝於其親賢於周公孔子曾參者邪（宦者或並作宦）

訟風伯（訟或作譏非是）

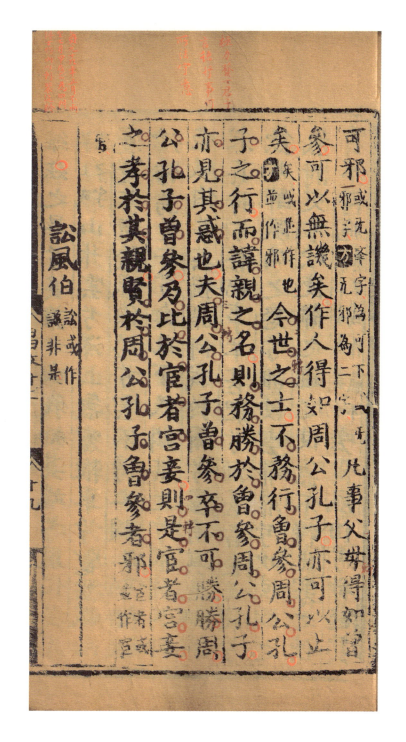

半葉九行，行十八字，雙魚尾，黑口，四周雙闌，框高22.1厘米，寬13.7厘米，明正統年（1436—1449）刊本，有朱筆批校。

《增訂四庫簡明目録標注》著録此書刊本頗多，除宋、元刊本外，較早的當屬此明正統年刊本，《藏園訂補郘亭知見傳本書目》著録有三部元刊本（其中一部爲殘本）及幾種明刊本，其中一種與此正統刊本行款、板式相同，當即此正統年刊本。《中國古籍善本書目》著録有幾部宋元刊殘本及一些明刊本。先父所藏此本屬於明前期刊本，加之還有前人朱筆批校，因此收藏價值頗高。

〇七六

［唐］白居易《白氏長慶集》六十卷

白氏長慶集卷第一

唐太子少傅刑部尚書致仕贈尚書右僕射太原

白居易樂天著

明後學松江馬元調巽甫校

諷諭一　古調詩○五言六十五首

賀雨

皇帝嗣寶曆元和三年冬自冬及春暮不雨旱爞爞持中切

上心念下民懼歲成災凶遂下罪己詔殷勤制萬邦

帝曰予一人繼天承祖宗憂勤不遑寧夙夜心忡忡元

年誅劉闢一舉靖巴邛二年戮李錡不戰安江東顧惟

白集　卷一

以上諷在位者

此諷附麗權勢者

此美自謂

翠色如柏鱗皴七倫切皮似松爲同松柏類得列嘉樹中

枝弱不勝雪勢高常懼風雪壓低還舉風吹西復東柔

芳甚楊柳早落先梧桐惟有一堪賞中心無蠹虫

有木名凌霄擢秀非孤標偶依一株樹遂抽百尺條託

根附樹身開花寄樹梢自謂得其勢無因有動搖一旦

樹摧倒獨立暫飄颻疾風從東起吹折不終朝朝爲拂

雲花暮爲委地樵寄言立身者勿學柔弱苗

有木名丹桂四時香馥馥花團夜雪明葉剪春雲綠風

影清似水霜枝冷如玉獨占小山幽不容凡鳥宿匠人

愛芳直裁截爲廈屋幹細力未成用之君自速重任雖

佛書言眼以眠為食

宿鳥動前林晨光上東屋銅爐添早香紗籠滅殘燭頭醒風稍愈眼飽睡初足起坐兀無思叩齒三十六何以解宿齋一杯雲母粥

朝課

平甃白石渠静掃青苔院池上好風來新荷大如扇小亭中何有素琴對黄卷蘂珠諷數篇秋思彈一遍從容朝課畢方與客相見

天竺寺七葉堂避暑

鬱鬱復鬱鬱伏熱何時畢行入七葉堂煩暑隨步失簷雨稍霏微窓風正蕭瑟清宵一覺睡可以銷百疾

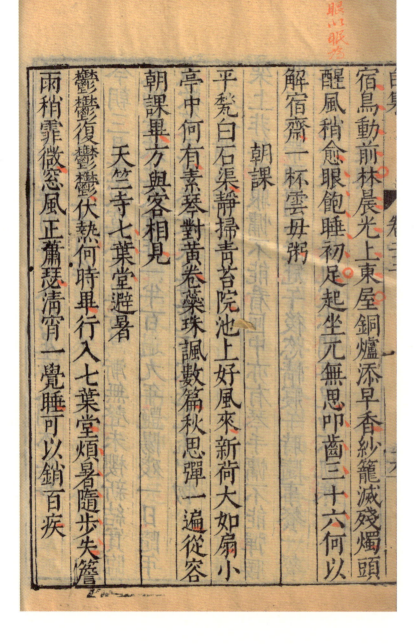

白氏長慶集目録上　閭

卷之一

諷諭一 古調詩

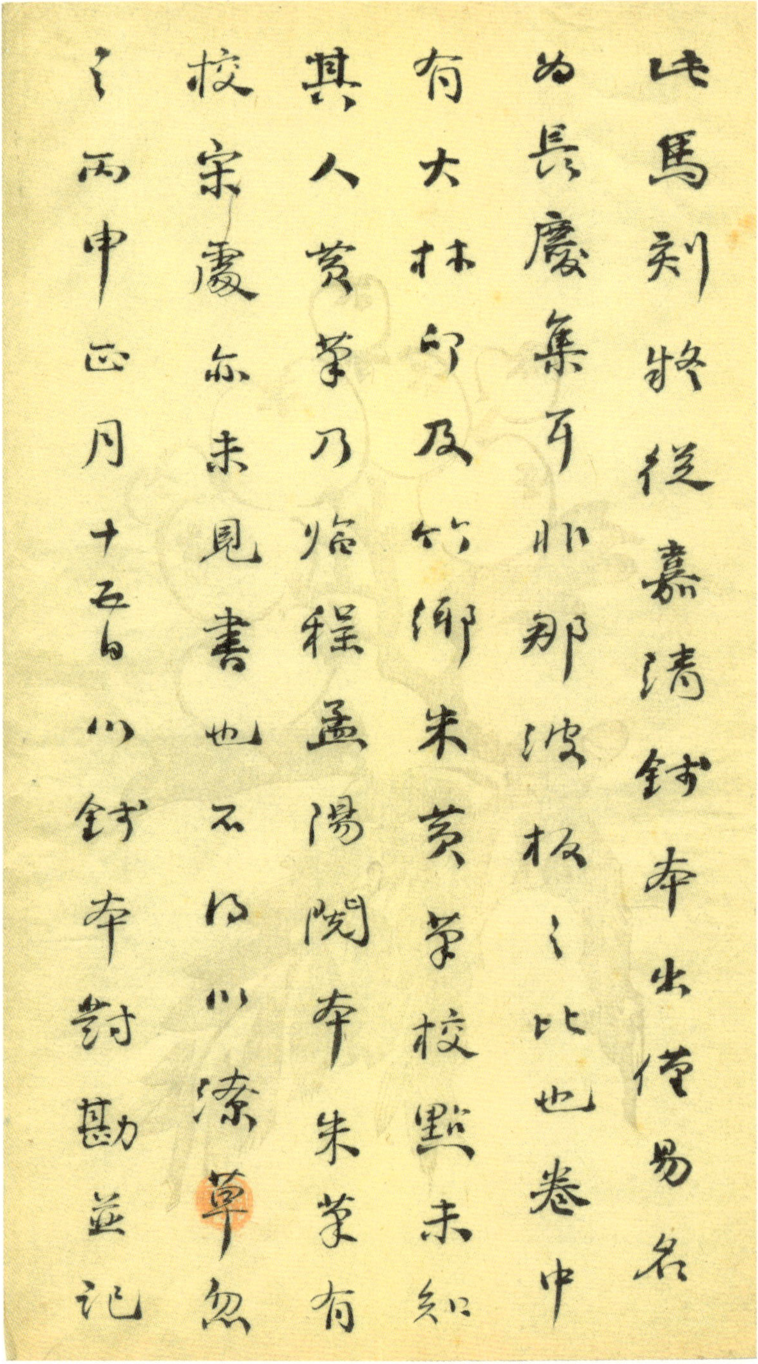

此馬刻蓋從嘉靖錢本出，僅易名為長慶集耳，非那波板之比也。卷中有大林所及竹鄉朱黄筆校點，未知其人。黄筆乃臨程孟陽閱本，朱筆有校宋處，亦未見書也，不以潦草忽之。丙申正月十五日以錢本對勘並記

半葉十行，行二十一字，單魚尾，白口，左右雙闌，框高20.8厘米，寬14.8厘米，明萬曆三十四年（1606）馬元調刊本，有清前期學者孫淇朱筆過録董其昌批校，黄筆臨程孟陽閲本，並有先父題跋及其“黄永年藏善本書印”，另鈐有“大林”印。

先父題跋云：

> 此馬刻疑從嘉靖錢本出，僅易名爲《長慶集》耳，非那波板之比也。卷中有“大林”印及竹鄉朱黄筆校點，未知其人。黄筆乃临程孟陽閲本，朱筆有校宋處，亦未見書也，不得以潦草忽之。丙申正月十五日以錢本對勘並記。

董其昌（1555—1636），字玄宰，號思白，别號香光居士，松江華亭（今上海市松江區）人。明後期朝臣、學者，精書畫，收藏典籍頗多。程孟陽（1565—1643），名嘉燧，號松圓、偈庵，徽州休寧（今安徽省黄山市休寧縣）人，僑居嘉定（今上海市嘉定區）。晚年皈依佛教，釋名海能。明末詩人，擅長書畫，通曉音律，與同里唐時升、婁堅被人並稱爲“練川三老”。孫淇，生卒年不詳，字竹鄉，江蘇常熟人，清前期學者。

白居易爲中唐時期著名文學家，與元稹並稱“元白”，故其别集刊本甚夥，《增訂四庫簡明目録標注》、《藏園訂補郘亭知見傳本書目》著録有宋、明刊本數種，《中國古籍善本書目》除著録名爲《白氏文集》之宋刊本、明姑蘇錢應龍刊本外，還有明錫山蘭雪堂活字本、馬元調刊本，而其中所著録之馬元調刊本雖含有批校本，但無董其昌、程孟陽二人所批校之本，因此先父所藏此部孫淇過録董、程批校本尤顯珍貴。

〇七七

［唐］李商隱撰、［清］朱鶴齡箋注《重訂李義山詩集箋注》三卷

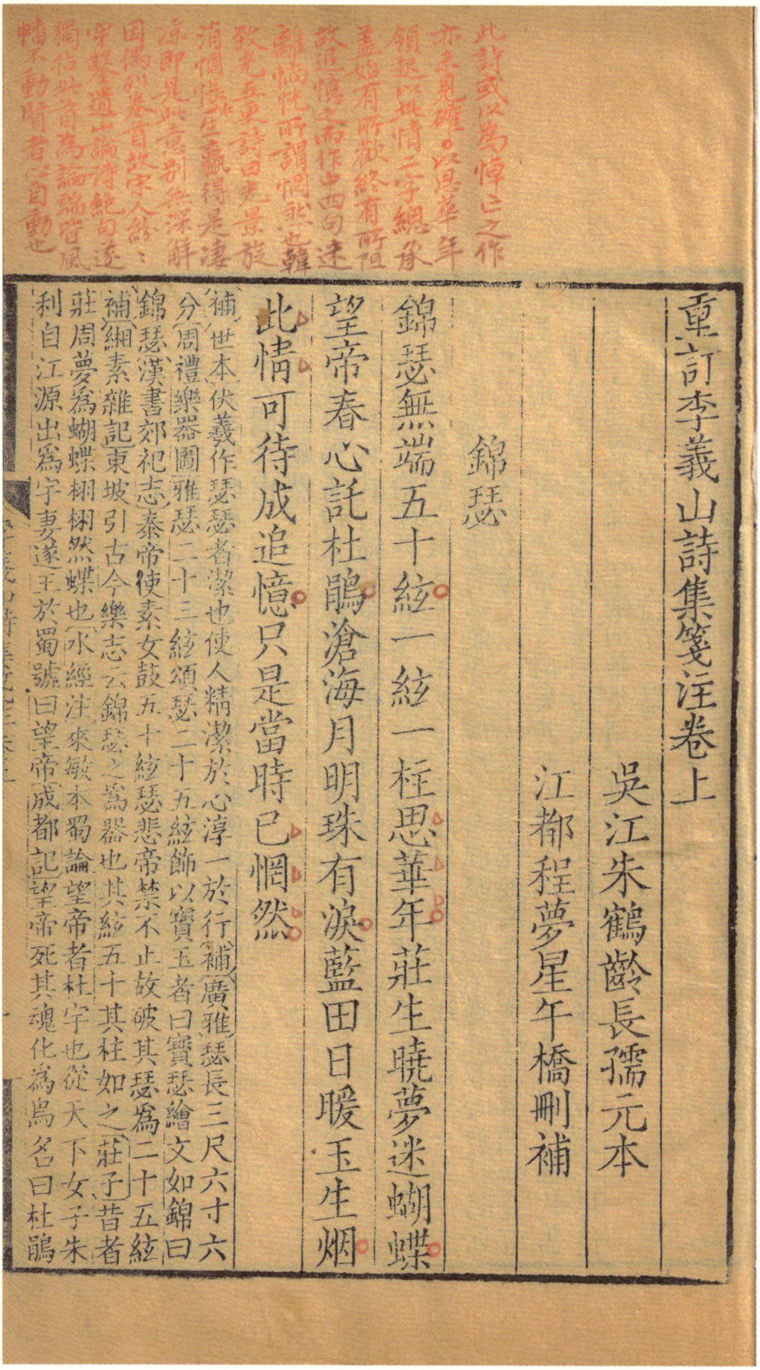

此詩或以爲悼亡之作亦未見確。以思華年領起以此情二字總承蓋始有所歡終有所阻故追憶之而作也四句述離緒慨所謂惘然也韓致光五更詩曰光景旋消惆悵在一生贏得是淒涼即是此意別無深解因偶列卷首故宋人紛紛穿鑿遺山論詩絕句遂獨拈此首爲論端當風情不動者亦自動也

重訂李義山詩集箋注卷上

吴江朱鶴齡長孺元本
江都程夢星午橋删補

錦瑟

錦瑟無端五十絃一絃一柱思華年莊生曉夢迷蝴蝶望帝春心託杜鵑滄海月明珠有淚藍田日暖玉生烟此情可待成追憶只是當時已惘然

〔補〕世本伏羲作瑟瑟者潔也使人精潔於心淳一於行〔補〕廣雅瑟長三尺六寸六分〔周禮樂器圖〕雅瑟二十三絃頌瑟二十五絃飾以寶玉者曰寶瑟繪文如錦曰錦瑟〔漢書郊祀志〕泰帝使素女鼓五十絃瑟悲帝禁不止故破其瑟爲二十五絃〔補〕緗素雜記東坡引古今樂志云錦瑟之爲器也其絃五十其柱如之〔莊子〕昔者莊周夢爲蝴蝶栩栩然蝶也〔水經注〕來敏本蜀論望帝者杜宇也從天下女子朱利自江源出爲宇妻遂王於蜀號曰望帝〔成都記〕望帝死其魂化爲鳥名曰杜鵑

江都程午橋重訂

李義山詩
集箋注

東柯草堂校刊

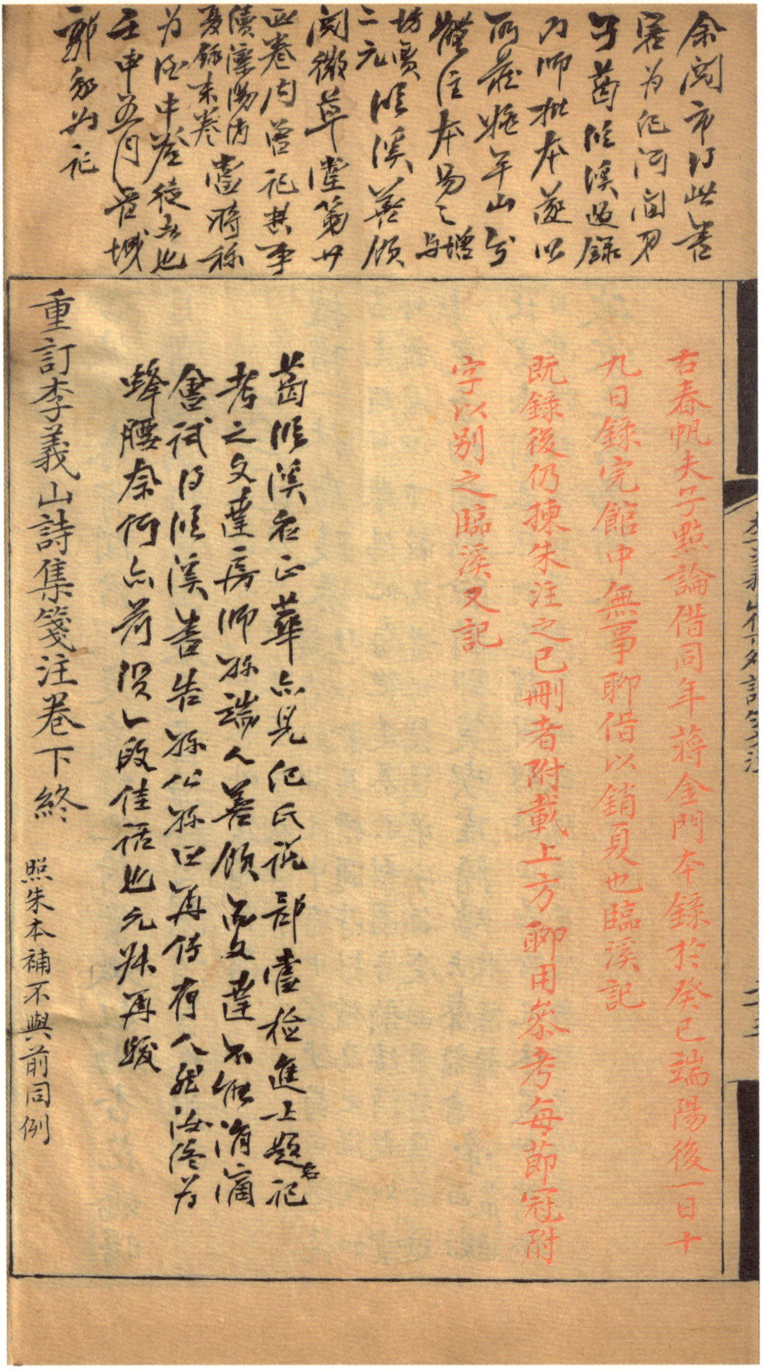

余閱市得此書係為紀河間所手菊隱溪選錄乃師桃春蔭以所花雅年山房權注本易之與增坊賈隱溪善傾二元閱微草堂第卅四卷内曾記其事讀澤陽丙盧將孫春錄末卷為紀中卷後是也壬申五月晉城郭象升記

右春帆夫子點論借同年蔣金門本錄於癸巳端陽後一日十九日錄完館中無事聊借以銷夏也臨溪記

既錄後仍揀朱注之已删者附載上方聊用參考每節冠附字以別之臨溪又記

菊隱溪名正華亦見紀氏所記盧松進士題名者之父蓮房師孫端人善傾而父蓮不能消滴會試日隱溪書告孫公孫以為傳有人能滄海卷為蜂腰奈何亦有很一段佳話也象升再跋

重訂李義山詩集箋注卷下終

照朱本補不與前同例

世傳義山集當以寒齋所藏陳揆鈔景寫宋刻為冣尚勝風雨庵景鈔受之家本也此程夢星箋葛正華手過乃師紀昀評點較粵刻三家評本略有異同遂亦以善本視之登之舊書識小録矣

辛丑清明芰青文苑題記

半葉十行，行二十一字，單魚尾，黑口，四周單闌，框高18.8厘米，14.3厘米，清乾隆十一年（1746）東柯草堂寫刊本，有葛正華過録其師紀昀評點，另有葛正華、郭象升及先父題跋。

葛正華題跋云：

右春帆夫子點論，借同年蔣金門本，録於癸巳端陽後一日，十九日録完，館中無事，聊借以銷夏也。臨溪記。

既録後，仍揀朱注之已删者附載上方，聊用叅考，每節冠“附”字以别之。臨溪又記。

郭象升題跋云：

余閱市得此卷，審爲紀河間弟子葛臨溪過録乃師批本，遂以所藏姚牟山分體注本易之。增與坊賈二元。臨溪善飲，《閱微草堂》第廿四卷内曾記其事，續《灤陽消夏録》末卷。當時稱爲酒中登徒者也。壬申五月晉城郭象升記。

葛臨溪名正華，亦見紀氏説部，當檢進士題名記考之。文達房師孫端人善飲，而文達不能涓滴，會試得臨溪，書告孫公，孫曰：“再傳有人，然汝終爲蜂腰，奈何！”亦前賢一段佳話也。允叔再跋。

先父題跋云：

世傳《義山集》當以寒齋所藏徐積餘景寫宋刻爲
寂，尚勝風雨廔景錢受之家本也。此程夢星箋、葛正
華手過乃師紀昀評點，較粵刻三家評本畧有異同，遂
亦以善本視之，登之《舊書識小録》矣。辛丑清明茭
青文苑題記。

紀昀（1724—1805），字曉嵐，號石雲，道號觀弈道人、孤石老人，直隸獻縣（今河北省滄州市獻縣）人。乾隆十九年（1754）進士，官至禮部尚書、太子少保。清代著名學者，曾任《四庫全書》總纂官。葛正華，清代學者，藏書家，紀昀門生。郭象升（1881—1941），字可階，號允叔，別署可齋，晚號雲舒、雲叟，山西晉城人，現代山西著名學者、教育家，頗有藏書。

是書《增訂四庫簡明目録標注》除著録除此刊本外，還有清順治十六年（1659）刊本等，《藏園訂補郘亭知見傳本書目》著録大致相同，而《中國古籍善本書目》之著録只是增加了各版本存世量及收藏單位。先父所藏的這部東柯草堂刊本原已屬善本，又有紀昀門生葛正華過録紀氏批校，加之批校内容與同治九年（1870）廣東刻三色套印本紀評略有不同，其文獻價值可知。

〇七八

［唐］陸龜蒙《笠澤叢書》四卷《補遺》一卷

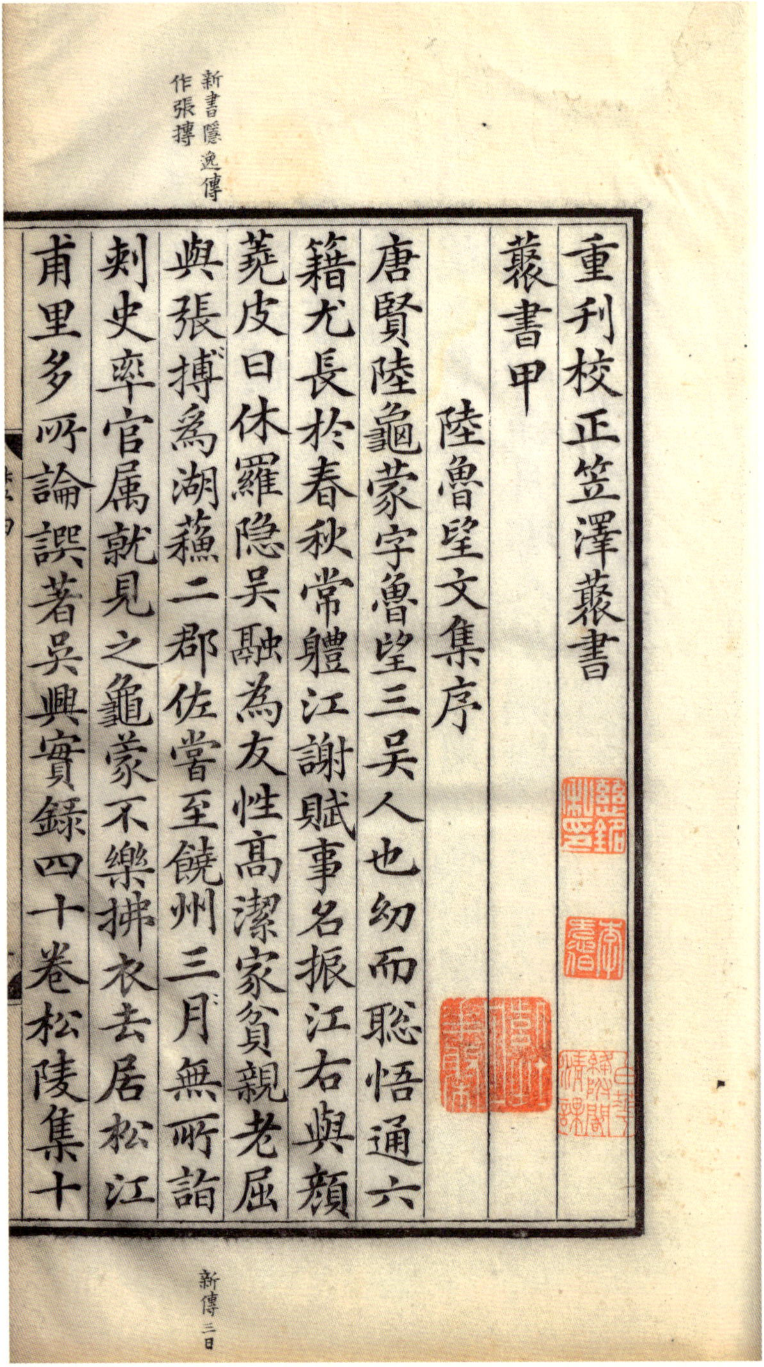

新書隱逸傳作張摶

重刊校正笠澤藂書

藂書甲

陸魯望文集序

唐賢陸龜蒙字魯望三吴人也幼而聰悟通六籍尤長於春秋常體江謝賦事名振江右與顔蕘皮日休羅隱吴融為友性高潔家貧親老屈與張搏爲湖蘓二郡佐嘗至饒州三月無所詣刺史率官屬就見之龜蒙不樂拂衣去居松江甫里多所論譔著吴興實録四十卷松陵集十

新傳三日

海錄碎事二十二下云云言釣也

可深生可以藝死可以入土之局墳不可以為埏甓不可以為盂得非散能通於變化局不能耶退若不散守名之筌進若不散執時之權筌可守耶權可執耶遂為散歌散傳以志其散

散人歌

重校正唐文粹十六上 苑三百四十九

江湖散人天骨奇短髮搔来蓬半垂手提孤篁曳寒蘭口誦太古滄浪詞詞云太古萬萬古民性甚野無風期夜棲正與禽獸雜獨自構架縱橫枝因而稱曰有巢氏民共敬貴如君師當時

重刊校正笠澤藂書目錄

藂書甲

陸魯望文集序 蜀本有此今刊入　藂書序

江湖散人傳　散人歌

後虱賦 幷序　移石盆絶句

杞菊賦 幷序　甫里先生傳

自遣詩 幷序　二遺詩 幷序

人日代客子　閑書

鳷鶄詩 幷序　苔賦 幷序

笠澤叢書傳本余所見者以江都陸鍾輝刊碧筠艸堂本爲最早其書面題爲笠澤叢書四篆下款隸書碧筠艸堂重雕六字是本初印字體秀逸可愛後經姚氏大疊山房及東山草堂重刊體貌漸失不待望氣可立辨也同時有水雲漁屋刊本六字題書面者即碧筠艸堂本葉郎園先生謂在碧筠之先因疑即陸氏主名截版後轉鬻他人改題但無確証未敢遽定耳陸本刊于雍正辛亥卯爲吳人王跂所寫原出元至正庚辰本乾隆間吾鄉顧肇聲先生楗亦據元本覆刊字體與陸本迥異吳兔牀先生曾彙校各本識其得失於陸顧兩刻並有是正嘉慶己卯許槤校刻樊開之參本又增附考一卷錢警石稱其用十餘年之功力校勘手寫付梓當世推爲至精至善之刻余歷歲所收笠澤叢書自陸本以下一一羅致曾取勘許刻猶有出入因知書几塵落葉無窮盡耳惜所藏

各本游吏表亂散佚殆盡即今行篋歷存許公望手臨鄉先輩文小蓮順卿兩先生校本一種其所用底本為東山草堂重刊殊未愜意頃吾友黃君永年獲示碧筠艸堂初印本為越縵堂舊藏眉端行間朱墨爛然其所依校如新唐書唐文粹文苑英華萬首唐人絕句等書分別異同殊多創獲校本未著姓名字體細如針縷書友查擬為越縵所校黃君閱肆得之審是勞季言先生手筆承與賞析深佩黃君之明眼為不可及也勞氏喬梓手跡余所見者以平甫季言兩先生爲多皆細楷精整平甫尤見工緻余所藏勞校有平甫之寇忠愍集季言之雲山日記惜俱易米以去今覩斯帙恍逢舊識緬懷聚散益不勝其悵惘於篋藏之流轉并季言於唐代故聞致力尤勤曾續成其父學士之唐折衝府攷一書又纂成讀書雜識十二卷唐御史臺精舍題名攷二卷郎官石柱題名

攷二十六卷自非諳於李唐史事者未由成茲宏業証諸是書所引用皆以唐著為主體其為季言手校更無疑義黃君英年卓犖其鑑別之深造於詩尤足欽佩矣敝藏校本曾据文粹補錄新諷九首惜義一首為季言所未及似可補所未備天隨高風妻所獨往而名賢丹黃披覽為之神怡往以旅食叢脞不遑重理舊業視君猛進益增余愧謬許知音屬綮敘語忘其固陋乎書闕見籍副雅命聊札數語知不免夫油具之貽汙耳一九五五年十一月十五日潘景鄭謹識于滬上之承褚郁寄廬

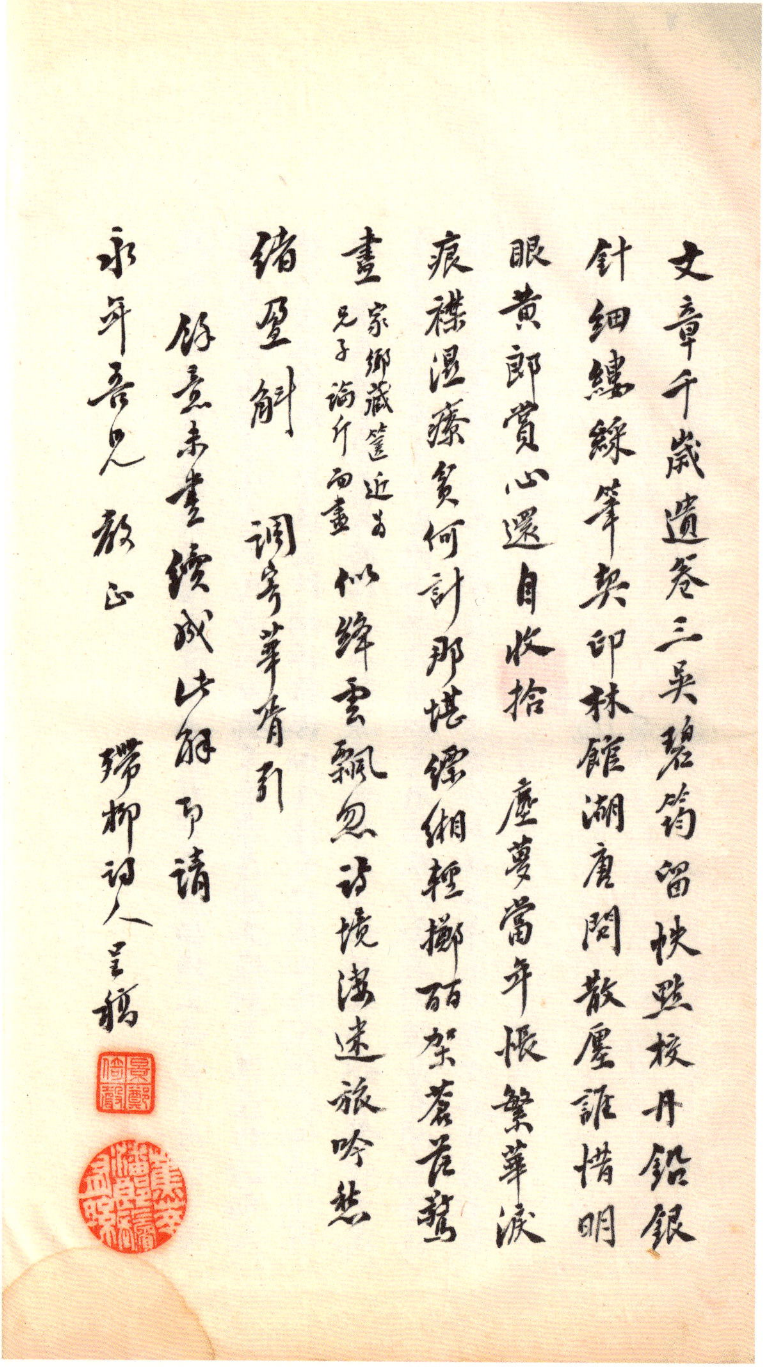
文章千歲遺卷三吳碧筠留快點校丹鉛銀針細縷綠筆契印林館湖唐閒散壓誰惜明眼黃郎賞心還自收拾　塵夢當年悵繁華淚痕襟濕瘵貧何計那堪縹緗輕擲百架蒼茫驚畫家鄉藏篋近為兄子論斤而盡似絳雲飄忽詩境凄迷旅吟愁緒盈斛　調寄華胥引

作意未盡續成此解即請

永年吾兄教正　瓘柳詞人呈稿

笠澤叢書以碧筠草堂覆元槧四卷本爲最精此其初印者校筆則出勞季言手擕英華文粹萬首絕句及吳郡志等互勘何義門家法也叢書善本當以此爲第一顧起潛所編卷盦書目中亦有此書校本其前半題李越縵校後半則葉揆初補勘亦從此勞校過寫者耳乙未九月十八日以九元買於來青閣越日題記

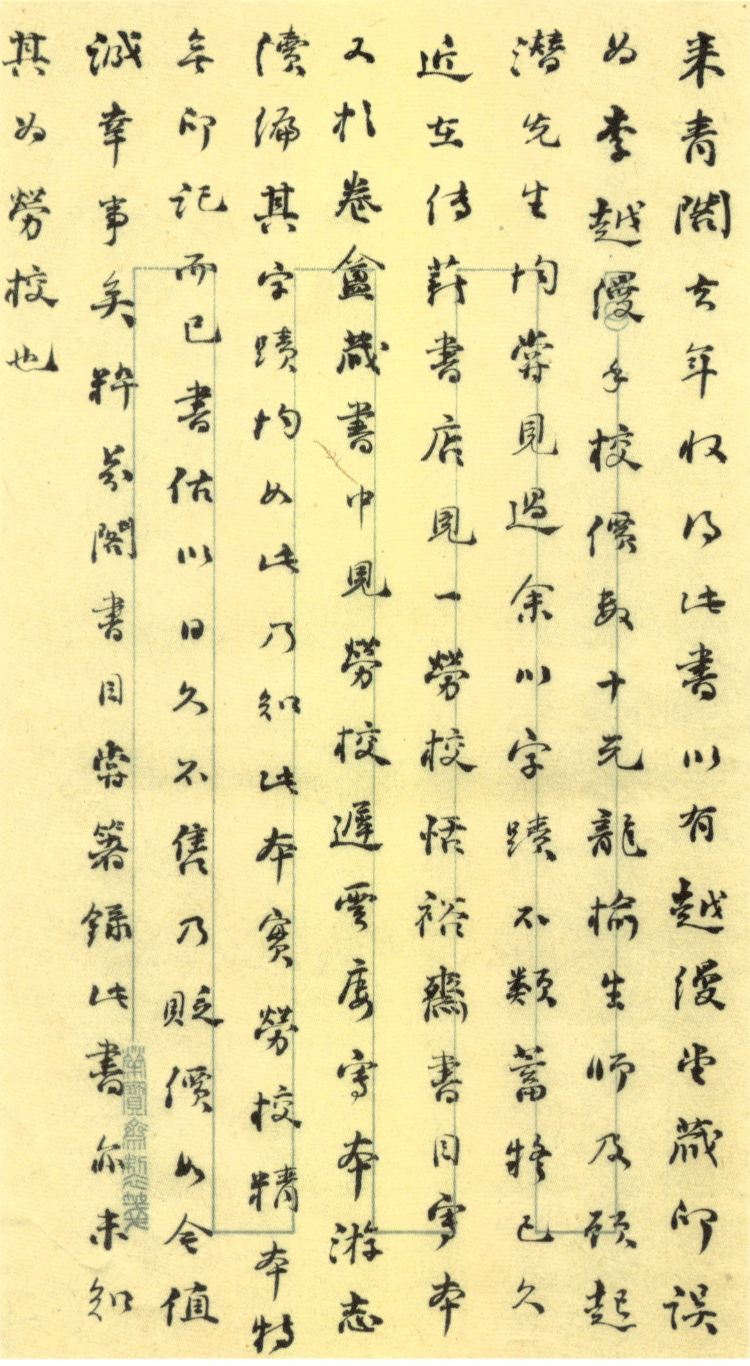
来青閣去年收得此書以有越縵堂藏印誤
為李越縵手校價數十元龍榆生師及顧起
潛先生均嘗見過余以字蹟不類篤持已久
近在傳薪書店見一勞校恬裕齋書目寫本
又於卷盦藏書中見勞校遲雲廔寫本游志
續編其字蹟均如此乃知此本實勞校精本特
無印記而已書估以日久不售乃貶價如今值
誠幸事矣粹芬閣書目嘗箸錄此書亦未知
其為勞校也

半葉九行，行十八字，雙魚尾，白口，四周雙闌，框高20.8厘米，寬13.4厘米，清雍正九年（1731）顧氏碧筠草堂覆元刊本。有勞格朱墨筆批校，又有潘景鄭先生題跋二則、先父題跋二則，除鈐有李慈銘“李愛伯”、“慈銘私印”、“會稽李氏越縵堂藏金石書畫印”、“城西李氏家藏”、“白華絳附閣清課”、“道光庚戌秀才咸豐庚申明經同治庚午舉人光緒庚辰進士”諸印以及沈知方“粹棻閣”印外，還有“永慕廬”、“湖唐林館山民”印。

潘景鄭先生題跋云：

《笠澤叢書》傳本，余所見者以江都陸鍾輝刊碧筠艸堂本爲最早，其書面題爲“笠澤叢書”四篆，下款隸書“碧筠艸堂重雕”六字。是本初印，字體秀逸可愛，後經姚氏大疊山房及東山草堂重刊，體意漸失，不待望氣可立辨也。同時有“水雲漁屋刊本”六字題書面者，即碧筠艸堂本。葉郎園先生謂在碧筠之先，因疑即陸氏主名，或版片轉鬻他人改題，但無確證，未敢遽定耳。陸本刊于雍正辛卯，爲吴人王歧所寫，原出元至正庚辰本。乾隆間吾鄉顧肇聲先生楗亦據元本覆刊，字體與陸本迥異。吴兔牀先生曾彙校各本，識其得失，於陸、顧兩刻並有是正。嘉慶己卯許槤校刻樊開七卷本，又增《附攷》一卷，錢警石稱其用十餘年之功力，校勘手寫付梓，當世推爲至精至善之刻。余歷歲所收《笠澤叢書》，自陸本以下一一羅致，曾取勘許刻，猶有出入，固知几塵落葉無窮盡耳。惜所藏各本，洊更喪亂，散佚殆盡，即今行篋厪存許公望手臨鄉先輩戈小蓮、順卿兩先生校本一種，其所用底本爲東山草堂重刊，殊未愜意。頃吾友黄君永年携示碧筠艸堂初印本，爲越缦堂舊藏，眉端行間朱墨爛然，其所依校，如《新唐書》、《唐文粹》、《文苑英華》、《萬首唐人絶句》等書，分别異同，殊多創獲。校本未著姓名，字體細如針縷，書友妄擬爲越缦所校。黄君閲肆得之，審是勞季言先生手筆，承與賞析，深佩黄君之明眼爲不可及也。勞氏喬梓手跡，余所見者以平甫、季言兩先生爲多，皆細楷精整，平甫尤見工緻，余所藏勞校有平甫之《寇忠愍集》、季言之《雲山日記》，惜俱易米以去。今覩斯帙，恍逢舊識，緬懷聚散，益不勝其悵惘於篋藏之流轉耳！季言於唐代故聞致力尤勤，曾續成其父笙士之《唐折衝府攷》一書，又纂成《讀書雜識》十二卷、《唐御史臺精舍題名攷》二卷、《郎官石柱題名攷》二十六卷，自非諳於李唐史事者末由成兹宏業。証諸是書，所引用皆以唐著爲主體，其爲季言手校更無疑義。黄君英年卓犖，其鑑别之深造於此尤足欽佩矣。敝藏校本曾据《文粹》補録《雜諷》九首、《惜花》一首，爲季言所未及，似可補所未備。天隨高風，素所嚮往，而名賢丹黄披覽，爲之神怡，徒以旅食叢脞，不遑重理舊業，視君猛進，益增余愧。謬許知音，屬繫數語，忘其固陋，率書聞見，藉副雅命，筆札荒傖，知不免夫油具之點汙耳。一九五五年十一月十五日潘景鄭謹識于滬上之承裕邨寄廬。

文章千歲，遺卷三吴，碧筠留帙。點校丹鉛，銀針細縷綵筆契。印林館湖唐問，散屢誰惜，明眼黄郎，賞心還自收拾。　　塵夢當年，悵繁華、淚痕襟濕。療貧何計，那堪縹緗輕擲。西架蒼茫驚盡，家鄉藏篋近爲兒子論斤而盡。似絳雲飄忽。詩境淒迷，旅吟愁緒盈斛。調寄《華胥引》

餘意未盡，續成此辭。即請

永年吾兄教正　　　　　　　　殢柳詞人呈稿

先父題跋云：

《笠澤叢書》以碧筠草堂覆元椠四卷本爲冣精，此其初印者，校筆則出勞季言手，據《英華》、《文萃》、《萬首絶句》及《吴郡志》等互勘，何義門舊法也。《叢書》善本當以此爲第一。顧起潛所編《卷盦書目》中亦有此書校本，其前半題李越縵校，後半則葉揆初補勘，亦從此勞校過寫者耳。乙未九月十八日以九元買於來青閣，越日題記。

來青閣去年收得此書，以有越縵堂藏印，誤爲李越縵手校，價數十元，龍榆生師及顧起潛先生均嘗見過。余以字蹟不類，蓄疑已久，近在傳薪書店見一勞校《恬裕齋書目》寫本，又於卷盦藏書中見勞校暹雲廔寫本《游志續編》，其字蹟均如此，乃知此本實勞校精本，特無印記而已。書估以日久不售，乃貶價如今值，誠幸事矣。《粹芬閣書目》嘗箸録此書，亦未知其爲勞校也。

勞格（1819—1864），字季言，浙江仁和（今浙江省杭州市）人。清代學者，藏書家，著《唐郎官石柱題名考》、《唐御史臺精舍題名考》、《丹鉛精舍藏書目》。身後藏書散出，多爲朱學勤、丁丙、陸心源等人購得。李慈銘（1830—1894），字式侯，又字愛伯，號蓴客，室名越縵堂，浙江會稽（今浙江省紹興市）人。清代學者，藏書家，撰《越縵堂日記》、《會稽李氏越縵堂書目録》。沈知方（1883—1949），字芝芳，別署粹芬閣主人，浙江紹興人，"世界書局"創辦者。廣搜孤本精刊，編有《粹芬閣珍藏善本書目》。潘景鄭（1903—2003），原名承弼，江蘇吴縣（今江蘇省蘇州市）人。版本目録學家，"寶山樓"藏書的擁有者之一。

《增訂四庫簡明目録標注》、《藏園訂補郘亭知見傳本書目》、《中國古籍善本書目》中著録《笠澤叢書》有宋、元、明刊本多種，然此碧筠草堂覆元刊本甚精，先父所藏這部又有清代校勘名家勞格批校及潘景鄭先生長篇題跋，文獻價值與收藏價值均重。此書爲先父所購藏之前後故事，具見其題跋之中。

〇七九

［宋］王安石撰、［宋］李壁注《王荆文公詩》五十卷《補遺》一卷

王荊文公詩卷之一

鴈湖李壁箋註

古詩

元豐行示德逢德逢姓楊與公鄰曲○按王直方雜記德逢號湖陰先生丹陽陳輔浙西佳士也每歲清明過金陵上冢事畢則至蔣山過湖陰先生之居清談終日歲率以爲常元豐辛酉癸亥頻歲訪之不遇題一絕於門云北山松粉未飄花白下風輕麥腳斜身似舊時王謝燕一年一度到君家湖陰歸見其詩吟賞久之曾稱於舒王聞之笑曰此正戲君爲尋常百姓耳湖陰亦大笑

四山翛翛映赤日田背坼如龜兆出詩予尾翛翛此借用○退之詩或如龜坼兆湖陰先生坐草室看踏溝車望秋實雷蟠電掣雲滔滔夜半載雨輸亭皋子虛賦云亭皋千里師古曰爲亭候於皋隰之地○埋牛尻言久旱得雨禾皆怒長其高可沒牛尻也旱禾秀發埋牛尻豆死更蘇肥莢毛倒持龍骨掛屋敖月令孟夏之月

一本晏上有南康二字

一本亡歊煩

題晏使君望雲亭

南康父老傳使君，疾呼急索初不聞。未曾遺汲谷簾水，谷簾在康王谷，有水簾飛泉，被岩而下者二三十派，其深不可計，其廣七十餘尺。陸鴻漸茶經第其水爲天下第一。三載秪望香爐雲。廬山記：香爐峯，山南山北皆有之，其形圓，從脊常出雲氣，故名香爐。雲徐無心澹無滓，使君恬靜亦如此。歘然一去掃遺陰，便覺煩歊漲千里。漲一作帳。歸田負載一作戴。子與妻，圃蔬園果西山西。出門亭皐百頃綠，望雲纔喜雨一犂。我知新亭望雲好，欲斸比鄰成二老。杜詩：與子成二老來往亦風流。莫嫌雞黍數往來，爲報襄陽德公嫂。語殺雞爲黍。○襄陽記：司馬德操嘗詣龐德翁，值其上冢，徑入其室，呼德翁妻子使速作黍，須臾德翁還，直入相就，不知何者是客也。

○溽亭 金陵志：溽亭在蔣山，廢久矣，余嘗過之。公詩又云：西崦水泠泠，沿岡有溽亭。

朝尋東郭來，西路歷溽亭。衆山若怨思，慘澹長眉青。迸

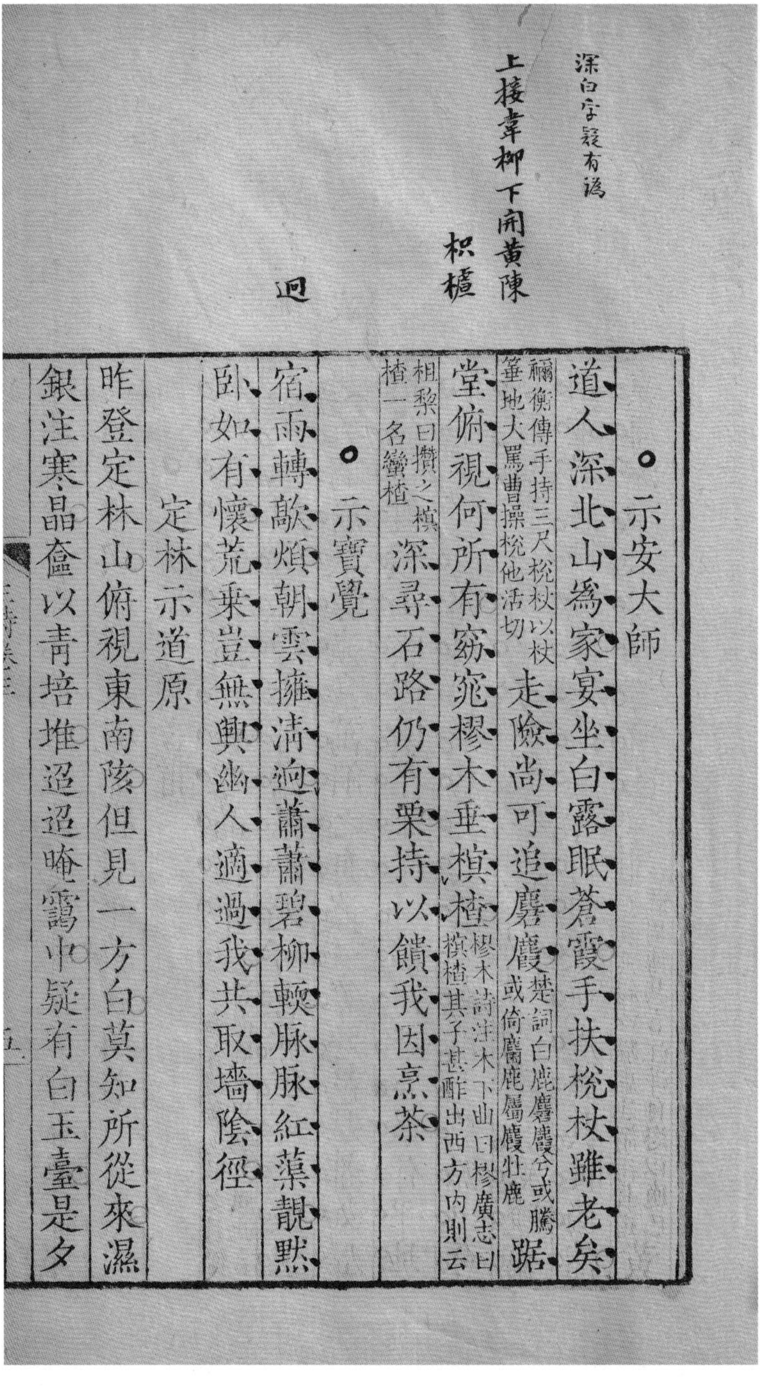

深白字疑有誤

上接韋柳下開黃陳

枳樝

迴

○示安大師

道人深北山為家宴坐白露眠蒼霞手扶梲杖雖老矣禰衡傳手持三尺梲杖以杖筆地大罵曹操梲他活切走險尚可追麏麚楚詞白鹿麏麚兮或騰或倚麏鹿屬麚牡鹿踞堂俯視何所有窈窕樛木垂榠樝樛木詩注木下曲曰樛廣志曰榠樝其子甚酢出西方內則云柤棃曰攢之榠樝一名蠻樝深尋石路仍有栗持以餽我因烹茶

○示寶覺

宿雨轉歊煩朝雲擁清逈蕭蕭碧柳輭脉脉紅蕖靚默臥如有懷荒乘豈無興幽人適過我共取墻陰徑

定林示道原

昨登定林山俯視東南陔但見一方白莫知所從來濕銀注寒晶奩以青培堆迢迢晻靄中疑有白玉臺是夕

半葉十一行，行二十一字，單魚尾，白口，左右雙闌，框高18.8厘米，寬14.3厘米，清乾隆六年（1741）海鹽張宗松清綺齋寫刊本，有龍榆生先生批校，鈐有先父“龍池精舍藏書”印。

龍榆生（1902—1966），本名沐勛，號忍寒，江西萬載人。現代著名學者、詞學大師，富有藏書。“龍池精舍”一名曾爲先父用作閒章，見鈐於其所藏之張敦仁請顧千里校定仿刻南宋撫州本《禮記鄭注》之上，又其跋明覆元至正刊本《師友雅言》之落款亦有“丙申十月十二日補記於終南山北龍池精舍”云云。

是書《增訂四庫簡明目録標注》、《藏園訂補郘亭知見傳本書目》著録有宋、元、明刊本，《中國古籍善本書目》著録有元大德五年（1301）刊本一部、明初刊本一部殘本、此張宗松清綺齋刊本四十八部（其中六部有批校）。此本雖多見，但先父所藏這部有龍榆生先生批校，亦爲其中之可貴者。

〇八〇

〔清〕吴偉業撰、〔清〕程穆衡箋、〔清〕楊學沆補注

《吴梅村先生詩集》十二卷附《詩餘》

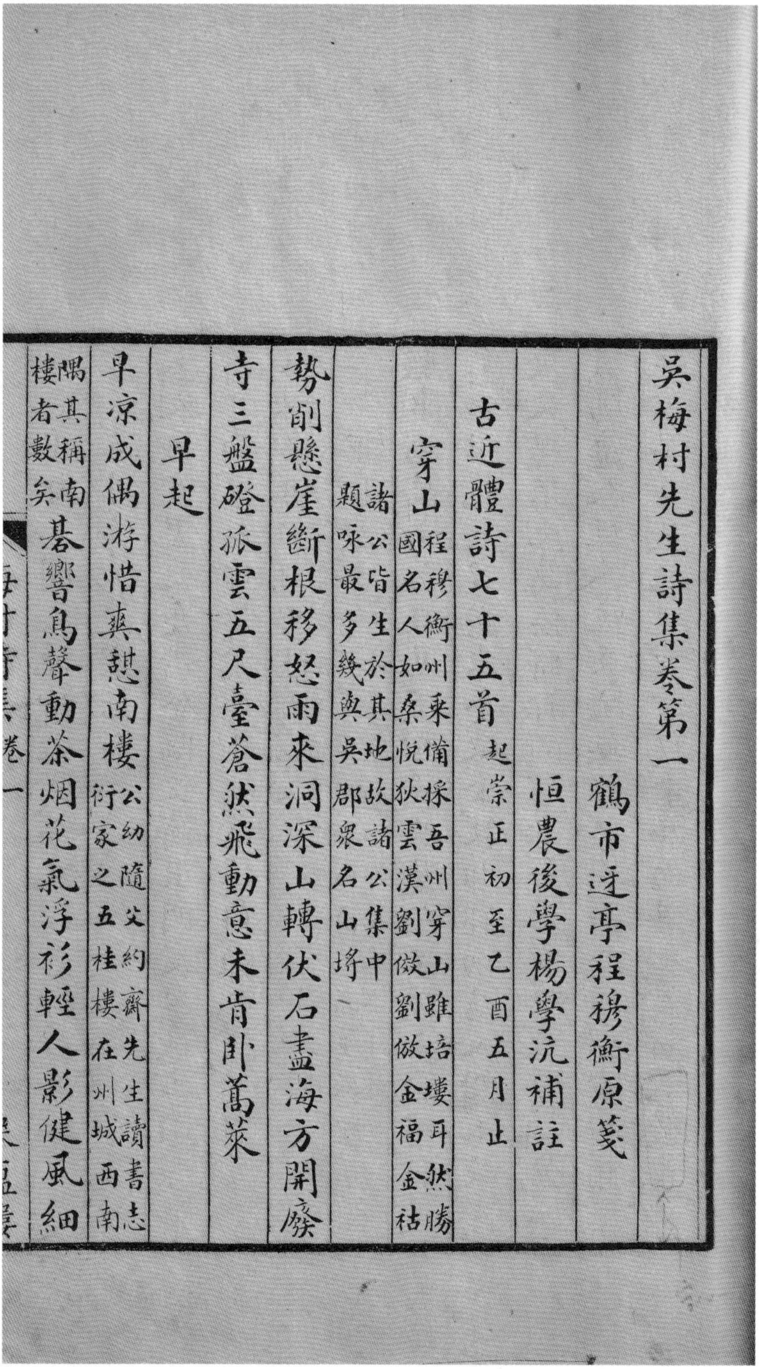

吴梅村先生詩集卷第一

鶴市逕亭程穆衡原箋

恒農後學楊學沆補註

古近體詩七十五首 起崇正初至乙酉五月止

穿山 程穆衡州乘備採吾州穿山雖培塿耳然勝國名人如桑悅狄雲漢劉傚劉傚金福金祜諸公皆生於其地故諸公集中題咏最多幾與吴郡衆名山埒

勢剷懸崖斷根移怒雨來洞深山轉伏石盡海方開廢寺三盤磴孤雲五尺臺蒼然飛動意未肯卧蒿萊

早起

早涼成偶游惜爽愬南樓 公幼隨父約齋先生讀書志衍家之五桂樓在州城西南隅其稱南樓者數矣 碁響鳥聲動茶烟花氣浮衫輕人影健風細

延儒而中言昌時通中官李端王裕民洩漏機密重賄入手輒豫揣溫旨告人帝怒甚御中左門親鞫昌時折其脛初國觀賜死謂昌時致之其門人魏藻德新入閣有寵恨昌時甚因與陳演共排延儒帝遣緹騎逮入京十二月昌時棄市命勒延儒自盡籍其家烽火名園竄狐兎畫閣偷窺老兵怒寧使當時沒縣官不堪朝市都非故我來倚棹向湖邊烟雨臺空倍惆悵宇內烟雨樓有四一在竟陵一在桂陽一在括蒼而著者首稱檇李樓在鴛鴦湖中累土成洲因洲建樓芳草乍疑歌扇綠落英猶認舞衣鮮人生苦樂皆陳迹年去年來堪痛惜聞笛休嗟石季倫銜杯且效陶彭澤君不見白浪掀天一葉危收竿還怕轉船遲世人無限風波苦輸與鴛湖釣叟知

附録徐電發釚曰鴛湖主人家居時極聲伎之樂後以事見法故吴祭酒梅村鴛湖曲有芳草乍疑歌扇綠落英猶認舞衣鮮之句余亦賦鴛湖感舊云曾説荒臺舞柘枝而今空見柳絲絲不因重唱鴛湖曲誰

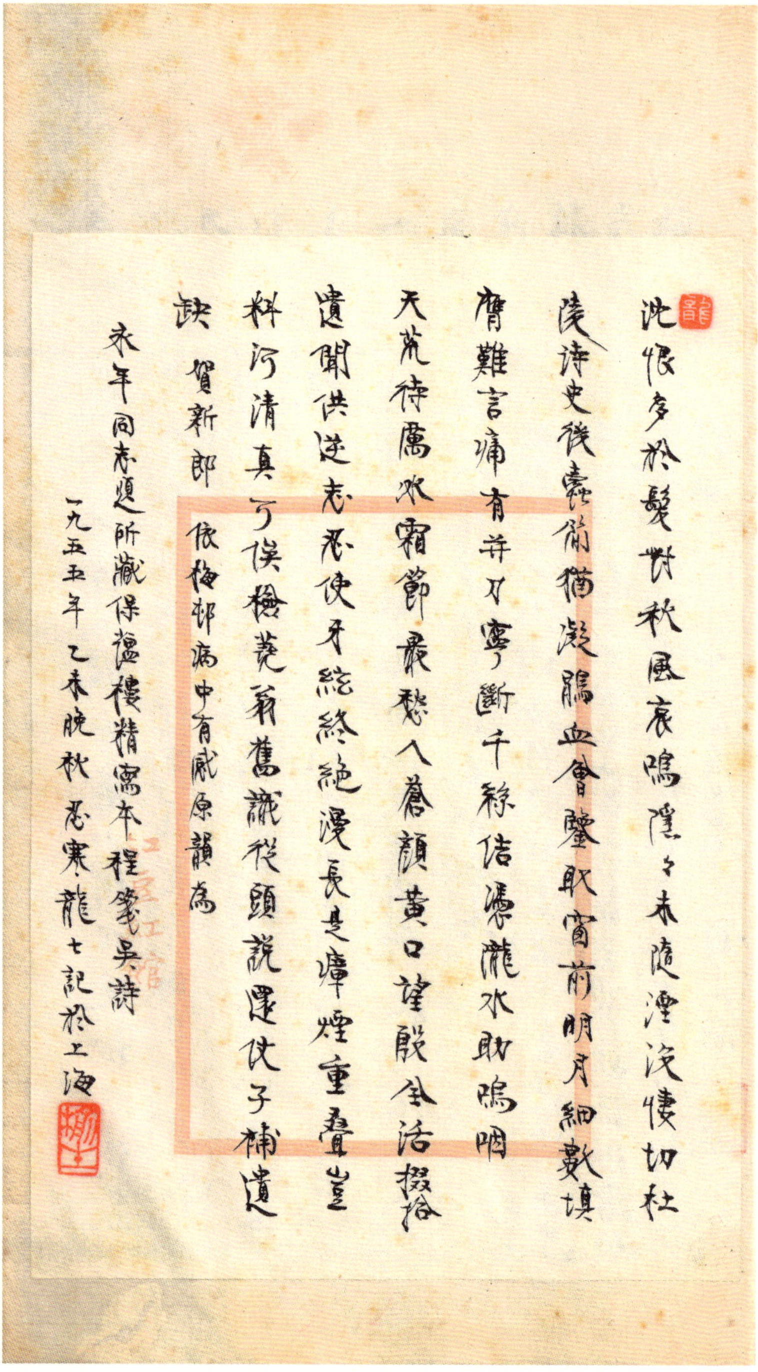
沈恨多於髮對秋風哀鳴隱々來隨湮沒悽切杜
陵詩史後蠹簡猶凝鵑血會鑿耿窗前明月細數填
膺難言痛有并刀寧斷千絲信憑灑水助鳴咽
天荒待属冰霜節最愁入蒼顏黃口望殷全活掇拾
遺聞供述志忍使牙絃終絕漫長是瘴煙重叠豈
料河清真可俟機蕉翁舊識從頭說還仗子補遺
缺 賀新郎 依梅郎病中有感原韻為
永年同志題所藏保蘊樓精寫本程箋吳詩
一九五五年乙未晚秋忍寒龍七記於上海

梅村韻文典麗允推一代詞宗遺集初刊為詩文四十卷又有家藏稿五十八卷經武進董氏精寫刊行較初刊本為善涵芬樓即據以景印入四部叢刊有各家箋注本之傳世者有錢陸燦之箋注靳榮藩之集覽吳翌鳳之箋注錢著久佚不傳靳吳二本流播為廣同時太倉程穆衡窮數十年之精力成詩箋十二卷詩餘附箋一卷稿成未得刊傳後經楊學沆為之補注重行寫定亦未付梓嘉慶中槜李戴光曾於閩中錄得一本携歸吾吳黄氏士禮居復從戴本錄副自是藏家互相傳寫咸以戴本為鼻祖近年太倉俞慶恩彙校各家鈔本刊入所輯太倉先哲遺書中推原不出戴本藩籬也吾友 黄君永年閱肆得此程箋全稿繕寫精整審其筆墨猶是乾隆間寫本卷中顯字塗抹是其明證取

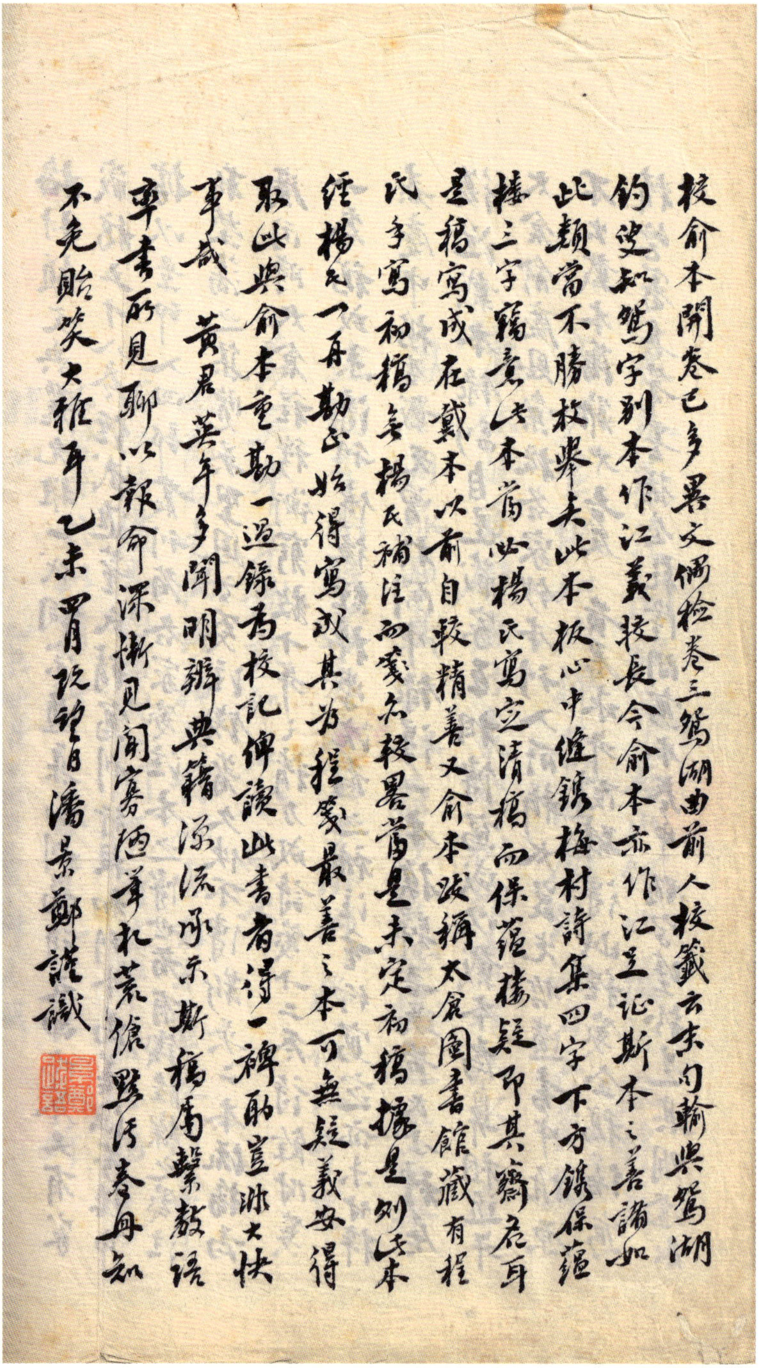

校俞本開卷已多異文偶檢卷三鴛湖曲前人校箋云末句輸與鴛湖
釣叟知鴛字別本作江義較長今俞本亦作江足證斯本之善諸如
此類當不勝枚舉矣此本板心中縫鐫梅村詩集四字下方鐫保蘊
樓三字竊意此本當必楊氏寫定清稿而保蘊樓疑即其齋名耳
是稿寫成在戴本以前自較精善又俞本跋稱太倉圖書館藏有程
氏手寫初稿無楊氏補注而箋亦較異當是未定初稿據是則此本
經楊氏一再勘正始得寫成其為程箋最善之本可無疑義安得
取此與俞本重勘一過錄為校記俾讀此書者得一禆助豈非大快
事哉　黃君英年多聞明辨典籍源流承示斯稿屬綴數語
率書所見聊以報命深慚見聞寡陋草札荒傖點污卷耑知
不免貽笑大雅耳乙未四月既望日潘景鄭謹識

展卷蒼茫問鶴市名山何比漫檢點傳薪
多少盈緗如此掃葉隨塵終滿目丹黃勘
處依然耳對麻沙棗梨似煙雲輕流水 星
鳳本同孤壘幾許劫蟲沙裏認鎸題保蘊勝
逾檇李明眼還看江夏子琳瑯收拾江千里
羨英年卓識孰如君今無矣

題辭既竟偶誦梅村詩餘意有未盡漫倚集中
滿江紅讀史韵勉成一闋深慚效顰姑誌鴻雪而
已附錄於此藉博 永年兄一粲即祈
指正 乙未四月十七日景鄭再識

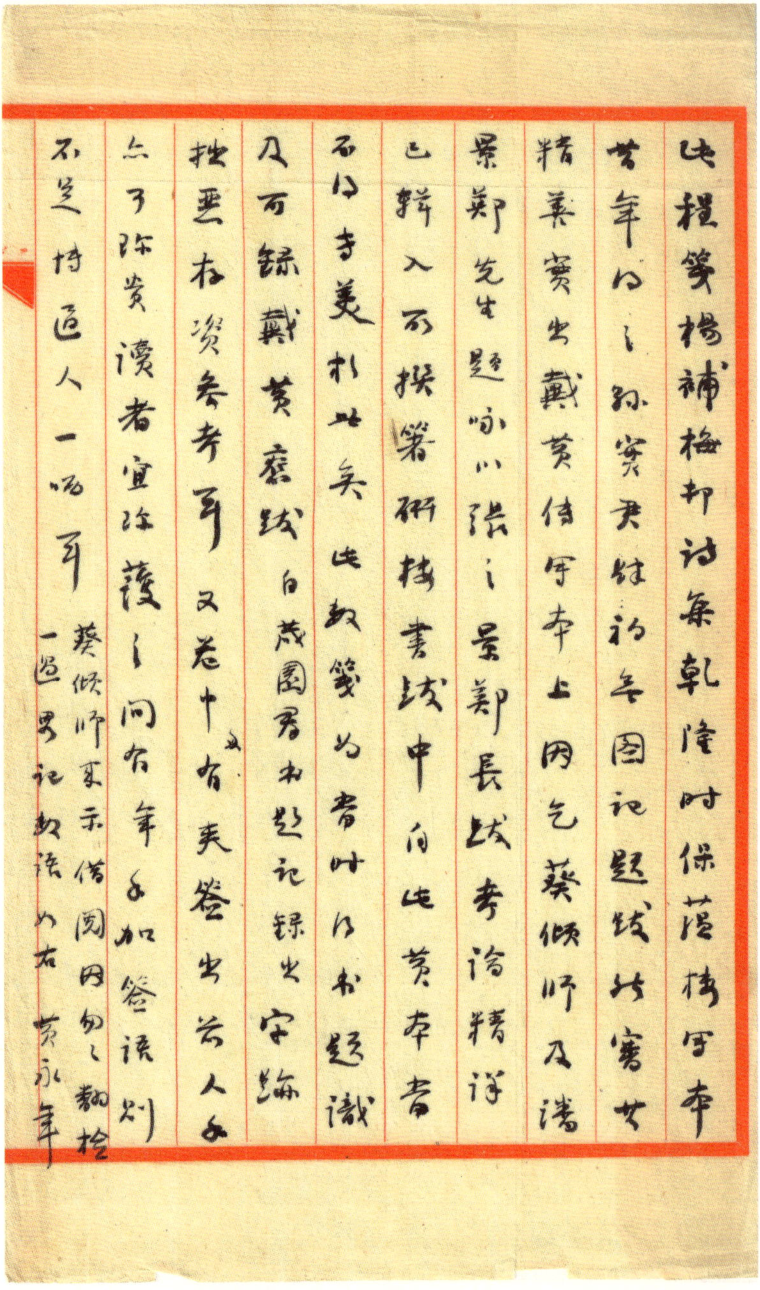
此種箋楊補梅村詩集乾隆時保蘊樓寫本，昔年得之孫實君，鈐初年圖記題跋於寒其精美，實出戴黃傳寫本上，因乞葵傾師及諸景鄭先生題詠，以張之。景鄭長跋考論精詳，已輯入所撰著硯樓書跋中，自此黃本書而得專美於世矣。此數箋為當時所未題識及可錄。戴黃蔡跋，自藏園君未題記錄出，字跡拙惡，存資參考耳。又卷中有又夾簽，出前人手，亦可珍貴，讀者宜珍護之。同治年手加簽語則不足恃，道人一笑耳。
葵傾師冥示借閱，因匆匆翻檢一過，略記數語如右。黃永年

半葉十一行，行二十一字，單魚尾，白口，左右雙闌，框高17.6厘米，寬14.5厘米，清乾隆年（1736—1795）保蘊樓鈔本，有龍榆生先生題詞及潘景鄭先生與先父題跋，鈐有龍榆生先生“小五柳堂”、“龍七經眼”印。

龍榆生先生題詞一首云：

沈恨多於髮。對秋風，哀鳴隱隱，未隨湮没。悽切杜陵詩史後，蠹簡猶凝鵑血。會鑒取、窗前明月。細數填膺難言痛，有并刀寧斷千絲結。憑隴水，助嗚咽。　天荒待厲冰霜節。最愁人，蒼顔黄口，望殷全活。掇拾遺聞供逆志，忍使牙絃終絶。漫長是、瘴煙重叠。豈料河清真可俟，檢蕘翁舊識從頭説。還仗子，補遺缺。《賀新郎·依梅邨〈病中有感〉原韻爲永年同志題所藏保蘊樓精寫本程箋吴詩》

一九五五年乙未晚秋忍寒龍七記於上海

潘景鄭先生題跋云：

梅村韻文典麗，允推一代詞宗。遺集初刊爲詩文四十卷，又有《家藏稿》五十八卷，經武進董氏精寫刊行，較初刊本爲善，涵芬樓即據以景印入《四部叢刊》者。各家箋注本之傳世者，有錢陸燦之《箋注》、靳榮藩之《集覽》、吴翌鳳之《箋注》，錢著久佚不傳，靳、吴二本流播爲廣。同時太倉程穆衡窮數十年之精力成《詩箋》十二卷、《詩餘附箋》一卷，稿成未得刊傳；後經楊學沆爲之補注，重行寫定，亦未付梓。嘉慶中，檇李戴光曾於閩中録得一本，携歸吾吴，黄氏士禮居復從戴本録副，自是藏家互相傳寫，咸以戴本爲鼻祖。近年太倉俞慶恩彙校各家鈔本，刊入所輯《太崑先哲遺書》中，推原不出戴本藩籬也。吾友黄君永年閲肆得此程箋全稿，繕寫精整，審其筆墨，尤是乾隆間寫本，卷中"顒"字塗粉，是其明證。取校俞本，開卷已多異文。偶檢卷三《鴛湖曲》，前人校籤云:"末句'輸與鴛湖釣叟知'，'鴛'字别本作'江'，義較長。"今俞本亦作"江"，足証斯本之善。諸如此類，當不勝枚舉矣。此本板心中縫鎸"梅村詩集"四字，下方鎸"保蘊樓"三字，竊意此本當必楊氏寫定清稿，而保蘊樓疑即其齋名耳。是稿寫成在戴本以前，自較精善，又俞本跋稱太倉圖書館藏有程氏手寫初稿，無楊氏補注，而箋亦較畧，當是未定初稿。據是則此本經楊氏一再勘正，始得寫成，其爲程箋最善之本可無疑義。安得取此與俞本重勘一過，録爲校記，俾讀此書者得一裨助，豈非大快事哉！黄君英年多聞，明辨典籍源流，承示斯稿，屬繫數語，率書所見，聊以報命。深慚見聞寡陋，筆札荒傖，點污卷册，知不免貽笑大雅耳。乙未四月既望日潘景鄭謹識。

展卷蒼茫，問鶴市、名山何比。漫檢點、傳薪多少，盈緗如此。掃葉隨塵終滿目，丹黄勘處依然耳。對麻沙棗梨似煙雲，輕流水。　　星鳳本，同孤壘。幾許刧，蟲沙裏。認鎸題保蘊，勝逾檇李。明眼還看江夏子，琳瑯收拾江千里。羡英年卓識孰如君，今無矣。

題辭既竟，偶誦梅村詩餘，意有未盡，漫倚集中《滿江紅》讀史韵勉成一闋，深慚效顰，姑誌鴻雪而已。附録於此，藉博永年兄一粲，即祈指正。乙未四月十七日景鄭再識。

先父題跋云：

此程箋楊補《梅邨詩集》，乾隆時保藴樓寫本，昔年得之孫實君肆，初無圖記題跋，然審其精善，實出戴、黄傳寫本上，因乞葵傾師及潘景鄭先生題詠以張之。景鄭長跋，考論精詳，已輯入所撰《箸研樓書跋》中，自此黄本當不得專美於世矣。此數箋爲當時得書題識及所録戴、黄舊跋，自《藏園羣書題記》録出。字跡拙惡，存資參考耳。又卷中多有夾簽，出前人手，亦可珎賞，讀者宜珎護之。間有年手加簽語，則不足博通人一哂耳。葵傾師來示借閲，因匆匆翻檢一過，畧記數語如右。黄永年。

龍榆生（1902—1966），本名沐勳，號忍寒，江西萬載人。現代著名學者，詞學宗師，亦爲藏書家。潘景鄭（1907—2003），原名承弼，江蘇吴縣（今江蘇省蘇州市）人。知名藏書家、版本鑒定家，“寶山樓”藏書擁有者之一。與顧廷龍編成《明代版本圖録》，輯佚書一百餘家，題爲《著硯樓佚書》。

是書《增訂四庫簡明目録標注》未有著録,《藏園訂補郘亭知見傳本書目》僅著録有嘉慶十六年（1811）黄氏士禮居鈔本,《中國古籍善本書目》中之著録，既有程穆衡箋又有楊學沆補注者僅有鈔本一部。先父所藏此鈔本兼有程箋楊注，原即罕見，又經龍榆生先生題詞、潘景鄭先生題跋，因此極具文獻價值。

〇八一

［清］王士禛《漁洋山人精華録》十卷

漁洋山人精華錄卷一

門人侯官林佶編

古體詩

對酒

宋書樂志有魏武帝對酒歌、魏樂奏此歌、

對酒歌慨慷自我屬有生共得睹太平皇帝陛下惟樂康宫府治丞相無私人諸諫官彈射姦慝咸有直聲自中丞刺史良二千石各各有廉名日南交趾皆我郡縣蠻夷君長以時稽首殿庭屬國具為令文筍生犀来王京幸太學三老而五更遂湯民爵一級存問長老遺都吏循行大酺十日除宫刑美人曼壽百室豐盈

慕容垂歌

三解

慕容初入鄴已有虎狼志前驅丁零部後面鮮卑騎

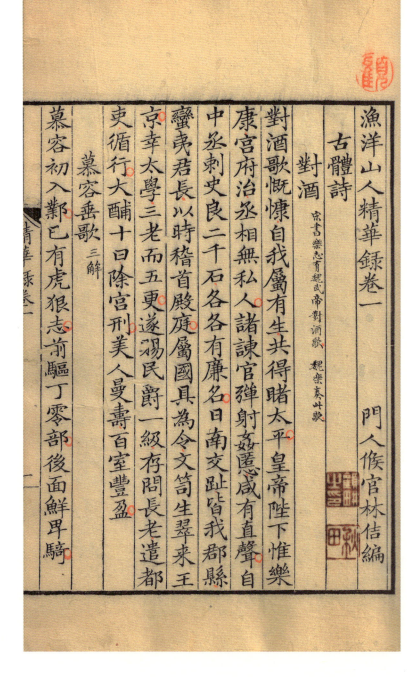

郭縱以鐵冶成業与王者埒富 販脂辱行也而雍伯千金 出貨殖列傳 翁伯漢書作雍伯 灑削薄技而郅氏鼎食 胃脯簡微而濁氏連騎 馬醫淺方而張里擊鍾 俱貨殖傳

灌夫字仲孺 父死吳軍 灌夫為父復讎

灌夫罵臨汝侯生平毀程不識不直一錢∴效兒女曹呫囁耳語

史記衛青父鄭季給事平陽侯家与衛媼通生青 衛時有一鉗徒相之曰貴人也 官至封侯

廣曰廣年六十餘不能復對刀筆之吏遂自剄

灑音洗 灑削謂洗濯修飾刀劍者 胃脯危高羊胃者

縱出鑄冶翁伯起販脂灑削既鼎食胃脯亦連騎志士守蓬藋不如交馬醫索帶披敝衷不如規魚陂

我愛灌仲孺意氣薄雲天長嘯入吳軍指顧堅壁穿長戟鬱龍蟠怒騎如風旋聲名冠諸侯皆曰夫夫賢魏其勢既落田氏寵益專朝請考工地夕奪城南田丞相故賓客顧盼忽屢遷笑罵顧四筵殊不直一錢當時膝席子岌岌皆危冠

丞相蚡封武安侯

鄭季有孽子少小為人奴騎從平陽主給事建章居朝拜大將軍封侯詫鉗徒遂復還尚主賜第耀通衢隴西老飛將猿臂雄萬夫白首不得侯心折幕府書誰能對刀筆臨風自掮軀天道有如此千古同欷歔

李廣匈奴號為飛將軍

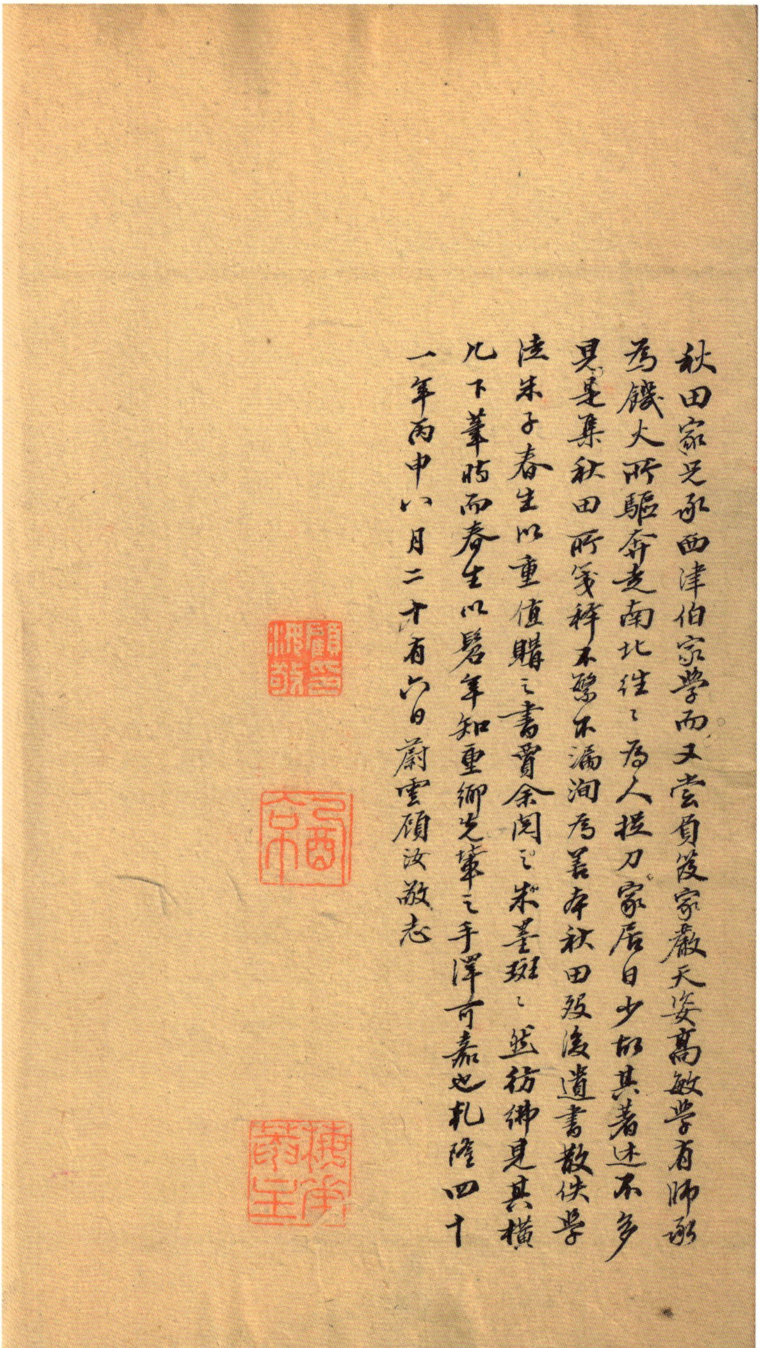
秋田家是承西津伯家學而又嘗負笈家巖天姿高敏學有師承
為饑火所驅奔走南北往往為人捉刀家居日少故其著述不多
見是集秋田所箋釋未竣亦漏洞為善本秋田歿後遺書散佚學
海朱子春生以重值購之書賈余閱之求其斑斑並彷彿見其橫
九下筆時而春生以髫年知重鄉先輩之手澤可嘉也乾隆四十
一年丙申六月二十有六日蔚雲顧汝敬志

半葉十一行，行二十一字，單魚尾，細黑口，左右雙闌，框高18.6厘米，寬14.7厘米，清康熙三十九年（1700）林佶寫刊本，有清人沈鴻墨筆批校以及顧汝敬題跋，除鈐有沈鴻“秋田”印及顧汝敬“顧”、“顧畊之印”外，還有“正誼齋”印。

顧汝敬題跋云：

秋田家兄承西津伯家學，而又尝負笈家嚴，天姿高敏，學有師承，爲饑火所驅，奔走南北，往往爲人捉刀，家居日少，故其著述不多見。是集秋田所箋釋不繁不漏，洵爲善本。秋田歿後，遺書散佚，學徒朱子春生以重值購之書賈，余閱之朱墨斑斑然，彷彿見其横几下筆時。而春生以髫年知重鄉前輩之手澤，可嘉也。乾隆四十一年丙申八月二十有六日蔚雲顧汝敬志。

沈鴻，生卒年不詳，字秋田，浙江歸安（今浙江省湖州市吴興區）人，清代校勘名家何焯弟子沈寶研之子，喜校讎古籍。顧汝敬（1730—1806），字配京，號蔚雲，江蘇吴江（今江蘇省蘇州市吴江區）人。與友人結竹溪詩社，以詩酒自娱，撰有《研漁莊詩文稿》、《説叢畫苑》。

是書《增訂四庫簡明目録標注》除著録此寫刊本外，尚有《漁洋全集》本，《藏園訂補郘亭知見傳本書目》僅著録有此寫刊本，《中國古籍善本書目》著録有四十一部此刊本，其中四部有批校、題跋。然此林佶寫刊本之翻刻本甚多，且酷似，故疑《善本書目》著録四十一部中部分即爲翻刻本。先父所藏此部則確係原刊無疑，並有沈鴻批校及顧汝敬題跋，因此文獻價值與收藏價值均頗高。

〇八二

［清］施潤章《施愚山先生別集》四卷《外集》二卷

施愚山先生別集卷之一

曾孫企念曾校

蠖齋詩話

玉山

玉山慧照寺在宣城東郭外八里宋治平中爲會勝院有沃洲亭梅尚書詢嘗讀書院中聖俞詩當年吾叔讀書處夜夜濕螢來復去李含章亦嘗隱此每風月良夕吹鐵笛吟嘯自如元張浚明詩春風跨馬銀鞍穩夜月騎牛鋏蓬閒自注梅尚書遊此乘銀鞍馬皆玉山佳話也山起平野臨東谿如拳而曲寺嵌山阿竹樹叢蔽子有迴峰陰寺閣深竹靜巖扉邢孟貞以爲山之寶錄少時每春秋佳日必往遊嘗看新笋作短詞有僧杜心可

詩話二卷
雜著二卷

施愚山先生別集

本衙藏板

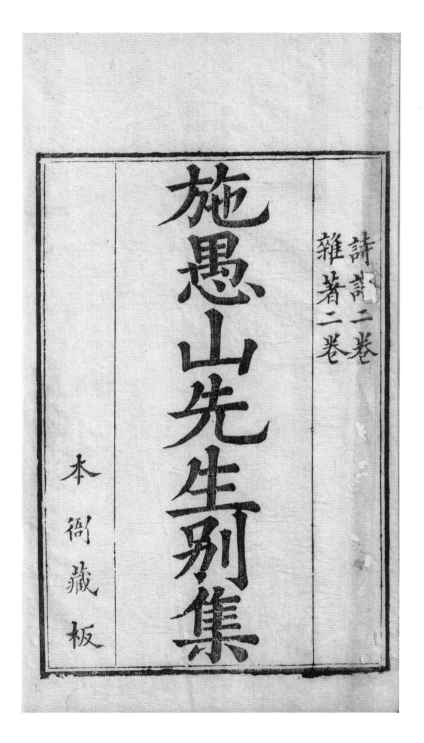

半葉十一行，行二十一字，單魚尾，白口，四周雙闌，框高17.4厘米，寬13.6厘米，清乾隆三十年（1765）刊本，鈐有“溪畊餘樓藏”、“兼尹辨察藏書”印。

是書《增訂四庫簡明目録標注》未有著録，《藏園訂補郘亭知見傳本書目》著録有此本，然或有《别集》，或有《外集》，而無《别集》與《外集》皆備者。《中國古籍善本書目》則著録此本有二十部，其中八部爲殘本。故可知此刊本之完整者亦不多見，先父所藏因而自具全本之價值。

〇八三

［清］厲鶚《樊榭山房集》十卷《續集》十卷《文集》八卷

樊榭山房集卷第一

錢唐　厲　鶚　太鴻

詩甲

金壽門見示所藏唐景龍觀鐘銘拓本以下甲午

嗜古金夫子貪若籠百貨墨本爛古色不受寒具涴便續金石録明誠不是過鐘銘最後得斑駁豈敢唾煕眼三百字字蟠螭大撫迹思景雲往事去無那初翦桑條革柘袍受朝賀笵鐘崇玉淸搆炭飛廉佐九乳器未亡雄詞壓寒餓裴比李仙丹徵句迭倡和虛無奚足稱懋績於此墮吾思景鐘銘天筆濫傳播

游無門洞

陰竇絶巘景石雨垂癡龍白雲嬾不收繚繞東嵒松定僧涌壁像海衆驚靈蹤藤花拂又落暝聞烟際鐘

樊榭山房文集卷第一

錢唐厲　鶚　太鴻

授衣賦 以衣被蒼生既安且燠爲韻丙辰京師作

若夫泰風應律素顥遺飛日大火以次舍月西陸以揚輝驗寒氣兮總至願時服兮無違占四人之月令授重褚之溫衣授必有所受也於焉敬天府之受衣之爲言依也以是念小民之依觀其義取章身美稱在笥典枲呈材功褎告備嬪貢紀其匪頒縫人獻其歲事適百體於舒徐冀羣氓之暢遂少昊執矩法宮高拱以廉深皃湯舉秋窮簷煦嫗而覆被爾乃九重有善政四海無寒鄉挾纊非可以戶給衣帛固由其力償蟲悽悽以語月雁嚦嚦以迎霜杼響停於前戶燈影映於鄰牆井宿縣而已涑火申繪而有光刀尺耀其摻手綫縷縈此迴腸將以貯八蠶之

樊榭山房文集序

吾師樊榭厲先生以詩古文名東南者垂四十年少孤貧僦居杭城東園蔬畦麥瓏間敝屋數椽讀書不輟甫冠補博士弟子員績學攻古文詞聲雋一黌領康熙庚子鄉薦兩上春官不售遂不復赴計偕乾隆丙辰應

制科之徵重入都門名公卿及魁儒碩彥莫不擬先生當膺首選迺

廷試日以書寫論賦題先後錯誤被放隨翻然遄歸同徵諸公祖道國門外賦詩爭歎息先生曰吾本無宦情今得遂幽慵之性菽水以奉老親薄願畢矣自此亦不復謁選入中年客遊揚州馬嶰谷員外半查徵士兄弟延主其家小玲瓏山館馬氏儲書甲江左先生學殖本宏富又得諸未見之遺文祕牒朝夕漁

樊榭山房文集序　一

樊榭山房集

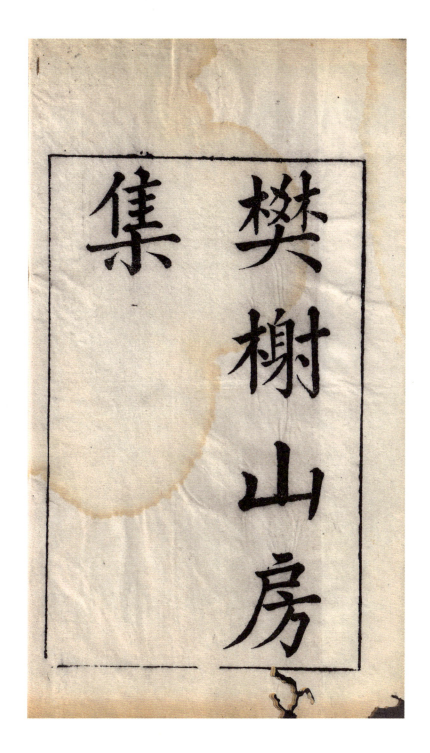

半葉十二行，行二十四字，單魚尾，白口，四周單闌，框高18.8厘米，寬13.8厘米，清乾隆四十三年（1778）原刊本，除鈐有王宗炎“王宗炎所見書”及先父“江陰黄永年藏書之記”印之外，另有“仲求過眼”印。

王宗炎（1755—1826），原名琰，乾隆四十五年（1780）進士，學者，著名藏書家，家藏十餘萬卷書籍，築十萬卷樓以儲之。

據《增訂四庫簡明目録標注》著録此書有清乾隆刊本、光緒七年（1881）刊本、光緒十年（1884）錢塘汪氏振綺堂刊本，《藏園訂補郘亭知見傳本書目》著録與此相同，《中國古籍善本書目》著録附《文集》八卷之乾隆刊本僅有六部。先父所藏此部係原刊初印本，且爲大藏書家王宗炎舊物，因此頗具收藏價值。

〇八四

［清］顧炎武《亭林集》二十七卷

亭林文集卷之一

北嶽辨

古之帝王其立五嶽之祭不必皆於山之巔其祭四瀆不必皆於其水之源也東嶽泰山於博中嶽泰室於嵩高南嶽灊山於灊西嶽華山於華陰北嶽恒山於上曲陽皆於其山下之邑然四嶽不疑而北嶽疑之者恒山之綿亘幾三百里而曲陽之邑於平地其去山趾又一百四十里此馬文升所以有改祀之請也河之入中國也自積石而祠之臨晉江出於岷山而祠之江都濟出於王屋而祠之臨邑先王制禮因地之宜而弗變也考之虞書十有一月朔巡守至于

意於所仇或肆威於亾國未必非斯言啓之也然則鞭墓可乎亦曰員之所以爲員而已矣

讀隋書

古今稱國計之富者莫如隋然攷之史傳則未見其有以爲富國之術也當周之時酒有榷鹽池鹽井有禁入市有稅至開皇三年而竝罷之夫酒榷鹽鐵市征乃後世以爲關於邦財之大者而隋一無所取則所仰賦稅而已然開皇三年調絹一匹者減爲二丈役丁十二番者減爲三十日則行蘇威之言也繼而開皇九年以江表初平給復十日自餘諸州竝免當年租稅十年以宇內無事益寬徭賦百姓年五十者

書廣韻後　讀宋史陳遘

汝州知州錢君行狀　吳同初行狀

書吳潘二子事　歙王君墓誌銘

山陽王君墓誌銘　富平李君墓誌銘

謁攢宮文四首

華陰縣朱子祠堂上梁文

卷之六　補遺

軍制論以下四論乙酉歲作　形勢論

田功論　錢法論

子胥鞭平王之尸辨　讀隋書

天下郡國利病書序　肇域志序

林文集目錄　三

半葉十一行，行二十字，單魚尾，白口，左右雙闌，框高18.4厘米，寬14.3厘米，清乾隆年（1736—1795）初印本，鈐先父“永年經眼”印及辛德勇教授“未亥室”印。

《增訂四庫簡明目録標注》著録是書《亭林遺書》本、《亭林遺書匯輯》本、《學古齋金石叢書》本，《藏園訂補郘亭知見傳本書目》著録者則清潘耒刊本、清嘉慶年刊本，《中國古籍善本書目》僅著録有一部王國維批校清刊本以及一部清鈔本。該書最早之刊本係顧炎武門人潘耒編輯，却誤將元人朱德潤《讀隋書》收入，後發覺，便將此文移出，换爲《顧與治詩》、《方月斯詩草序》兩篇文字。而先父所藏此本中，《讀隋書》一篇赫然在目，故係初印之本，較爲難得。此書原爲先父弟子辛德勇教授購得，後先父以一部清代稀見精刻本與其交换獲得。

〇八五

［清］趙翼《甌北集》二十四卷

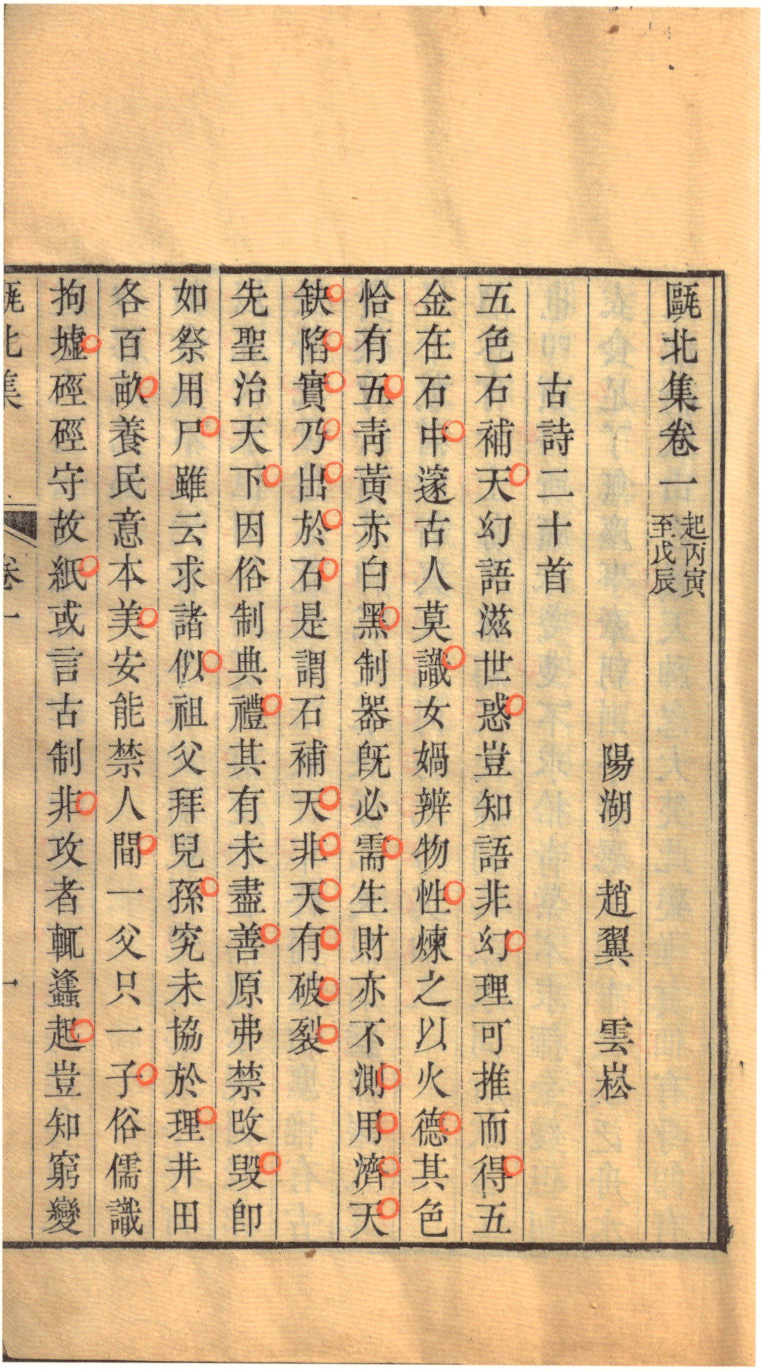

甌北集卷一 起丙寅至戊辰

陽湖 趙翼 雲崧

古詩二十首

五色石補天幻語滋世惑豈知語非幻理可推而得五金在石中遂古人莫識女媧辨物性煉之以火德其色恰有五青黃赤白黑制器旣必需生財亦不測用濟天缺陷實乃出於石是謂石補天非天有破裂

先聖治天下因俗制典禮其有未盡善原弗禁改毀卽如祭用尸雖云求諸似祖父拜兒孫究未協於理井田各百畝養民意本美安能禁人間一父只一子俗儒識拘墟硜硜守故紙或言古制非攻者輒蠭起豈知窮變

甌北集 卷一 一

甌北詩集序

吾友趙甌北觀察自黔中解官歸閒居奉母以其暇裒輯生平所爲詩約二千首將付梓郵寄示余屬爲其序嗚呼君可傳者不止此而天下後世苟資其言尚論舍是亦無以相見君少負逸才年二十餘以諸生入京師聲籍甚旋舉京兆官中書舍人入直樞要進

奏文字多出君手每歲秋扈從出塞戎帳中無几案君伏地起草頃刻千百言不加點辛巳以第三人及第入翰林名益爆丐詩文者戸屨恒滿君濡墨伸紙無不滿其意而去如李衛公行雨手中一滴

半葉十一行，行二十一字，單魚尾，白口，左右雙闌，框高18.5厘米，寬14.1厘米，清乾隆四十二年（1777）刊本，初印，鈐先父“黄永年藏書印”。

趙翼（1727—1814）爲清乾嘉學派史學三大家之一，學識淵博，所著《廿二史劄記》與錢大昕《二十二史考異》、王鳴盛《十七史商榷》合稱清代三大史學名著。

是書爲趙翼詩文集，《增訂四庫簡明目録標注》著録有嘉慶年（1796—1820）湛貽堂刊本，《藏園訂補郘亭知見傳本書目》著録有清鈔本，而先父所藏此本爲乾隆四十二年之刊刻初印本，甚是難得。

〇八六

［清］黄景仁《兩當軒全集》二十二卷《考異》二卷《附録》六卷

兩當軒集卷第一

武進黃景仁著

古近體詩八十三首

初春 癸未年起

未覺氈爐煖，旋懷柑酒新。池臺平入夜，原野渺含春。物外欣然意，風前現在身。中宵感幽夢，冰雪尚嶙峋。

舟中詠懷

旦發極清曠，夕眺俄幽亙。沙迷歸浣蹤，葉積返樵徑。白水寒較明，昏霧薄將凝。動搖虛舟賞，超越滄洲興。同調聞巖岑，秦越罕投贈。長歌闋以再，傾耳誰與應。殊悲生事薄，聊覺野情勝。中宵風鶴聲，淒肅彌孤聽。

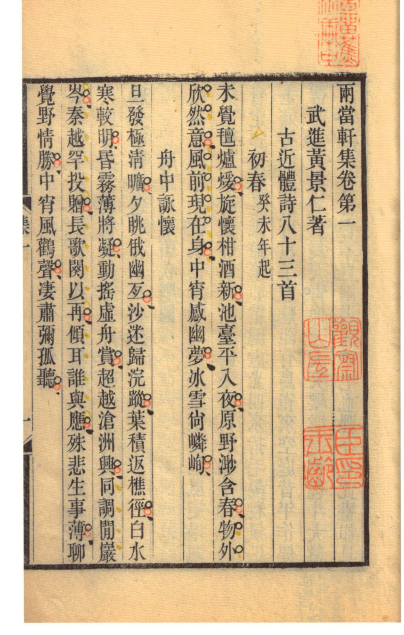

硎正韻奚經切音形砥石莊子刀刃若新發於硎

清明步城東有懷邵二仲遊

水明樓下漲紋平柳外遥山抹黛輕二月江南好風景故人此日共清明征鴻歸盡書難寄燕子來時雨易成尋遍艤舟亭畔路送君行處草初生

題馬氏齋頭秋鷹圖

秋高江館寒生稜眼芒忽觸瑶光星空塵動壁風旋颯颯爽下擊要離精金睟窈注緊腦側下若萬騎相摩聲凝神看定知是畫是誰掃筆如霜硎虛光四來指毛髮殺氣迅走兼英靈懸此可以了魑魅詎有鳥雀來空庭昔年作健臂而走一揮飛破長天青仰天大笑纓索絶毰毸斗大盤高城沙黄日白杳不見圍場散盡毛血腥今見此畫如見

杜詩側腦看青霄

毰毸毰音裴毸音鰓張羽貌一曰鳳舞也韓文公詩與酒毰毸

兩當軒集目錄

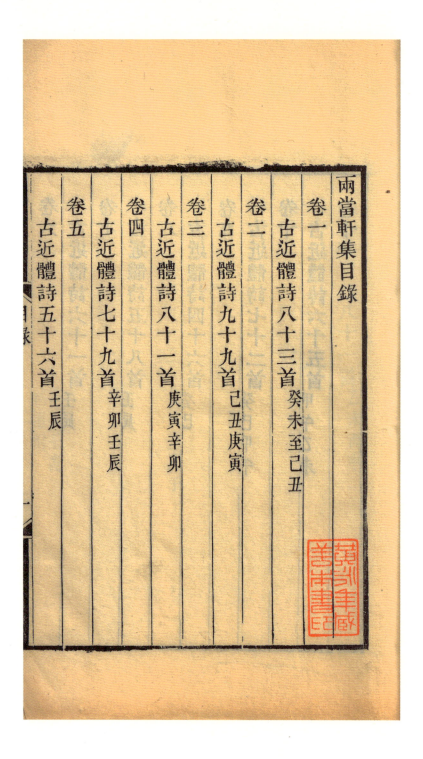

卷十七

詩餘七十四首戊子至庚寅

卷十八

詩餘六十六首庚寅至壬辰

卷十九

詩餘七十六首壬辰至辛丑補遺附

卷二十

遺文

咸豐十年夏五月十日得於寰城書鋪中　汪玉齡記

陽湖楊肇基
楊翰雲合鐫

半葉十一行，行二十二字，雙魚尾，黑口，四周單闌，框高17.6厘米，寬12.8厘米，清咸豐八年（1858）黃氏家塾原刊本，有圈點、批校及汪玉齡題記，除鈐有汪玉齡“臣玉齡印”及先父“黃永年藏善本書印”外，還有“觀齋山屋”印。

汪玉齡題記云：

咸豐十年夏五月十日得於虞城書鋪中。汪玉齡記。

汪玉齡，生卒年不詳，江蘇吴縣（今江蘇省蘇州市）人，當爲中醫，撰有《傷寒原文讀本》。

《增訂四庫簡明目録標注》之著録中僅有《兩當軒全集》十四卷本，《藏園訂補郘亭知見傳本書目》著録是書有清咸豐八年黃氏家塾刊本、光緒二年（1876）黃氏家塾刊本。而先父所藏此部咸豐刊全本有清人批校、題跋，因此有文獻與收藏價值。

〇八七

［清］敦誠《四松堂集》五卷

四松堂集卷一

宗室敦誠敬亭

古今體詩一百三十七首

田家樂

一村西崦下二頃南山陽春犂得時雨麥隴耘其莨小兒牧犢豕大兒築圃場老妻上機杼阿女縫衣裳雛孫護鷄塒中婦炊黃粱男女各有役好樂貴無荒既畢我公賦乃盈我倉箱豐年足衣食野人奚所望

夜景

東林一片月西園滿山雪寒夜獨自歸天地同皎潔

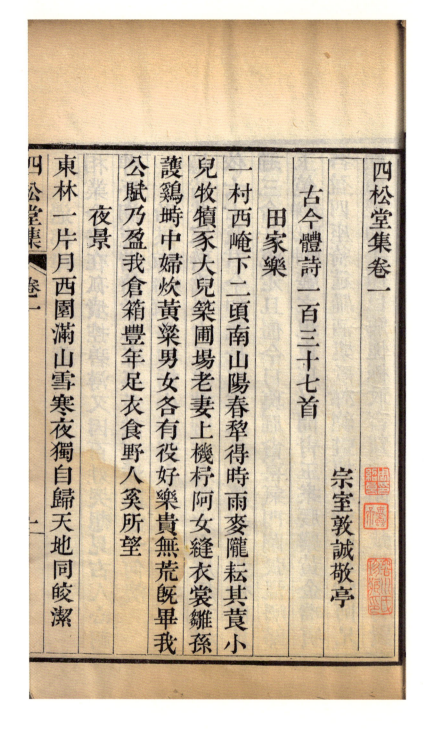

季爲之架屋數間至春分前拆之余笑謂曰先生不亦勞乎答曰與其屈曲於人効奔走何如爲花所役耶相與大噱

嵩山先生一夕夏日雨後於花下臥得句云雨後方知葉有香舉示余余曰此非靜極淡領其眞味者不能道少陵之心淸聞妙香義山之掃後更聞香同一眞境隨意得句那得不佳

四松堂集卷五

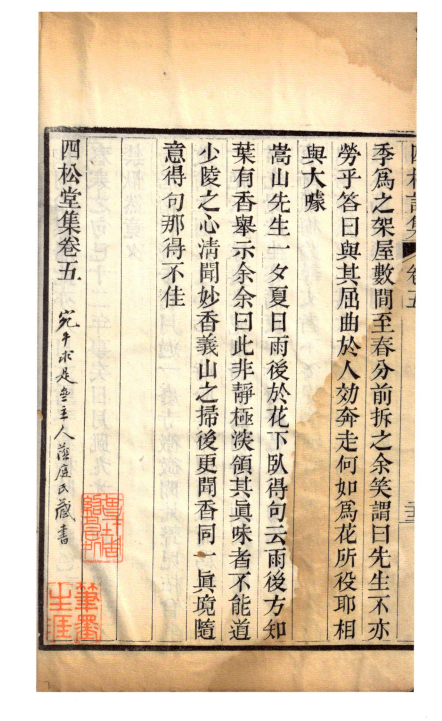

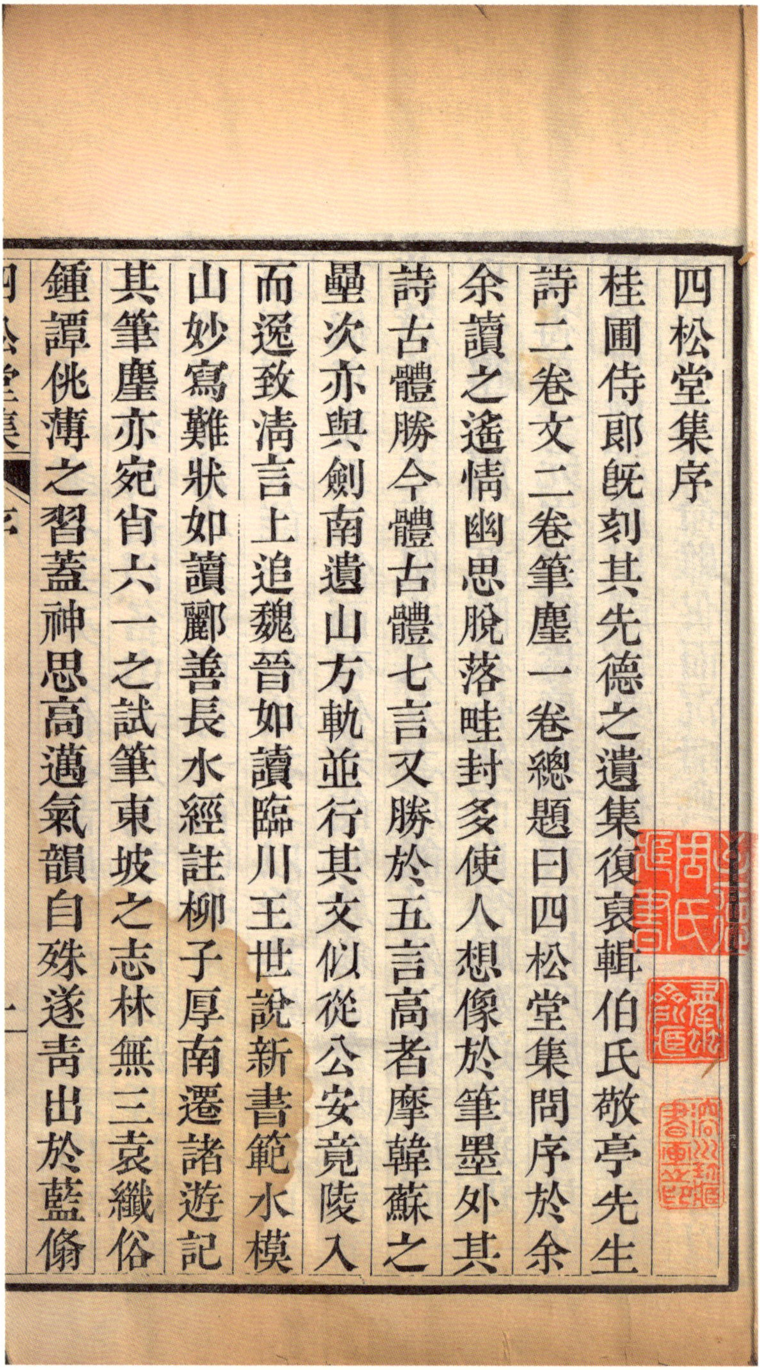

四松堂集序

桂圃侍郎既刻其先德之遺集復裒輯伯氏敬亭先生詩二卷文二卷筆麈一卷總題曰四松堂集問序於余余讀之遙情幽思脫落畦封多使人想像於筆墨外其詩古體勝今體古體七言又勝於五言高者摩韓蘇之壘次亦與劍南遺山方軌並行其文似從公安竟陵入而遂致清言上追魏晉如讀臨川王世說新書範水模山妙寫難狀如讀酈善長水經註柳子厚南遷諸遊記其筆麈亦宛肖六一之試筆東坡之志林無三袁纖俗鍾譚佻薄之習蓋神思高邁氣韻自殊遂青出於藍儕

四松堂集 序 一

半葉十行，行二十一字，單魚尾，白口，四周雙闌，框高19.4厘米，寬14.5厘米，清此嘉慶元年（1796）原刊本，有蔭庭題識，鈐印除有周紹良先生“至德周氏藏書”、“蠹齋”、“蠹齋所藏”、“周紹良印”、“曾在周紹良處”諸印外，還有“溶川氏珍藏印”、“溶川珍藏書畫之印”、“淡遠”、“筆墨生涯”等印。

周紹良（1917—2005），現當代著名學者、收藏家，精於文物鑒定，爲先父摯友。原籍安徽建德（今安徽省池州市東至縣），曾祖係清末兩廣總督周馥，祖父爲著名實業家周學熙，父親即著名佛學家周叔迦，家世顯赫，所藏頗豐。

敦誠爲《紅樓夢》作者曹雪芹摯友，所著《四松堂集》係研究《紅樓夢》之要籍。此書《增訂四庫簡明目録標注》、《藏園訂補郘亭知見傳本書目》皆未著録，《中國古籍善本書目》僅著録浙江省圖書館藏有一部此嘉慶元年（1796）刊本，國家圖書館藏一部稿本，中國科學院自然科學史研究所藏一部清鈔本。先父所藏此刊本係1984年上海古籍出版社影印本之底本，乃得之於好友周紹良先生。此事經過爲：一日先父進京時向紹良先生提出可否將此書割愛，並戲言“一棵松樹一百元”，紹良先生非常爽快地答應下來，並隨即邀請先父至京城最正宗之前門全聚德烤鴨店食烤鴨，結果竟花費二百多元，已吃去“兩棵多松樹”矣。

○八八

〔清〕彭兆蓀撰、〔清〕孫元培注《小謨觴館集注》十六卷

小謨觴館詩集注卷一

錢唐孫元培仝姪長熙纂輯

樓煩集 辛丑迄丁未

山西通志周王會圖有樓煩國戰國屬趙唐置寧武軍國朝雍正三年改爲府領縣四　許愼說文解字湟水出金城羌塞外東入河　明史孝宗紀宏治十三年火篩寇大同明史外國列傳瓦剌亦蒙古部落在韃靼西　明徐綏新置寧武關記山西瀕塞要害之關三雁門偏頭及新置寧武是也　杜甫夜詩白夜月休弦　江淹恨賦鬱青霞之奇意南史曹景宗傳逐麞數肋射之渴飲其血　孟郊送淡公詩手拍銅斗歌　文心雕龍辨騷吟諷者銜其山川　韓愈贈崔立之詩戢戢已多如束筍　蘇軾澠池懷舊詩人生到處眞何似好似飛鴻踏雪泥泥上偶然留指爪鴻飛那復計東西　北齊書神武帝紀使斛律金唱敕勒歌自和之　孟郊聞角詩已聞孤月口能說落星心

企喻歌二首 辛丑

小謨觴館集注十六卷

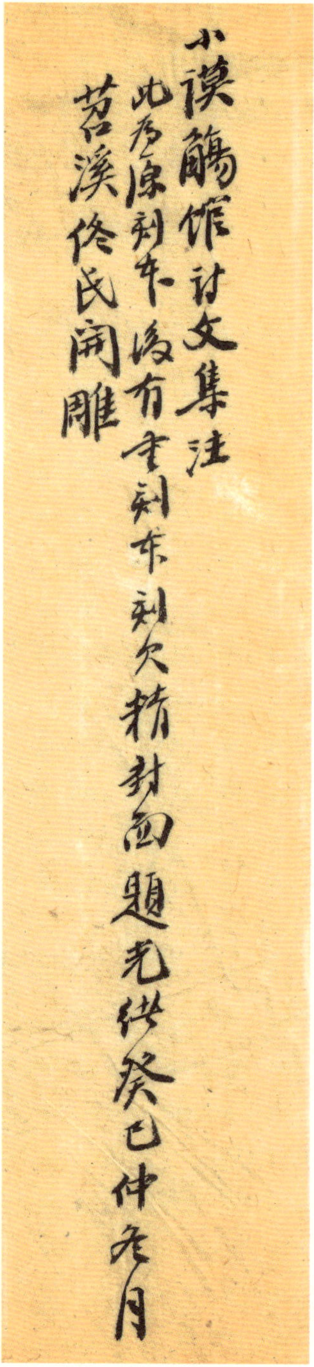
小謨觴館詩文集注
此爲原刻本後有重刻本刻欠精封面題光緒癸巳仲冬月
茗溪佟氏開雕

半葉十行，行二十三字，單魚尾，白口，左右雙闌，框高18.6厘米，寬13.1厘米，清道光五年（1825）刊本，有題記。

題記云：

小謨觴館詩文集注

此爲原刻本，後有重刻本，刻欠精。封面題“光緒癸巳仲冬月苕溪佟氏開雕”。

是書《藏園訂補郘亭知見傳本書目》除著録此清道光五年刊本外，另有嘉慶十一年（1806）《韓江寓舍》本、同治年（1862—1874）刊本，均衹有十七卷，而先父所藏這部爲十八卷全本，並有題記，因此較有收藏價值。

〇八九

［清］吴蕙《静香楼诗草》二卷

靜香樓詩草卷上

吳門　吳蕙　靜香

月中桂

寄跡雲程有路通春秋長蔭月輪空香浮玉宇高寒處枝贈文人筆墨中常傍白榆依碧漢不隨黃葉隕西風涼宵悵望寥天迥一道晴霞化彩虹

白菊

雪為肌骨玉為胎一種秋芳着意栽把筆吟香慚未稱寫花還待月明來

即目

清絶深宮晚無言向夕暉忽驚秋信早一葉下堦
飛

乞巧

一鈎新月隱銀河聞道雙星此夕過女伴樓頭爭
乞巧不知得巧阿誰多

登樓

乘興晚登樓憑高接素秋雨餘斜日澹天迥暮雲
收樹宿知旋鳥溪横不繫舟山光如潑翠添得小
窗幽

花月吟效連珠體

傳

吳縣蔣先生司訓於常州有年矣行清而望尊文富而士附嘗屬其子如沂如洛屈從予遊溫純修雅庭闈所服習也先生工鑒賞多藏古名人書畫予嘗詣之求觀輒留與飯中饋潔辦如宿儲益信先生有內助賢今年春先生抱鼓盆之戚手譔次孺人行事及孺人所爲靜香樓詩藁示余曰請爲傳余拜受卒業乃復於先生曰今時閨閣稱女士者往往以詩篇贄於名公鉅老得一言題品羣稱曰才議者援無非無儀之訓以相訾謷遂謂女子

之籤貯琉璃之匣將使象飾匆華彙褕屏貴金馬之英避席蘭臺之彥承風僕也得觀黃絹之辭盥薔薇而十讀敢效玉臺之序壽茗琬於千秋

道光甲申春仲陽湖趙申嘉拜序

甲午正月十二日去吳下婦家于玄妙觀舊肆中買得鼓亭記二卷又它書四十許本比冊刊刻殊精傳布絕罕亦良可喜 芳人[illegible]記

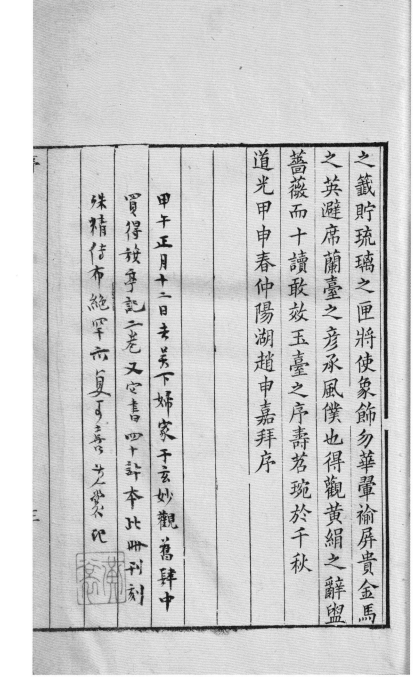

半葉十行，行十九字，單魚尾，白口，左右雙闌，框高17.3厘米，寬13.2厘米，清道光十二年（1832）寫刊本，有批校，有黄裳先生題跋並鈐其“黄裳藏本”、“來燕榭珍藏記”、“容氏書庫”等印，另有“上海圖書館退還圖書章”等印。

黄裳先生題跋云：

甲午正月十二日去吴下婦家，于玄妙觀舊肆中買得《旗亭記》二卷，又它書四十許本，此册刊刻殊精，傳布絶罕，亦复可喜。黄裳記。

吴蕙，生卒年不詳，字静香，江蘇吴縣（今江蘇省蘇州市）人，清代女詩人，能画。黄裳（1919—2012），原名容鼎昌，筆名黄裳，祖籍山東益都（今山東省青州市）人。撰有《姑蘇訪書記》、《蘇州的書市》、《訪書》、《訪書瑣憶》、《榆下説書》、《來燕榭書跋》等。

《增訂四庫簡明目録標注》、《藏園訂補郘亭知見傳本書目》、《販書偶記》、《販書偶記續編》皆未著録此書，可知其稀見，正如黄裳先生題跋所言“傳布絶罕”。這部黄裳先生舊藏之書，係先父二十世紀末購得於滬上者，洵爲可貴。

〇九〇

［清］龔自珍《破戒草》不分卷

定盦文集　　　　仁和龔自珍璱人

古今體詩　卷[redacted]破戒草

辛巳

能令公少年行有序

序曰龔子自禱祈之所言也雖弗能遂酒酣歌之可以怡魂而澤顏焉

蹉跎虖公公今言愁愁無終公毋哀吟娅姹聲沈空酌我五石雲母鍾我能令公顏丹鬢綠而與年少爭光風聽我歌此勝絲桐貂毫署年年甫中箸書先成不朽功名驚四海如雲龍攫拏不定光影同徵文攷獻陳禮容飲酒結客橫才鋒逃禪一意皈宗風惜哉幽情丽想銷難空拂衣行矣如奔虹太湖西去青青峯一樓初止一閣逢玉簫金琯東山東美人十五如花穠湖波

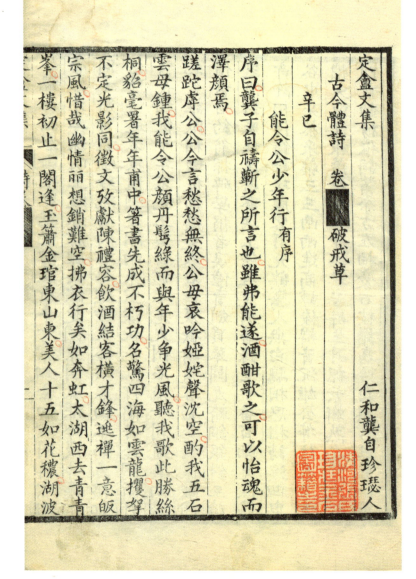

半葉十二行，行二十四字，單魚尾，白口，左右雙闌，框高18.2厘米，寬14.5厘米，清道光七年（1827）龔氏刊本，每卷皆作“卷■”，故係初印本。鈐有“清河張氏珍藏金石圖籍之印”，但此清河張氏不知爲何人。

龔自珍爲清中期著名學者、思想家及改良主義先驅，生平詩文甚多，後人輯爲《龔自珍全集》。然《破戒草》單刻本極罕見，《增訂四庫簡明目録標注》、《藏園訂補郘亭知見傳本書目》、《中國古籍善本書目》皆未著録。北京大學孫靜教授精於研究龔自珍著述，其《龔自珍文集著述編輯刊刻源流》一文僅述及“道光七年自編《破戒草》”，却未提到此單刻本，況此本乃龔氏自編刊印者。而自民國以來於琉璃廠開店經營之孫殿起，也未在其匯集數十年購販古籍經歷之作《販書偶記》及《續編》中著録此單行本。聞見所知，僅曹旅寧兄《宋平生藏〈定庵文集〉精刻本——兼憶業師黄永年先生》一文中曾提及廣東藏書家王貴忱先生藏有一部是書之後印本，故此單刻本可謂極稀見者。先父所藏這部係其二十世紀九十年代於中國書店所舉辦之琉璃廠書市上以十元之廉價購得，後經先父更换書面重裝。

〇九一

［清］畢亨《九水山房文存》二卷

九水山房文存卷上

文登畢亨恬谿著

禹貢兗州地理考

禹傳土任土作貢先述冀州者帝居也其次則及兗州兗州爲諸水下流地汚下難役作故名兗兗之言台經亦云作十有三年乃同是也兗州之界著于經文者甚明經云濟河惟兗州釋地亦云濟河閒曰兗州故鄭君曰言兗州之界在此兩水之閒也今所傳孔傳云東南據濟西北距河孔疏因云據謂跨之跨濟而過東南越

九水山房文存　上　一　海源閣

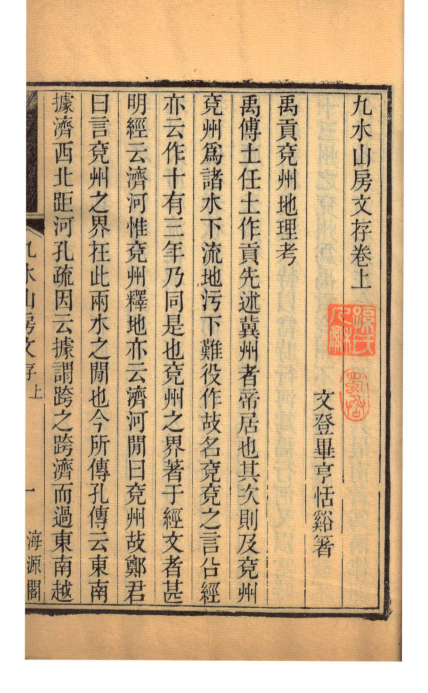

咸豐二秊
秋九月刊

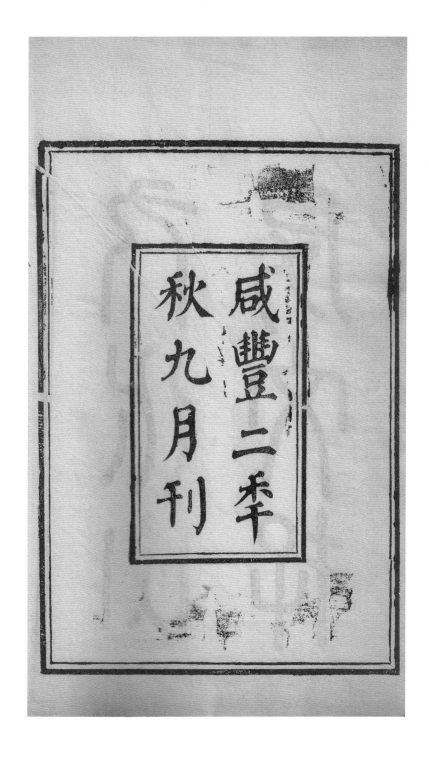

半葉九行，行二十一字，單魚尾，大黑口，四周雙闌，框高18.6厘米，寬13.2厘米，清咸豐二年（1852）海源閣刊本，鈐有孫人龢“孫氏人龢”、“蜀丞”印。

孫人龢（1894—1966），字蜀丞，江蘇鹽城人。近現代學者、藏書家，精於文獻之學，著述頗多。

《增訂四庫簡明目録標注》、《藏園訂補郘亭知見傳本書目》均未著録是書，《販書偶記》僅著録此刊本，少見若是，且先父所得爲孫人龢舊藏，故具收藏價值。

〇九二

［清］鄭文焯《比竹餘音》四卷

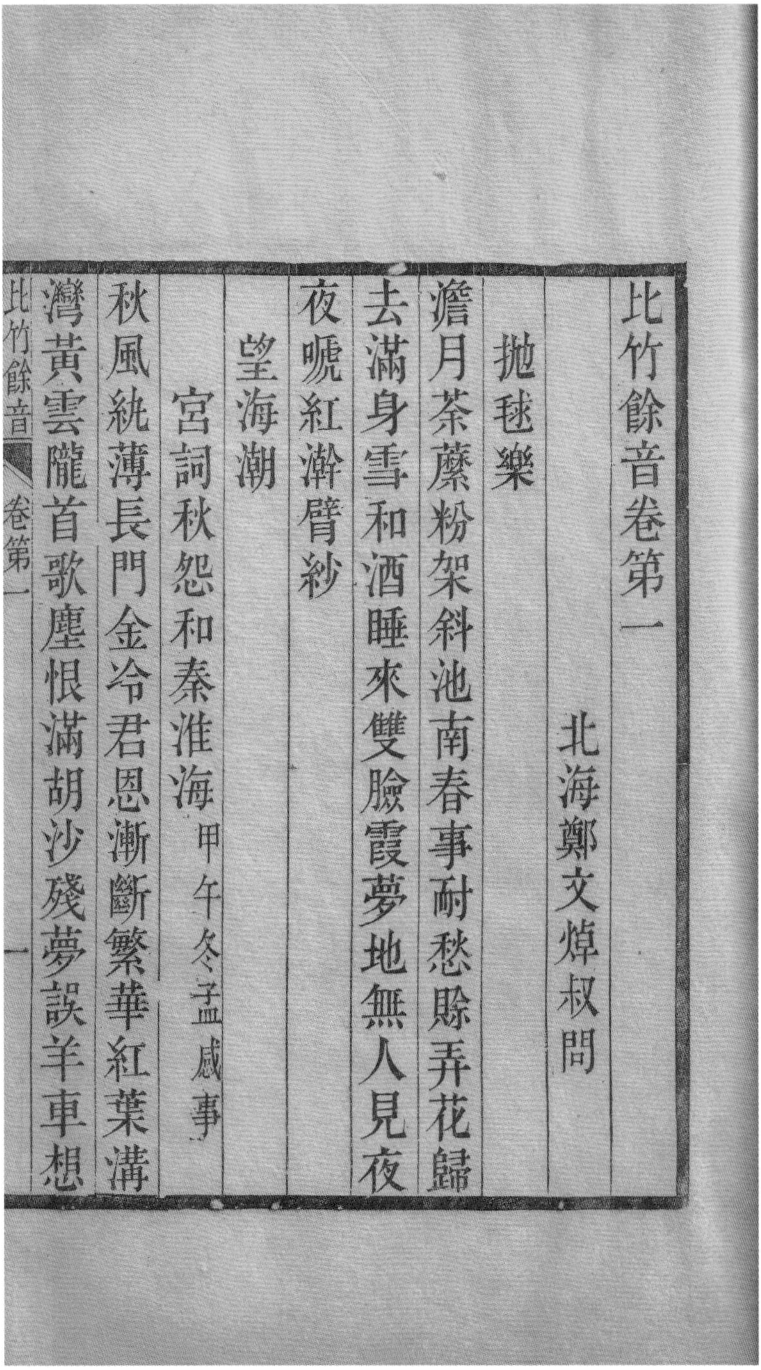
比竹餘音卷第一

北海鄭文焯叔問

拋毬樂

澹月荼蘼粉架斜池南春事耐愁賒弄花歸去滿身雪和酒睡來雙臉霞夢地無人見夜夜嚬紅滃臂紗

望海潮

宮詞秋怨和秦淮海甲午冬孟感事

秋風紈薄長門金冷君恩漸斷繁華紅葉溝灣黃雲隴首歌塵恨滿胡沙殘夢誤羊車想

比竹餘音　卷第一　一

壐 改刻

泠露房吹粉水香瀲笑拈一瓣淩波影畫與春人繡屧棱 醒酒冰謂魚鱠也見山谷詩集

踏莎行

采蓮曲

花劵裁紅香筒吹綠輕拏踏徧江南曲蓮心苦裏尚回甘藕絲斷後從誰續 翠幰銀泥鈿筐金粟牽雲曳雪相思屬弄波莫便采珠還露房秋淚紅盈掬

虞美人

砌蛩如與西風約細語通羅幙去年苔屧玉

舍一葉補刻

旅逸之感也
吟邊鐙火夢熟城南路歸騎每侵晨月初沉
西山缺處殘箋滿袖都是別君詞空愁語休
延佇酒醒天涯去　飄零到此客枕高樓雨
鶴唳似驚風渺甌蠻瘴江戰鼓扁舟不繫一
夜故園心杯未舉愁先注白髮緣千縷

隔浦蓮近拍

津舍旅懷

槐花涼散暗雨碧淀蟬吟暮近水多秋氣高
樓下瞰官渡催榜潮上語嗟行旅滿眼驚波

比竹餘音　卷第二　八

半葉十行，行十七字，單魚尾，白口，四周單闌，框高15.3厘米，寬11.5厘米，清光緒二十八年（1902）刊本，此爲鄭文焯校樣本，有啟功先生題簽。

鄭文焯（1856—1918），字俊臣，號小坡，又號叔問，晚號鶴、鶴公、鶴翁、鶴道人、大鶴山人等，奉天鐵嶺（今遼寧省鐵嶺市）人，托稱高密鄭氏。光緒元年（1875）舉人，捐資内閣中書，後旅居蘇州參幕。以詞著稱於世，與王鵬運、朱祖謀、況周頤並稱爲"清末四大家"，撰有《大鶴山房全集》。啟功（1912—2005），字元白，號苑北居士，滿族，北京人，清雍正帝第九世孫。當代著名學者，精於古典文獻學，擅長書畫及其鑒定。

《增訂四庫簡明目録標注》、《藏園訂補郘亭知見傳本書目》均未著録是書。而光緒刊本未達善本時限界定，故《中國古籍善本書目》僅著録重慶市圖書館藏一部稿本。先父所藏此部刊本爲鄭文焯自校樣本，因此其文獻價值或不亞於稿本。

〇九三

［曹魏］曹植等《三家詩》八卷

三家詩 曹集卷一

張潮山來
卓爾堪子任仝閲
張師孔印宣

魏 曹植

公宴 此在鄴宮與兄丕讌飲武帝在故稱丕為公子

公子敬愛客終宴不知疲清夜遊西園飛蓋相追隨明月澄清影列宿正參差秋蘭被長坂朱華冒綠池潛魚躍清波好鳥鳴高枝神飈接丹轂輕輦隨風移飄颻放志意千秋長若斯 子建詩已有響字朱華冒綠池時雨靜飛塵冒靜二字是矣

起處眞是雅頌衣鉢終宴不知疲句從渾璞中露出刻骨鏤心處神飈二語寫得出畫不出

魏曹子建集目録

卷一

半葉十一行，行二十一字，小字雙行二十八字，單魚尾，細黑口，左右雙闌，框高19厘米，寬14.8厘米，清康熙年（1662—1722）卓爾堪寫刊本。

是書僅有此刊本，且《增訂四庫簡明目録標注》、《販書偶記》、《販書偶記續編》皆未著録，《藏園訂補郘亭知見傳本書目》著録，《中國古籍善本書目》著録此本有十部。先父二十世紀八九十年代於上海古籍書店見此書，知其難得，即購入囊中。交款時據店員云，滬上一位著名老藏書家曾來店裹看過此書，不過既未付款，亦未叮囑留書。時過一週，先父因事又去上海古籍書店，店員即説，先父買走此書後不久那位老藏書家便來購此書，店員答曰已售出，老人忙問："誰買走的？"店員答曰："黄永年先生買走的。"老人聞此言後便一聲不響離開。先父敘述至此頗爲得意，邊笑邊説："他知道這部《三家詩》到了我手裏，他是搞不到的了！"

〇九四

[清]周楨、[清]王圖煒合注《西崑酬唱集》二卷

西崑詶唱集卷上

虞山周　楨以寧　注

雲間王圖煒彤文

受詔修書述懷感事三十韻

左司諫知制誥楊億

太極垂裳日〔魏略〕青龍三年起太極殿〔徐堅初學記〕歷代殿名或沿或革惟魏之太極自晉以降正殿皆因之〔易〕黃帝堯舜垂衣裳而天下治

中原偃革初〔謝靈運述祖德詩〕中原昔喪亂喪亂豈解已〔漢書〕張良曰昔武王伐殷紂事已畢偃革爲軒〔宋史真宗紀〕景德元年十一月契丹進寇澶州帝自將禦之四年六月宜州軍校作亂以曹利用爲廣南安撫使討平之

樓船秋發詠〔漢武帝秋風辭〕泛樓船兮濟汾河橫中流兮揚素波

衡石夜程書〔史記始皇紀〕天下之事無大小皆決於上上至以衡石量書日

西崑詶唱集卷下

虞山周　楨以寧　注

雲間王圖煒彤文

寄靈僊觀舒職方學士〔本傳〕舒雅字子正久仕李氏江左平充秘閣校理累遷職方員外郎出知舒州恬於榮官州之潛山靈仙觀有神仙勝迹郡秩滿即請掌觀事

億

綠髮郎潛不記年〔李白詩〕中有綠髮翁披雲臥松雪郎潛見上卷注　卻尋丹竈味靈篇〔江淹別賦〕守丹竈而不顧〔謝靈運詩〕石闆何晻藹明堂秘靈篇　華陰學霧還成市〔仙傳拾遺〕張楷好道術居華山谷中能爲五里霧學其術者塡門如市故曰霧市　彭澤橫琴豈要絃〔晉書〕陶潛字淵明爲彭澤令性不解

西崑詶唱集序

虞山周　楨以寧　注
雲間王圖煒彤文

翰林學士戶部郎中知制誥楊億述（宋史本傳楊億字大年建州浦城人真宗即位超拜左正言詔錢若水修太宗實録奏億參預知處州召拜左思諫知制誥景德三年召爲翰林學士又同修國史凡變例多出億手大中祥符初加戶部郎中天禧二年拜工部侍郎四年復爲翰林學士兼史館修撰）

余景德中忝佐修書之任得接群公之遊（本傳億剛介寡合在書局惟與李繼路振刁衎陳越劉筠輩厚善）時今紫微錢君希聖（本傳錢惟演字希聖吳越王俶之子歸朝歷右神武軍將軍博學能文辭名試學士院以笏起艸立就真宗稱善改太僕少卿命直祕閣預修册府元龜詔與楊億分爲之序除尚書司封郎中知制誥大中祥符

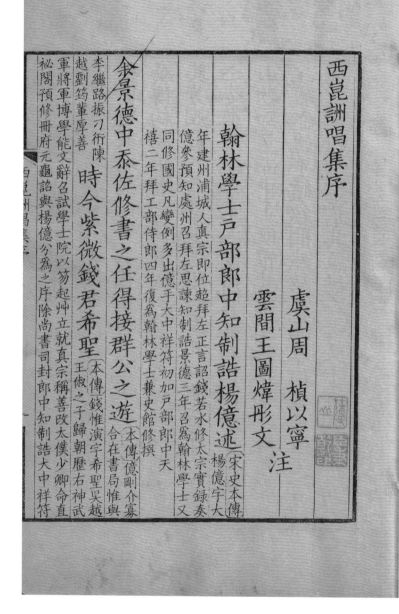

半葉九行，行大字二十，小字三十，單魚尾，黑口，框高19.3厘米，寬14.3厘米，清康熙年（1662—1722）刊本，有先父題跋，除有先父“黄永年藏善本書印”外，另鈐有“臣秉乾印”、“蓮山”、“武氏藏書章”。

先父題跋云：

買書垂四十年，所見斷種秘册珍籍殆以千數，然獨未聞《西崑酬唱集》之有箋注。今此書出，然後知書囊真無底也。書題“虞山周楨以寧、雲間王圖煒彤文注”，而無敍跋，審其行款、板式、避諱闕筆，知是康熙時物。字畫精麗，照耀眼目，世徒珍乾嘉時金陵劉文楷兄弟仿宋刻，然過事整齊，尠疏朗之意，陶子麟而下益不足論。清板自以康熙時蘇、揚寫刻爲上，若此尤其甲觀，較諸明嘉靖時覆宋精槧無多讓已。乙卯三月初九日永年題記。

甲寅歲盡，南院門書店自鄰邑收書數十大包歸。因快意縱覩，擇留此本，越百日而後得之。

清順治、康熙時虞山二馮推尊晚唐，手注《才調》，影響所及，《義山》《飛卿》朱、顧諸注及此《西崑》注本先後並出，亦一時風氣也。此注大體詳明，《宣曲詩》知引陸放翁跋語，似不弱朱、顧二本。然流傳寡少，殆成孤帙，豈其中别有故事邪？惜多識舊聞若鄉老孟心史先生輩悉謝世，無能爲説已。永年又記。

此注本《增訂四庫簡明目録標注》、《中國古籍善本書目》未著録，《藏園訂補郘亭知見傳本書目》著録。又抗戰前王仲犖先生撰《西昆酬唱集注》，聞知此注本，但未見原書，抗戰勝利後王先生遍尋不得，可見此刊本極罕見。先父所藏這部係二十世紀七十年代以人民幣五元於西安古舊書店購得。

〇九五

［清］姚鼐《古文辭類纂》七十五卷

汪容甫云過秦三篇本書題下亡論字陳涉項籍傳論引此應劭注云賈誼書之首篇也足明篇之非論矣吳志闞澤傳始目為論左思昭明太子遂沿其文誤也

抱經云襄字衍下云始皇奮六世之餘烈張晏數孝公惠文王武王昭王併後孝王莊襄王爲六世

論辨類一

賈生過秦論上

固是合後二篇義乃完然首篇爲特雄駿閎肆

秦孝公據殽函之固擁雍州之地君臣固守而窺周室有席卷天下包舉宇內囊括四海之意并吞八荒之心當是時商君佐之內立法度務耕織修守戰之備外連衡而鬭諸侯於是秦人拱手而取西河之外孝公既沒惠文武昭襄蒙故業因遺策南取漢中西舉巴蜀東割膏腴之地收要害之郡諸侯恐懼會盟而謀弱秦不愛珍器重寶肥饒之地以致天下之士合從締交相與爲一當此之時齊有孟嘗趙有平原楚有春申魏有信陵此四君者皆明智而忠信寬厚而愛人尊賢重士約從離橫兼韓魏燕趙齊楚宋衛中山之衆於是六國之士有甯越徐尚蘇秦杜赫之

禮記明堂位周公攝政六年制禮作樂崔氏靈恩陸氏德明孔氏穎達賈氏公彥皆云周公所作

韓退之讀儀禮

余嘗苦儀禮難讀又其行於今者蓋寡沿襲不同復之無由考於今誠無所用之然文王周公之法制粗在於是孔子曰吾從周謂其文章之盛也古書之存者希矣百氏雜家尚有可取況聖人之制度耶於是掇其大要奇辭奧旨著於篇學者可觀焉惜乎吾不及其時進退揖讓於其間嗚呼盛哉

韓退之讀荀子

始吾讀孟軻書然後知孔子之道尊聖人之道易行王易王霸易霸也以為孔子之徒沒尊聖人者孟氏而已晚得揚雄書益尊信孟氏因雄書而孟氏益尊則雄者亦聖人之徒與聖人之道不傳於世周之衰好事者各以其說干

古文辭類纂後序

余撫粵東之明年兒子兆奎師陽湖李君兆洛申耆來語次及桐城姚姬傳先生古文辭類纂一書在其家余嘗受學於先生凡語弟子未嘗不以此書非有疾病未嘗不訂此書蓋先生之於是亦勤矣顧未有刻因發書取其本校付梓人序其後曰先生博通墳籍學達古今尤善文章然銘之必求其人言之必附於道生平未嘗苟作也以乾隆二十八年入翰林散館改刑部歷官郎中典試山東湖南當　國家平治之際而已無言責於廷臣集議嘗引大體無所附麗于文襄公方招致文學之士欲得先生出其門先生不應謝病歸歸後數年客揚州有少年從問古文法者於是集次秦漢以來至方望溪劉海峯之作類而論之總七百篇七十四卷先生之著述多矣何獨勤勤於是哉

古文辭類纂序目

桐城姚鼐纂集

鼐少聞古文法于伯父薑塢先生及同鄉劉才甫先生少究其義未之深學也其後游宦數十年益不得暇獨以幼所聞者寘之胸臆而已乾隆四十年以疾請歸伯父前卒不得見矣劉先生年八十猶善談說見則必論古文後又二年余來揚州少年或從問古文法夫文無所謂古今也惟其當而已得其當則六經至于今日其爲道也一知其所以當則于古雖遠而於今取法如衣食之不可釋不知其所以當而敝棄于時則存一家之言以資來者容有俟焉于是以所聞習者編次論說爲古文辭類纂其類十三曰論辨類序跋類奏議類書說類贈序類詔令類傳狀類碑誌類雜記類箴銘類頌贊類辭賦類哀祭類一類內而爲用不同者別之爲上下編云

半葉十三行，行二十二字，單魚尾，白口，左右雙闌，框高17.8厘米，寬13.4厘米，清後期翻刻合河康氏刊本，有楊鍾羲批校及其“楊氏鍾廣”、“梓廔”、“子廔點勘”等印。

楊鍾羲 (1865—1940)，本姓尼堪氏，原名鍾慶，後改名爲鍾羲，冠姓楊，字子勤、子廔、梓廔、梓勵等，號雪橋、雪樵。清末學者、藏書家，家藏書籍數萬卷。

《增訂四庫簡明目録標注》著録是書道光年（1821—1850）合河康氏刊本、光緒十年（1884）吴縣朱記榮刊本、光緒十九年（1893）思賢講舍刊本，《藏園訂補郘亭知見傳本書目》著録有道光年合河康氏刊本。先父所得此部係其二十世紀末於北京琉璃廠中國書店以六百元購得，此書雖爲翻刻合河康氏之黄紙印本，但多有楊鍾羲朱墨筆圈點、批注，故而頗有文獻價值。

〇九六

［宋］曾慥《樂府雅詞》三卷《拾遺》二卷

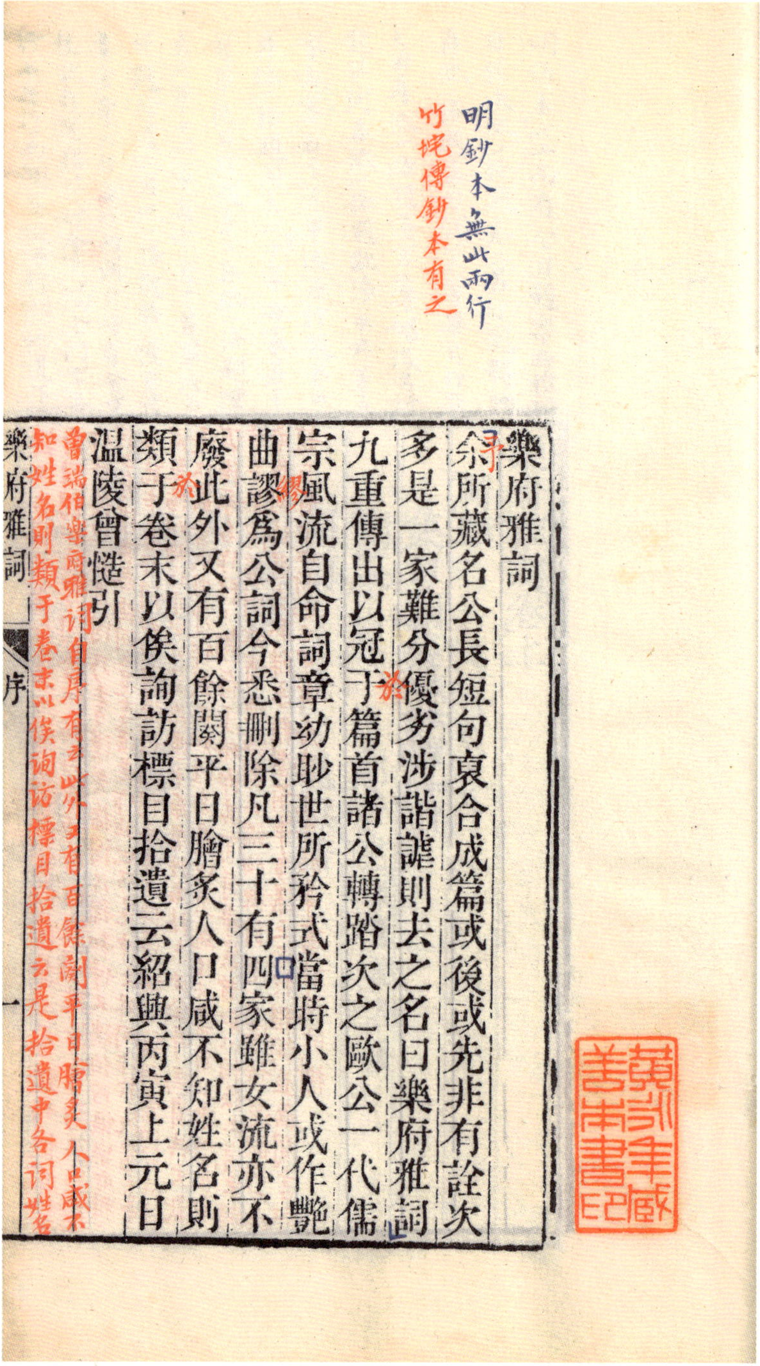

明鈔本無此兩行
竹垞傳鈔本有之

樂府雅詞
余所藏名公長短句裒合成篇或後或先非有詮次多是一家難分優劣涉諧謔則去之名曰樂府雅詞九重傳出以冠于篇首諸公轉踏次之歐公一代儒宗風流自命詞章幼眇世所矜式當時小人或作艷曲謬爲公詞今悉删除凡三十有四家雖女流亦不廢此外又有百餘闋平日膾炙人口咸不知姓名則類于卷末以俟詢訪標目拾遺云紹興丙寅上元日
温陵曾慥引

曾端伯樂府雅詞自序有云此外又有百餘闋平日膾炙人口咸不知姓名則類于卷末以俟詢訪標目拾遺云是拾遺中各詞姓名

樂府雅詞　序　一

黃永年藏善本書印

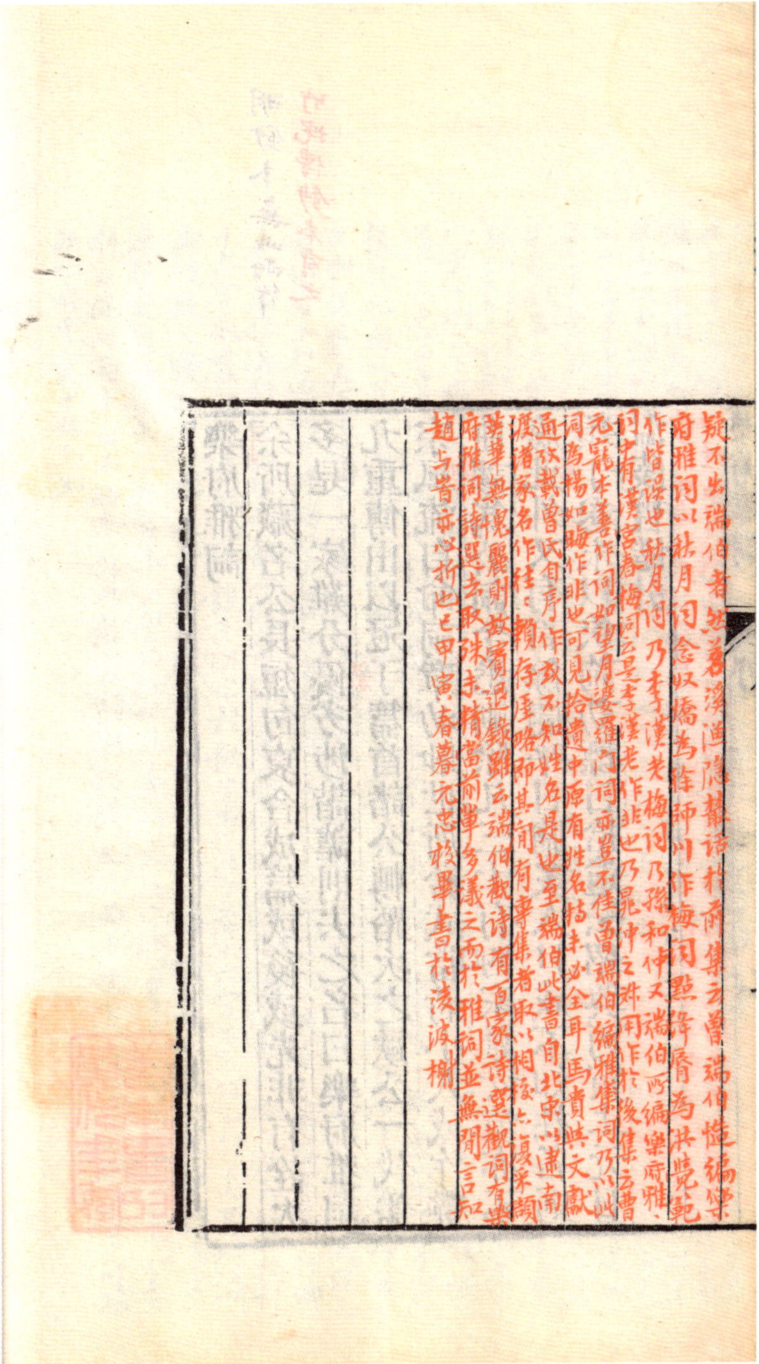

疑不出端伯者。然蓄溪漁隱叢話於府集云曾端伯慥編樂府雅詞，以秋月詞念奴嬌為徐師川作，梅詞點絳唇為洪覺範作，皆誤也。秋月詞乃李漢老，梅詞乃孫和仲。又端伯所編樂府雅、詞中有漢宮春梅詞，云是李漢老作，非也，乃晁沖之叔用作。於後集云曹元寵本善作詞，如望月婆羅門詞亦豈不佳，曾端伯編雅集，詞乃以此詞為楊如晦作，非也。可見拾遺中原有姓名，指本必全耳。馬貴與文獻通考載曾氏自序作或不知姓名，是也。至端伯此書自北宋以逮南渡，諸家名作，往往賴存，崖略即具。前有專集者，取以相校，亦復采擷英華，無愧麗則，故賓退錄雖云端伯撰詩有百家詩選，觀詞有樂府雅詞，詩選去取殊未精當，前輩多議之，而於雅詞並無閒言，知趙與旹亦心折也。甲寅春暮元忠校畢書於淩波榭

明鈔本此上尚有全目題樂府雅詞目錄次低一格題卷上另行題轉踏再低一格題集句調笑等畢另行題大曲再低一格題道宮薄媚後另行題雅詞再低一格題歐陽永叔等五家每家若干首畢後另行題卷中再低一格題周美成等十家每家若干首畢後另行題卷下再低一格題陳去非等十六家每家若干首畢後另行題拾遺上再低一格題勝勝慢至侍香金童六行每行兩調自侍香金童後跳行題踏莎行令至謁金门四十三行六每行兩調畢後另行題拾遺下

樂府雅詞卷上

轉踏

集句調笑 或云宣和中九重傳出

調笑 鄭彥能 案彥能名僅

同前 晁無咎

九張機

大曲

道宮薄媚 董穎

雅詞

歐陽永叔 八十三首

再低一格題寶鼎現至南歌子二十五行
皆每行兩調為全目此則子目也列于每
卷之上

王介甫　十三首
晁無咎　二十八首
李元膺　八首
張子野　十一首

鸎廬假我士礼居舊藏明鈔樂府雅詞八冊卷端有
弱侯及子晉汲古主人諸印知焦毛兩家故物也取
校此本合處固多而改易處亦復不少且移易刪
併甚失端伯本意如拾遺上勝勝慢玉待香金童疑皆
九重傳出故不標姓氏自為一卷與雅詞首列轉踏體例
略同非見明鈔何從知耶甲寅花朝元忠淩波榭校記

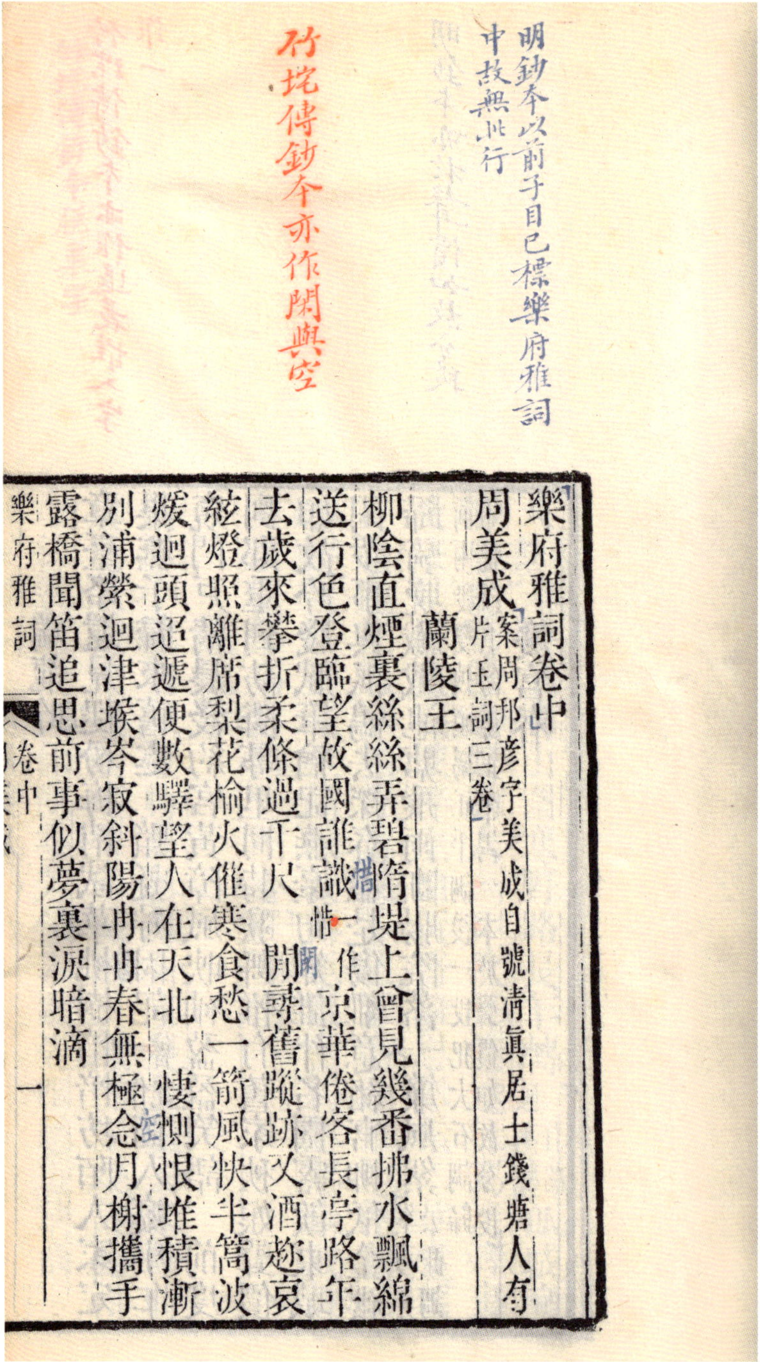

明鈔本以前子目已標樂府雅詞
中故無此行

竹垞傳鈔本亦作閑與空

樂府雅詞卷中

周美成 案周邦彥字美成自號清眞居士錢塘人有片玉詞三卷

蘭陵王

柳陰直煙裏絲絲弄碧隋堤上曾見幾番拂水飄綿送行色登臨望故國誰識一作京華倦客長亭路年去歲來攀折柔條過千尺 閒尋舊蹤跡又酒趁哀絃燈照離席梨花榆火催寒食愁一箭風快半篙波煖迴頭迢遞便數驛望人在天北 悽惻恨堆積漸別浦縈迴津堠岑寂斜陽冉冉春無極念月榭攜手露橋聞笛追思前事似夢裏淚暗滴

樂府雅詞 卷中 周美成 一

曾慥編樂府雅詞三卷拾遺二卷見於書録解題者宋槧不可得見矣今世通
行秦敦甫詞學叢書本其書經光緒六年重脩舛誤極多以粵雅堂叢書本校
之迺知非複舊觀碻秦刻亦未善也去年見讀有用書齋所藏竹垞傳鈔本
今歲又從鶴廬借得士禮居舊藏明鈔本爲焦弱侯毛子晉故物先後互校始恍然
於兩本同是每半葉八行每行十六字必出宋槧惜鈔胥未依原本行款格式令人目
亂意迷然細心檢詳則轉可從其顛倒錯誤之處一一尋得其原如李易安滿庭芳
曉晴寒透窗紗下寂寞尊前席上惟下酴醾落盡猶賴有下生香熏袖活火分茶下
皆空二字以每半葉八行行十六字計之其所空字齊在第一葉上半葉第八行及下半葉
第一二三行第十五六字當是燗腮又菩薩蠻角聲催曉漏下浣溪沙未成沈醉意先融
下亦皆空二字依前半葉八行行十六字計之其所空字在第三葉下半葉第四行七行第十
五六字又以燗腮間之又訴衷情酒醒熏破惜春夢向竹垞傳鈔本無惜字明鈔本則春
夢已下半闋接於蝶戀花濃淫羅衣詞過片惜字之下以惜字適當第五葉上半葉第
八行第十六字脫去下半葉八行迺以第六葉下半葉第三行起寫 擬當當從第一行訴衷情第二行夜來沈醉卸妝
迺起哉在三行起亦以明鈔本雅詞原本卷二行耳 致誤行惜字猶賀方回木蘭花酒闌歌罷□下□□依鈔本空去數行
至眉黛半深碧淺注又起幾脫去第十四葉下半葉八行本適當卷盡未取他葉羼入其
蝶戀花眉韵半深則第十五葉上半葉第一行迺至拾遺上卷寇平叔點絳唇行之上明
鈔本標點樂府雅詞拾遺卷之二九字疑點絳唇行已上爲□□待香金宣十六闋皆衍
製又官校流傳之作故其下以卷之二別之程雅詞首列轉踏集句調笑明鈔本在此目錄下

註或云宣和中九重傳出九字自為體例可以想見而竹坨傳鈔本無之又拾遺上卷之二蘇幕遮芳草無情更在斜陽外下竹坨傳鈔本接楚臺歸路四字已下跂倚層樓尋芳慢清平樂減字木蘭花鷓鴣天玉滿庭芳裂精裁筠詞滿餅一斝盂下旋接點芳魂半闋已下瀟湘逢故人慢玉洞仙歌共遠敲江皐次行題又字接滿庭芳北苑先春詞次序既為紊亂由卷之二第一葉下半葉第八行至更在斜陽外止誤以第三葉上半葉第一行楚臺歸路接之第四葉下半葉第八行至湯餅一斝盂止誤以第二葉上半葉第一行點芳魂接之其又字及北苑見春則第五葉上半葉第一二行矣又沈唐霜葉飛霜林凋晚詞竹坨傳鈔本無萬紅千翠後（皆至更蕭索東風吹渭水此葉已盡其有長安飛舞已下悉是據他本補足）又空數行至來也暢又並而於拾遺下卷宴桃源調名後接長安飛舞千門裏半闋已下蝶戀花至永遇樂做得一箇寬袖布衫著下接落日霞消一縷一闋更為舛誤迺拾遺上卷之第五葉下半葉第八行至更蕭索東風吹渭水止誤以第七葉上半葉第一行來也暢接之因文義不貫故空數行其以第六葉上半葉第一行長安飛舞至下半葉第八行著字止則誤裝在下卷第十五葉下半葉宴桃源之後第十六葉上半葉第一行落日霞消之前鈔者不知遂成巨謬倘以宋槧每半葉行行十六字求之尚可得其本原而每半葉八行鄉來計及僅每行十六標字明鈔本於拾遺上卷御製念奴嬌玉子解乾紋楸下於云脫一行計十六字徽宗端倪若竹坨傳鈔本則但於楸字旁注下落十六字不云脫一行矣其他瀟湘逢故人慢疏簾廣廈寄瀟下脫十六字下卷望遠行但消消珠下本闕卯郎已上三字迺誤空一行成十九字且並未之知無怪世見秦刻文從字順群奉為善本也豈知秦刻即從此兩本出而兩本除此數處顛倒錯誤之外尚是宋槧傳寫秦刻轉多所臆改也歲甲寅中秋元忠

心太平盦古籍書影・黃永年先生收藏精粹

半葉十行，行二十字，單魚尾，白口，左右雙闌，框高15厘米，寬10.3厘米，清光緒六年（1880）依嘉慶二十一年（1816）秦恩復《詞學叢書》刊本修版重印本，有徐乃昌過録之曹元忠批校及題跋，並鈐其“徐乃昌馬韻芬夫婦印”，另有龍榆生先生“龍七經眼”印及先父“廣記盦”、“黃永年藏善本書印”。

曹元忠題跋云：

　　婁韓氏讀有用書齋藏鈔本《樂府雅詞》四册，以其顛倒淩亂，不爲珍也。迨兒子岳覲自京師携余藏書歸，偶取以校秦刻，則據改百數十字，且藉以見廬山真面。披沙揀金，往往見寶，烏得輕視哉！癸丑十月元忠校記。

　　南匯張嘯山先生《舒藝室雜著》跋《花草粹編》云：“第九卷録董穎《薄媚》西子詞，本出《樂府雅詞》。起《排徧第八》，次《第九》，次《第十攧》，次《入破第一》，次《第二虛催》，次《第三衮徧》，次《第四催拍》，次《第五衮徧》，次《第六歇拍》，次《第七煞衮》。前九段，依吴越事敷衍，末以王軒遇西施事作餘波，如今曲散套。其排徧、攧、入破、虛催、衮徧、催拍、歇拍、煞衮，乃曲中節拍，緩急疏密、高下换調之稱；如今曲亦有引子、過曲、賺犯、煞尾等名，各有次第，不可淩亂。乃謬以入破居首，排徧次煞衮之後，文義倒置，實不知而作。”其論《花草粹編》之失，至爲精當。藉非見《雅詞》原次，亦何從知之？然則享帚精舍此刻，有功於倚聲家豈淺鮮哉！宣統癸丑十月丙午，元忠。

嘯山先生糾《花草粹編》之失，是已。偶憶《玉照新志》載：元祐中，曾文肅帥并門感《麗情集》馮燕事，自製《水調歌頭》以亞大曲，其第一至第七，皆稱“排徧”，當亦有故，惜不能起先生而質之。是歲十一月乙卯，元忠又識。

按《碧雞漫志》載：宣和初，普府守山東人王平，詞學華贍，自言得夷則商《霓裳羽衣曲》，並取陳鴻、白樂天《長恨歌》、《傳》，並樂天《寄元微之霓裳羽衣曲歌》，又雜取唐人小詩、長句及明皇、太真事，終以微之《連昌宫詞》補綴成曲，刻板流傳。曲十一段，起第四遍、第五遍、第六遍、正攧、入破、虚催、衮、實催、衮、歇拍、殺拍，與此《薄媚》節奏次序，正自相同。樂書所謂大曲前緩迭不舞，至入破則羯鼓、襄鼓、大鼓與絲竹合作，句拍益急，舞者入場，投節制容，故有摧拍、歇拍，姿制俯仰，百態横出者，得者猶可想見。而緩迭不舞，又即排遍之謂。故曾布《水調歌頭》，大曲至自第一至第七皆稱排遍，云排遍第七攧花十八蓋攧時始起舞矣。花十八，舞曲名。歐陽修《木蘭花》云“貪看六么花十八”。味“看”字，可意會也。惜嘯山先生已往，不能以此説舉似耳，書畢悵然。

鶡廬假我士禮居舊藏明鈔《樂府雅詞》八册，卷端有“弱侯”及“子晉”、“汲閣主人”諸印，知焦、毛兩家故物也。取校此本，合處固多，而改易處亦復不少。且移易删併，甚失端伯本意。如《拾遺》上，《勝勝慢》至《侍香金童》，疑皆九重傳出，故不標姓氏，自爲一卷，與《雅詞》首列《轉踏》體例略同，非見明鈔，何從知耶！甲寅花朝元忠淩波榭校記。

曾端伯《樂府雅詞》自序有云："此外又有百餘闋，平日膾炙人口，咸不知姓名，則類于卷末，以俟詢訪，標目《拾遺》云。"是《拾遺》中各詞姓名疑不出端伯者。然《苕溪漁隱叢話》於"前集"云："曾端伯慥編《樂府雅詞》，以秋月詞《念奴嬌》爲徐師川作，梅詞《點絳唇》爲洪覺範作，皆誤也。"秋月詞乃李漢老，梅詞乃孫和仲。又端伯所編《樂府雅詞》中有《漢宫春》梅詞，云是李漢老作，非也，乃晁沖之叔用作。於"後集"云："曹元寵本善作詞，如《望月婆羅門》詞亦豈不佳。曾端伯編《雅集詞》乃以此詞爲楊如晦作，非也。"可見《拾遺》中原有姓名，特未必全耳。馬貴與《文獻通攷》載，曾氏自序作"或不知姓名"，是也。至端伯此書，自北宋以逮南渡諸家名作，往往賴存厓略，即其閒有專集者，取以相校，亦復采擷英華，無愧麗則。故《賓退録》雖云："端伯觀詩有《百家詩選》，觀詞有《樂府雅詞》。"《詩選》去取殊未精當，前輩多議之，而於《雅詞》並無閒言，知趙與旹亦心折也已。甲寅春暮元忠校畢，書於淩波榭。

曾慥編《樂府雅詞》三卷、《拾遺》二卷，見於《書録解題》者，宋槧不可得見矣。今世通行秦敦甫《詞學叢書》本，其書經光緒六年重脩，舛譌極多。以《粤雅堂叢書》本校之，迺知非復舊觀，顧秦刻亦未善也。去年見讀有用書齋所藏竹垞傳鈔本；今歲又從鶴廬借得士禮居舊藏明鈔本，爲焦弱矦、毛子晉故物。先後互校，始恍然於兩本同是每半葉八行，每行十六字，必出宋槧。惜鈔胥未依原本行款格式，令人目亂意迷。然細心檢詳，則轉可從其顛倒錯誤之處，一一尋得其原。如李易安《滿庭芳》"晚晴寒透窗紗"下，"寂寞尊前席上帷"下，"酴醾落盡猶賴有"下，"生香熏袖，活火分茶"下，皆空二字。以每半葉八行，行十六字計之，其所空字，齊在第一葉上半葉第八行及下半葉第一、二、三行第十五、六字，當是爛脱。又《菩薩蠻》"角聲催曉漏"下，《浣溪沙》"未成沈醉意先融"下，亦皆空二字。依前半葉八行、行十六字計之，其所空字在第三葉下半葉第四行、七行第十五、六字，又以爛脱闕之。又《訴衷情》"酒醒熏破惜春夢"句，竹垞傳鈔本無"惜"字。明鈔本則"春夢"已下半闋接於《蝶戀花》"淚濕羅衣"詞過片"惜"字之下，以"惜"字適當第五葉上半葉第八行第十六字，脱去下半葉八行，迺以第六葉下半葉第三行接寫，接寫當從第一行《訴衷情》或二行"夜來沈醉卸妝遲"起，其在三行，恐亦如明鈔本《雅詞》序脱去首二行耳。致誤衍"惜"字，猶賀方回《木蘭花》"酒闌歌罷欲"下，竹垞傳鈔本空去數行，至"眉韻半深唇淺注”又起，爲脱去第十四葉下半葉八行，幸適當卷盡，未取他葉羼入，其《蝶戀花》“眉韵半深”，則第十五葉上半葉第一行也。至《拾遺》上卷寇平叔《踏莎行》之上，明鈔本標題“《樂府雅詞》拾遺卷之二”九字，疑《踏莎行》已上《聲聲慢》至《侍香金童》十六闋，皆御製及宫掖流傳之作，故其下以“卷之二”别之，猶《雅詞》首列《轉踏》、《集句調笑》。明鈔本於此目録下注“或云宣和中九重傳出”九字，自爲體例，可以想見，而竹垞傳鈔本無之。又《拾遺》上卷之二《蘇幕遮》“芳草無情，更在斜陽外”下，竹垞傳鈔本接“楚臺歸路”四字，已下《點絳唇》、《惓尋芳慢》、《清平樂》、《減字木蘭花》、《鷓鴣天》至《滿庭芳》“裂楮裁筠”詞“滿（案：當爲“湯”）餅一齋盂”下，始接“黯芳魂”半闋。已下《瀟湘逢故人慢》至《洞仙歌》“與遮斷江皋”，次行題“又”字，接《滿庭芳》“北苑先春”詞，次序頗爲紊亂。由卷之二第一葉下半葉第八行至“更在斜陽外”止，誤以第三葉上半葉第一行“楚臺歸路”接之。第四葉下半葉第八行至“湯餅一齋盂”止，誤以第二葉上半葉第一行“黯芳魂”接之。其“又”字及“北苑見春”，則第五葉上半葉第一、二行矣。又沈唐《霜葉飛》“霜林凋晚”詞，竹垞傳鈔本無“萬紅千翠”，後當至“更蕭索東風吹渭水”，此葉已盡，其有“長安飛舞”已下，恐是据他本補足。又空數行，至“來也暢”又起。而於《拾遺》下卷，《宴桃源》調名後接“長安飛舞千門裏”半闋。已下《蝶戀花》至《永遇樂》"做得一箇寬袖布衫著"下，接"落日霞消一縷"一闋，更爲舛誤。迺《拾遺》上卷之二，第五葉下半葉第八行至"更蕭索東風吹渭水"止，誤以第七葉上半葉第一行"來也暢"接之，因文義不貫，故空數行。其第六葉上半葉第一行"長安飛舞"至下半葉第八行"著"字止，則誤裝在下卷第十五葉下半葉《宴桃源》之後，第十六葉上半葉第一行"落日霞消"之前。鈔者不知，遂成巨謬。倘以宋槧每半葉八行、行十六字求之，尚可得其本原。而每半葉八行鄉未計及，僅每行十六字明鈔本於《拾遺》上卷御製《念奴嬌》"玉子聲乾紋楸"下，校云"脱一行，計十六字"，微露端倪。若竹垞傳鈔本，則但於"楸"字旁注"下落十六字"，不云"脱一行"矣。其他，《瀟湘逢故人慢》"疏簷廣厦寄瀟"下，脱十六字；下卷《望遠行》"但涓涓珠"下，本闋"仙郎"已上三字，迺誤空一行，成十九字，且並未之知。無怪世見秦刻文從字順，羣奉爲善本也。豈知秦刻即從此兩本出，而兩本除此數處顛倒錯誤之外，尚是宋槧傳寫，秦刻轉多所臆改也哉！甲寅中秋，元忠。

曹元忠（1865—1923），字夔一，號君直，晚號淩波居士，江蘇吴縣（今江蘇省蘇州市）人。近代學者，藏書家，家藏善本頗多。徐乃昌（1869—1943），字積餘，晚號隨庵老人，安徽南陵人。近現代著名學者，藏書家。"龍七經眼"則爲龍榆生先生藏書印，龍榆生（1902—1966），本名龍沐勳，號忍寒，江西萬載人。現代著名學者，詞學宗師，亦爲藏書家。

是書《增訂四庫簡明目録標注》著録明汲古閣影宋刊本、清嘉慶十五年（1810）秦氏刊《詞學叢書》本、粵雅堂刊本，《藏園訂補郘亭知見傳本書目》著録嘉慶十五年秦氏刊《詞學叢書》本以及兩部清鈔本。先父所藏此部係依《詞學叢書》修版重印本，雖刊印時間較晚，却有著名收藏家徐乃昌過録之曹元忠批校題跋，故兼具文獻價值與收藏價值。

〇九七

［清］李兆洛《駢體文鈔》三十一卷

上編

親巡碑文作窺軌專
苑作專
功碑文同攻
阤同阤

駢體文鈔卷一　　銘刻類

李斯繹山刻石　史記始皇二十八年始皇東行郡縣上鄒嶧山立石與魯諸生議刻石頌秦德按此文史記獨不載然其詞固非後人所能僞也　水經泗水注始皇觀禮登嶧山命李斯以大篆勒山嶺名曰書門

此在泰山立石之前初誇大其并兼六國故首述其在昔稱王繼及上薦高號繼乃頌其一家天下而不及其餘　古文苑卷一

皇帝立國，維初在昔，嗣世稱王。討伐亂逆，威動四極，武義直方。戎臣奉詔，經時不久，滅六暴強。廿有六年，上薦高號，孝道顯明。既獻泰成，乃降尃惠，親巡遠方。登於嶧山，羣臣從者，咸思攸長。追念亂世，分土建邦，以開爭理。攻戰日作，流血於野，自泰古始。世無萬數，阤及五帝，莫能禁止。迺今皇帝，壹家天下，兵不復起。災害滅除，黔首康定，利澤長久。羣臣誦略，刻此樂石，以著經紀。

刻碣石門 從史記

駢體文鈔上編

秦嶧山刻石　泰山刻石　瑯玡臺刻石之罘立石

刻碣石門　會稽刻石　東觀刻石 應列之罘立石下

後漢班孟堅高祖泗水亭碑銘　十八侯銘　封燕然山銘 凡昭明文選錄者以紅圈別之

蔡伯喈光武濟陽宮碑

魏曹子建制命宗聖侯孔羨奉家祀碑　承露盤銘

梁陸佐公新刻漏銘　石闕銘

北魏溫鵬舉寒陵山寺碑

北齊王子淵上庸公陸騰勒功碑

隋薛元卿老氏碑

以上銘刻

漢揚子雲趙充國頌

半葉十三行，行二十二字，雙魚尾，黑口，左右雙闌，框高17.8厘米，寬13.4厘米，清光緒年（1875—1908）刊本，有批校，鈐先父“江陰黃永年藏書之記”印。

是書《增訂四庫簡明目録標注》著録者爲清合河康氏刊本，《藏園訂補郘亭知見傳本書目》未著録，《中國古籍善本書目》著録有批校之清合河康氏刊本。先父所藏這部清光緒刊本雖刊刻較晚，但有批校，且細審可知，批校乃爲讀書用功之人所作，故有其學術價值。

〇九八

［清］姚姬傳《五七言今體詩鈔》十八卷

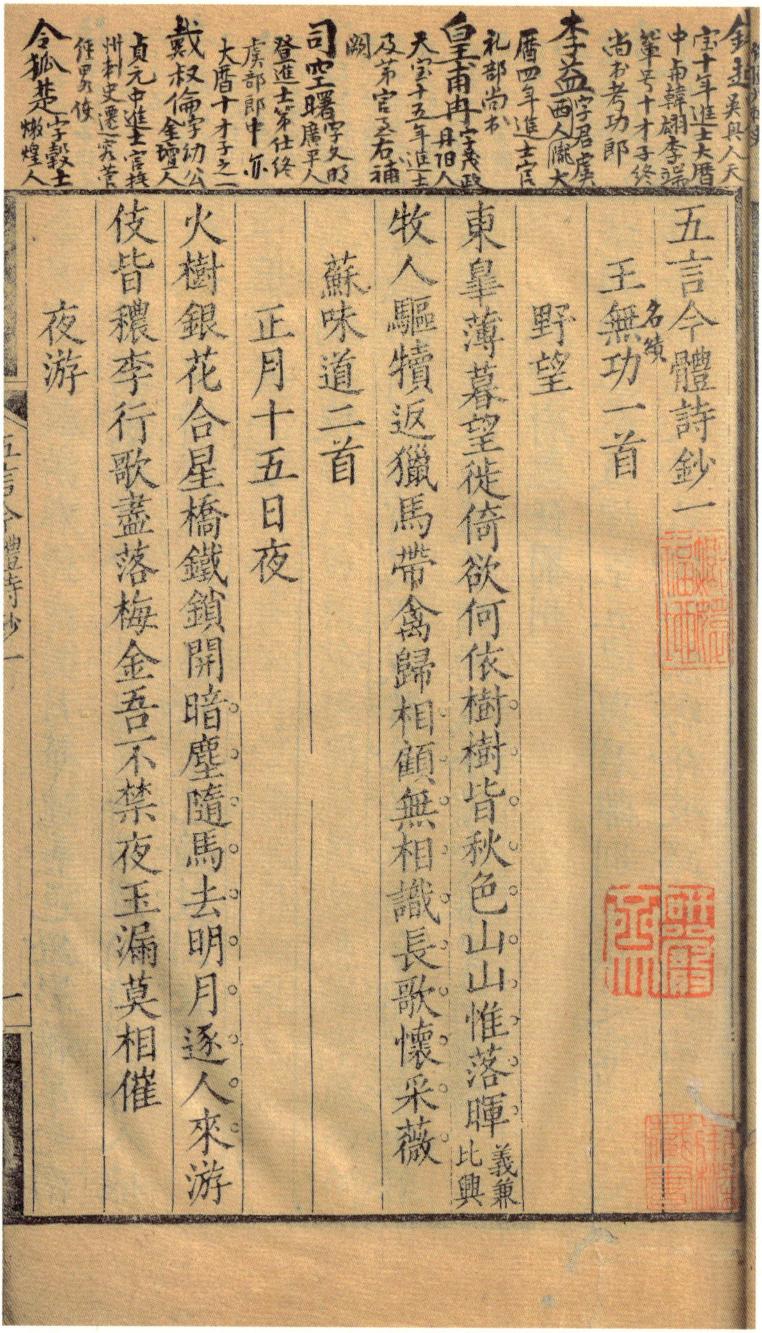

錢起吳興人天寶十年進士大曆中與韓翃李端輩號十才子終尚書考功郎
李益字君虞隴西人大曆四年進士官禮部尚書
皇甫冉字茂政丹陽人天寶十五年進士及第官至右補闕
司空曙字文明廣平人登進士第仕終虞部郎中亦大曆十才子之一
戴叔倫字幼公金壇人貞元中進士官撫州刺史遷容管經略使
令狐楚字殼士燉煌人

五言今體詩鈔一

王無功一首名績

野望

東皐薄暮望徙倚欲何依樹樹皆秋色山山惟落暉牧人驅犢返獵馬帶禽歸相顧無相識長歌懷采薇義兼比興

蘇味道二首

正月十五日夜

火樹銀花合星橋鐵鎖開暗塵隨馬去明月逐人來游伎皆穠李行歌盡落梅金吾不禁夜玉漏莫相催

夜游

五言今體詩鈔一　一

七言今體詩鈔一

沈雲卿二首

古意贈補闕喬知之

盧家少婦鬱金堂，海燕雙棲玳瑁梁。九月寒砧催木葉，十年征戍憶遼陽。白狼河北音書斷，丹鳳城南秋夜長。誰謂含愁獨不見，更教明月照流黃。

興慶池侍宴應制

碧水澄潭映遠空，紫雲香駕御微風。漢家城闕疑天上，秦地山川似鏡中。向浦回舟萍已綠，分林蔽殿槿初紅。古來徒奏橫汾曲，今日宸游聖藻雄。

五七言今體詩鈔序目

天下之是非有不可得而淆也而人以己意決之則不能不淆其不淆者必其當於人心之公意者也人心之公意雖具於人人而當其始無一人發之則人人之公意不見苟發之而同者會矣論詩如漁洋之古詩鈔可謂當人心之公者也吾惜其論止古體而不及今體至今日而爲今體者紛紜岐出多趨譌謬風雅之道日衰從吾游者或請爲補漁洋之闕編因取唐以來詩人之作采録論之分爲二集十八卷以盡漁洋之遺志雖然漁洋有漁洋之意吾有吾之意吾觀漁洋所取舍亦時

嘉慶戊辰重鐫

五七言今體詩鈔

桐城姚姬傳定本

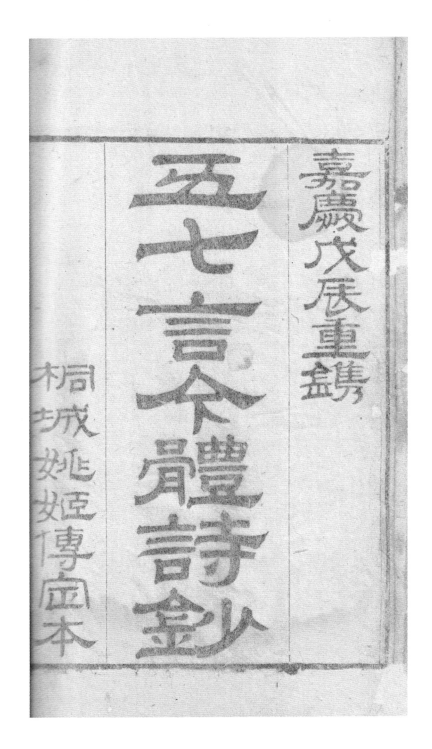

半葉十行，行二十一字，單魚尾，大黑口，左右雙闌，框高18.4厘米，寬13.6厘米，清嘉慶十三年（1808）程邦瑞初刊本，有批校，鈐有“研嚴齋”、“琅嬛福地”、“承梁藏書”、“胡承梁”印。

是書《增訂四庫簡明目録標注》著録清《惜抱軒十種》本、徐寶善刊本、方坳堂刊本，但《藏園訂補郘亭知見傳本書目》未有著録，《販書偶記》著録有清嘉慶三年（1798）刊本、嘉慶十三年刊本。先父所藏這部爲初刊本且有批校，故具收藏價值。

〔清〕張宗橚輯《詞林紀事》二十二卷

附〔宋〕張炎《樂府指迷》、〔宋〕陸韶《詞旨》、〔清〕許昂霄《詞韻考略》

詞林紀事卷一　唐

海鹽　張宗橚　緝

元宗皇帝

帝諱隆基睿宗第三子初封臨淄王舉兵討韋氏進封平王旋立爲太子以壬子受禪立乙未安祿山反丙申幸蜀太子卽位靈武尊爲上皇後還長安壬寅崩在位四十四年改元三先天開元天寶

古今詞話教坊記曰開元十一年初製聖壽樂以歌舞之所司先進曲名以墨點者舞舞有曲教坊惟得舞伊州五天重來疊不離此兩曲餘悉讓內家也內家舞曲有二垂手羅迴波樂蘭陵王春鶯囀半社渠借席烏夜啼之屬謂之軟舞阿遼曲柘枝黃麞拂林大渭州達摩之屬謂之健舞此崔令欽所編曲名三百餘調始此

詞林紀事詠川先生所手輯也先生姓張氏爲螺浮給諫曾孫家有藏書園林池館之勝甲於一邑先生乃得閉關養素留意著述晚年緝是書名紀事紀事者何有事則錄之否則詞雖工弗錄間有無事有前人評語亦附入焉竊惟詞源於詩詩源於三百篇三百篇無非事事故孔子以爲可以興可以觀可以羣可以怨且推諸事父事君之重後代詩人或僅以工聲偶務綺靡降而爲詞則直以爲弄月嘲風供淺斟低唱以娛心而已試取宋金元詞考之不盡然也其事關倫紀者甚多如東坡水調歌頭瓊樓玉宇高處不勝寒神宗以爲蘇軾終是愛君歐陽全美踏莎行奉使不還朝廷錄其節與洪

半葉十一行，行二十一字，單魚尾，大黑口，左右雙闌，框高18.8厘米，寬14.1厘米，清嘉慶三年（1798）陳敬銘重刊本，除鈐有“黃永年”、“永寧室”印外，還有“堕風館藏本”印。

是書《增訂四庫簡明目録標注》著録有乾隆四十三年（1778）樂是廬刊本、清乾隆四十四年（1779）刊本、嘉慶三年（1798）陳敬銘重校本、道光十五年（1835）重修本，《藏園訂補郘亭知見傳本書目》僅著録樂是廬刊本，《中國古籍善本書目》所著録三部樂是廬刊本皆爲陳敬銘印本。另據《中國古籍善本總目》著録，陳敬銘重校本與樂是廬刊本行款、版式皆同，區别是樂是廬刊本嘉慶三年重印時在全書末加刻“嘉慶三年戊午仲秋 武原陳敬銘重校”幾個字而已，故先父所藏這部陳敬銘重刊本亦有收藏價值。

一〇〇

［清］徐釚《詞苑叢談》十二卷

詞苑叢談卷一

松陵徐　釚電發編輯

體製

梁武帝江南弄云衆花雜色滿上林舒芳曜彩垂輕陰連手躞蹀舞春心舞春心臨歲腴中人望獨踟躕此絕妙好詞已在清平調菩薩蠻之先矣

沈約六憶詩其三云憶眠時人眠獨未眠解羅不待勸就枕更須牽復恐旁人見嬌羞在燭前亦詞之濫觴也

詞苑叢談　卷一　體製　一

作鷓鴣天詞云一片春光遍九霄這回風月也全消重來繡閣吟幾句不數緱山弄玉簫身外事等閒抛萬層雲路碧迢迢香南雪北何由見亘比人間午夢遥載林下詞選

詞苑叢談卷十二終

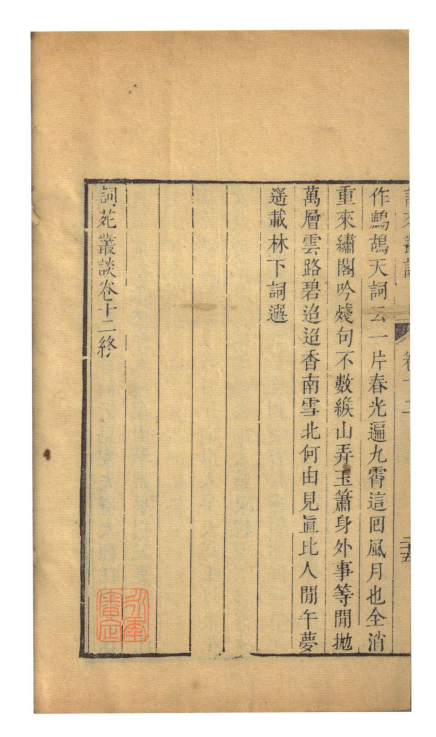

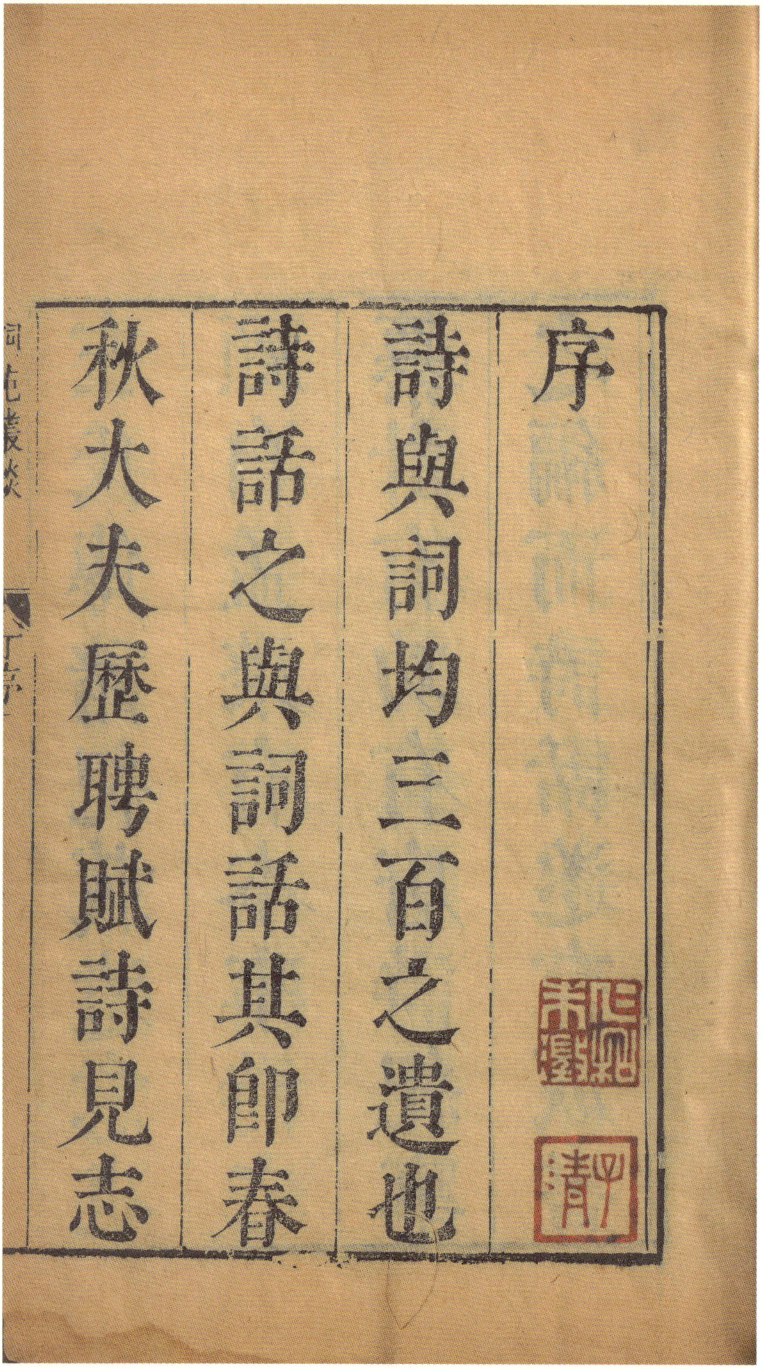

序

詩與詞均三百之遺也

詩話之與詞話其卽春

秋大夫歷聘賦詩見志

詞苑叢談 序

清河書畫已寥落門巷依稀認故家鴻到
猶傳尚氏宇風流文采自堪誇書林競說
鮮元忙五研廬中閱道藏為輯高郵勤附訊
漫々歲月到重陽 不辭破費蠅頭點勘丹
黃寂鮮愁多謝吳門陶五柳栋亭本子出揚
州咸寧官舍近南山穩見高臺風雨寒注子
說僮慈悔學淮南精琹滿人寰珍重宋屢老
後翁江陰派與蘇州同
余斂寫傳存妙論還憶當年
保藏風

半葉九行，行二十字，單魚尾，白口，左右雙闌，框高17.1厘米，寬12.3厘米，清康熙二十七年（1688）蛾術齋原刊本，鈐有朱澄“仁和朱澄”、“子清”印及先父“永年審定”印。

朱澄（？—1890），字子清，浙江仁和（今浙江省杭州市）人，清代學者朱學勤之子。朱澄繼承其父所藏，並與其父同編家藏書目《結一廬書目》、《別本結一廬書目》、《復廬書目》等。

是書《增訂四庫簡明目録標注》著録者有清康熙二十七年（1688）刊本、海山仙館刊本、道光年（1821—1850）巾箱本，《藏園訂補郘亭知見傳本書目》著録有此蛾術齋刊本，《中國古籍善本書目》著録此蛾術齋刊本有十四部。不過先父所藏這部却係朱氏結一廬舊藏，故特有收藏價值。